데이터베이스 인터널스

데이터베이스 인터널스

분산 데이터베이스 시스템 심층 분석

알렉스 페트로프 지음 이우현 옮김 이태휘 감수

i!i
에이콘

에이콘출판의 기틀을 마련하신 故 정완재 선생님 (1935-2004)

난생처음으로 내가 책에 사인을 요청한 분산 시스템 프로그래머이자 작가, 철학자, 친구
피터 힌젠스에게 이 책을 바친다.

지은이 소개

알렉스 페트로프^{Alex Petrov}

데이터 인프라 엔지니어이자 아파치 카산드라 커미터, PMC 멤버다. 주요 연구 분야는 데이터베이스와 스토리지 시스템이며 스토리지와 분산 시스템, 알고리즘에 관심이 많다.

옮긴이 소개

이우현(owen.left@gmail.com)

위스콘신대학교 매디슨과 서울대학교에서 컴퓨터 공학 학사와 석사 학위를 취득했다. 번역서로는 『Go 풀스택 웹 개발』(에이콘, 2020), 『파이썬 디자인 패턴 2/e』(에이콘, 2018), 『고성능 파이썬 프로그래밍』(에이콘, 2016)이 있다.

옮긴이의 말

이 책은 데이터베이스를 지탱하는 주요 알고리즘을 설명하고 최신 데이터베이스 관련 논문 및 시스템에서 접할 수 있는 개념들을 정리한 책이다. 데이터베이스를 공부하는 학생과 현업 개발자, 여러 최신 데이터베이스의 원리와 기술을 이해해야 하는 데이터베이스 연구자를 위한 책이다. 관계형 데이터베이스 시스템을 사용해봤고, 분산 시스템을 사용해 새로운 시스템을 구축하려는 개발자라면 특히 많은 도움이 될 것이다. 이미 검증된 라이브러리가 많기 때문에 직접 알고리즘을 구현하거나 데이터베이스 엔진을 개발하는 일은 흔하지 않다. 하지만 이론과 알고리즘을 이해하는 정도가 컴퓨터 과학자와 일반 개발자를 나누는 기준이 되며, 문제에 대한 최선의 해결책을 찾는 데 결정적인 역할을 한다. 이 책은 컴퓨터 과학자라면 반드시 알아야 하는 분산 시스템 이론과 알고리즘을 설명한다.

데이터베이스별로 어떤 기능이 있는지, 얼마나 빠른지 또 어떤 유형의 애플리케이션에서 사용되는지 등의 실용적인 측면은 다루지 않는다. SQL과 같은 쿼리 언어와 쿼리 플랜도 설명하지 않는다. MySQL과 오라클 중에 어떤 것을 선택해야 할지 고민 중이거나, 1억 건이 넘는 로우를 어떤 데이터베이스에 저장해야 할지 고민 중이라면 이 책은 도움이 되지 않을 것이다. 대신 데이터베이스 이론과 알고리즘을 스토리지 관점에서 설명하고, 분산 시스템의 기본 개념과 알고리즘을 설명한다. 다른 이론서와의 차이점은 기존 알고리즘을 개선한 여러 변형 알고리즘도 설명한다는 점이다. 최신 분산 시스템의 원리와 알고리즘이 궁금하다면 많은 도움이 될 것이다. 1부(1~7장)는 데이터베이스에 데이터를 저장하는 방식에 대해 설명한다. 데이터베이스에서 가장 중요한 B-트리 알고리즘을 설명하고 캐시 정책, 상태 복구, 동시성 제어 등의 중요한 주제도 다룬다. 6장과 7장이 1부의 핵심이다. Lazy B-트리와 Bw-트리, LSM 트리, WiscKey 등의 변형 B-트리에 대해 설명한다. 2부(8~14장)는 분산 데이터베이스 시스템의 일관성을 유지하기 위해 사용되는 여러 알고리즘을 설명한다. 장애 감지, 리더 선출, 안티 엔트로피, 분산 트랜잭션, 합의 알고리즘 등을 다룬다. 분산 시스템은 여러 노드로 구성되기 때문에 이들 사이에는 서로의 문제를 감지하고, 작업을 나눠서 실행하고, 상태에 대해 합의를 하는 알고리즘이 필요하다. 번역하면서 데이터베이스 분야는 아직 번역 용어가 정립되지 않았다는 것을 절실히 느꼈다. 주로 영어 원서와 영어 논문을 참고하다 보니 이미 익숙해진 용어들을 굳이 번역해야 하나 싶기도 했다. 예를 들어 'READ UNCOMMITTED' 격리 수준을 '커밋 이전 읽기'라고 부르는 경우는 흔하지 않다. 어색하지만 의미 파악이 더 쉽기 때문에 좋은 시도라고 생각한다. 책에서 설명하는 최신 이론들은 인터넷에서 여러 자료와 예제 코드를 참고했다. 한 번에 이해하기 어려운 내용이 많기 때문에 각 장 끝에 정리된 문헌과 논문을 꼭 참고하길 바란다. 번역을 믿고 맡겨준 에이콘 출판사와 감수와 조언을 해준 이태휘 선배에게 감사의 말을 전한다.

감수자 소개

이태휘

산업체와 학교, 연구기관을 거치며 여러 시스템 소프트웨어 개발 프로젝트를 수행했다. 2007년부터 2010년까지 티맥스소프트에서 근무하며 티베로 관계형 데이터베이스 개발에 참여했고, 서울대학교에서 데이터베이스 과목을 강의한 바 있다. 2014년 서울대학교 컴퓨터 공학부에서 박사 학위를 받았으며, 현재 한국전자통신연구원 선임연구원으로 재직 중이다. 에이콘출판사에서 펴낸 『양자 컴퓨팅: 이론에서 응용까지』(2020), 『양자 컴퓨팅 입문』(2020), 『블록체인 완전정복 2/e』(2019), 『퀄리티 코드』(2017)를 우리말로 옮겼다.

『Database Internals』의 번역서를 펴내면 어떤지 검토해 달라는 요청을 출판사로부터 받았을 때, 데이터베이스 분야에 애착이 있는 사람으로서 매우 반가웠다. '빅데이터'라는 키워드가 등장한 이후로 실용적인 빅데이터 프레임워크 관련 도서들이 쏟아지면서, 정작 탄탄한 기본기를 쌓을 만한 DBMS 관련 도서는 외면 당하고 있다는 생각이 들었기 때문이다. 이 책에 관심을 가질 만한 독자층이라면 그리 많다고 볼 수 없는 DBMS 개발자나 중급 이상의 DBMS 관리자일 텐데, 수요가 적을까 우려도 됐지만 출간해주시길 부탁드렸다.

이 책은 DBMS의 동작이나 아키텍처, 알고리즘에 관한 기초 지식이 있는 독자를 대상으로 쓰였다. DBMS를 구현하는 개발자 입장에서 보면 교과서보다 실제 구현에 가깝게 썼고, DBMS를 사용하는 관리자 입장에서 보면 DBMS를 더 잘 이해하고 사용할 수 있도록 내부 동작과 자료 구조가 자세히 서술돼 있다. 회사에서 DBMS 개발에 몸담았던 시절 교과서의 단 몇 줄이 구현에서 차지하는 의미와 비중을 몸소 체험한 뒤로 직접 구현해보지 않고는 이 느낌을 알 수 없겠다고 생각했는데, 이 책은 그런 당혹감을 해소시켜 줄 만하다.

시장성과 무관하게 좋은 책을 기꺼이 출간해주신 에이콘출판사 관계자 여러분과 번역하기 까다로운 책을 맡아 우리말로 옮겨준 이우현 님에게 감사드린다.

차례

들어가며

분산 데이터베이스 시스템은 대부분의 비즈니스와 소프트웨어 애플리케이션에서 필수 요소다. 애플리케이션은 로직과 사용자 인터페이스를 제공하고 데이터베이스 시스템은 데이터의 무결성과 일관성을 보장하고 데이터를 이중화한다.

2000년에만 해도 데이터베이스의 종류가 다양하지 않아 대부분 관계형 데이터베이스였으며, 시스템 간에 큰 차이가 없었다. 그렇다고 모든 데이터베이스가 완전히 같지는 않았지만 기능과 적용 사례가 무척 비슷했다.

감마 데이터베이스 머신 프로젝트^{Gamma Database Machine Project}, 테라데이터^{Teradata}, 그린플럼 ^{Greenplum}, 패러렐 DB2^{Parallel DB2} 등의 데이터베이스는 여러 데이터베이스 인스턴스를 하나의 논리적 인스턴스로 결합해 시스템의 성능과 용량을 높이는 수평 확장^{horizontal scaling, scale out}을 지원한다. 수평 확장성은 고객들이 데이터베이스에서 가장 필요로 하는 속성이다. 클라우드 기반 서비스에 대한 수요가 높아지는 현상이 이를 증명한다. 데이터베이스를 더 크고 강력한 서버로 옮기는 수직 확장^{scale up}보다 새로운 인스턴스를 클러스터에 추가하는 방식의 수평 확장이 더 쉽다. 마이그레이션^{migration}은 길고 어려운 작업이며 다운타임이 불가피할 수 있다.

2010년 무렵 결과적 일관성^{eventually consistent} 모델 기반의 데이터베이스가 등장했고 NoSQL과 빅데이터와 같은 용어가 인기를 얻기 시작했다. 지난 15년 동안 오픈소스 커뮤니티와 거대 IT 기업, 데이터베이스 개발사는 수많은 데이터베이스와 툴을 개발해왔다. 이들의 사용 사례와 세부 구현, 특징을 모두 이해하는 것은 불가능에 가깝다.

2007년에 아마존이 발표한 다이나모^{Dynamo} 논문[DECANDIA07]은 데이터베이스 커뮤니티에 큰 파장을 일으켜 단기간에 이를 기반으로 한 여러 변형 시스템이 만들어졌다. 대표적으로 페이스북의 아파치 카산드라^{Apache Cassandra}와 링크드인의 프로젝트 볼드모트^{Project Voldemort}, 전 아카마이 엔지니어들이 개발한 리악^{Riak} 등이 있다.

데이터베이스 분야는 또 한 번 새로운 변화를 맞이하고 있다. 키-값 스토어와 NoSQL, 결과적 일관성 모델 이후 더 높은 확장성과 성능을 제공하면서 복잡한 쿼리를 수행하고 강력한 일관성을 보장하는 데이터베이스가 나오고 있다.

이 책의 대상 독자

기술 콘퍼런스에서 데이터베이스의 내부 구조에 대해 어떻게 공부해야 하고 어디서부터 시작해야 할지에 대한 질문을 종종 받는다. 대부분의 데이터베이스 시스템에 관한 책은 스토리지 엔진에 대해 자세히 설명하지 않으며 B-트리 알고리즘 등의 데이터 접근 방법은 추상적으로 설명한다. 변형 B-트리와 로그 구조 스토리지 등의 최신 알고리즘을 설명하는 책은 거의 없기 때문에 논문을 읽는 것을 추천한다.

논문 읽기는 쉽지 않은 일이다. 문맥에 대한 사전 지식은 필수이고 논문들 사이의 연관성은 거의 또는 전혀 없으며 논문을 찾는 것 또한 쉽지 않다. 이 책은 여러 중요한 데이터베이스 시스템 관련 개념을 쉽게 설명한다. 각 개념을 더 깊이 알고 싶은 독자에게 지침서가 될 것이다. 이미 모두 익숙한 개념이라면 참고서로 도움될 것이다.

대상 독자는 데이터베이스 개발자만이 아니다. 데이터베이스 시스템을 사용해 소프트웨어를 개발하는 소프트웨어 개발자와 신뢰성 엔지니어, 아키텍트, 엔지니어링 매니저에게도 도움이 될 것이다.

회사에서 데이터베이스, 메시징 큐, 컨테이너 플랫폼, 태스크 스케줄러 등의 인프라를 사용 중이라면 해당 프로젝트의 변경 로그를 읽고, 메일링 리스트에 가입하고, 커뮤니티와 교류해 프로젝트에 관한 최신 정보를 항상 알고 있어야 한다. 시스템에 관련된 용어와 내부 구조를 이해하면 더 많은 정보를 알아낼 수 있으며 좀 더 효율적으로 툴을 사용해 문제와 병목현상을 방지, 식별 및 해결할 수 있다. 데이터베이스 시스템의 동작 방식에 대한 전반적인 이해는 문제를 해결하는 데 많은 도움이 될 것이다. 이런 지식을 바탕으로 가설을 형성하고 검증한 뒤에 원인을 찾아 다른 프로젝트 관리자에게 알리는 것은 중요하다.

또한 취미로 컴파일러를 만들고 직접 운영체제와 텍스트 에디터, 컴퓨터 게임을 개발하거나 새로운 프로그래밍 언어를 학습하는 등 새로운 정보를 습득하길 좋아하는 호기심 많은 사람들에게 도움될 것이다.

아울러 독자는 백엔드 시스템 개발 시 또는 사용자로 데이터베이스 시스템을 이용해본 경험이 있을 거라고 가정한다. 자료 구조에 관한 사전 지식이 있다면 내용을 더 빨리 이해할 수 있을 것이다.

이 책을 읽어야 하는 이유

이 책은 "이 데이터베이스는 가십을 통해 멤버십을 전파한다"(12장 참고), "다이나모^{Dynamo}를 기반으로 한다", "스패너^{Spanner} 논문에 기술된 내용과 같다"(13장 참고)와 같이 데이터베이스 시스템을 기본 개념과 알고리즘 관점에서 설명하기도 한다. 또는 "ZAB과 래프트^{Raft}는 공통점이 많다"(14장 참고), "Bw−트리는 로그 구조 스토리지 위에 구현된 B−트리와 같다"(6장 참고), "B^{link}−트리의 형제 포인터와 똑같은 방식을 사용한다"(5장 참고)와 같이 알고리즘과 자료 구조 관점에서 설명하기도 한다.

복잡한 개념을 설명하기 위해서는 추상화가 필요하다. 나아가 새롭게 논의할 때마다 모든 용어를 다시 설명하는 것은 비효율적이다. 따라서 공통 표준 용어를 정의하면 더 높은 수준의 다른 문제에 집중할 수 있다.

기본 원리와 증명, 알고리즘은 절대 없어질 수 없기 때문에 공부할 만한 가치가 충분하다. 대부분의 새로운 알고리즘은 기존 알고리즘 문제를 해결하거나 개선하려는 시도이다. 알고리즘의 변천사를 알면 무엇이 어떻게 왜 변경됐는지 이해하는 데 도움이 된다.

이런 방식의 공부는 좋은 자극제가 될 것이다. 다양한 알고리즘을 배울 수 있고 많은 사람이 문제를 해결하기 위해 어떤 노력을 기울이고 있는지 알 수 있다. 여러 퍼즐 조각이 모여 여러 사람과 공유할 수 있는 하나의 그림으로 완성되는 과정을 경험할 수 있을 것이다.

이 책에서 다루는 내용

이 책은 관계형 DBMS나 NoSQL 시스템에 관한 책이 아니다. 대신 다양한 종류의 데이터베이스 시스템에서 사용되는 알고리즘과 개념을 스토리지 엔진과 분산 저장을 담당하는 컴포넌트에 초점을 두고 설명한다.

쿼리 계획과 쿼리 최적화, 스케줄링, 관계형 모델 등의 주제는 여러 훌륭한 이론서에서 쉽게 접할 수 있다. 이들은 대부분 사용자의 관점에서 각 주제를 설명하지만 이 책은 데이터베이스의 내부 구조를 집중적으로 설명한다. 2부 결론과 각 장의 요약에 참고할 만한 문헌 목록을 실었다. 이들을 참고하면 데이터베이스 관련 궁금증에 관한 답을 찾을 수 있을 것이다.

이 책에서 언급된 데이터베이스 시스템 간의 공통적 언어는 없기 때문에 쿼리 언어는 다루지 않는다.

이 책을 집필하고자 15권의 책과 300편 이상의 논문, 수많은 블로그 글, 소스 코드, 여러 오픈소스 데이터베이스의 기술 문서를 참고했다. "데이터베이스 업계와 연구자들이 이 주제에 대해 논의하는가?"라는 질문의 답을 기반으로 주제를 책에 포함할지 여부를 결정했다. 답이 "그렇다"라면 주저 없이 긴 목록에 추가했다.

이 책의 구성

플러그형 컴포넌트로 구성된 확장형 데이터베이스는 흔치 않지만[SCHWARZ86] 플러그형 스토리지를 사용하는 데이터베이스는 여러 종류가 있다. 데이터베이스 개발업체는 쿼리 실행 방식에 관해서는 거의 설명하지 않는 반면, 데이터베이스가 일관성을 유지하는 방법은 조금이라도 더 설명하려고 애를 쓴다.

데이터베이스 시스템 간의 가장 중요한 차이점은 데이터 저장 방법과 분산 처리 방법에 있다 (다른 중요한 서브시스템이 있을 수 있지만 이 책에서는 다루지 않는다). 이 책은 스토리지(1부)와 분산 (2부)을 담당하는 서브시스템 및 구성 요소에 관한 설명으로 이뤄져 있다.

1부에서는 노드 로컬 프로세스를 논의하고, 데이터베이스 시스템의 핵심 구성 요소이며 가장 중요한 스토리지 엔진을 설명한다. DBMS의 구조에 대한 설명으로 시작해 기본 저장 매체 및 레이아웃을 기반으로 데이터베이스 시스템을 분류하는 몇 가지 방법을 소개한다.

이어 스토리지 구조를 설명한다. 디스크 기반 자료 구조와 인메모리 자료 구조의 차이점을 알아보고 B-트리 알고리즘과 직렬화, 페이지 레이아웃, 디스크에서의 표현 방식 등의 B-트리를 효율적으로 디스크에 저장하는 데 필요한 개념을 설명한다. 나아가 B-트리에서 파생된 여러 다양한 변형 B-트리도 소개한다.

마지막으로 몇 가지 로그 구조 스토리지 변형을 설명하고 왜 파일 및 스토리지 시스템 구현에서 자주 사용되는지 알아본다.

2부에서는 여러 독립적인 노드를 데이터베이스 클러스터로 구성하는 방법을 설명한다. 장애 허용 분산 시스템을 구축하는 데 필요한 이론적 개념을 설명하고 분산 시스템이 단일 노드 애플리케이션과 어떻게 다르고 분산 환경에서 어떤 문제와 제약, 복잡성이 발생할 수 있는지 알아본다.

이어 분산 알고리즘을 설명한다. 장애 감지 시 이를 보고하고 장애가 발생한 노드는 시스템에서 제외시켜 성능과 안정성을 높일 수 있는 장애 감지 알고리즘을 설명한다. 뒷장에서 설명하는 대부분의 알고리즘은 리더 프로세스가 필요하기 때문에 리더 선출 알고리즘과 사용 사례에 대해서도 논의한다.

분산 시스템에서 가장 어려운 부분은 데이터의 일관성을 유지하는 것이기 때문에 데이터 이중화, 일관성 모델, 복제본 간의 불일치, 결과적 일관성 등의 개념도 설명한다. 결과적 일관성을 보장하는 시스템에서 데이터의 일관성을 유지하기 위해 사용하는 안티-엔트로피 알고리즘과 데이터 전파를 위해 사용하는 가십 프로토콜도 알아본다. 마지막으로 데이터베이스 트랜잭션의 맥락에서 논리적 일관성을 논의하고, 합의 알고리즘에 관한 설명으로 마무리한다.

수많은 연구 자료와 문헌들이 없었다면 이 책을 쓸 수 없었을 것이다. 참고한 논문과 문헌은 [DECANDIA07]과 같이 괄호 안에 표시했다. 이들은 관련 개념을 더 자세히 학습하는 데 도움이 될 것이다.

각 장의 마지막에는 학습한 내용에 대한 요약을 싣고 그와 관련한 더 읽을거리를 정리했다.

편집 규약

 팁이나 제안을 의미한다.

 일반적인 참고 사항을 의미한다.

 주의 사항이나 경고를 의미한다.

문의

한국어판에 관해 질문이 있다면 이 책의 옮긴이나 에이콘출판사 편집 팀(editor@acornpub. co.kr)으로 문의해주길 바란다.

한국어판의 정오표는 에이콘출판사 도서정보 페이지(http://www.acornpub.co.kr/book/ database-internals)에서 찾아볼 수 있다.

감사의 글

아이디어와 영감을 준 논문과 문헌을 쓰기 위해 노력한 수많은 연구자들이 없었다면 이 책은 나오지 못했을 것이다.

책의 내용이 정확하고 올바른 용어를 사용했는지 원고를 검토하고 조언해준 드미트리 알리모프^{Dmitry Alimov}, 피터 알바로^{Peter Alvaro}, 칼로스 바케로^{Carlos Baquero}, 제이슨 브라운^{Jason Brown}, 블레이크 이글스턴^{Blake Eggleston}, 마커스 에릭손^{Marcus Eriksson}, 프란시스코 페르난데즈 까스따뇨^{Francisco Fernández Castaño}, 하이디 하워드^{Heidi Howard}, 바이드 조쉬^{Vaidehi Joshi}, 막시밀리안 카라스^{Maximilian Karasz}, 스타스 켈비치^{Stas Kelvich}, 마이클 클리신^{Michael Klishin}, 프레드라그 크네제비치^{Predrag Knežević}, 조엘 나이튼^{Joel Knighton}, 유진 라진^{Eugene Lazin}, 네이트 맥콜^{Nate McCall}, 크리스토퍼 메이클레존^{Christopher Meiklejohn}, 타일러 닐리^{Tyler Neely}, 막심 네베로프^{Maxim Neverov}, 마리나 페트로바^{Marina Petrova}, 스테판 포드코빈스키^{Stefan Podkowinski}, 에드워드 히베이루^{Edward Ribiero}, 데니스 라이토프^{Denis Rytsov}, 키르 샤트로프^{Kir Shatrov}, 알렉스 소로쿠모프^{Alex Sorokoumov}, 마시밀리아노 토마시^{Massimiliano Tomassi}, 아리엘 와이스버그^{Ariel Weisberg}에게 고맙다는 말을 전한다.

항상 나를 지지해준 가족, 아내 마리아나와 딸 알렉산드라가 없었다면 결코 이 책을 쓸 수 없었을 것이다.

표지 설명

책 표지에 있는 동물의 이름은 '공작 가자미^{peacock flounder}'이다. 대서양 중부와 인도 태평양의 얕은 해안에서 서식하는 보모스 루나투스^{Bothus lunatus}와 보모스 만커스^{Bothus mancus}에 붙여진 이름이다.

파란색 꽃무늬 피부 때문에 공작 가자미라는 이름이 붙여졌지만, 주변 환경에 따라 자신의 모습을 바꿀 수 있다. 한쪽 눈을 가리면 모습을 바꿀 수 없기 때문에 위장 능력은 시력과 관련이 있다고 알려져 있다.

다 자란 가자미는 대부분의 다른 물고기처럼 등이 위를 향한 상태에서 수직으로 헤엄치지 않고 수평으로 헤엄친다. 바다 밑바닥에서 1인치(2.54cm) 정도 위에서 해저면을 따라 미끄러지듯 헤엄친다. 가자미의 한쪽 눈은 성장하면서 다른 한쪽으로 몰리게 돼 동시에 앞과 뒤를 모두 볼 수 있다. 수직으로 헤엄치지 않고 바닥에서 1인치 정도 떨어져 항상 무늬가 있는 면이 위를 향한 상태에서 해저면을 따라 수평으로 헤엄친다.

공작 가자미는 현재 멸종 위험이 높지 않지만 오라일리[O'Reilly] 책 표지에 있는 많은 동물은 멸종 위기에 처해 있고 이들은 모두 없어서는 안 될 중요한 존재다.

표지는 캐런 몽고메리[Karen Montgomery]가 로우리[Lowry]의 자연사 박물관[The Museum of Natural History]에 나온 흑백 판화를 바탕으로 그렸다.

1부

스토리지 엔진

데이터베이스 관리 시스템^{DBMS, Database Management System}의 주목적은 데이터를 안정적으로 저장하고 사용자에게 제공하는 것이다. 일반적으로 데이터베이스는 기본 데이터 스토어로 사용되며 애플리케이션의 여러 구성 요소가 공유한다. 새로운 애플리케이션을 개발할 때마다 데이터 저장 및 검색 로직을 구현하는 대신 우리는 데이터베이스를 사용한다. 이로 인해 인프라 구축보다 애플리케이션 로직 개발에 더 집중할 수 있다.

데이터베이스 관리 시스템이라는 용어는 거창해 보일 수 있기 때문에 이 책에서는 대신 데이터베이스 시스템과 데이터베이스를 같은 의미로 사용한다.

데이터베이스는 모듈식 시스템이다. 요청을 전달하는 전송 계층, 가장 효율적인 쿼리 실행 계획을 결정하는 쿼리 프로세서, 실제 작업을 수행하는 실행 엔진 그리고 스토리지 엔진으로 구성된다('DBMS 구조' 절 참고).

스토리지 엔진(또는 데이터베이스 엔진)은 DBMS에서 데이터를 메모리와 디스크에 저장하고 검색 및 관리하는 소프트웨어 컴포넌트이며 각 노드에 데이터를 영구 저장한다[REED78]. 데이터베이스가 복잡한 쿼리를 수행할 수 있도록 스토리지 엔진은 데이터를 세밀하게 조작할 수 있는 간단한 API를 제공한다. 사용자는 이를 사용해 레코드를 생성, 업데이트, 삭제, 검색할 수 있다. 따라서 데이터베이스를 스토리지 엔진 위에서 스키마와 쿼리 언어, 인덱싱, 트랜잭션 등의 유용한 기능을 제공하는 애플리케이션이라고 볼 수도 있다.

유연성을 위해 키와 값은 모두 지정된 형식이 없는 임의의 바이트 시퀀스가 될 수 있다. 이들의 순서와 표현 방식은 상위 레벨 서브시스템에서 정의한다. 예를 들어 한 테이블의 키는 int32(32비트 정수형)로 서상하고 다른 테이블의 키는 ascii(ASCII 문자열) 코드로 저장할 수 있다. 스토리지 엔진 관점에서 두 키는 모두 직렬화된 값일 뿐이다.

버클리DB[BerkeleyDB]와 레벨DB[LevelDB]에서 파생된 락스DB[RocksDB]와 LMDB 그리고 이들에서 파생된 limdbx와 소피아[Sophia], 헤일로DB[HaloDB] 등의 스토리지 엔진은 모두 기반 DBMS와 독립적으로 개발됐다. 데이터베이스 개발자는 플러그형 스토리지 엔진을 사용해 데이터베이스 시스템을 구현할 수 있기 때문에 다른 서브시스템 개발에 집중할 수 있다.

데이터베이스 시스템 컴포넌트를 명확히 분리하면 사용 목적에 더 적합한 엔진을 선택할 수 있다. 유명한 DBMS MySQL에는 InnoDB와 MyISAM, RocksDB(MyRocks 배포본)를 비롯한 여러 스토리지 엔진이 있다. 몽고DB[MongoDB]의 경우 와이어드타이거[WiredTiger]와 인메모리[In-Memory], MMAPv1(현재는 단종됨) 스토리지 엔진 중 선택할 수 있다.

데이터베이스 비교

데이터베이스 시스템 선택은 장기적인 결과를 초래할 수 있다. 만약 성능, 일관성 문제 또는 운영의 어려움으로 인해 데이터베이스를 교체해야 할 경우 마이그레이션이 쉽지 않을 수 있기 때문에 개발 초기 단계에 이와 같은 문제를 감지할 수 있어야 한다. 최악의 경우 애플리케이션 코드의 많은 부분을 수정해야 할 수도 있다.

모든 데이터베이스 시스템에는 장단점이 있다. 값비싼 마이그레이션 비용을 지불하지 않으려면 선택한 데이터베이스가 애플리케이션의 요구 사항을 충족하는지 충분한 시간을 투자해 조사해야 한다.

컴포넌트(예를 들어 사용하는 스토리지 엔진 종류와 데이터를 공유, 복사 및 분산 저장하는 방법), 순위(소트웍스[ThoughtWorks]와 같은 컨설팅 기관이나 DB-Engines, Database of Databases 등의 데이터베이스 비교 웹사이트에서 제공하는 데이터베이스 인기 순위) 또는 지원하는 언어(C++, 자바, Go 등의 프로그래밍 언어)를 기준으로 데이터베이스를 비교하는 것은 올바르지 않을 수 있다. 이와 같은 방법은 HBase와 SQLite의 비교와 같은 더 상위 개념 비교에 적합하다. 데이터베이스의 작동 방식과 내부 구조에 대한 사소한 지식이라도 데이터베이스를 선택하는 데 도움이 될 수 있다.

데이터베이스를 비교하기 전에 먼저 목표를 명확하게 해야 한다. 작은 편견이라도 결정을 완전히 뒤집을 수 있기 때문이다. 이미 파악된 워크로드를 처리하거나 목표 수치를 달성할 수 있는 데이터베이스를 찾는다면 동일한 워크로드를 여러 데이터베이스에서 시뮬레이션하고 중요한 성능 메트릭을 측정하고 비교해야 한다. 특히 성능과 확장성에 관련된 문제는 시간이 지나거나 사용량이 증가했을 때 나타난다. 잠재적인 문제를 감지하려면 실제 운영 환경과 최대한 유사한 환경에서 오랫동안 테스트하는 것이 가장 좋다.

실제 워크로드를 시뮬레이션하면 데이터베이스의 작동 방식뿐만 아니라 운영과 디버깅 방법을 배울 수 있고 관련 커뮤니티가 얼마나 우호적이고 유용한지도 알 수 있다. 데이터베이스를 선택할 때 여러 요소를 고려해야 하며 성능이 가장 중요한 요소가 아닐 수도 있다. 데이터가 손실되는 데이터베이스보다 데이터 저장이 느린 데이터베이스가 훨씬 더 유용하다.

데이터베이스를 비교하려면 사용 목적을 구체적으로 파악하고 다음 변수를 미리 정의하고 예측해야 한다.

- 스키마와 레코드 크기
- 클라이언트 수
- 쿼리 형식과 접근 패턴
- 읽기와 쓰기 쿼리 비율
- 위 변수들의 변동폭

위 변수들을 미리 정의할 수 있다면 다음 질문에 대해서도 답할 수 있을 것이다.

- 요청된 쿼리를 수행할 수 있는가?
- 데이터를 모두 저장할 수 있는가?
- 단일 노드는 몇 건의 읽기와 쓰기 요청을 처리할 수 있는가?
- 시스템에는 몇 개의 노드가 필요한가?

- 데이터 증가 추세에 맞춰 클러스터를 확장할 수 있는가?
- 유지보수는 어떻게 할 것인가?

위 질문에 답할 수 있다면 테스트 클러스터를 구성하고 워크로드를 시뮬레이션해도 된다. 대부분의 데이터베이스는 특정 사용 패턴을 재현할 수 있는 부하 테스트 툴을 제공한다. 만약 현실적인 임의의 워크로드를 생성하는 표준 부하 테스트 툴이 없다면 문제가 될 것이다. 표준 툴을 사용할 수 없는 상황이라면 다른 범용 툴을 사용하거나 직접 구현해야 한다.

테스트 결과가 긍정적일 경우 해당 데이터베이스의 소스 코드를 분석하는 것도 도움이 될 수 있다. 데이터베이스의 구조를 파악하고 각 컴포넌트에 해당하는 코드를 찾을 수 있어야 한다. 데이터베이스의 소스 코드를 대략적으로 파악해두면 데이터베이스가 생성하는 로그와 시스템 설정 값의 의미를 더 잘 이해할 수 있다. 나아가 애플리케이션과 데이터베이스 자체의 문제를 찾는 데에도 도움이 될 것이다.

블랙박스처럼 데이터베이스도 내부를 볼 수 없다면 편리하겠지만 일반적으로 버그와 정전, 성능 저하와 같은 문제는 언젠가는 발생하기 때문에 미리 대비해야 한다. 데이터베이스의 내부 구조를 이해하면 비즈니스 리스크를 줄일 수 있고 복구 시간을 단축할 수 있다.

야후 클라우드 서빙 벤치마크^{YCSB, Yahoo! Cloud Serving Benchmark}는 대표적인 벤치마킹 및 성능 측정 툴이다. YCSB는 여러 종류의 데이터 스토어를 테스트할 수 있는 워크로드 세트와 프레임워크를 제공한다. 하지만 이런 보편적인 툴은 잘못된 결론을 도출할 수 있기 때문에 주의해서 사용해야 한다. 데이터베이스를 올바르게 비교하고 선택하기 위해서는 충분한 시간을 투자해 실제 운영 환경을 파악하고 그에 맞는 벤치마킹을 수행해야 한다.

TPC-C 벤치마크

트랜잭션 처리 성능 평의회[TPC, Transaction Processing Performance Council]는 데이터베이스 개발업체가 자사 제품의 성능을 비교하고 홍보하기 위해 사용할 수 있는 여러 벤치마크를 제공한다. TPC-C는 온라인 트랜잭션 처리[OLTP, online transaction processing] 벤치마크로서 일반적인 애플리케이션의 워크로드를 시뮬레이션할 수 있는 읽기 전용 트랜잭션과 업데이트 트랜잭션으로 구성된다.

TPC-C는 동시 수행 트랜잭션의 성능과 정확성을 평가한다. 성능을 측정하는 가장 중요한 지표는 데이터베이스 시스템이 분당 처리할 수 있는 트랜잭션 수를 나타내는 처리량[throughput]이다. 모든 트랜잭션은 ACID 속성을 보장하며 벤치마크에 정의된 기준을 따른다.

TPC-C는 특정 비즈니스 분야를 위한 벤치마크가 아니다. OLTP 데이터베이스 기반의 애플리케이션에서 주로 사용되는 작업 패턴들을 포함한다. 웨어하우스, 재고(인벤토리), 고객, 주문 정보 등을 여러 테이블에 저장하고, 테이블 구조 및 트랜잭션 정의, 테이블당 최소 레코드 수, 데이터 지속성과 관련된 제약 조건 등이 정의돼 있다.

벤치마크는 데이터베이스 비교에만 사용되지 않는다. 서비스 수준 협약서[SLA, Service-Level Agreement][1]의 세부 내용을 정의 및 테스트하고 시스템 요구 사항 파악과 사용량 예측 등에도 사용된다. 사전에 데이터베이스에 대한 정보를 최대한 많이 습득할수록 실제 운영 시 시간을 절약할 수 있다.

데이터베이스 선택은 장기적인 결정이다. 최신 버전에 정확히 무엇이 변경됐고 왜 변경됐는지 파악하고 업그레이드 전략을 세워 두는 것이 좋다. 최신 버전은 일반적으로 버그와 보안 이슈에 대한 개선 사항을 포함하지만 새로운 버그, 성능 저하 또는 예기치 않은 문제가 발생할 수 있기 때문에 반드시 먼저 테스트를 수행해야 한다. 데이터베이스 개발업체가 지금까지 어떤 방식으로 업그레이드를 해왔는지 확인하면 앞으로의 업그레이드 방향을 미리 예측할 수 있다. 이전 업그레이드에 문제가 없었다고 해서 향후에도 그럴 것이라는 보장은 없지만 문제가 많았다면 앞으로도 문제가 발생할 수 있다는 뜻일 수도 있다.

---

1 제공하는 서비스의 품질에 대한 제공자의 약속이다. SLA는 레이턴시와 처리량, 지터, 장애 발생 빈도 등의 정보를 포함한다.
   – 옮긴이

장단점 비교

사용자에게는 데이터베이스가 각 환경에서 어떻게 작동하는지가 중요하다. 반면 데이터베이스 개발자는 데이터베이스의 작동 방식을 직접 정의해야 한다.

스토리지 엔진을 설계하는 일은 기본 자료 구조를 구현하는 것보다 훨씬 더 복잡하다. 개발 초기에 세부 사항을 모두 파악하는 것은 쉽지 않고, 고려해야 할 특수 상황도 많기 때문이다. 물리적 데이터 레이아웃 설계와 포인터 관리, 직렬화 방식 및 데이터 가비지 컬렉션 방식 정의, 데이터베이스 시스템의 시맨틱에 맞는 스토리지 엔진 구현, 동시성 지원은 모두 중요하며 어떤 상황에서도 데이터가 손실되지 않게 해야 한다.

결정해야 할 사항이 많을 뿐만 아니라 대부분의 결정은 절충적이다. 예를 들어 레코드를 데이터베이스에 삽입 순서대로 저장할 경우 빠르게 저장할 수 있지만, 사전순으로 검색할 경우 클라이언트에 반환하기 전에 재정렬해야 한다. 앞으로 설명할 스토리지 엔진은 다양한 방식으로 설계할 수 있으며 방식마다 장단점이 있다.

스토리지 엔진을 비교할 때 장점과 단점을 모두 살펴봐야 한다. 예측할 수 있는 모든 상황에 적합한 최적의 스토리지 엔진이 있다면 고민할 필요가 없겠지만 현실적으로 불가능하기 때문에 워크로드와 사용 사례를 토대로 신중하게 결정해야 한다.

스토리지 엔진은 C 언어와 같은 저수준 언어부터 자바와 같은 고수준 언어까지 다양한 종류의 언어로 구현되고 각종 자료 구조를 사용한다. 모든 스토리지 엔진에는 유사한 문제와 제약 조건이 있다. 특정 인구수를 기준으로 도시를 설계한 뒤 건물을 위로 높일지 또는 외곽으로 영역을 확장할지 결정하는 도시 계획 문제와 비교할 수 있다. 높이를 올리면 아파트에 사는 인구가 늘어나고 높은 인구밀도로 인해 교통 혼잡이 발생하게 된다. 도시의 영역을 확장할 경우 주택에 사는 인구가 늘어나는 대신 통근 거리가 증가한다.

스토리지 엔진 개발자의 설계에 따라 일부 엔진은 읽기와 쓰기 레이턴시를 최소화하고, 일부는 저장량(노드별로 저장된 데이터의 양)을 극대화하며, 또 다른 일부는 유지관리를 간소화한다.

시스템 구현에 필요한 전체 알고리즘과 참고문헌은 각 장의 요약에 정리했다. 이 책은 여러 종류의 데이터베이스 시스템을 비교하고 각 시스템의 개념을 이해하는 데 도움이 될 것이다.

1장

소개 및 개요

데이터베이스 관리 시스템의 용도는 다양하다. 일시적인 핫[hot] 데이터를 저장하는 데 쓰이기도 하고 장기 보관용 콜드[cold] 데이터 스토리지로 쓰이기도 한다. 복잡한 쿼리 분석을 지원하는 시스템도 있는가 하면, 키[key]로만 값을 액세스할 수 있는 스토어도 있다. 어떤 DBMS는 시계열 데이터 저장에 최적인 반면 블랍(blob: binary large object, 대형 이진 객체) 형태의 데이터를 저장하는 데 효율적인 DBMS도 있다. 1장에서는 이런 용도의 차이를 구분할 수 있도록 간략한 분류와 개괄적인 내용을 소개한다. 앞으로 어떤 내용을 다루는지 알 수 있을 것이다.

완전한 문맥 없이 용어를 접하면 의미가 모호하고 이해하기 힘들 수 있다. 예를 들어 칼럼 스토어[column store]와 와이드 칼럼 스토어[wide column store]는 서로 거의 연관성이 없다. 반면 클러스터형 인덱스[clustered index]와 비클러스터형 인덱스[non-clustered index]는 공통적으로 인덱스 구조형 테이블[index-organized table]과 연관된다. 1장에서 이렇게 혼동되는 용어들을 정리하고 정확한 정의를 알아보겠다.

먼저 DBMS의 전체적인 구조에 대해 설명한 다음 각 컴포넌트의 역할을 알아볼 것이다. 나아가 저장 매체('인메모리 DBMS 대 디스크 기반 DBMS' 절 참고)와 레이아웃('칼럼형 DBMS 대 로우형 DBMS' 절 참고) 관점에서 각 DBMS의 차이점도 알아본다.

저장 매체와 레이아웃이 DBMS의 유일한 분류법은 아니며, 그 외에도 다양한 방식으로 분류할 수 있다. 예를 들어 DBMS를 다음과 같이 세 가지로 분류하는 문헌도 있다.

온라인 트랜잭션 처리(OLTP) 데이터베이스

대량의 사용자 요청과 트랜잭션을 처리한다. 쿼리는 미리 정의돼 있고 짧다.

온라인 분석 처리(OLAP) 데이터베이스

복잡한 집계 작업을 처리한다. 분석과 데이터 웨어하우스에 주로 사용되고 많은 시간이 소요되는 복잡한 임의적인(ad-hoc) 쿼리 처리에 적합하다.

하이브리드 트랜잭션/분석 처리(HTAP) 데이터베이스

OLTP와 OLAP 데이터베이스의 특성을 합친 데이터베이스다.

이 외에도 키-값 스토어와 관계형 데이터베이스, 문서형document 데이터베이스, 그래프 데이터베이스 등의 다양한 데이터베이스가 있다. 이 책에서는 독자가 이미 데이터베이스에 대한 개념과 기능을 이해한다고 가정하고 이러한 개념들을 일일이 설명하지는 않겠다. 이 책에서 다루는 주제는 대부분의 데이터베이스에 폭넓게 적용해 사용할 수 있는 일반적인 개념이기 때문에 완전한 분류법이 앞으로의 논의에 중요하지는 않다.

1부에서는 저장 구조와 인덱스 구조를 중점적으로 설명하므로 고수준 자료 구조 그리고 데이터 파일과 인덱스 파일의 관계를 이해해야 한다('데이터 파일과 인덱스 파일' 절 참고).

마지막 절 '버퍼링, 불변성, 순서화'에서는 효율적인 스토리지를 설계하는 데 많이 사용되는 세 기법이 데이터베이스의 설계와 구현에 어떤 영향을 미치는지 알아본다.

DBMS 구조

표준화된 DBMS 구조란 존재하지 않는다. 모든 데이터베이스 구조는 다르고 내부 컴포넌트의 경계를 명확히 나누고 정의하기 어렵다. 프로젝트 문서 등에 기재된 설명과 달리 성능 최적화와 에지 케이스 처리 또는 설계적 이유로 코드 레벨에서 여러 컴포넌트를 결합하기도 한다.

DBMS 구조에 대한 설명([HELLERSTEIN07], [WEIKUM01], [ELMASRI11], [MOLINA08])을 보면 컴포넌트와 컴포넌트 간의 관계에 대한 정의가 다르다. 그림 1-1은 공통된 정의를 나타낸다.

DBMS는 클라이언트/서버 모델을 기반으로 한다. 데이터베이스 인스턴스(노드)와 애플리케이션 인스턴스는 각각 서버와 클라이언트 역할을 한다.

클라이언트의 요청은 트랜스포트transport 서브시스템을 통해 전달된다. 요청은 쿼리 형태이고 주로 특정 쿼리 언어로 표현한다. 트랜스포트 서브시스템은 데이터베이스 클러스터 노드 사이의 통신에도 사용된다.

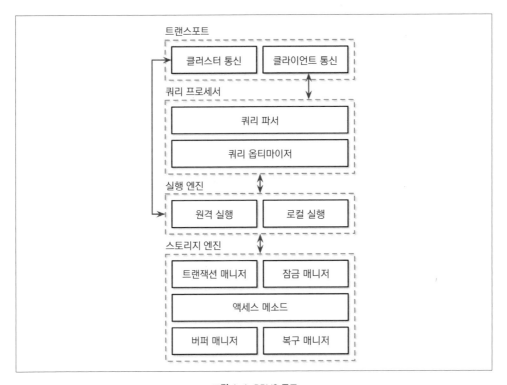

그림 1-1 DBMS 구조

트랜스포트 서브시스템은 쿼리를 쿼리 프로세서에 전달한다. 쿼리 프로세서는 쿼리를 해석, 분석 및 검증한다. 쿼리의 의미를 파악한 뒤에 액세스 제어를 진행할 수 있다.

분석된 쿼리는 쿼리 옵티마이저에 전달된다. 쿼리에서 논리적으로 불가능한 부분과 중복을 제거한 뒤에 내부 데이터 통계(인덱스 카디널리티와 교집합 크기 등)와 데이터 위치(클러스터 내 데이터 저장 위치와 전송 비용) 등을 기반으로 가장 효율적인 쿼리 실행 계획을 생성한다. 옵티마이저는 쿼리 수행에 필요한 관계형 연산을 종속 트리$^{dependency\ tree}$로 변환하는 일 외에도 인덱스 순서 선택과 카디널리티 예측, 액세스 메소드 선택 등의 최적화 단계를 처리한다.

쿼리는 일반적으로 실행 계획$^{execution\ plan,\ query\ plan}$ 형태로 표현한다. 실행 계획은 쿼리가 요구하는 결과를 도출하는 데 수행해야 하는 일련의 작업이다. 같은 쿼리라도 여러 다른 실행 계획이 존재할 수 있으며 옵티마이저는 이 가운데 가장 효율적인 실행 계획을 선택한다.

선택된 실행 계획은 로컬 및 원격 실행의 결과를 결합하는 실행^{execution} 엔진이 수행한다. 원격 실행은 클러스터 내 여러 노드 사이의 데이터 읽기, 쓰기 및 복제^{replication}를 포함한다.

(클라이언트 또는 다른 노드가 요청한) 로컬 쿼리는 스토리지 엔진이 수행한다. 스토리지 엔진은 다음과 같이 명확한 역할을 담당하는 컴포넌트로 구성된다.

- 트랜잭션 매니저$^{transaction\ manager}$: 트랜잭션을 스케줄링하고 데이터베이스 상태의 논리적 일관성을 보장한다.
- 잠금 매니저$^{lock\ manager}$: 트랜잭션에서 접근하는 데이터베이스 객체에 대한 잠금을 제어한다. 동시 수행 작업이 물리적 데이터 무결성을 침해하지 않도록 제어한다.
- 액세스 메소드$^{access\ method}$: 디스크에 저장된 데이터에 대한 접근 및 저장 방식을 정의한다. 힙 파일과 B-트리 또는 LSM 트리 등의 자료 구조를 사용한다.
- 버퍼 매니저$^{buffer\ manager}$: 데이터 페이지를 메모리에 캐시한다.
- 복구 매니저$^{recovery\ manager}$: 로그를 유지 관리하고 장애 발생 시 시스템을 복구한다.

트랜잭션과 잠금 매니저는 동시성을 제어한다. 논리적 및 물리적 데이터 무결성을 보장하고 동시 수행 작업의 효율적인 수행을 담당한다.

인메모리 DBMS 대 디스크 기반 DBMS

DBMS는 데이터를 메모리와 디스크에 저장한다. 인메모리 DBMS(메인 메모리 기반 DBMS)는 메모리에 데이터를 저장하고 디스크는 복구와 로그 저장 용도로 사용한다. 반면 디스크 기반 DBMS는 대부분의 데이터를 디스크에 저장하고 메모리는 캐시 또는 임시 저장 용도로 사용한다. 두 형식 모두 디스크를 사용하지만 인메모리 DBMS는 대부분의 데이터를 RAM에 저장한다.

메모리는 디스크보다 훨씬 더 빠르게 데이터에 접근할 수 있다. 따라서 메모리를 기본 스토리지로 사용하는 것이 더 효율적이다. 메모리 가격이 하락하면 비용 면에서도 현실적으로 타당해진다. 하지만 SSD와 HDD의 가격은 RAM보다 월등히 낮다.

인메모리 데이터베이스는 디스크 기반 데이터베이스와 비교해 기본 저장 매체뿐만 아니라 내부 자료 구조와 설계 및 최적화 방식도 모두 다르다.

메모리를 주 저장 매체로 사용하는 이유는 성능과 상대적으로 낮은 데이터 접근 비용 그리고 세밀한 접근 단위 때문이다. 메모리 제어가 디스크 제어보다 프로그래밍적으로 더 간단하기도 하다. OS의 메모리 추상화를 통해 개발자는 임의의 메모리 청크^{chunk}를 할당하고 해제하는 작업 정도로 메모리를 간단하게 제어할 수 있다. 반면 디스크는 데이터 참조와 직렬화 포맷 설정, 메모리 해제, 메모리 단편화 등의 이슈를 모두 직접 관리해야 한다.

인메모리 데이터베이스의 가장 큰 단점은 RAM의 휘발성(데이터가 유지되지 않음)과 높은 가격이다. RAM에 저장된 데이터는 영구적이지 않기 때문에 소프트웨어 오류 및 장애, 하드웨어 장애, 정전 등으로 인해 데이터가 손실될 수 있다. 무정전 전원 장치와 배터리 장착 RAM을 사용해 데이터를 영구 저장할 수 있지만 추가적인 하드웨어와 관리가 필요하다. 따라서 디스크는 메모리보다 유지관리 측면에서 더 간단하고 비용이 낮다.

비휘발성 램$^{NVM, Non-Volatile Memory}$[ARULRAJ17] 기술이 더 대중화되면 이런 상황은 뒤바뀔 수 있다. NVM 스토리지는 구현 방식에 따라 읽기와 쓰기 레이턴시의 불균형이 완전히 해소되거나 줄어들게 되며, 읽기와 쓰기 성능이 높고 바이트 주소로 메모리에 바로 접근할 수 있다.

인메모리 데이터베이스의 지속성

인메모리 DBMS는 데이터의 지속성을 보장하고 데이터 손실을 방지하기 위해 데이터를 디스크에 백업한다. 지속성을 보장하지 않고 모든 데이터를 메모리에 저장하는 데이터베이스도 있으나, 이 책에서 다루지는 않는다.

모든 작업은 로그 파일에 작업 내용을 순차적으로 기록해야 완료된다. 선행 기록 로그$^{write-ahead log}$는 '복구' 절에서 자세히 설명한다. 인메모리 시스템에서는 시스템 시작과 복구 시 모든 로그를 재수행하지 않기 위해 백업본을 유지한다. 백업본은 디스크 기반 자료 구조에 순서대로 저장하는데, 일반적으로 수정 내용은 비동기적으로 갱신하며(클라이언트 요청과 독립적으로 실행) I/O 작업을 최소화하기 위해 배치 단위로 백업한다. 데이터 복구 시 백업본과 로그를 기반으로 데이터를 재구성한다.

로그 레코드는 일반적으로 배치 단위로 백업한다. 배치 작업이 완료되면 백업본은 특정 시점의 데이터베이스의 스냅숏^{snapshot}이기 때문에 이 시점 이전의 로그는 삭제해도 된다. 이러한 작업을 가리켜 체크포인트^{checkpoint}를 남긴다고 표현한다. 클라이언트의 요청을 블로킹하지 않고 디스크에 저장된 백업본을 최신 로그 데이터와 동기화하면 복구 시간을 단축할 수 있다.

 인메모리 DBMS는 큰 페이지 캐시를 사용하는 디스크 기반 DBMS와 같아 보일 수 있다. 하지만 디스크 기반 DBMS는 페이지 전체를 메모리에 캐시해도 직렬화(serialization)와 데이터 레이아웃을 유지하는 오버헤드가 있어 인메모리 DBMS의 성능을 능가할 수 없다.

디스크 기반 DBMS는 디스크 접근에 특화된 특수한 자료 구조를 사용한다. 메모리는 포인터를 사용해 비교적으로 빠르게 참조할 수 있고 랜덤 메모리 접근 속도는 랜덤 디스크 접근보다 월등히 빠르다. 디스크 기반 자료 구조는 넓고 낮은 트리인 반면 인메모리 자료 구조는 다양한 형태가 존재한다. 나아가 디스크에서는 구현이 불가능하거나 어려운 방식으로 최적화할 수 있다[MOLINA 92]. 디스크에서는 가변 크기의 데이터 제어가 복잡하지만 메모리에서는 포인터를 사용해 쉽게 제어할 수 있다.

일반적으로 데이터 전체를 메모리에 저장할 수 있다고 가정해도 된다. 학생부와 기업 고객 정보, 온라인 쇼핑몰 재고 현황 등의 데이터 크기는 보통 수 Kb 이내이며 레코드 수도 한정적이다.

칼럼형 DBMS 대 로우형 DBMS

대부분의 데이터베이스는 열과 행으로 구성된 테이블에 데이터 레코드를 저장한다. 필드는 행과 열의 교차점이며 특정 자료형의 단일 값이다. 예를 들어 사용자 정보 테이블의 모든 사용자 이름은 같은 형식으로 같은 칼럼^{column}에 저장한다. 논리적으로 같은 레코드에 속하는 값의 집합(보통 키로 구분)을 로우^{row}라고 부른다.

데이터를 디스크에 저장하는 방식에 따라 데이터베이스를 분류할 수 있다. 칼럼 저장 방식은 테이블을 수직 분할(같은 칼럼에 속하는 값들을 함께 저장)하고 로우 저장 방식은 수평 분할(같은 로우에 속하는 값들을 함께 저장)한다. 그림 1-2의 (a)는 칼럼 저장 방식, (b)는 로우 저장 방식을 나타낸다.

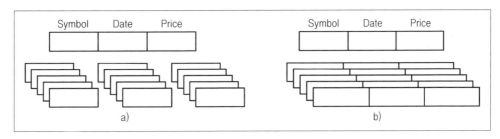

그림 1-2 칼럼형과 로우형 DBMS의 데이터 레이아웃

MySQL과 PostgreSQL 등 대부분의 전통적인 관계형 데이터베이스는 로우형 DBMS다. MonetDB와 C-Store(Vertica의 오픈소스 버전)는 선구적인 칼럼형 오픈소스 데이터베이스다.

로우형 데이터 레이아웃

로우형 DBMS는 데이터 레코드를 로우 형식으로 저장한다. 표와 비슷한 형태로 데이터를 표현하며 모든 로우의 구성 필드는 같다. 예를 들어 사용자의 이름과 생년월일, 전화번호를 다음과 같이 저장할 수 있다.

```
| ID | Name | Birth Date  | Phone Number  |
| 10 | John | 01 Aug 1981 | +1 111 222 333 |
```

```
| 20 | Sam   | 14 Sep 1988 | +1 555 888 999 |
| 30 | Keith | 07 Jan 1984 | +1 333 444 555 |
```

이 방식은 여러 필드(이름, 생년월일, 전화번호)의 값을 고유 식별 키(순차적으로 증가하는 수)로 구분할 수 있는 레코드 형식에 적합하다. 특정 사용자의 모든 필드는 일반적으로 함께 요청되는 경우가 많다. (예를 들어 사용자 가입 폼 작성 시) 레코드를 생성할 때에도 레코드의 모든 필드를 함께 쓴다. 이와 더불어 각 필드는 개별적으로 수정할 수 있다.

로우형 DBMS는 한 개의 로우씩 접근하는 경우 적합하다. 로우 단위로 저장하면 공간 지역성spatial locality을 극대화할 수 있다[DENNING 68].

디스크와 같은 반영구적 저장 매체에 저장된 데이터는 블록 단위(최소 접근 단위)로 접근하기 때문에 한 블록에 모든 칼럼의 값을 저장한다. 따라서 특정 사용자의 모든 정보를 읽을 때는 효율적이지만 (예를 들어 전화번호 같은) 여러 사용자의 특정 필드를 읽을 때는 비효율적이다. 요청하지 않은 필드까지 페이징하기 때문이다.

칼럼형 데이터 레이아웃

칼럼형 DBMS는 데이터를 로우 단위가 아니라 수직 분할해 (즉, 칼럼 단위로) 저장한다. 로우를 연속해 저장하는 방식과 달리 같은 칼럼끼리 디스크에 연속해 저장하는 방식이다. 예를 들어 주식 정보는 주식 시세만 따로 모아서 저장하는 것이 더 효율적이다. 칼럼별로 다른 파일 또는 세그먼트에 저장하면 효율적으로 데이터를 칼럼 단위로 읽을 수 있다. 쿼리에 명시되지 않은 칼럼까지 포함해 로우 전체를 읽지 않아도 된다.

칼럼형 DBMS는 데이터의 추세와 평균 등을 계산하는 집계 분석 작업에 적합하다. 복잡한 집계 작업에서는 여러 필드 중 일부 중요도가 높은 필드(예를 들어 주식 시세)별로 읽는 경우가 많다.

주식 시세는 논리적 관점에서 다음과 같이 테이블로 표현할 수 있다.

```
| ID | Symbol | Date        | Price     |
| 1  | DOW    | 08 Aug 2018 | 24,314.65 |
```

```
| 2  | DOW  | 09 Aug 2018 | 24,136.16 |
| 3  | S&P  | 08 Aug 2018 | 2,414.45  |
| 4  | S&P  | 09 Aug 2018 | 2,232.32  |
```

칼럼형 DBMS는 위 테이블을 칼럼별로 모아서 완전히 다른 방식으로 저장한다.

```
Symbol: 1:DOW; 2:DOW; 3:S&P; 4:S&P
Date: 1:08 Aug 2018; 2:09 Aug 2018; 3:08 Aug 2018; 4:09 Aug 2018
Price: 1:24,314.65; 2:24,136.16; 3:2,414.45; 4:2,232.32
```

칼럼형 DBMS에서 조인과 필터링, 다중 로우 집계 등을 위해 튜플을 재구성하려면 칼럼 사이의 관계를 정의하는 메타데이터가 필요하다. 따라서 각 값마다 중복 저장된 키로 인해 데이터가 증가한다. 일부 칼럼형 DBMS는 가상 식별자를 저장하고 값의 위치(오프셋)를 기반으로 튜플을 재구성한다.

최근 몇 년 동안 대용량 데이터에 대한 복잡한 분석 쿼리 사용이 늘어나고 있고 아파치 파케이[Parquet]와 아파치 ORC, RCFile과 같은 칼럼 기반 파일 포맷과 아파치 쿠두[Kudu]와 클릭하우스[ClickHouse] 등의 칼럼형 DBMS가 각광받고 있다.

차이점과 최적화 기법

로우형 DBMS와 칼럼형 DBMS의 차이점을 데이터를 저장하는 방식만으로 설명하기에는 부족한 부분이 많다. 데이터 레이아웃은 칼럼형 DBMS에서 목표하고 있는 여러 최적화 단계 중 하나일 뿐이다.

같은 칼럼의 여러 값을 한 번에 읽으면 캐시 활용도와 처리 효율성이 높아진다. 특히 최신 CPU는 벡터 연산을 통해 한 번의 CPU 명령어로 많은 데이터를 처리할 수 있다[DREP-PER07].

자료형별로 (예를 들어 정수 또는 문자열끼리) 저장하면 압축률도 증가한다. 다양한 압축 알고리즘 중에서 해당 자료형에 가장 효과적인 기법을 선택할 수도 있다.

칼럼형과 로우형 DBMS 중 어떤 것을 사용할지 선택하려면 먼저 액세스 패턴을 파악해야 한다. 데이터를 레코드 단위(예를 들어 모든 칼럼 또는 대부분의 칼럼을 요청하는 경우)로 접근하고 일빈 귀리와 빔위 스캔 요청이 많다면 로우형 DBMS가 적합하다. 반면 많은 로우를 스캔하거나 일부 칼럼에 대한 집계 작업이 많다면 칼럼형 DBMS가 더 적합할 수 있다.

와이드 칼럼 스토어

빅테이블^{BigTable}과 HBase와 같은 와이드 칼럼 스토어는 일반적인 칼럼형 DBMS와는 구분해야 한다. 와이드 칼럼 스토어^{wide column store}는 데이터를 다차원 맵으로 표현하고 여러 칼럼을 칼럼 패밀리(같은 자료형의 집합) 단위로 저장한다. 칼럼 패밀리의 데이터는 로우 형식으로 저장한다. 이 방식은 키 단위 액세스 패턴에 적합하다.

이 방식의 가장 대표적인 구현은 빅테이블 논문[CHANG06]에서 설명한 웹테이블^{Webtable}이다. 웹테이블은 웹페이지의 내용과 속성의 스냅숏을 시간별로 저장한다. 역순 URL^{reversed URL}을 페이지 식별자로 사용하고 시간별로 각 속성(페이지 내용과 앵커, 페이지 링크 등)의 스냅숏을 생성한다. 그림 1-3과 같이 데이터를 중첩 맵으로 표현한다.

```
{
    "com.cnn.www": {
        contents: {
            t6: html: "<html>..."
            t5: html: "<html>..."
            t3: html: "<html>..."
        }
        anchor: {
            t9: cnnsi.com: "CNN"
            t8: my.look.ca: "CNN.com"
        }
    }
    "com.example.www": {
        contents: {
            t5: html: "<html>..."
        }
        anchor: {}
    }
}
```

그림 1-3 웹테이블의 개념 구조

웹테이블은 다차원 맵에 데이터를 정렬해서 저장하고 계층 인덱스를 생성한다. 역순 URL과 시간별 내용 또는 앵커 스냅숏을 기반으로 특정 페이지의 정보를 검색할 수 있다. 각 로우는 로우 키^{row key}와 매핑하고 관련 있는 칼럼끼리 칼럼 패밀리(contents와 anchor 필드) 단위로 저장한다. 칼럼 패밀리의 칼럼은 칼럼 패밀리 이름과 수식자(html, cnnsi.com, my.look.ca)로 구성된 칼럼 키^{column key}로 식별할 수 있다. 칼럼 패밀리는 시간별로 여러 버전의 데이터를 유지한다. 이 자료 구조를 사용해 상위 레벨 요소(웹페이지)와 관련된 변수(여러 버전의 내용과 링크)를 검색할 수 있다.

와이드 칼럼 스토어의 논리적 구조는 이해하기 쉽지만 실제 저장 방식은 복잡하다. 그림 1-4는 칼럼 패밀리의 키 단위로 묶어서 저장하는 방식을 나타낸다.

칼럼 패밀리: **contents**

로우 키	타임스탬프	수식자	값
com.cnn.www	t3	html	"<html>..."
com.cnn.www	t5	html	"<html>..."
com.cnn.www	t6	html	"<html>..."
com.example.www	t5	html	"<html>..."

칼럼 패밀리: **anchor**

로우 키	타임스탬프	수식자	값
com.cnn.www	t8	cnnsi.com	"CNN"
com.cnn.www	t5	my.look.ca	"CNN.com"

그림 1-4 웹테이블의 물리적 구조

데이터 파일과 인덱스 파일

데이터베이스 시스템의 주목적은 데이터를 저장하고 빠르게 데이터를 검색하는 것이다. 그러려면 데이터를 어떤 구조로 저장해야 할까? 왜 데이터를 단순히 여러 파일에 나눠 저장하지 않고 데이터베이스 시스템이란 것을 사용할까? 파일 구조가 효율성에 어떤 영향을 미칠까?

데이터베이스 시스템은 데이터를 파일에 저장한다. 하지만 디렉터리와 파일 구조 기반의 파일시스템 대신 구현 방식에 맞는 특수한 포맷을 사용한다. 일반 파일을 사용하지 않는 이유는 다음과 같다.

저장 효율성

데이터 레코드의 저장 오버헤드를 최소화하는 방식으로 파일을 구성할 수 있다.

접근 효율성

최소한의 단계로 원하는 레코드를 찾을 수 있다.

갱신 효율성

디스크 쓰기를 최소화하는 방식으로 레코드를 갱신할 수 있다.

데이터베이스 시스템은 여러 필드로 구성된 데이터 레코드를 테이블 형식으로 저장하며, 일반적으로 각 테이블을 별도의 파일에 저장한다. 테이블의 각 레코드는 검색 키로 찾을 수 있다. 레코드의 위치를 찾아내는 데에는 인덱스를 사용한다. 인덱스는 요청마다 테이블 전체를 읽지 않고 데이터를 효율적으로 검색할 수 있는 자료 구조이다. 인덱스는 전체 필드 중 레코드를 식별할 수 있는 필드들의 부분집합을 사용해 구축된다.

데이터베이스 시스템은 데이터 파일과 인덱스 파일을 분리한다. 데이터 파일에는 데이터 레코드를 저장한다. 인덱스 파일에는 레코드에 대한 메타데이터를 저장하고 이를 사용해 데이터 파일에서의 레코드 위치를 찾을 수 있다. 인덱스 파일은 일반적으로 데이터 파일보다 크기가 작다. 파일은 한 개 이상의 디스크 블록으로 이루어진 페이지로 구성된다. 페이지는 일련의 레코드 또는 슬롯 페이지slotted page의 집합이다('슬롯 페이지' 절 참고).

새로운 레코드(삽입)와 업데이트된 레코드는 키–값 쌍의 형식으로 저장한다. 대부분의 최신 데이터베이스 시스템은 데이터를 즉시 페이지에서 삭제하지 않는다. 대신 키와 타임스탬프 등의 삭제 관련 메타데이터를 저장한 삭제 마커deletion marker, 툼스톤(tombstone)를 사용한다. 수정되거나 삭제 마커로 가려진shadowed 레코드는 가비지 컬렉션 중에 최신 레코드로 갱신되며 기존 값은 삭제된다.

데이터 파일

데이터 파일(또는 프라이머리 파일primary file)은 인덱스 구조형 테이블IOT, Index-Organized Table, 힙 구조형 테이블Heap-Organized Table(힙 파일) 또는 해시 구조형 테이블Hash-Organized Table(해시 파일)을 기반으로 한다.

힙 파일은 레코드를 특정 순서를 따르지 않고 대체로 삽입 순서대로 저장한다. 따라서 새로운 페이지가 추가돼도 파일을 재구성하지 않아도 된다. 하지만 데이터 검색 시 데이터의 실제 위치를 가리키는 인덱스가 필요하다.

해시 파일은 레코드를 각 키의 해시 값에 해당하는 버킷에 저장한다. 버킷 내 레코드는 삽입 순서대로 저장하거나 키 순서로 정렬하면 조회 속도를 향상시킬 수 있다.

인덱스 구조형 테이블은 인덱스에 실제 데이터 레코드를 저장한다. 데이터는 키 순서로 정렬되기 때문에 IOT의 범위 스캔은 실제 값을 순서대로 읽으면서 비교한다.

인덱스에 데이터 레코드를 저장하면 디스크 탐색 횟수를 최소 1회 줄일 수 있다. 인덱스에서 키를 찾은 뒤에 실제 데이터 레코드 없이도 바로 데이터를 반환할 수 있다.

실제 데이터 레코드가 다른 파일에 저장돼 있으면 인덱스 파일에 레코드 식별자와 레코드의 위치를 저장해야 한다. 예를 들어 데이터 파일에서 데이터의 위치를 나타내는 오프셋(또는 로우 로케이터$^{row\ locator}$)을 저장하거나 해시 파일의 경우 버킷 ID를 저장한다. IOT는 인덱스와 실제 레코드를 함께 저장한다.

인덱스 파일

인덱스는 디스크에 저장된 데이터 레코드를 효율적으로 검색할 수 있는 자료 구조이다. 인덱스 파일은 데이터 레코드를 식별할 수 있는 키(힙 파일의 경우) 또는 기본 키(IOT의 경우)를 데이터 파일에서 해당 레코드의 위치에 매핑한다.

프라이머리(데이터) 파일에 대한 인덱스를 기본^{primary} 인덱스라고 한다. 일반적으로 기본 인덱스는 기본 키$^{primary\ key}$ 또는 기본 키 역할을 할 수 있는 여러 키의 조합에 대한 인덱스다. 다른 인덱스는 모두 보조^{secondary} 인덱스라고 한다.

보조 인덱스는 데이터 레코드를 직접 가리키거나 해당 레코드의 기본 키를 저장한다. 데이터 레코드 포인터는 힙 파일 또는 IOT의 오프셋이다. 여러 보조 인덱스가 같은 레코드를 가리킬 수 있으며, 하나의 레코드는 여러 다른 필드로 식별될 수 있고 다양한 인덱스를 사용해 검색할 수 있다. 기본 인덱스 파일은 키별로 하나의 레코드만 가리키는 반면, 보조 인덱스는 키별로 여러 레코드를 가리킬 수도 있다[MOLINA08].

실제 데이터 레코드의 정렬 순서와 검색 키의 정렬 순서가 같은 인덱스를 클러스터형^{clustered} 인덱스라고 한다. 클러스터형 인덱스의 데이터 레코드는 보통 같은 인덱스 파일 또는 클러스터형 파일에 정렬해 저장한다. 데이터가 다른 파일에 저장돼 있고 인덱스 키를 기준으로 정렬되지 않은 인덱스는 비클러스터형(unclustered 또는 non-clustered) 인덱스라고 한다.

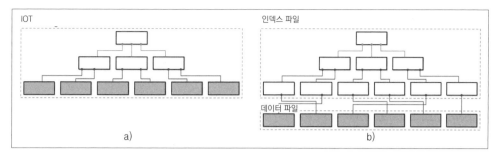

그림 1-5 인덱스 파일에 데이터 레코드를 저장하는 방식과 파일 오프셋을 저장하는 방식
(인덱스 세그먼트는 흰색, 데이터 레코드를 저장하는 세그먼트는 회색으로 표시)

 IOT는 인덱스 정렬 순서대로 데이터를 저장하는 클러스터형 인덱스다. 기본 인덱스는 대부분 클러스터형 인덱스다. 보조 인덱스는 기본 키가 아닌 키로 검색할 때 사용하기 때문에 비클러스터형 인덱스다. 클러스터형 인덱스는 IOT 형식이거나 별도의 인덱스 파일과 데이터 파일로 구성된다.

대부분의 데이터베이스 시스템은 데이터 레코드를 식별할 수 있는 칼럼의 집합을 내부 키로 사용한다. 기본 키를 설정하지 않은 경우 내부적으로 기본 키를 자동 생성한다(MySQL InnoDB는 자동으로 증가하는 정수 칼럼을 생성한다.).

지금까지 설명한 용어는 관계형 데이터베이스(MySQL, PostgreSQL)와 다이나모^{Dynamo} 기반 NoSQL 스토어(아파치 카산드라, 리악^{Riak}), 문서형 데이터베이스(MongoDB) 등의 데이터베이스 시스템에서 같은 의미로 사용된다. 시스템별로 명칭은 다를 수 있지만 개념은 같다.

기본 인덱스를 통한 간접 참조

데이터베이스 개발자 사이에서 데이터 레코드를 직접(파일 오프셋) 참조해야 하는지 아니면 기본 키 인덱스를 통해 접근해야 하는지 의견이 갈린다.

두 방식 모두 장단점이 있고 실제 구현 방식이 중요하다. 데이터를 직접 참조하면 디스크 탐색 오버헤드가 줄어든다. 하지만 레코드를 갱신하거나 위치를 변경할 때마다 포인터를 수정해야 하는 오버헤드가 있다. 기본 인덱스를 통해 간접 참조하면 포인터 갱신 비용이 줄어들지만 레코드 위치를 찾는 과정이 추가된다.

읽기 작업이 많은 워크로드에서는 인덱스 개수가 여러 개여도 괜찮지만, 쓰기 작업이 많은 워크로드에서는 인덱스 개수가 많으면 포인터 갱신이 문제가 될 수 있다. 따라서 일부 시스템은 오프셋 내신 기본 키를 사용해 데이터를 간접 참조한다. 예를 들어 MySQL InnoDB는 기본 인덱스를 사용해 룩업^{lookup}을 두 번 수행한다. 우선 보조 인덱스에서 키를 찾고 기본 인덱스에서 해당 레코드를 참조한다[TARIQ11]. 이 경우 오프셋을 통해 직접 참조하지 않기 때문에 기본 인덱스 룩업 비용이 추가 발생한다.

그림 1-6은 두 가지 방식의 차이점을 나타낸다.

- a) 데이터 파일에서 데이터를 직접 참조한다.
- b) 보조 인덱스는 기본 인덱스를 통해 간접적으로 데이터를 참조한다.

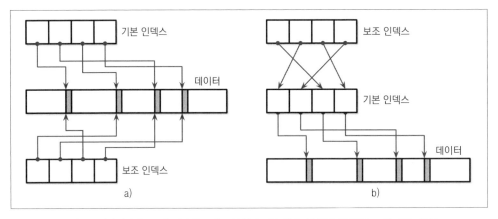

그림 1-6 (a) 데이터 튜플을 직접 참조하는 방식 (b) 기본 인덱스를 통해 간접적으로 참조하는 방식

위의 두 가지를 혼용하는 방식도 있다. 먼저 인덱스에 데이터 파일 오프셋과 기본 키를 모두 저장하고 참조 시 우선 오프셋이 유효한지 확인한 다음, 위치가 변경됐다면 기본 키 인덱스를 통해 데이터를 찾고 새로운 오프셋으로 인덱스를 갱신한다.

버퍼링과 불변성, 순서화

스토리지 엔진은 다양한 자료 구조를 사용한다. 하지만 캐싱과 복구, 트랜잭션 처리 등의 엔진이 처리하는 다양한 작업은 자료 구조만으로 설명할 수 없다.

2장에서는 먼저 B-트리 알고리즘을 설명한 다음('유비쿼터스 B-트리' 절 참고) 변형된 B-트리가 많은 이유와 왜 계속해서 새로운 데이터베이스 자료 구조가 연구되는지 알아볼 것이다.

데이터베이스 자료 구조에는 세 가지 공통점이 있다. 버퍼링을 사용한다(또는 사용하지 않는다)는 점, 불변^{immutable} 파일(또는 가변^{mutable} 파일)을 사용한다는 점, 저장할 때 값의 순서를 유지한다(또는 유지하지 않는다)는 점이다. 이 책에서 설명하는 자료 구조 간의 차이점과 최적화 기법을 다음 세 가지 속성으로 설명할 수 있다.

버퍼링

데이터를 디스크에 쓰기 전에 일부를 메모리에 저장하는 것을 의미한다. 모든 디스크 기반 자료 구조에서는 버퍼를 어느 정도 사용한다. 디스크와 데이터를 주고받는 가장 작은 전송 단위는 블록이므로 블록을 채워서 쓰는 것이 바람직하기 때문이다. 여기서 설명하는 버퍼링은 대체할 수 있지만 일부 스토리지 엔진에서 의도적으로 사용하는 버퍼링을 말한다. 이 책에서 설명하는 최적화 방법 중에 B-트리 노드에 인메모리 버퍼를 추가해 I/O 비용을 낮추는 방법('지연형 B-트리' 절 참고)이 있다. 이외에도 버퍼링을 다양하게 활용할 수 있다. 이를테면 이중 컴포넌트 LSM 트리('이중 컴포넌트 LSM 트리' 절 참고)는 B-트리와 유사한데도 완전히 다른 방식으로 버퍼링을 불변성과 함께 활용한다.

가변성(또는 불변성)

파일 일부를 읽고 갱신한 뒤에 똑같은 자리에 다시 쓸지에 대한 여부를 나타내는 속성이다. 불변 구조에서는 한 번 쓴 파일 내용은 고칠 수 없다. 파일 끝에 내용을 추가하는 추가 전용$^{append-only}$ 구조이다. 불변성은 다양한 방법으로 구현할 수 있다. 한 가지 방식은 쓰기 시 복사$^{copy-on-write}$ 방식('Copy-on-Write' 절 참고)이다. 이 방식에서는 갱신된 버전의 레코드를 갖고 있는 수정된 페이지를 원래의 위치가 아니라 해당 파일 내 새로운 위치에 저장한다. LSM 트리와 B-트리의 차이점을 보통 불변성과 인플레이스$^{in-place}$ 업데이트라고 생각하지만 불변 B-트리도 존재한다.

순서화

디스크 페이지에 데이터 레코드를 키 순서로 저장하는 것을 의미한다. 정렬 순서상 인접한 키는 디스크의 연속된 세그먼트에 저장된다. 순서화는 특정 데이터 레코드 검색뿐만 아니라 효율적인 범위 스캔에 매우 중요한 속성이다. 반면 데이터를 임의의 순서로(일반적으로 삽입 순서대로) 저장하면 쓰기 시간을 최적화할 수 있다. 비트캐스크^{Bitcask}('Bitcask' 절 참고)와 위스키^{WiscKey}('WiscKey' 절 참고)는 추가 전용 파일에 바로 데이터를 쓴다.

위의 간략한 설명만으로는 세 가지 속성의 중요성을 충분히 설명하기에 부족하다. 이 책 전반에 걸쳐 계속해서 설명하겠다.

요약

1장에서는 DBMS의 구조와 주요 컴포넌트에 관해 설명했다.

디스크 기반 자료 구조의 중요성과 인메모리 자료 구조와의 차이점을 알아봤고, 메모리 기반 스토어와 디스크 기반 스토어의 구조를 설명했다. 디스크 기반 자료 구조는 두 종류의 스토어에서 모두 사용되지만 사용 목적이 다르다.

데이터베이스 시스템 설계에서 액세스 패턴의 중요성을 강조하기 위해 칼럼형 DBMS와 로우형 DBMS의 개념과 차이점을 설명했다. 나아가 데이터를 저장하는 방식을 이해하기 위해 데이터 파일과 인덱스 파일의 구조도 알아봤다.

마지막으로 버퍼링과 불변성, 순서화를 간략하게 설명했다. 이후 장에서 설명할 각 스토리지 엔진의 특성을 이해하는데 꼭 필요한 내용이다.

더 읽어보기

1장에서 이야기한 개념에 관한 더 자세한 설명은 다음 문헌을 참고하길 바란다.

「Database architecture(데이터베이스 아키텍처)」

Hellerstein, Joseph M., Michael Stonebraker, and James Hamilton. 2007. "Architecture of a Database System." Foundations and Trends in Databases 1, no. 2 (February): 141−259. https://doi.org/10.1561/1900000002.

「Column-oriented DBMS(칼럼형 DBMS)」

Abadi, Daniel, Peter Boncz, Stavros Harizopoulos, Stratos Idreaos, and Samuel Madden. 2013. The Design and Implementation of Modern Column-Oriented Database Systems. Hanover, MA: Now Publishers Inc.

「In−memory DBMS(인메모리 DBMS)」

Faerber, Frans, Alfons Kemper, and Per-Åke Alfons. 2017. Main Memory Database Systems. Hanover, MA: Now Publishers Inc.

2장

B-트리 개요

1장에서 저장 자료 구조를 가변 구조와 불변 구조로 분류했다. 불변성은 저장 구조의 설계와 구현 방식을 결정하는 중요한 속성이다. 대부분의 가변 자료 구조는 인플레이스$^{\text{in-place}}$ 업데이트 방식을 사용한다. 데이터 삽입 및 삭제, 업데이트 시 데이터 저장 위치에 새로운 데이터를 바로 쓰는 방식이다.

스토리지 엔진은 보통 여러 버전의 레코드를 데이터베이스에 저장한다. 예를 들어 다중 버전 동시성 제어$^{\text{multi-version concurrency control}}$나 슬롯 페이지 구조$^{\text{slotted page organization}}$ 같은 방식을 사용한다. 하지만 이 책에서는 쉽게 이해할 수 있게 모든 키는 고유한 위치에 저장된 한 개의 데이터 레코드 가리킨다고 가정하겠다.

B-트리는 가장 많이 사용되는 자료 구조 중 하나다. 대다수의 오픈소스 데이터베이스에서 사용되고 있으며, 수년 동안 다양한 사용 사례를 통해 검증된 자료 구조다.

B-트리는 최신 알고리즘이 아니다. 루돌프 바이어$^{\text{Rudolf Bayer}}$와 에드워드 M. 맥크레이트 $^{\text{Edward M. McCreight}}$가 1971년 처음 발표했고 그 뒤로 많은 관심을 받았다. 1979년 이미 다양한 형태의 새로운 B-트리가 나왔으며, 더글라스 커머$^{\text{Douglas Comer}}$는 이러한 B-트리들을 모아 체계화했다[COMER79].

B-트리에 관해 자세히 알아보기 전에 우선 이진 탐색 트리와 2-3 트리, AVL 트리와 같은 일반적인 탐색 트리의 대안이 필요한 이유부터 알아보자[KNUTH98]. 이진 탐색 트리의 개념부터 다시 복습해본다.

이진 탐색 트리

이진 탐색 트리[BST, Binary Search Tree]는 정렬된 인메모리 자료 구조로, 키-값 쌍 검색에 사용된다. BST는 키와 두 개(이진)의 자식 포인터가 저장된 여러 노드로 구성된다. 탐색은 루트[root] 노드에서 시작하고 트리에는 단 한 개의 루트 노드만 있을 수 있다. 그림 2-1은 이진 탐색 트리를 나타낸다.

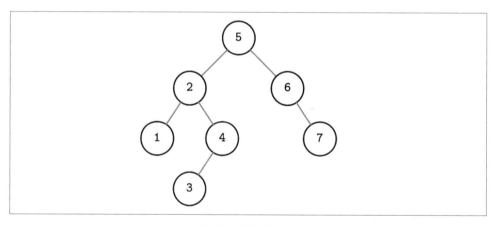

그림 2-1 이진 탐색 트리

BST의 각 노드는 탐색 공간을 왼쪽 서브트리[subtree]와 오른쪽 서브트리로 분할한다. 그림 2-2와 같이 각 노드의 키는 왼쪽 서브트리의 모든 노드 키보다 크고 오른쪽 서브트리의 모든 키보다 작다[SEDGEWICK11].

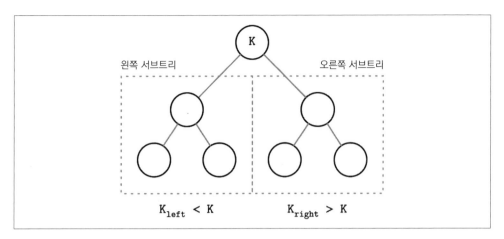

그림 2-2 이진 트리 노드의 속성

루트에서부터 왼쪽 포인터를 따라 리프^{leaf} 레벨(노드의 자식이 없는 레벨)까지 내려가면 트리에서 가장 작은 키와 해당 값이 저장된 노드가 있다. 마찬가지로 오른쪽 포인터를 따라 리프 레벨까지 내려가면 트리에서 가장 큰 키가 저장된 노드가 있다. 어떤 노드든지 값을 저장할 수 있다. 탐색은 루트에서부터 시작하며, 대상 키를 찾으면 리프 레벨에 도달하기 전에 탐색이 끝날 수 있다.

트리 밸런싱

노드 삽입 작업에는 특정 패턴이 없으며, 삽입하는 값에 따라 (한쪽 서브트리가 반대쪽 서브트리보다 높은 경우) 트리가 불균형해질 수 있다. 그림 2-3의 (b)는 트리가 한쪽으로 길게 뻗은 최악의 상황을 나타낸다. (b)는 (a)와 같은 로그 복잡도 트리가 아닌 선형 복잡도의 링크드 리스트 형태다.

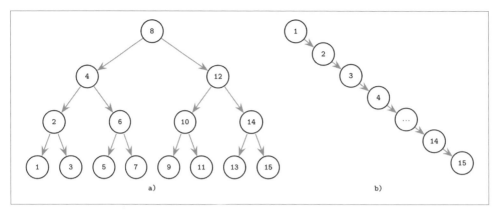

그림 2-3 (a) 균형 트리 (b) 불균형 트리

위 그림의 (b) 트리는 극단적인 상황이지만 왜 트리의 균형이 중요한지 보여준다. 모든 노드가 한쪽으로 치우친 경우는 흔하지 않지만 매우 비효율적이다.

균형 트리란 노드 개수가 N일 때 높이가 $\log_2 N$이고 두 서브트리의 높이 차이가 최대 1인 트리다[1][KNUTH98]. 불균형 트리는 이진 탐색 트리의 성능을 극대화할 수 없다.

균형 트리의 각 노드에는 왼쪽과 오른쪽 2개의 노드 포인터가 있기 때문에 탐색 공간이 평균적으로 절반으로 줄어든다. 따라서 탐색 시간 복잡도는 $O(\log_2 N)$이다. 불균형 트리의 최악의 시간 복잡도는 $O(N)$이다. 모든 노드가 한쪽으로 치우쳐 있기 때문이다.

새로운 노드 추가로 인해 트리가 치우치지 않도록 노드 삽입 후 트리의 균형을 유지해야 한다(그림 2-3 (b)). 트리를 재구성해 트리의 높이를 최소화하고 각 서브트리의 노드 수를 일정 수로 제한해 트리의 균형을 유지할 수 있다.

트리의 균형을 유지하는 방법 가운데 하나는 노드를 추가하거나 삭제한 후 트리를 회전하는 것이다. 노드 삽입으로 인해 트리의 균형이 깨진다면 (연속된 두 개의 노드의 자식이 한 개인 경우) 가운데 노드를 중심으로 회전한다. 그림 2-4와 같이 가운데 노드 (3)을 회전축으로 삼아 회전하면 해당 노드의 레벨이 한 단계 승급하고 부모 노드가 오른쪽 자식 노드가 된다.

---

1   이러한 성질은 AVL 트리를 비롯한 여러 자료 구조가 갖는 성질이다. 더 일반적으로 말하면 이진 검색 트리는 서브트리 간의 높이 차이를 작은 상수 인자 이내로 유지한다.

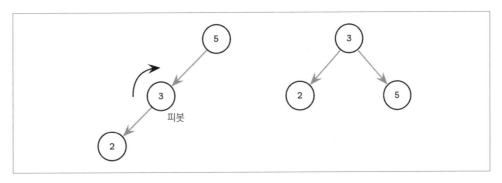

그림 2-4 트리 회전 예제

디스크 기반 스토리지용 트리

앞서 설명했듯이 불균형 트리의 최악의 시간 복잡도는 O(N)이다. 반면 균형 트리의 평균 시간 복잡도는 O(log₂N)이다. 트리의 팬아웃^fanout^(노드가 가질 수 있는 최대 자식 노드 개수)이 낮기 때문에 트리 밸런싱과 노드 재배치, 포인터 갱신이 자주 발생한다. 따라서 BST는 높은 트리 유지 비용 때문에 디스크 기반 자료 구조로는 적합하지 않다[NIEVERGELT74].

BST를 디스크에서 제어하면 몇 가지 문제에 직면한다. 첫 번째 문제는 지역성이다. 노드는 키 순서에 따라 삽입되지 않기 때문에 새로운 노드와 부모 노드가 가까운 위치에 저장되지 않을 수 있다. 따라서 자식 포인터가 여러 다른 디스크 페이지를 가리킬 수 있다. 이 문제는 페이지 이진 트리^paged binary tree^를 사용해 일부 해결할 수 있다('페이지 이진 트리' 절 참고).

두 번째 문제는 트리의 높이이다. 이는 자식 포인터를 따라가는 비용과 밀접한 관계가 있다. 이진 트리는 팬아웃이 2이기 때문에 높이는 전체 노드 수의 로그 값이다. 따라서 특정 노드를 찾기 위해 O(log₂N)번의 탐색과 디스크 전송이 필요하다. 2-3 트리를 비롯해 팬아웃이 낮은 트리는 인메모리 자료 구조로는 유용하지만 노드의 크기가 작은 탓에 외부 스토리지 저장에는 비효율적이라는 한계가 있다[COMER79].

디스크 기반 BST의 구현은 지역성을 고려하지 않기 때문에 최악의 경우 비교 횟수만큼 디스크 탐색이 필요하다. 따라서 디스크 기반 트리를 선택할 때 지역성이 결여된 자료 구조는 피해야 한다.

정리하자면 디스크 저장에 적합한 트리는 다음 두 가지 특성이 있다.

- 인접한 키의 지역성을 높이기 위한 높은 팬아웃
- 트리 순회 중 디스크 탐색 횟수를 줄이기 위한 낮은 트리 높이

 팬아웃과 높이는 반비례한다. 팬아웃이 높을수록 높이가 낮다. 팬아웃이 높으면 각 노드의 자식 수가 증가하기 때문에 트리의 높이는 낮아진다.

디스크 기반 자료 구조

1장에서 인메모리 스토리지와 디스크 기반 스토리지에 대해 설명했다('인메모리 DBMS 대 디스크 기반 DBMS' 절 참고). 자료 구조도 마찬가지로 일부는 디스크에 알맞고 일부는 메모리 저장에 적합하다.

공간과 시간 복잡도를 모두 만족하는 자료 구조라도 디스크에 적합하지 않을 수 있다. 데이터베이스 자료 구조는 디스크와 같은 영속적 저장 매체의 한계를 반드시 고려해야 한다.

디스크 기반 자료 구조는 메모리에 데이터 전부를 저장할 수 없을 때 주로 사용한다. 데이터 일부를 메모리에 캐시하고 나머지는 효율적으로 접근할 수 있는 형태로 디스크에 저장한다.

하드 디스크 드라이브

전통적인 알고리즘 대다수는 디스크 드라이브가 영속적 저장 매체로 가장 널리 사용되던 시기에 개발됐기 때문에 알고리즘 설계에 이러한 영향을 크게 받았다. 플래시 드라이브와 같은 새로운 저장 매체가 등장하면서, 새로운 하드웨어의 성능을 최대한 활용하고자 새로운 알고리즘을 개발하거나 기존 알고리즘을 수정하는 연구가 이뤄졌다. 최근에는 바이트 단위로 접근할 수 있는 비휘발성 메모리를 사용하는 새로운 자료 구조를 연구하고 있다[XIA17][KANNAN18].

디스크에서는 탐색seek 작업이 랜덤 읽기 비용의 많은 부분을 차지한다. 디스크를 회전하고 읽기/쓰기용 헤드를 원하는 위치까지 물리적으로 옮겨야 하기 때문이다. 하지만 이 과정 이후의 연속된 바이트 읽기/쓰기(순차적 작업)는 상대적으로 비용이 낮다.

디스크의 최소 전송 단위는 섹터sector이다. 모든 작업은 최소 한 개의 섹터를 읽거나 쓴다. 섹터의 크기는 보통 512바이트에서 4Kb 사이이다.

물리적 헤드 이동은 HDD 작업 중 가장 비용이 높은 작업이다. 따라서 디스크에서 연속된 메모리 섹터를 읽거나 쓰는 순차적 I/O를 극대화해야 한다.

솔리드 스테이트 드라이브

디스크와 달리 솔리드 스테이트 드라이브SSD, Solid State Drive는 물리적으로 움직이는 부품이 없다. 회전하는 디스크도 없고 이동시킬 헤드도 없다. 일반적으로 SSD는 메모리 셀cell로 구성된다. 셀을 연결하면 스트링(32~64개 셀로 구성됨)이 되고 스트링의 배열이 페이지를 이룬다. 페이지가 모이면 블록이 된다[LARRIVEE15].

내부 구현 방식에 따라 셀은 한 개 또는 여러 개의 비트를 저장한다. 페이지의 크기는 기기마다 다르지만 보통 2~16Kb이다. 블록은 일반적으로 64~512개의 페이지로 구성된다. 블록의 집합은 플레인plane, 플레인의 집합은 다이die라고 부르며 SSD는 한 개 이상의 다이로 구성된다. 그림 2-5는 SSD 계층을 나타낸다.

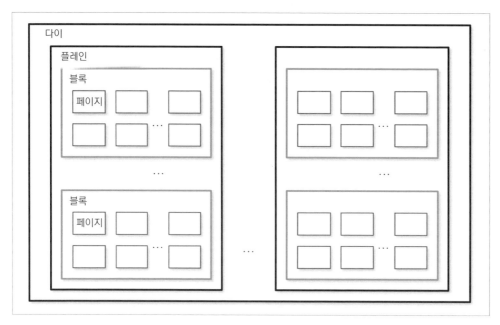

그림 2-5 SSD 계층

페이지는 읽고 쓸 수 있는 가장 작은 단위이고 비어 있는 메모리 셀(기존 값이 삭제된 셀)에만 쓸 수 있다. 반면 삭제할 수 있는 가장 작은 단위는 페이지가 아니라 여러 페이지로 구성된 블록이다. 이 때문에 삭제 블록erase block이라고 부르기도 한다. 블록 내 페이지는 순차적으로 쓴다.

페이지 ID를 실제 위치와 매핑하고 비어 있거나 쓰여진 혹은 삭제된 페이지를 관리하는 플래시 메모리 컨트롤러를 플래시 변환 레이어FTL, Flash Translation Layer라고 부른다(자세한 설명은 'FTL' 절 참고). FTL은 안전하게 지워도 되는 블록을 찾는 동안 가비지 컬렉션도 수행한다. 일부 블록에는 이미 사용 중인 페이지가 있을 수 있다. 이 경우 해당 페이지를 다른 위치로 옮기고 페이지 ID 매핑도 알맞게 수정한다. 사용하지 않는 블록은 재사용할 수 있도록 삭제한다.

HDD와 SSD는 개별 바이트 단위(데이터 블록 단위)가 아닌 메모리 청크 단위로 데이터를 참조한다. 따라서 대부분의 운영체제에는 블록 디바이스 추상화 계층이 있다[CESATI05]. 이 계층은 하드 디스크의 내부 구조를 추상화하고 I/O 작업을 내부적으로 버퍼링한다. 블록 디바이스에서 하나의 워드를 읽으면 해당 워드를 포함하는 블록 전체를 읽게 된다. 이는 디스크 기반 자료 구조에서 항상 염두에 둬야 할 중요한 제약 사항이다.

SSD는 HDD와 다르게 랜덤과 순차 I/O의 구분이 중요하지 않다. 둘 사이의 레이턴시가 매우 작기 때문이다. 하지만 프리페치^{prefetch}와 연속된 페이지 읽기, 내부 병렬 처리 등으로 인한 차이는 여전히 존재한다[GOOSSAERT14].

가비지 컬렉션은 보통 백그라운드 작업이지만 쓰기 성능을 저하시킬 수 있다. 특히 랜덤 쓰기와 비정렬^{unaligned} 쓰기 작업의 경우에 그러하다.

전체 블록 단위로 쓰거나 같은 블록에 대한 쓰기 작업을 모아 한 번에 처리할 수 있다면 I/O 작업 수를 줄일 수 있다. 이 책의 뒷부분에서 버퍼링과 불변성을 활용해 이 문제를 해결하는 방법을 소개한다.

디스크 기반 자료 구조

효율적인 디스크 기반 자료 구조 설계가 어려운 이유는 디스크 접근 비용 탓도 있지만 가장 작은 작업 단위가 블록이라는 제약 때문이다. 블록의 특정 위치를 참조하려면 블록 전체를 읽어야 한다. 이와 같은 특성을 고려해 자료 구조를 설계해야 한다.

이미 2장에서 포인터라는 용어를 여러 차례 사용했지만 디스크 기반 자료 구조의 맥락에서 포인터는 의미가 약간 다르다. 대부분의 경우 디스크 기반 자료 구조에서는 (메모리 맵 파일이 아닌 이상) 포인터를 직접 관리해야 한다. 일반 포인터 연산과 유사한 방식으로 포인터가 가리키는 주소를 직접 계산하고 포인터를 명시적으로 따라가야 한다.

디스크 오프셋은 사전에 계산되기도 하고 (포인터가 가리키는 부분보다 먼저 디스크상에 포인터를 저장하는 경우) 그렇지 않으면 메모리에 캐시된 다음 디스크로 플러시된다. 디스크 기반 자료 구조에 긴 종속 관계 사슬이 만들어지면 유지관리가 어렵고 구조가 매우 복잡해진다. 따라서 전체 포인터 수를 제한하고 저장 범위를 최소화하는 편이 좋다.

정리하자면 디스크 기반 자료 구조는 저장 매체의 구조를 고려해서 설계해야 하며 디스크 접근 횟수를 최소화해야 한다. 내부 구조를 최적화하고 지역성을 높여 페이지를 넘나드는 포인터를 최소화해야 한다.

'이진 탐색 트리' 절에서 설명했듯이 디스크 기반 자료 구조는 팬아웃이 높고 높이가 낮을 때 가장 이상적이다. 하지만 포인터를 쓰면 추가적으로 저장하는 오버헤드와 트리의 균형을 맞춘 뒤에 포인터를 다시 매핑하는 오버헤드가 발생한다. B-트리는 이러한 문제를 해결하기 위해 팬아웃을 크게 하고 높이와 노드 포인터 개수, 밸런싱 빈도를 줄인 트리이다.

페이지 이진 트리

그림 2-6과 같이 이진 트리의 노드를 페이지로 그룹화하면 지역성을 높일 수 있다. 이미 읽은 페이지 내에서 포인터를 따라가면 자식 노드를 찾을 수 있다. 하지만 여전히 페이지를 넘나드는 포인터로 인한 오버헤드가 존재한다. 자료 구조를 디스크에 저장하고 관리하는 일은 쉽지 않다. 특히 키와 값이 정렬돼 있지 않고 레코드가 무작위로 추가된다면 더 복잡해진다. 트리의 균형을 맞추려면 페이지를 재구성해야 하며 이로 인해 포인터 업데이트가 빈번하게 발생하게 된다.

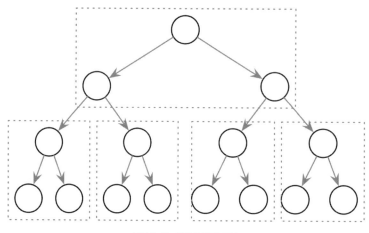

그림 2-6 페이지 이진 트리

유비쿼터스 B-트리

> 우리는 꿀벌보다 용감하고… 나무보다 높다.
>
> – 『위니 더 푸우(Winnie the Pooh)』

B-트리의 원리는 도서관의 카탈로그 룸에서 캐비닛과 선반, 서랍을 순서대로 찾은 뒤에 서랍 안의 카드에서 원하는 도서를 찾는 과정과 유사하다. B-트리는 검색 항목을 빠르게 찾을 수 있는 계층형 자료 구조다.

앞서 '이진 탐색 트리' 절에서 설명했듯이 B-트리는 팬아웃이 높고(최대 자식 노드 수가 많음) 높이가 낮은 이진 탐색 트리 기반 트리이다.

대부분의 문헌에서 이진 트리 노드를 원으로 표시한다. 각 노드별로 한 개의 키가 있고 탐색 공간을 두 개의 구간으로 나누기 때문에 원으로 표현해도 직관적이다. B-트리 노드는 일반적으로 직사각형으로 표시한다. 자식 노드와 해당 키의 관계를 표현하기 위해 포인터 블록도 같이 표시한다. 그림 2-7은 이진 트리와 2-3 트리, B-트리의 차이점을 나타낸다.

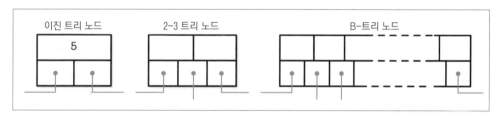

그림 2-7 이진 트리와 2-3 트리, B-트리 비교

이진 트리를 위와 같은 방법으로 표현해도 의미는 같다. 모든 트리는 포인터를 따라가는 구조이며 트리의 균형을 유지하는 방법이 다를 뿐이다. 그림 2-8을 보면 BST와 B-트리의 유사성을 알 수 있다. 두 트리 모두 키에 따라 트리가 서브트리로 분할되며, 키를 사용해 트리를 탐색하고 검색한 키를 찾는다. 그림 2-1과 비교해보라.

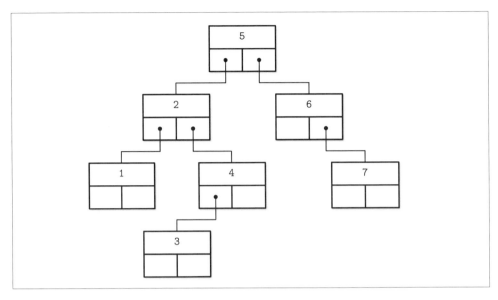

그림 2-8 이진 트리 표현 방식

B-트리는 키의 순서가 보장되는 자료 구조이다. 노드 키를 기준으로 정렬해서 저장하기 때문에 이진 탐색과 같은 알고리즘을 사용해 특정 키를 찾을 수 있다. 따라서 B-트리 탐색의 시간 복잡도는 로그 시간이다. 따라서 40억(4×10^9)개의 키에서 특정 키를 찾는 데 대략 32번의 비교가 필요하다('B-트리 탐색 복잡도' 절 참고). 만약 모든 비교 연산마다 디스크에 접근해야 한다면 매우 많은 시간이 소요될 것이다. 하지만 B-트리의 노드에는 수십, 수백 개의 키를 저장하기 때문에 레벨별로 디스크를 한 번만 탐색하면 된다. 탐색 알고리즘은 뒤에서 자세히 설명한다.

B-트리를 사용해 포인트 쿼리와 범위 쿼리를 효율적으로 수행할 수 있다. 대부분의 쿼리 언어에서 동등(=) 조건식을 사용하는 포인트 쿼리는 개별 원소를 검색할 때 사용한다. 비교(<, >, ≤, ≥) 조건식을 사용하는 범위 쿼리는 여러 원소를 검색할 때 사용한다.

B-트리 계층

B-트리는 여러 노드로 구성된다. 각 노드는 최대 N개의 키와 N+1개의 자식 노드 포인터를 저장한다. 노드는 논리적으로 다음 세 개의 계층으로 나눌 수 있다.

루트 노드

트리의 최상위 노드로 부모 노드가 없음

내부 노드

루트와 리프 노드를 연결하는 모든 노드. 트리에는 일반적으로 한 레벨 이상의 내부 노드가 있음

리프 노드

자식 노드가 없는 트리의 최하위 계층 노드

그림 2-9는 B-트리의 계층 구조를 나타낸다.

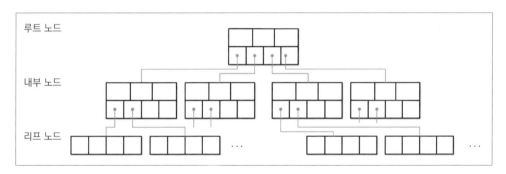

그림 2-9 B-트리 노드 계층

B-트리는 페이지 기반 자료 구조(고정 크기 페이지 단위로 구성 및 탐색)이기 때문에 노드와 페이지가 같은 의미로 쓰이기도 한다.

보유 가능한 노드 용량^{capacity}과 실제로 보유하고 있는 키의 개수의 비율을 점유율^{occupancy}이라고 한다.

B-트리에서 각 노드에 저장할 수 있는 최대 키 수를 의미하는 팬아웃은 중요한 속성이다. 팬아웃이 높으면 트리의 균형을 유지하는 데 필요한 트리 구조 변경 비용을 낮출 수 있고 키와 포인터를 같은 블록 또는 연속된 블록에 저장해 불필요한 탐색을 줄일 수 있다. 밸런싱 작업(분할과 병합)은 노드에 빈 공간이 없거나 거의 비었을 때 수행한다.

구분 키

B-트리 노드에 저장된 키를 인덱스 엔트리, 구분 키, 또는 디바이더 셀divider cell이라고 부른다. 각 키는 트리를 해당 키 범위의 서브트리(브랜치 또는 서브레인지subrange라고 부르기도 한다)로 분할한다. 키는 정렬돼 있기 때문에 이진 검색에 사용할 수 있다. 높은 레벨에서 낮은 레벨로 서브트리의 포인터를 따라 내려가면서 키를 찾는다.

노드의 첫 번째 포인터는 해당 키보다 작은 키가 저장된 서브트리를 가리킨다. 마지막 키는 해당 키보다 같거나 큰 키가 저장된 서브트리를 가리킨다. 나머지 포인터들은 두 키 사이의 서브트리를 가리킨다. 즉, K가 키의 집합이고 K_s는 서브트리 s에 속한 키를 나타낼 때, $K_{i-1} \leq K_s < K_i$이다. 그림 2-10은 이러한 속성을 나타낸다.

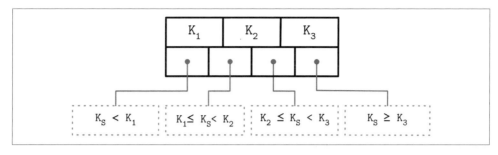

그림 2-10 구분 키가 트리를 서브트리로 나누는 방식

일부 변형 B-트리에서는 효율적인 범위 스캔을 위해 리프 노드에 형제 노드를 가리키는 포인터를 저장한다. 그러면 부모를 거치지 않고 형제 노드에 바로 접근할 수 있다. 리프 노드를 연결하는 이중 연결 리스트$^{double\ linked\ list}$ 형식의 포인터를 사용해 양방향으로 탐색할 수 있도록 B-트리를 구현하기도 한다.

하향식으로 만들어지는 이진 트리와 반대로 B-트리는 상향식(리프에서부터 위로)으로 트리를 구성한다. 리프 노드가 많아질수록 내부 노드와 높이가 증가한다.

B-트리는 나중에 삽입 및 업데이트될 노드의 공간을 미리 확보해둔다. 따라서 공간 활용률은 최대 50%까지 낮아질 수 있지만 일반적으로는 이보다 꽤 높다. 높은 점유율은 B-트리 성능에 부정적인 영향을 미치지 않는다.

B-트리 탐색의 시간 복잡도

B-트리 탐색의 시간 복잡도는 블록 전송 횟수와 비교 횟수라는 두 가지 관점에서 계산할 수 있다. 전송 횟수 관점에서 복잡도의 로그 밑은 N이다(각 노드별 키 개수). 각 레벨에는 이전 레벨보다 K배 많은 노드가 있고 자식 포인터를 따라가면 탐색 공간이 N의 비율로 감소한다. 특정 키를 찾기 위해서 최대 $\log_K M$(M은 전체 노드 개수)개의 페이지에 접근해야 한다. 루트에서 리프까지 거쳐 가는 자식 포인터의 수는 트리의 최대 레벨 또는 높이와 같다.

비교 횟수 관점에서 보면 각 노드 안에서 이진 탐색을 사용해 키를 찾기 때문에 복잡도의 로그 밑은 2다. 비교할 때마다 탐색 공간이 절반으로 줄어들기 때문에 복잡도는 $\log_2 M$이다.

탐색 횟수와 비교 횟수의 차이점을 알면 탐색 방식과 복잡도를 이해하는 데 도움이 된다.

일반적으로 교과서나 논문에서 B-트리의 탐색 시간 복잡도는 log M이라고 설명한다. 복잡도 계산에서 로그의 밑은 보통 무시한다. 로그의 밑이 변해도 상수 승수만 변하기 때문에 복잡도 계산에 어떤 영향도 미치지 않는다. 예를 들어 c가 0이 아닌 상수라면 $O(|c| \times n) == O(n)$이 성립한다[KNUTH97].

B-트리 탐색 알고리즘

B-트리의 구조와 내부 원리를 이해했다면 이제 탐색과 삽입, 삭제 알고리즘을 알아보자. B-트리에서 특정 값을 찾으려면 루트에서 리프 레벨까지 순회해야 한다. 탐색의 목적은 특정 키 또는 바로 앞 키를 찾는 것이다. 포인트 쿼리와 업데이트, 삭제 작업 시에는 정확히 일치하는 키를 찾아야 하고 범위 스캔과 새로운 노드 삽입 시에는 대상 키의 바로 앞의 값을 찾아야 한다.

탐색 알고리즘은 루트 노드에서부터 이진 검색을 수행한다. 검색 키보다 큰 첫 번째 구분 키를 찾는다. 앞서 설명했듯이 인덱스 키(구분 키)는 인접한 두 개의 키 사이의 범위를 포함하는 서브트리를 가리킨다. 해당 서브트리를 찾고 리프 노드까지 포인터를 따라간다. 이 탐색 과정(키를 찾고 포인터 따라가기)을 반복하면서 대상 키를 찾아 반환하거나 트리에 존재하지 않는 키인 경우 바로 앞의 값을 반환한다.

낮은 레벨로 내려갈수록 검색 범위가 줄어든다. 가장 광범위한 레벨(루트 레벨)에서 시작해서 실제 데이터가 있는 리프 레벨까지 한 단계씩 내려갈수록 키 범위가 줄어들고 대상이 명확해진다.

포인트 쿼리는 특정 키를 찾거나 찾는 데 실패했을 때 완료된다. 범위 스캔은 첫 번째 키-값 쌍에서 시작해 범위의 끝에 도달하거나 더 이상 조건을 충족하지 않는 노드를 찾을 때까지 형제 노드 포인터를 따라간다.

키 개수

키와 자식 오프셋 수를 계산하는 다양한 방식이 있다. [BAYER72]는 장치에 따라 다른 최적의 페이지 크기를 나타내는 자연수 k를 기반으로 계산한다. 이 방식에서는 페이지에 k~2k개의 키가 있으며 최소 k + 1에서 최대 2k + 1개 자식 노드를 가리키는 포인터를 저장할 수 있다. 루트 페이지는 1~2k개의 키를 포함할 수 있으며 리프가 아닌 모든 페이지는 최대 l + 1개의 키를 포함한다.

[GRAEFE11]은 각 노드에 최대 N개의 구분 키와 N + 1 포인터를 저장할 수 있다고 설명한다.

위 두 방식으로 계산한 결과는 동일하며 단지 설명하는 방식이 다를 뿐이다. 이 책에서는 N을 키의 개수(리프 노드의 경우 키-값 쌍의 개수)로 정의한다.

B-트리 노드 분할

B-트리에 새로운 노드를 삽입하려면 우선 대상 리프를 찾고 삽입할 위치를 결정해야 한다. 앞에서 설명한 탐색 알고리즘을 사용해 리프 노드를 찾고 새로운 키-값 쌍을 추가한다. 업데이트도 마찬가지로 탐색 알고리즘을 사용해 대상 리프 노드를 찾고 기존 키 값을 업데이트한다.

리프 노드에 남은 공간이 없는 노드를 오버플로우overflow 상태라고 표현한다[NICHOLS66]. 오버플로우 상태의 노드에 새로운 키를 삽입하려면 노드를 분할해야 한다. 노드 분할 작업의 조건은 다음과 같다.

- 리프 노드: 노드에 최대 N개의 키-값 쌍을 저장할 수 있고 새로운 키-값 쌍 삽입 시 용량이 초과되는 경우
- 리프가 아닌 노드: 노드에 최대 N + 1개의 포인터를 저장할 수 있고 포인터 추가 시 용량이 초과되는 경우

노드 분할은 새로운 노드를 할당해 키의 절반을 새로운 노드로 옮기고 첫 번째 키와 포인터를 부모 노드에 추가하는 방식으로 이뤄진다. 이때 이러한 키는 승급promote했다고 표현한다. 분할이 발생한 키를 분할 지점(또는 미드포인트)이라고 부른다. 이 키의 앞 키는 그대로 남겨

두고 나머지(리프 노드의 분할일 경우 분할 지점 포함) 키는 새로 생성한 형제 노드로 옮긴다.

부모 노드에 승급 키와 포인터를 추가할 공간이 없을 경우, 부모 노드도 분할해야 한다. 이런 경우 노드 분할이 루트 노드까지 재귀적으로 전파될 수 있다.

트리에 용량이 부족하면 (즉, 루트까지 재귀적으로 분할이 전파된 경우) 루트 노드를 분할해야 한다. 분할 지점의 키를 포함하는 새로운 루트 노드를 생성한다. 기존의 루트 노드(기존 키의 절반만 포함)와 생성된 형제 노드는 다음 레벨로 강등demote되고 트리의 높이가 한 레벨 증가한다. 루트 노드 분할로 인해 새로운 루트 노드를 할당하거나 노드 병합으로 인해 새로운 루트 노드가 형성되면 트리의 높이가 변한다. 반면 리프와 내부 노드 레벨에서는 트리가 수평으로만 확장한다.

그림 2-11은 새로운 키 11의 추가로 인해 리프 노드가 분할되는 과정을 나타낸다. 노드의 절반은 그대로 두고 나머지는 새로운 노드로 옮긴다. 분할 지점의 키는 부모 노드로 승급돼 구분 키 역할을 한다.

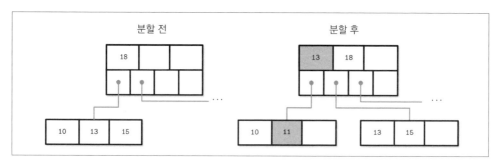

그림 2-11 키 11 삽입으로 인한 리프 노드 분할. 새로운 키와 승급된 키는 회색으로 표시한다.

그림 2-12는 키 11 삽입으로 인해 남은 공간이 없는 비 리프 노드(루트 또는 내부 노드)를 분할하는 과정을 나타낸다. 새로운 노드를 생성하고 N/2 + 1번 인덱스부터 모두 옮긴다. 분할 지점의 키는 부모 노드로 승급된다.

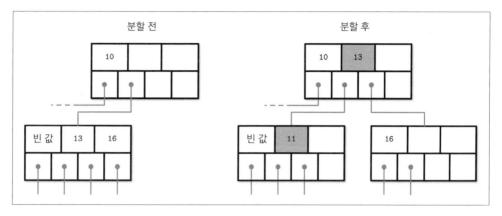

그림 2-12 키 11 삽입으로 인한 비 리프 노드 분할. 새로운 키와 승급된 키는 회색으로 표시한다.

리프가 아닌 노드의 분할은 항상 하위 레벨 노드의 분할로 인해 발생하기 때문에 새로운 포인터가 추가된다(새로운 형제 노드를 가리키는 포인터). 부모 노드에 남은 공간이 없다면 마찬가지로 분할해야 한다.

리프 노드가 분할되는지 리프가 아닌 노드가 분할되는지(즉, 노드가 키와 값을 갖고 있는지 값만 갖고 있는지)는 상관없다. 리프 노드를 분할할 경우 키와 값을 모두 옮긴다.

분할이 완료되면 두 노드 중에 새로운 키를 삽입할 노드를 선택한다. 구분 키의 속성에 따라 삽입할 키가 승급된 키보다 작다면 분할 노드에 삽입하고 더 크다면 새로운 노드에 삽입한다.

요약하자면 노드 분할은 다음 네 단계로 이뤄진다.

1. 새로운 노드를 할당한다.
2. 분할 노드 키의 절반을 새로운 노드로 복사한다.
3. 새로운 키를 알맞은 노드에 삽입한다.
4. 분할 노드의 부모 노드에 분할 키와 새로운 노드를 가리키는 포인터를 추가한다.

B-트리 노드 병합

키를 삭제하는 경우에는 우선 대상 키가 포함된 리프 노드를 찾는다. 리프 노드를 찾았으면 해당 키와 값을 삭제한다.

키를 삭제하다보면 노드에 저장된 값이 (키 개수가 일정량 이하로) 너무 적은 경우가 생기는데, 이러한 때에는 형제 노드들을 병합해야 한다. 이런 상황을 언더플로우^{underflow}라고 한다. [BAYER72]에 언더플로우가 발생하는 두 개의 시나리오가 제시돼 있다. 형제 노드의 부모가 같고 한 개의 노드로 합칠 수 있다면 두 노드를 병합한다. 만약 한 개의 노드로 합칠 수 없다면 키를 두 노드 사이에 재분배하고 균형을 맞춘다('리밸런싱' 절 참고). 정리하자면 노드를 병합하는 조건은 다음과 같다.

- 리프 노드: 노드에 최대 N개의 키-값 쌍을 저장할 수 있고 두 노드의 총 키-값 쌍의 수가 N보다 작거나 같은 경우
- 리프가 아닌 노드: 노드에 최대 N + 1개의 포인터를 저장할 수 있고 두 노드의 포인터 수의 합이 N + 1보다 작거나 같은 경우

그림 2-13은 키 16의 삭제로 인한 리프 노드의 병합 과정을 나타낸다. 한쪽 형제 노드에서 다른 쪽 형제 노드로 값을 옮긴다. 일반적으로 오른쪽 노드에서 왼쪽 노드로 옮기지만 키의 순서만 보장된다면 반대로 옮겨도 상관없다.

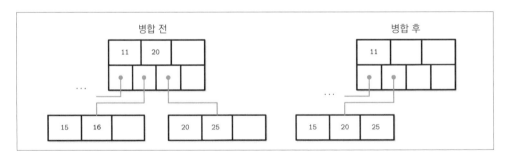

그림 2-13 리프 노드 병합

그림 2-14는 키 10의 삭제로 인한 비 리프 노드의 병합 과정을 나타낸다. 두 노드의 키가 한 노드에 들어가므로, 한 개의 노드로 합칠 수 있다. 비 리프 노드를 병합하면서 부모 노드에서 해당 구분 키를 가져오게 된다(즉, 키가 강등된다). 하위 레벨의 페이지 삭제로 인해 포인터가 삭제되기 때문에 부모 노드의 포인터 수도 하나 줄어든다. 분할과 마찬가지로 병합도 루

트 노드까지 재귀적으로 전파될 수 있다.

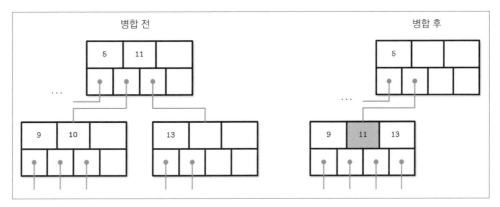

그림 2-14 비 리프 노드의 병합

노드 병합은 키가 이미 삭제됐다고 가정할 때 다음 세 단계로 이뤄진다.

1. 모든 키를 오른쪽 노드에서 왼쪽 노드로 복사한다.
2. 부모 노드에서 오른쪽 노드를 가리키는 포인터를 제거한다(리프 노드 병합이 아니면 강등).
3. 오른쪽 노드를 제거한다.

요약

2장에서는 디스크 저장에 적합한 몇 가지 자료 구조를 설명했다. 이진 탐색 트리는 복잡도 관점에서 보면 디스크에 더 적합하지만 팬아웃이 낮고 균형을 맞추기 위한 재배치와 포인터 업데이트가 자주 발생하기 때문에 디스크에 적합하지 않다. 반면 B-트리는 각 노드에 더 많은 키를 저장할 수 있고(팬아웃 증가) 리밸런싱 작업 빈도가 더 낮은 자료 구조이다.

B-트리의 내부 구조와 탐색 및 삽입, 삭제 알고리즘도 설명했다. B-트리는 노드 삽입 또는 삭제 시 노드 분할과 병합을 통해 트리의 균형을 유지한다. 트리의 높이는 최소한으로 유지해야 하고 키 추가 시 사용 가능한 공간이 남아 있는 노드를 적극 활용해야 한다.

디스크 기반 B-트리의 특성은 인메모리 B-트리 설계 시에도 똑같이 적용할 수 있다. 디스크 기반 B-트리 구현 시 디스크에 노드를 저장하는 방식과 데이터 인코딩 포맷을 신중하게 결정해야 한다.

더 읽어보기

2장에서 설명한 개념에 관한 더 자세한 설명은 다음 문헌을 참고하길 바란다.

「Binary search trees(이진 탐색 트리)」

> Sedgewick, Robert and Kevin Wayne. 2011. Algorithms (4th Ed.). Boston: Pearson.

> Knuth, Donald E. 1997. The Art of Computer Programming, Volume 2 (3rd Ed.): Seminumerical Algorithms. Boston: Addison-Wesley Longman.

「Algorithms for splits and merges in B-Trees(B-트리 분할 및 병합 알고리즘)」

> Elmasri, Ramez and Shamkant Navathe. 2011. Fundamentals of Database Systems (6th Ed.). Boston: Pearson.

> Silberschatz, Abraham, Henry F. Korth, and S. Sudarshan. 2010. Database Systems Concepts (6th Ed.). New York: McGraw-Hill.

3장

파일 포맷

2장에서는 B-트리의 기본 원리를 살펴봤다. 3장은 B-트리를 포함한 몇 가지 자료 구조를 디스크에서 제어하는 방법을 설명한다. 디스크 접근 방식과 메인 메모리 접근 방식은 많은 차이가 있다. 애플리케이션 개발자 관점에서 보면 메모리 접근은 거의 투명하다. 가상 메모리[BHATTACHARJEE17]를 사용하면 오프셋을 직접 관리하지 않아도 된다. 반면 디스크는 시스템 호출system call(https://databass.dev/links/54)을 통해 접근이 이뤄진다. 대상 파일 내의 오프셋을 직접 지정해야 하며, 디스크상의 표현을 메인 메모리에서 읽을 수 있는 형태로 변환해야 한다.

효율적인 디스크 기반 자료 구조를 설계하려면 이런 차이점을 감안해야 한다. 그러려면 생성, 수정, 해석이 쉬운 파일 포맷이 무엇인지 알아야 한다. 3장에서는 B-트리뿐만 아니라 여러 형태의 디스크 기반 자료 구조 설계에 관한 일반적인 원칙과 구현 방법을 소개한다.

B-트리를 구현하는 다양한 방식이 있다. 이 가운데 몇 가지 유용한 방식을 알아볼 것이다. 세부 사항은 구현 방식에 따라 다를 수 있지만 자료 구조의 기본 원리는 같다. 노드 분할과 병합 등의 B-트리의 기본 알고리즘은 매우 중요하지만 실제 구현에서는 이외에도 더 많은 작업과 정보가 필요하다. 유용한 결과물을 구현하기 위해서는 많은 부분을 고민해야 한다.

디스크 기반 자료 구조와 인메모리 자료 구조의 포인터 관리는 같지 않다. 디스크 기반 B-트리는 페이지 단위로 구성 및 탐색하기 때문에 일종의 페이지 관리 메커니즘이라고 볼 수 있다.

페이지와 페이지를 가리키는 포인터를 계산해 알맞게 배치해야 한다.

B-트리의 복잡성은 대부분 가변성으로 인해 발생한다. 3장에서는 페이지 레이아웃과 분할, 재배치 등의 가변 자료 구조 구현에서 중요한 주제도 설명한다. 나중에 LSM 트리를 설명할 때에는 LSM 트리의 복잡성의 주 원인인 순서화와 트리 유지보수에 관해 중점적으로 설명하겠다('LSM 트리' 절 참고).

파일 포맷의 중요성

파일 포맷 설계는 메모리 모델이 비관리형unmanaged인 프로그래밍 언어로 자료 구조를 설계하는 것과 여러모로 유사하다. 데이터 블록을 할당하고 고정 크기의 기본형과 자료 구조를 사용해 원하는 모양대로 블록을 잘라서 사용한다. 큰 메모리 청크chunk 또는 가변 길이의 자료 구조는 포인터를 사용해 참조한다.

메모리 모델이 비관리형인 프로그래밍 언어는 연속된 메모리 세그먼트의 존재 여부, 메모리 단편화fragmentation 여부, 메모리 해제 이후의 상황 등을 신경 쓰지 않고 필요하면 언제든지 메모리를 (적당한 한도 내에서) 추가 할당한다. 하지만 디스크 사용 시 가비지 컬렉션과 단편화를 모두 직접 관리해야 한다.

메모리의 데이터 레이아웃은 디스크보다 단순하다. 자료 구조를 효율적으로 디스크에 저장하려면 영속적 저장 장치의 특성을 이해하고 빠르게 접근할 수 있는 형태로 저장해야 한다. 나아가 바이너리 포맷 구조를 설계하고 효율적으로 데이터를 직렬화하고 역직렬화하는 수단이 있어야 한다.

C 언어와 같은 로우 레벨 언어를 라이브러리 없이 사용해본 개발자라면 어떠한 제약이 있는지 알 것이다. 자료 구조는 미리 정의된 크기를 가지며 명시적으로 할당 및 해제된다. 수동으로 메모리 할당과 추적을 구현하는 일은 쉽지 않다. 메모리 세그먼트를 미리 정의된 크기로만 다뤄야 하며 어떤 세그먼트가 아직 사용 중이고 어떤 세그먼트가 이미 해제됐는지 추적해야 하기 때문이다.

데이터를 메인 메모리에 저장하면 메모리 레이아웃과 관련한 대부분의 문제가 발생하지 않거나 서드파티 라이브러리를 사용해 해결할 수 있다. 이를테면 가변 길이 필드나 크기를 초과한 데이터를 처리하기가 훨씬 쉽다. 메모리 할당과 포인터를 사용할 수 있으므로 데이터를 어떤 특별한 레이아웃으로 저장하지 않아도 된다. CPU 캐시 라인과 프리페치, 하드웨어 등을 최대한 활용하기 위해 특화된 메인 메모리 데이터 레이아웃을 직접 설계하기도 하지만 이는 주로 최적화를 하기 위한 작업이다[FOWLER11].

운영체제와 파일시스템에서 일부 문제를 해결해주기도 하지만 디스크 기반 자료 구조를 구현할 때에는 더 많은 사항에 주의를 기울여야 하며 문제가 발생하지 않게 신경 써야 할 부분도 많다.

바이너리 인코딩

데이터를 효율적으로 디스크에 저장하려면 컴팩트하고 직렬화와 역직렬화가 쉬운 포맷으로 인코딩해야 한다. 바이너리 포맷에 관해 논할 때 레이아웃이라는 단어가 자주 등장한다. 디스크에 저장된 데이터는 malloc과 free와 같은 원시 함수로 제어할 수 없고 오직 read와 write 함수만을 사용할 수 있기 때문에 접근 방식이 다르고 이에 맞는 형식으로 데이터를 저장해야 한다.

우선 효율적인 페이지 레이아웃을 설계하는 데 중요한 몇 가지 원칙을 살펴보자. 파일과 직렬화 포맷, 통신 프로토콜 등의 모든 바이너리 포맷에 똑같이 적용되는 원칙이다.

레코드를 페이지 단위로 저장하는 방법을 알아보기 전에 우선 키와 데이터 레코드를 바이너리 형식으로 저장하는 방법과 여러 값을 복잡한 단일 구조로 표현하는 방법, 가변 길이 자료형과 배열을 구현하는 방법부터 살펴보자.

기본형

키와 값은 integer, date, string 등의 지정된 자료형이 있고 바이너리 형식(직렬화의 결과 형식이자 역직렬화의 입력 형식)으로 표현할 수 있다.

대부분의 숫자형은 고정 길이 자료형이다. 멀티바이트 숫자형을 사용할 때 인코딩과 디코딩은 모두 같은 바이트 순서byte-order를 사용해야 한다. 엔디언endianess은 바이트 배열 순서를 정의한다.

빅 엔디언big endian

최상위 바이트MSB, Most-Significant Byte부터 시작해서 내림차순으로 저장한다. 즉, MSB를 가장 낮은 주소에 저장한다.

리틀 엔디언little endian

최하위 바이트LSB, Least-Significant Byte부터 높은 자리 바이트까지 오름차순으로 저장한다.

그림 3-1은 AA가 MSB인 16진수 32비트 정수형 0xAABBCCDD를 빅 엔디언과 리틀 엔디언 방식으로 저장하는 방법을 나타낸다.

그림 3-1 빅 엔디언과 리틀 엔디언 바이트 순서. 최상위 바이트는 회색으로 표시한다.
주소를 나타내는 a는 왼쪽에서 오른쪽 방향으로 증가한다.

예를 들어 RocksDB는 대상 플랫폼의 바이트 순서[1]를 알 수 있도록 플랫폼별 정의가 포함돼 있다. 따라서 64비트 정수를 해당 플랫폼에 맞는 바이트 순서로 재구성할 수 있다. 만약 플랫폼의 엔디언과 실제 엔디언이 일치하지 않으면(EncodeFixed64WithEndian 함수에서 kLittleEndian 값을 실제 엔디언과 비교한다) EndianTransform 함수를 사용해 바이트를 역순으로 읽는다.

---

1 플랫폼(macOS, 솔라리스, Aix, BSD 부류 또는 윈도우)에 따라 kLittleEndian 변수에 해당 플랫폼의 리틀 엔디언 지원 여부가 설정된다.

레코드는 숫자, 문자열, 불리언과 같은 기본형과 이들의 조합으로 구성된다. 레코드는 바이트 시퀀스 형태로 네트워크를 통해 전송되고 디스크에 저장한다. 따라서 전송 및 쓰기 전에 우선 직렬화serialize(해석할 수 있는 바이트 시퀀스로 변환)하고 수신 및 읽기 전에 역직렬화deserialize (바이트 시퀀스를 원래 레코드 형태로 변환)해야 한다.

복잡한 자료 구조의 기본 구성 요소인 기본형 데이터를 바이너리 형식으로 표현하는 방법부터 살펴보자. 숫자형의 크기는 다양하다. byte형은 8비트, short는 2바이트(16비트), int는 4바이트(32비트), long은 8바이트(64비트)다.

부동소수점(float과 double)은 부호sign와 가수fraction, 지수exponent로 구성된다. IEEE Standard for Binary Floating-Point Arithmetic(IEEE 754)은 부동소수점을 표현하는 표준이다. 32비트 float은 단정도single precision 값을 나타낸다. 예를 들어 0.15652를 바이너리로 표현하면 그림 3-2와 같다. 첫 32비트는 가수부, 다음 8비트는 지수부, 마지막 1비트는 부호부(양수 또는 음수)다.

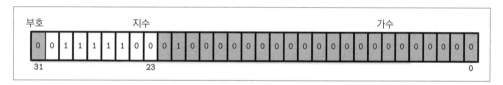

그림 3-2 단정도 부동소수점의 바이너리 표현

부동소수점은 가수를 사용하기 때문에 결괏값은 근삿값이다. 부동소수점 변환은 이 책의 범위를 벗어나는 주제이기 때문에 기본 표현 방식만 설명한다.

double형은 배정도double precision를 표현한다[SAVARD05]. 대부분의 프로그래밍 언어는 부동소수점을 바이너리로 인코딩과 디코딩하는 함수를 표준 라이브러리에 포함한다.

문자열과 가변 길이 데이터

모든 기본형 데이터의 크기는 고정돼 있다. 더 복잡한 자료 구조의 구성은 C 언어의 struct[2]와 유사하다. 여러 기본형 값을 조합해 하나의 자료 구조로 만들고 고정 길이 배열 또는 포인터를 사용해 다른 메모리 영역을 참조한다.

문자열과 가변 길이 자료형(고정 길이 데이터 배열)은 배열의 크기 또는 문자열의 길이를 나타내는 숫자와 size 바이트 크기의 실제 데이터로 구성된다. 이런 형식을 UCSD 문자열 또는 파스칼 프로그래밍 언어의 이름을 따서 파스칼 문자열이라고 부른다. 의사 코드pseudo code로 표현하면 다음과 같다.

```
String
{
 size uint_16
 data byte[size]
}
```

파스칼 문자열의 대안은 널 종단null terminated 문자열이다. 바이트 단위로 문자열 끝 기호에 도달할 때까지 읽는다. 파스칼 문자열은 내용을 확인하지 않고 길이를 상수 시간 안에 알 수 있다는 장점이 있다. 나아가 메모리에서 size 바이트만큼 자른 바이트 배열을 문자열 생성자에 전달하면 언어별 문자열을 구성할 수 있다.

비트 묶음형 데이터: 불리언, 열거형, 플래그

불리언 자료형은 단일 바이트 또는 true와 false를 1과 0으로 인코딩한 값을 표현한다. 불리언은 두 개의 값만 표현할 수 있기 때문에 바이트 전체를 사용하는 것은 낭비다. 따라서 8개의 불리언 값이 각 1비트씩 사용하도록 묶어 쓰기도 한다(묶음형packed 불리언). 비트의 값이 1이면 설정 상태, 0이라면 미설정 또는 빈 상태라고 표현한다.

---

2   구조에 따라 컴파일러는 자료 구조에 패딩을 추가하기도 한다. 따라서 바이트 오프셋 또는 위치에 대한 가정이 맞지 않을 수 있다. 자세한 내용은 다음 주소에서 찾을 수 있다. https://databass.dev/links/58

Enum은 열거형^{enumerated type}의 줄임말이며 숫자를 표현한다. 바이너리 포맷과 통신 프로토콜에서 주로 사용된다. 가짓수가 적고 자주 반복해서 나오는 값을 표현할 때 사용한다. 예를 들어 다음과 같이 B-트리 노드의 종류 표현에 사용할 수 있다.

```
enum NodeType {
 ROOT,      // 0x00h
 INTERNAL,  // 0x01h
 LEAF       // 0x02h
};
```

또 다른 밀접하게 관련된 자료형은 묶음형 불리언과 열거형의 조합인 플래그^{flag}이다. 플래그는 상호배타적이지 않은 불리언 값들을 표현할 수 있다. 예를 들어 페이지의 값 보유 여부와 특정 값 크기의 고정 또는 가변 여부, 특정 노드의 페이지에 오버플로우 발생 여부 등을 나타낼 때 사용된다. 모든 비트가 플래그이기 때문에 2의 거듭제곱만 지정할 수 있다(2의 거듭제곱의 2진수는 한 자리만이 1이기 때문이다. 예를 들어 2^3 == 8 == 1000b, 2^4 == 16 == 0001 0000b이다).

```
 int IS_LEAF_MASK = 0x01h; // 비트 #1
 int VARIABLE_SIZE_VALUES = 0x02h; // 비트 #2
 int HAS_OVERFLOW_PAGES = 0x04h; // 비트 #3
```

묶음형 불리언과 마찬가지로 플래그도 비트마스크^{bitmask}와 비트 연산자를 사용해 값을 묶어서 표현할 수 있다. 예를 들어 특정 플래그의 비트를 설정할 때에는 OR(|) 연산자와 비트마스크를 사용한다. 아니면 비트마스크 대신 시프트 연산자(<<)와 비트 인덱스를 사용해도 된다. 비트를 해제할 때에는 AND(&) 또는 논리 부정 연산자(~)를 사용한다. 특정 비트 n의 설정 여부는 AND 결과와 0을 비교해 확인할 수 있다.

```
// 비트 설정
flags |= HAS_OVERFLOW_PAGES;
flags |= (1 << 2);

// 비트 해제
flags &= ~HAS_OVERFLOW_PAGES;
```

```
flags &= ~(1 << 2);

 // 비트 설정 여부 확인
is_set = (flags & HAS_OVERFLOW_PAGES) != 0;
is_set = (flags & (1 << 2)) != 0;
```

파일 포맷 설계 원칙

일반적으로 파일 포맷을 설계할 때 주소 지정 방식^{addressing}부터 결정해야 한다. 파일을 단일 블록 또는 연속된 여러 블록으로 구성된 같은 사이즈의 페이지로 나눌 것인지 선택해야 한다. 대부분의 인플레이스 업데이트 방식을 지원하는 자료 구조는 고정된 페이지 크기를 사용한다. 읽기와 쓰기가 비교적 쉽기 때문이다. 추가 전용 자료 구조도 페이지 단위로 쓰는 경우가 많다. 레코드를 순차적으로 추가하고 페이지가 가득 차면 디스크로 플러시^{flush}한다.

일반적으로 파일은 고정 크기의 헤더^{header}로 시작하며 끝부분에 고정 크기의 트레일러^{trailer}가 있을 수도 있다. 여기에는 빠르게 접근해야 하거나 파일의 나머지 부분을 디코딩하는 데 필요한 보조 정보가 들어간다. 파일의 나머지 부분은 페이지로 나눠 저장한다. 그림 3-3은 이와 같은 파일 구조를 나타낸다.

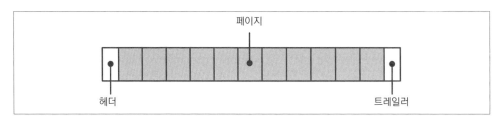

그림 3-3 파일 구조

대부분의 데이터 스토어에는 테이블의 필드 수와 순서, 형식이 고정된 스키마가 있다. 고정된 스키마를 사용하면 필드명을 반복적으로 저장하지 않고 각 위치를 활용해 디스크에 저장되는 데이터를 줄일 수 있다.

예를 들어 임직원의 이름과 생년월일, 납세 번호, 성별을 기록하는 명부의 스키마는 다양한 방식으로 설계할 수 있다. 다음과 같이 고정 길이 필드(생년월일과 납세 번호 등)를 앞부분에 저장하고 가변 길이 필드는 뒷부분에 저장할 수 있다.

```
고정 길이 필드:
| (4 바이트) employee_id |
| (4 바이트) tax_number |
| (3 바이트) date |
| (1 바이트) gender |
| (2 바이트) first_name_length |
| (2 바이트) last_name_length |

가변 길이 필드:
| (first_name_length 바이트) first_name |
| (last_name_length 바이트) last_name |
```

---

first_name 필드는 고정 길이 필드 부분의 끝에서부터 first_name_length 바이트만 읽으면 된다. last_name 필드의 시작 위치는 앞 필드의 길이를 확인해 찾을 수 있다. 계산을 줄이기 위해 고정 길이 부분에 오프셋과 길이를 기록하면 가변 길이 필드도 개별적으로 접근할 수 있다.

더 복잡한 파일 구조에는 더 많은 계층이 필요하다. 필드는 기본형, 셀은 필드, 페이지는 셀, 섹션은 페이지, 리전region은 섹션으로 구성된다. 하지만 파일 포맷을 설계하는 데 반드시 따라야 하는 규칙은 없다. 어떤 형식의 데이터의 포맷을 설계하느냐가 중요하다.

데이터베이스 파일은 일반적으로 여러 부분으로 구성된다. 탐색에 유용한 룩업 테이블lookup table을 유지하고 각 레코드의 시작점을 가리키는 오프셋은 헤더와 트레일러 또는 개별 파일에 저장한다.

페이지 구조

데이터베이스 시스템은 데이터 레코드를 데이터 파일과 인덱스 파일에 지정한다. 파일은 여러 파일시스템 블록을 합친 고정 크기의 페이지로 구성된다. 블록 크기는 4Kb부터 16Kb까지 다양하다.

디스크에 저장된 B-트리 노드를 살펴보자. 구조적 관점에서 B-트리 노드는 키와 데이터 레코드 쌍을 저장하는 리프 노드 그리고 키와 다른 노드를 가리키는 포인터를 저장하는 비 리프 노드로 나뉜다. B-트리 노드는 단일 페이지 또는 연결된 여러 페이지로 구성된다. 따라서 B-트리 맥락에서 노드와 페이지(또는 블록)의 의미는 같다.

B-트리를 처음 발표한 논문 [BAYER72]는 고정 길이 데이터의 페이지 구조를 설명한다. 그림 3-4와 같이 페이지는 여러 트리플렛^{triplet}을 연결한 구조이다. 키는 k로 표시하고 값은 v로 표시한다. 자식 페이지를 가리키는 포인터는 p로 표시한다.

그림 3-4 고정 길이 레코드의 페이지 구조

그림 3-4와 같은 구조는 단순하지만 다음과 같은 단점이 있다.

- 오른쪽 빈 공간이 아닌 곳에 키 추가 시 여러 원소를 재배치해야 한다.
- 고정 길이 레코드 저장에 적합하지만 가변 길이 레코드를 효율적으로 관리 및 저장할 수 없다.

슬롯 페이지

가변 길이 레코드 저장 시 발생하는 가장 큰 문제는 삭제된 레코드의 공간을 회수하는 공간 관리다. 길이가 m인 레코드가 저장된 위치에 길이가 n인 레코드를 저장할 때 m == n이 아니라면 이 공간을 최대한 활용하고자 정확히 길이가 m - n인 또 다른 레코드가 필요하다. 나아가

k가 m보다 큰 경우 길이가 m인 세그먼트에 길이가 k인 레코드를 저장할 수 없다.

페이지를 여러 개의 고정 길이 세그먼트로 분할하면 가변 길이 레코드를 저장할 수 있다. 하지만 여전히 공간 낭비는 피할 수 없다. 예를 들어 세그먼트 크기가 64바이트일 때 레코드 길이가 64의 배수가 아니라면 64 - (n modulo 64)바이트는 낭비된다(n은 레코드 길이). 따라서 레코드의 길이가 64의 배수가 아니면 블록의 일부는 비어있게 된다.

공간 회수 시 페이지를 재작성하고 일부 레코드를 재배치한다. 다만 다른 페이지에서 재배치된 데이터를 참조할 수 있기 때문에 레코드의 오프셋은 유지해야 한다. 동시에 메모리를 낭비하지 않도록 주의해야 한다.

정리하면, 페이지 포맷은 다음 조건을 충족해야 한다.

- 최소한의 오버헤드로 가변 길이 레코드 저장
- 삭제된 레코드의 메모리 회수
- 페이지의 레코드를 정확한 위치와 상관없이 참조

슬롯 페이지slotted page[SILBERSCHATZ10] 또는 슬롯 디렉터리slot directory[RAMAKRISHNAN03]를 사용하면 문자열, 블랍BLOB, binary large object과 같은 가변 길이 자료형을 효율적으로 저장할 수 있다. PostgreSQL이 이 방식을 사용한다.

페이지는 슬롯 또는 셀의 집합이다. 페이지 내 독립적인 영역에 포인터와 셀을 분리해서 저장한다. 따라서 레코드의 논리적 순서는 셀을 가리키는 포인터의 순서로 제어할 수 있다. 레코드 삭제 시 해당 포인터를 삭제하거나 null로 설정하면 된다.

슬롯 페이지에는 페이지와 셀에 대한 중요한 정보를 저장하는 고정 길이의 헤더가 있다('페이지 헤더' 절 참고). 셀에는 키와 포인터, 레코드 등 임의의 데이터를 저장할 수 있으며 셀마다 크기는 다를 수 있다. 그림 3-5의 슬롯 페이지에는 관리 영역(헤더)과 셀, 셀을 가리키는 포인터가 있다.

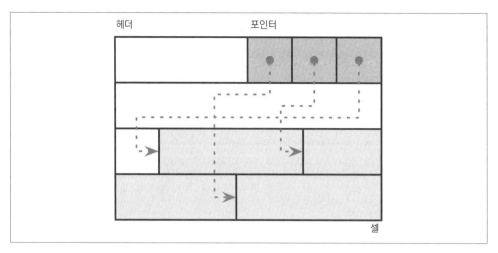

그림 3-5 슬롯 페이지

슬롯 페이지는 앞서 설명한 조건을 모두 충족한다.

- 오버헤드 최소화: 실제 레코드 위치를 가리키는 포인터 배열 사용이 유일한 오버헤드다.
- 공간 회수: 단편화 제거 및 페이지 재구성을 통해 공간을 회수할 수 있다.
- 동적 레이아웃: 슬롯은 ID를 통해 페이지 외부에서 접근하기 때문에 정확한 위치는 페이지 내부에서만 필요하다.

셀 구조

플래그와 열거형, 기본형을 사용해 셀 레이아웃을 설계할 수 있다. 셀을 병합하면 페이지가 되고 페이지를 병합하면 트리가 된다. 셀은 키 셀과 키-값 셀로 나눌 수 있다. 키 셀에는 구분 키와 인접한 두 키 사이의 페이지를 가리키는 포인터가 들어가고, 키-값 셀에는 키와 해당 데이터 레코드가 들어간다.

같은 페이지의 셀은 모두 형식이 같다고 가정한다(예를 들어 모든 셀은 키 셀 또는 키-값 셀이다. 모든 셀의 데이터의 길이는 가변 또는 고정이며 혼합될 수 없다). 따라서 셀에 관한 정보를 셀마다 중복 저장하지 않고 페이지 레벨에 저장해도 된다.

키 셀의 구성 요소는 다음과 같다.

- 셀 종류(페이지 메타데이터로부터 알아낼 수 있음)
- 키 길이
- 셀이 가리키는 자식 페이지의 ID
- 키 바이트 수

가변 길이 키 셀은 다음과 같은 구조로 저장할 수 있다(고정 길이 셀이라면 길이를 나타내는 필드는 불필요하다).

```
0               4               8
+---------------+---------------+-------------+
| [int] key_size | [int] page_id | [bytes] key |
+---------------+---------------+-------------+
```

고정 길이 필드는 앞쪽에 저장하고 key_size 바이트 크기의 필드는 따로 모아서 저장할 수도 있다. 반드시 따라야 하는 구조는 아니지만 오프셋 계산이 쉽다는 장점이 있다. 미리 계산된 정적 오프셋을 통해 고정 길이 필드에 접근할 수 있고 가변 길이 데이터의 오프셋만 따로 계산하면 된다.

키-값 셀은 자식 페이지 ID 대신 실제 데이터를 저장한다. 다른 구성 요소는 키 셀과 유사하다.

- 셀 종류(페이지 메타데이터로부터 알아낼 수 있음)
- 키 길이
- 값 길이
- 키 바이트
- 데이터 레코드 바이트

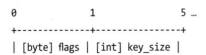

```
0             1               5 ...
+-------------+---------------+
| [byte] flags | [int] key_size |
```

```
+---------------+---------------+
5               9                 .. + key_size
+------------------+------------------+---------------------+
| [int] value_size | [bytes] key | [bytes] data_record |
+------------------+------------------+---------------------+
```

오프셋과 페이지 ID는 정확히 구분해야 한다. 고정 크기의 페이지는 페이지 캐시('버퍼 관리' 절 참고)가 관리하기 때문에 페이지 ID를 통해 룩업 테이블에서 오프셋을 참조할 수 있다. 반면 셀 오프셋은 페이지 내부에서 시작 오프셋으로부터 상대적인 위치를 나타낸다. 이렇게 하면 비교적 작은 숫자를 사용해 위치를 나타낼 수 있다.

> **가변 길이 데이터**
>
> 셀 안의 키와 값이 꼭 고정 길이일 필요는 없다. 키와 값 모두 가변 길이여도 된다. 고정 길이 셀 헤더에서부터 오프셋을 계산하면 가변 길이 데이터의 저장 위치를 알 수 있다.
>
> 헤더 다음의 key_size 바이트는 키를 나타낸다. 헤더와 key_size 바이트 다음의 value_size 바이트는 값을 나타낸다.
>
> 전체 길이를 저장하고 뺄셈으로 값의 크기를 계산하는 방법도 있다. 결론적으로 셀을 여러 부분으로 분할하고 데이터를 인코딩할 수 있는 충분한 정보가 필요하다.

셀 병합으로 슬롯 페이지 구성

앞서 '페이지 구조' 절에서 설명한 슬롯 페이지 방식을 사용하면 셀을 병합해 페이지를 구성할 수 있다. 그림 3-6과 같이 페이지의 셀은 오른쪽(끝 쪽)에 추가하고 셀 오프셋/포인터는 왼쪽에 추가한다.

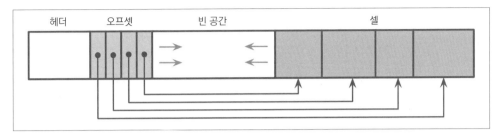

그림 3-6 오프셋과 셀 확장 방향

키는 삽입 순서대로 추가하고 셀 오프셋 포인터는 키 순서대로 저장하면 논리적 순서를 유지할 수 있다. 이 방식은 셀을 삽입 또는 업데이트, 삭제해도 다른 셀을 재배치하지 않아도 된다.

이름이 저장된 페이지를 예로 들어보자. 페이지에 Tom과 Leslie 순서로 이름을 삽입한다. 하지만 그림 3-7의 페이지를 보면 셀의 논리적 순서(알파벳순)와 삽입 순서(페이지에 추가된 순서)는 일치하지 않는다. 셀은 삽입 순서대로 배치되고 오프셋은 이진 탐색이 가능하도록 정렬한다.

그림 3-7 Tom, Leslie 순서로 삽입된 레코드

다음으로 Ron이라는 레코드를 삽입한다. 이 레코드는 페이지의 빈 공간의 오른쪽에 추가하지만 셀 오프셋은 사전식 순서를 유지해야 한다(Leslie, Ron, Tom). 따라서 그림 3-8과 같이 Ron 셀을 가리키는 포인터의 공간을 확보하기 위해 포인터 삽입 지점 뒤의 포인터를 오른쪽으로 이동한다.

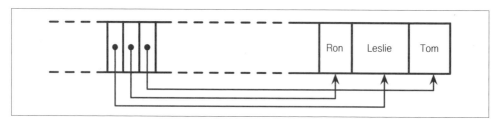

그림 3-8 Ron 레코드 추가

가변 길이 데이터 관리

페이지 레코드 삭제 시 실제로 셀을 지우고 할당 해제된 공간으로 다른 셀을 옮길 필요는 없다. 그 대신 삭제된 셀이라고 표시하고 메모리에 저장된 사용 가능 목록^{availability list}에 회수된 메모리 크기와 해당 위치를 가리키는 포인터를 업데이트해도 된다. 사용 가능 목록에는 사용할 수 있는 세그먼트의 크기와 위치가 저장된다. 새로운 셀을 삽입하기 전에 먼저 이 목록에서 적합한 세그먼트가 있는지 확인한다. 그림 3-9는 사용 가능한 세그먼트가 남아 있는 단편화된 페이지를 나타낸다.

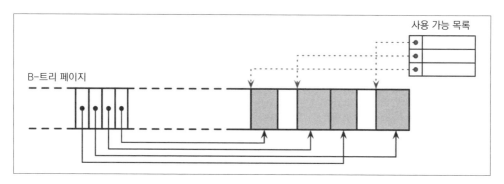

그림 3-9 단편화된 페이지와 사용 가능 목록. 사용 중인 세그먼트는 회색으로 표시.
점선은 사용 가능한 부분을 가리키는 목록의 포인터다.

SQLite는 사용 중이지 않은 세그먼트를 프리블록^{freeblock}이라고 부르고 첫 번째 프리블록을 가리키는 포인터를 페이지 헤더에 저장한다. 나아가 단편화 제거 후 새로운 레코드를 한 페이지에 저장할 수 있을지 빠르게 판단할 수 있도록 페이지에 남아 있는 바이트 수를 저장한다.

세그먼트는 다음 두 가지 전략에 따라 선택할 수 있다.

*최초 적합*First fit

첫 번째로 찾은 적합한 세그먼트를 선택한다. 하지만 남은 공간이 또 다른 셀을 저장해 크기가 작을 수 있기 때문에 오버헤드가 발생할 수 있다.

*최적 적합*Best fit

레코드를 저장할 수 있는 가장 작은 세그먼트를 선택한다.

새로운 셀을 저장할 수 있는 연속된 공간이 없을 수 있다. 단편화된 부분의 집합 크기가 충분할 경우 모든 셀을 읽고 재배치해 페이지의 단편화를 제거하면 새로운 셀을 연속된 공간에 저장할 수 있다. 만약 단편화를 제거해도 공간이 부족하다면 오버플로우 페이지를 생성해야 한다('오버플로우 페이지' 절 참고).

 지역성을 위해 일부 트리는 리프 레벨의 키와 값을 따로 저장한다. 키를 모아서 저장하면 지역성이 높아진다. 키를 찾은 뒤에 해당 인덱스를 통해 값 셀에 접근할 수 있다. 가변 길이 키라면 값 셀의 위치를 미리 계산하고 포인터를 저장해야 한다.

B-트리 구조를 단순화하기 위해 각 노드의 크기는 페이지 크기를 넘지 않는다고 가정하자. 페이지는 고정 길이 헤더와 셀 포인터 블록, 셀로 구성된다. 셀에는 키와 자식 노드 또는 해당 데이터 레코드를 가리키는 포인터를 저장한다. B-트리는 단순한 계층형 포인터로 구성된다. 페이지 식별자로 트리 파일에서 자식 노드를 찾고 셀 오프셋으로 페이지에서 셀을 찾을 수 있다.

버전 관리

데이터베이스 시스템 개발사는 신규 기능 추가와 버그 수정, 성능 개선 등을 포함하는 업데이트를 지속적으로 제공한다. 이 과정에서 바이너리 파일의 구조가 변경될 수 있다. 일반적으로 스토리지 엔진은 한 개 이상의 직렬화 포맷을 지원한다(예를 들어 호환성을 위해 최신 버전과 이전 버전의 포맷 동시 지원). 따라서 파일 버전은 매우 중요한 정보다.

다양한 파일 버전 관리 규칙이 존재한다. 아파치 카산드라는 파일명의 접두사에 버전을 기록한다. 따라서 파일을 열지 않고 버전을 알 수 있다. 버전 4.0 이후 데이터 파일명은 na-1-bigData.db와 같이 na로 시작한다. 4.0 이전 버전의 접두사는 ma다.

버전 정보를 개별 파일에 기록하는 방법도 있다. PostgreSQL은 PG_VERSION 파일에 버전 정보를 기록한다.

인덱스 파일 헤더에 버전을 명시하기도 한다. 이 경우 헤더의 버전 정보(또는 헤더 전체)는 반드시 모든 버전에서 읽을 수 있는 형식으로 인코딩해야 한다. 파일의 버전을 파악한 뒤에 해당 버전의 리더를 사용해 파일을 읽을 수 있기 때문이다. 일부 포맷은 매직 넘버magic number를 사용한다. 이 부분은 '매직 넘버' 절에서 자세히 설명한다.

체크섬

디스크에 저장된 파일은 소프트웨어 버그와 하드웨어 장애 등으로 인해 손상될 수 있다. 이런 상황을 사전에 파악하고 손상된 데이터가 다른 서브시스템에 전파되는 것을 방지하기 위해 체크섬checksum과 CRCCyclic Redundancy Check를 사용한다.

일부 문헌은 암호화 해시 함수와 비암호화 해시 함수, CRC, 체크섬을 같은 개념으로 정의한다. 이들의 공통점은 큰 데이터 덩어리를 작은 크기로 줄인다는 점이다. 하지만 사용 사례와 목적, 보장성은 모두 다르다.

체크섬은 보장성이 매우 낮으며 다중 비트 오류는 감지할 수 없다. 대부분 XOR과 패리티 검사parity check 또는 합summation을 사용한다[KOOPMAN15].

CRC는 버스트 오류burst error(다수의 연속된 비트가 손상된 상황)를 감지할 수 있다. 일반적으로 룩업 테이블과 다항식의 나눗셈을 사용한다[STONE98]. 대부분의 네트워크와 스토리지 장치에서 발생하는 장애의 형태는 멀티비트 오류이기 때문에 빠른 감지는 매우 중요하다.

비암호화 해시 함수와 CRC를 데이터 변조 여부 확인 용도로 사용하면 안 된다. 보안을 위해 항상 강력한 암호화 해시 함수를 사용해야 한다. CRC는 데이터가 의도하지 않은 우발적인 방법으로 변경됐는지 확인하는 방법이다. 반면 CRC는 의도적인 데이터 변경 및 변조 감지에는 적합하지 않다.

데이터를 디스크에 쓰기 전에 체크섬을 미리 계산하고 데이터와 함께 저장한다. 데이터 요청 시 체크섬을 다시 계산하고 저장된 체크섬과 비교한다. 값이 일치하지 않는다면 데이터는 손상된 것이기 때문에 사용할 수 없다.

파일 전체에 대해 체크섬을 계산하는 것은 비효율적이며 파일을 액세스할 때마다 파일 전체를 읽을 가능성은 낮기 때문에 일반적으로 페이지 단위로 체크섬을 계산하고 페이지 헤더에 저장한다. 이렇게 하면 체크섬이 더 견고해지고 (데이터의 극히 일부에 대한 체크섬이기 때문에) 특정 페이지가 손상되더라도 전체 페이지를 버리지 않아도 된다.

요약

3장에서는 바이너리 데이터 구조를 설명했다. 기본형 데이터를 직렬화해 셀을 만들고 셀을 병합해 슬롯 페이지를 구성하고 탐색하는 방법을 알아봤다.

문자열과 바이트 시퀀스, 배열과 같은 가변 길이 자료형을 제어하는 방법과 값의 길이를 포함하는 특수한 셀 구조를 배웠다.

슬롯 페이지 포맷은 페이지 외부에서 셀 ID를 통해 개별 셀에 접근할 수 있다. 삽입 순서대로 레코드를 저장하지만 셀 오프셋을 정렬해 키 순서를 보존할 수 있는 구조이다.

이러한 원리를 활용해 디스크 기반 자료 구조와 네트워크 프로토콜의 바이너리 포맷을 설계할 수 있다.

더 읽어보기

3장에서 이야기한 개념에 관한 더 자세한 설명은 다음 문헌을 참고하길 바란다.

「File organization techniques(파일 구조)」

Folk, Michael J., Greg Riccardi, and Bill Zoellick. 1997. File Structures: An Object-Oriented Approach with C++ (3rd Ed.). Boston: Addison-Wesley Longman.

Giampaolo, Dominic. 1998. Practical File System Design with the Be File System (1st Ed.). San Francisco: Morgan Kaufmann.

Vitter, Jeffrey Scott. 2008. "Algorithms and data structures for external memory." Foundations and Trends in Theoretical Computer Science 2, no. 4 (January): 305-474. https://doi.org/10.1561/0400000014.

4장

B-트리 구현

3장에서는 바이너리 포맷의 구조와 셀과 계층형 포인터를 사용해 페이지를 구성하는 방법을 설명했다. 이 방법은 인플레이스 업데이트를 지원하는 자료 구조와 추가 전용 자료 구조에 모두 적용할 수 있다. 4장에서는 이러한 개념 몇 가지를 B-트리에 맞춰 설명한다.

4장은 3개의 절로 구성된다. 첫 번째 절에서는 키와 포인터의 관계를 정의하고 페이지를 연결하는 헤더와 링크를 구현하는 방법을 설명한다.

두 번째 절에서는 루트 노드에서부터 리프 노드까지 순회하는 과정을 설명한다. 이진 탐색 알고리즘에서 탐색 경로를 결정하는 방법과 노드 분할 및 병합 시 부모 노드 정보를 참조하는 방법을 설명한다.

마지막 절에서는 몇 가지 트리 최적화 기법(리밸런싱, 우측 추가 기법, 벌크 로딩)과 유지보수 프로세스, 가비지 컬렉션을 설명한다.

페이지 헤더

페이지 헤더에는 탐색과 유지보수, 최적화에 필요한 페이지에 대한 정보를 저장한다. 일반적으로 페이지 내용을 나타내는 플래그와 레이아웃, 셀 개수, 빈 공간을 가리키는 하한 및 상한 오프셋(셀 오프셋 및 데이터 추가 시 사용)과 같은 몇 가지 유용한 메타데이터를 저장한다.

예를 들어 PostgreSQL은 페이지 크기와 레이아웃 버전을 헤더에 저장한다, MySQL InnoDB는 힙 레코드 개수와 레벨, 기타 구조 관련 값을 헤더에 저장한다. SQLite는 셀 개수와 가장 오른쪽 포인터를 저장한다.

매직 넘버

파일 헤더 또는 페이지 헤더에 주로 저장하는 또 다른 값으로 매직 넘버가 있다. 일반적으로 매직 넘버는 상수 값을 포함하는 멀티바이트 블록이며 페이지의 종류와 버전과 같은 정보를 포함한다.

매직 넘버는 검증과 상태 체크^{sanity check}에도 사용된다[GIAMPAOLO98]. 임의의 오프셋의 바이트 열이 매직 넘버와 정확히 일치할 가능성은 매우 낮다. 일치한다면 높은 확률로 해당 오프셋은 유효한 값이다. 예를 들어 페이지를 정상적으로 읽고 쓰기 작업 중에 50 41 47 45(PAGE의 hex 값)라는 값을 헤더에 저장할 수 있다. 페이지를 읽을 때 헤더에서 해당 4바이트와 예상 값을 비교하고 검증한다.

형제 링크

좌우에 있는 형제 페이지를 가리키도록 순방향 링크와 역방향 링크를 저장하는 방식으로 트리를 구현하기도 한다. 이렇게 하면 부모 노드로 거슬러 올라가지 않고 이웃 노드를 바로 참조할 수 있다. 분할 및 병합 시 이웃 오프셋까지 갱신해야 하기 때문에 약간 더 복잡하다. 예를 들어 가장 오른쪽의 노드가 아닌 노드를 분할하는 경우, 오른쪽 형제 노드의 역방향 포인터(원래 분할된 노드를 가리켰던 포인터)를 새로운 노드를 가리키도록 수정해야 한다.

그림 4-1과 같이 형제 링크^{sibling link}가 없는 트리에서 형제 노드를 찾으려면 반드시 부모 노드를 거쳐야 한다. 부모 노드는 직속 자식 노드만 가리키기 때문에 형제 노드를 찾으려고 루트까지 올라가야 하는 경우가 발생할 수 있다. 헤더에 형제 링크를 저장하면 같은 레벨의 이전 노드나 다음 노드에 빠르게 접근할 수 있다.

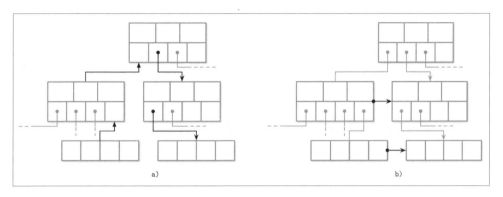

그림 4-1 부모 링크를 통해 형제 노드를 찾는 방법(a)과 형제 링크를 사용하는 방법(b)

형제 링크를 저장하는 방식의 단점은 노드 분할과 병합 시 링크를 업데이트해야 한다는 점이다. 분할과 병합의 대상 노드뿐만 아니라 형제 노드까지 업데이트하기 위해 추가적으로 잠금이 필요할 수 있다. 'B^{link}–트리' 절에서 형제 링크를 활용해 동시성이 좋은 B–트리를 구현하는 방법을 설명한다.

가장 오른쪽 포인터

B–트리의 구분 키의 주 역할은 트리를 서브트리로 분할하고 탐색할 수 있도록 하는 것이다. 따라서 자식 페이지를 가리키는 포인터가 키보다 반드시 하나 더 있다. '키 개수' 절에서 나왔던 +1이 바로 이것을 의미한다.

앞서 '구분 키' 절에서 구분 키의 기본 원칙을 설명했다. 대부분의 구분 키의 구조는 그림 4–2와 같다. 각 구분 키에는 자식 포인터가 있고 마지막 포인터는 어떤 키와도 연관되지 않기 때문에 따로 저장한다. 그림 2–10과 비교하면 차이를 알 수 있다.

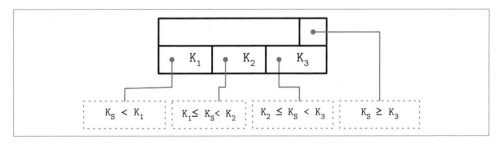

그림 4-2 마지막 포인터

SQLite는 마지막 포인터를 헤더에 저장하는 방식으로 구현돼 있다.

가장 오른쪽 자식 노드가 분할되고 부모에 새로운 셀이 추가되면 부모의 마지막 포인터도 다시 설정해야 한다. 그림 4-3을 보면 노드 분할 후 부모 노드에 추가된 새로운 셀(회색으로 표시)이 승급된 키를 가지면서 분할된 노드를 가리킨다. 부모의 마지막 포인터는 새로운 노드를 가리키도록 업데이트한다. SQLite가 이와 유사한 방식으로 구현돼 있다.[1]

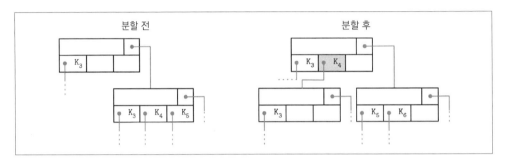

그림 4-3 노드 분할 시 마지막 포인터의 업데이트 과정. 승급된 키는 회색으로 표시한다.

하이 키

각 트리 노드의 가장 오른쪽 포인터와 노드의 하이 키$^{\text{high key}}$를 함께 저장하는 방법도 있다. 하이 키는 현재 노드의 서브트리에 저장된 가장 큰 키를 나타낸다. 이런 형식의 트리를 B^{link}−트리('B^{link}−트리' 절 참고)라고 부르며 PostgreSQL에서 사용된다.

B−트리는 N개의 키(k_i로 표기)와 N + 1개의 포인터(P_i로 표기)로 구성된다. 서브트리의 키의 범위는 $K_{i-1} \leq K_s < K_i$이다. $K_0 = -\infty$는 암묵적으로 그렇게 두고 노드에 표시하지 않는다.

B^{link}−트리는 각 노드에 K_{N+1} 키를 하나씩 더 추가로 저장한다. 이 키는 포인터 P_N이 가리키는 서브트리에서 가장 큰 키를 나타낸다. 따라서 이 키 값이 해당 서브트리에 저장할 수 있는 최댓값이 된다. 그림 4-4의 (a)는 하이 키가 없는 노드, (b)는 하이 키를 포함하는 노드를 나타낸다.

---

1   프로젝트 저장소의 balance_deeper 함수에 이 알고리즘이 구현돼 있다.

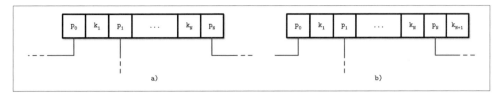

그림 4-4 하이 키가 없는 B-트리(a)와 하이 키가 있는 B-트리(b)

하이 키를 저장하는 트리는 각 노드에 저장된 키와 포인터의 개수가 같으며, 모든 셀에는 키-포인터 쌍이 존재한다. 이에 따라 에지 케이스가 줄어들고 가장 오른쪽 포인터의 처리가 단순해진다.

그림 4-5는 위의 두 방식의 페이지 구조와 탐색 공간의 차이를 나타낸다. 첫 번째 방식에서 최댓값은 $+\infty$이지만 두 번째 방식은 K_3으로 줄어든다.

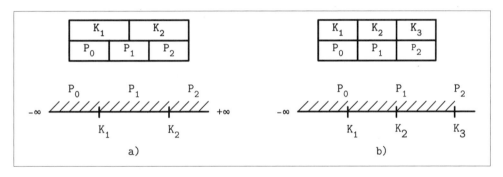

그림 4-5 $+\infty$를 가상 키로 사용하는 방식(a)과 하이 키를 저장하는 방식(b)

오버플로우 페이지

노드의 크기와 트리 팬아웃은 고정 값이며 동적으로 변하지 않는다. 하지만 모든 상황에 적합한 최적 값을 찾기란 쉽지 않다. 노드에 매우 큰 가변 길이의 값을 저장할 경우 한 페이지에 들어가지 않을 수 있다. 반대로 크기가 매우 작은 값이라면 페이지의 많은 공간이 낭비된다.

B-트리 알고리즘에서 모든 노드는 일정 개수의 키를 유지해야 한다. 하지만 각 노드에 저장된 값의 크기가 다를 수 있기 때문에 노드가 가득 찬 상태가 아니지만 이 노드를 저장하는 고정 크기의 페이지에는 남은 공간이 없을 수 있다. 페이지 크기의 변경은 기존 데이터를 새로운 위치로 복사해야 하기 때문에 비효율적이다. 하지만 페이지 크기 증가 및 확장은 불가피하다.

여러 페이지를 연결하면 데이터를 다른 연속된 공간으로 복사하지 않고 가변 크기 노드를 구현할 수 있다. 예를 들어 기본 크기가 4K인 페이지에 삽입된 값의 합이 4K 이상이면 임의의 크기를 추가 할당하지 않고 4K 단위로 노드를 확장하고 할당된 새로운 페이지를 원본 페이지에 연결하면 된다. 새로 할당된 페이지를 오버플로우 페이지overflow page라고 부른다. 헷갈리지 않도록 4장에서는 원본 페이지를 기본primary 페이지라고 부른다.

대부분의 B-트리는 고정 크기의 바이트만 노드에 저장하고 나머지는 오버플로우 페이지에 저장한다. 고정 크기는 노드 크기를 팬아웃으로 나눈 값이다. 따라서 페이지에 최소 max_payload_byte 바이트만큼의 공간이 항상 남아 있기 때문에 페이지에 공간이 부족한 상황은 발생하지 않는다. SQLite의 오버플로우 페이지 구현 방식은 프로젝트 저장소에서 확인할 수 있다. MySQL InnoDB 문서도 도움이 될 것이다.

삽입된 데이터가 max_payload_size보다 크다면 해당 노드에 연결된 오버플로우 페이지가 있는지 확인해야 한다. 오버플로우 페이지가 존재하고 공간이 충분히 남아 있다면 나머지 바이트를 해당 페이지에 저장한다. 없다면 새로운 오버플로우 페이지를 할당한다.

그림 4-6의 기본 페이지의 각 레코드는 나머지 데이터가 있는 오버플로우 페이지를 가리킨다.

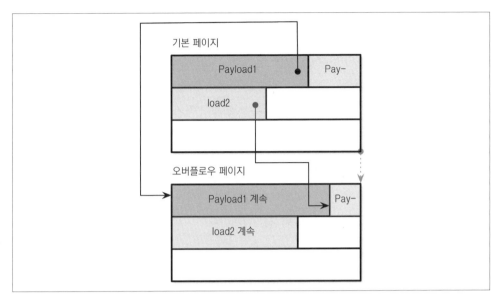

그림 4-6 오버플로우 페이지

오버플로우 페이지는 특별 관리가 필요하다. 기본 페이지와 마찬가지로 단편화가 발생할 수 있으며, 새로운 데이터를 쓰기 위해 공간을 회수하거나 필요 없는 페이지를 삭제해야 한다.

첫 오버플로우 페이지를 할당할 때에는 해당 페이지의 ID를 기본 페이지의 헤더에 저장한다. 오버플로우 페이지가 하나로는 충분하지 않아 여러 개가 되는 경우에는 각 헤더에 다음 페이지 ID를 저장하고 연결한다. 따라서 특정 데이터를 찾기 위해 여러 오버플로우 페이지를 확인해야 할 수 있다.

키의 카디널리티는 일반적으로 높고 대부분의 경우 기본 페이지에 저장된 키가 비교 대상이기 때문에 키를 나눠서 저장해도 된다.

데이터 레코드가 요청되면 오버플로우된 부분을 찾아서 반환해야 한다. 하지만 일반적으로 이런 요청은 자주 발생하지 않는다. 만약 모든 데이터의 사이즈가 크다면 블랍 스토리지 등의 사용을 고려해야 한다.

이진 검색

B-트리 탐색 알고리즘은 이미 2장('B-트리 탐색 알고리즘' 절 참고)에서 설명했다. 트리의 노드에서 특정 키는 이진 검색^{binary search} 알고리즘을 사용해 찾을 수 있다. 이진 검색은 데이터가 정렬된 경우에만 유효하고 정렬되지 않은 키로는 검색이 불가능하다. 따라서 키 정렬과 유지는 매우 중요하다.

이진 검색 알고리즘은 정렬된 배열과 검색 키를 인자로 받고 숫자를 반환한다. 반환한 숫자가 양수라면 해당 키는 존재하고 이 값은 배열에서의 위치를 의미한다. 음수라면 해당 키는 배열에 존재하지 않고 반환 값은 삽입 위치를 의미한다.

삽입 위치는 검색 키보다 첫 번째로 큰 값의 위치다. 이 숫자의 절댓값은 새로운 키를 삽입해도 정렬 순서를 유지할 수 있는 위치를 나타낸다. 삽입 시에는 삽입 위치 이후의 모든 원소를 한 자리씩 이동시켜 새로운 값을 위한 공간을 만들고 삽입한다[SEDGEWICK11].

상위 레벨에서 일치하는 키를 찾는 경우는 드물다. 검색 키보다 큰 첫 번째 값을 찾고 해당 서브트리를 가리키는 포인터를 따라가는 탐색 경로가 중요하다.

간접 포인터를 사용한 이진 검색

B-트리 페이지의 셀은 삽입 순서대로 저장되며 셀 오프셋만 논리적 순서를 유지한다. 페이지 셀의 이진 검색은 먼저 중간 셀 오프셋을 선택하고 해당 위치의 키와 검색 키를 비교해 왼쪽과 오른쪽 중 진행 방향을 결정한다. 그림 4-7과 같이 이 과정을 대상 키 또는 삽입 위치를 찾을 때까지 재귀적으로 반복한다.

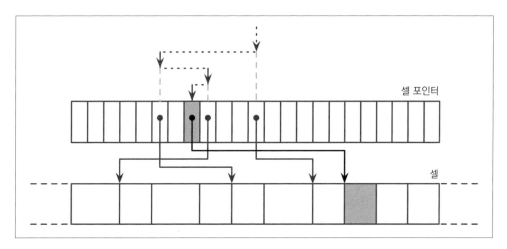

그림 4-7 간접 포인터를 사용한 이진 검색. 검색 키는 회색으로 표시하고 점선은 셀 포인터를 통한 이진 검색을 나타낸다. 실선은 셀의 값과 검색 키 비교를 위해 필요한 셀 접근을 나타낸다.

분할과 병합

3장에서 설명했듯이 B-트리에서 노드의 분할과 병합은 상위 레벨까지 전파될 수도 있다. 따라서 분할하는 리프 노드나 병합하는 두 리프 노드부터 루트 노드까지 순회할 수 있어야 한다.

일부 B-트리에서는 노드에 부모 노드를 가리키는 포인터를 저장한다. 하지만 하위 레벨의 페이지는 항상 바로 위 레벨을 통해서 참조되기 때문에 부모 노드에 대한 정보는 디스크에 저장하지 않아도 된다.

형제 포인터와 마찬가지로('형제 링크' 절 참고) 부모 포인터도 부모가 변경되면 알맞게 갱신해야 한다. 부모 노드의 분할과 병합, 재배치 과정에서 페이지 ID를 포함하는 구분 키가 한 노드에서 다른 노드로 이동했을 때 반드시 갱신해야 한다.

일부 트리 구현(예를 들어 와이어드타이거^{WiredTiger})에서는 형제 포인터 사용으로 인해 발생할 수 있는 데드록을 제거하기 위해 리프 노드 탐색에 부모 포인터를 사용하기도 한다[MILLER78], [LEHMAN81]). 그림 4-1과 같이 형제 포인터 대신 부모 포인터를 사용해 리프 노드를 탐색

한다.

부모 노드에서부터 재귀적으로 포인터를 따라 내려가면 형제 노드를 찾을 수 있다. 같은 부모를 공유하는 모든 형제 노드를 순회하고 난 후에는 재귀적으로 상위 레벨로 올라가 검색을 계속한다. 그러다 보면 결국 루트 노드에 도달하고 또 다시 리프 레벨까지 내려가게 된다.

탐색 경로

부모 포인터를 저장 및 유지하는 대신 리프 노드까지의 경로를 저장해두고 노드 삽입과 삭제로 인해 분할 및 병합이 발생했을 때 저장된 경로를 역순으로 순회하는 방법도 있다.

B-트리의 구조를 변경하기 위해서는 (노드 삽입과 삭제 시) 루트에서 리프 노드 또는 삽입 지점까지 트리를 순회해야 한다. 하지만 리프 노드에 도달하기 전에는 분할 또는 병합의 발생 여부를 미리 알 수 없기 때문에 탐색 경로breadcrumbs[2]를 저장해야 한다.

탐색 경로는 루트부터 방문한 모든 노드에 대한 정보를 포함한다. 이러한 정보는 분할 또는 병합이 상위 레벨로 전파될 때 노드를 거슬러 올라가는 데 쓴다. PostgreSQL은 내부적으로 BTStack[3]이라는 스택에 탐색 경로를 저장한다.

노드가 분할되거나 병합되는 경우, 저장된 탐색 경로를 이용해 부모 노드로 승급된 키의 삽입 지점을 찾고 필요하다면 더 상위 레벨 노드까지 차례대로 방문하면서 구조를 변경한다. 경로를 저장한 스택은 메모리에 유지한다.

그림 4-8은 루트에서 리프 노드까지 방문한 노드를 가리키는 포인터와 해당 셀의 인덱스가 포함된 탐색 경로를 수집하는 과정을 나타낸다. 리프 노드를 분할해야 한다면 스택의 최상위 요소를 참조해 부모 노드를 찾을 수 있다. 부모 노드에 공간이 남아 있다면 탐색 경로에 저장된 셀 인덱스(유효한 값인 경우) 위치에 새로운 셀을 추가한다. 만약 공간이 부족하다면 부모 노드도 분할해야 한다. 루트 노드에 도달해 스택에 더 이상 요소가 없거나 분할하지 않아도

2　빵 부스러기라는 뜻으로, 동화 『헨젤과 그레텔』에서 집에 돌아갈 길을 표시하려고 떨어뜨린 빵 부스러기에서 유래한 이름이다.
　　- 옮긴이

3　자세한 내용은 프로젝트 저장소 https://databass.dev/links/21을 참고한다.

될 때까지 이 과정을 반복한다.

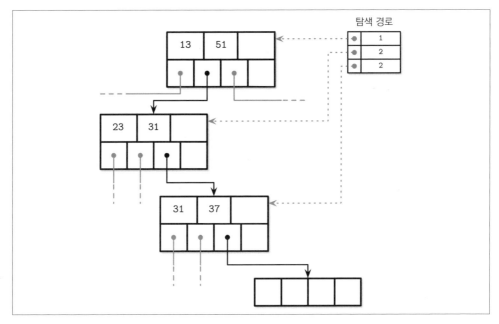

그림 4-8 탐색 중 방문한 노드와 셀 인덱스를 포함하는 탐색 경로를 수집하는 과정. 점선은 방문한 노드를 가리키는 논리적 링크를 나타내고 테이블 안의 숫자는 선택된 자식 포인터의 인덱스를 나타낸다.

리밸런싱

일부 B-트리 구현에서는 분할과 병합 비용을 줄이기 위해 레벨 내에서 노드를 리밸런싱하거나 분할 및 병합 작업을 수행하기 전에 상대적으로 빈 공간이 많은 노드로 원소를 이동한다. 이 경우 리밸런싱 비용이 높아질 수도 있지만 노드의 점유율을 높이고 트리의 높이는 낮출 수 있다.

노드 삽입과 삭제 시 로드 밸런싱을 수행하는 방법도 있다[GRAEFE11]. 효율적인 공간 활용을 위해 노드를 분할하는 대신 형제 노드로 일부 원소를 옮기고 삽입할 공간을 확보한다. 삭제 작업도 마찬가지로 형제 노드와 병합하는 대신 노드가 절반 이상 찬 상태를 유지하도록 형제 노드에서 일부 원소를 가져올 수 있다.

B*-트리는 형제 노드가 모두 가득 찰 때까지 이웃 노드 간에 원소를 분산한다. B*-트리 알고리즘은 노드를 절반이 비어 있는 두 개의 노드로 분할하는 것이 아니라, 두 노드를 2/3가 채워진 3개의 노드로 분할한다. SQLite에서 사용하는 알고리즘이다. 이 방식은 분할을 지연시켜 평균 점유율을 높일 수 있지만 상태를 관리하고 균형을 맞추는 로직이 추가로 필요하다. 높은 점유율로 인해 트리 높이가 낮아지고 순회 시 참조하는 페이지 수가 줄어들면 검색의 효율성도 높아진다.

그림 4-9는 이웃 노드 간 데이터를 분산하는 과정을 나타낸다. 오른쪽 노드보다 왼쪽 노드에 저장된 원소가 더 많기 때문에 점유율이 높은 왼쪽 노드에서 낮은 오른쪽 노드로 원소를 이동한다. 이 과정에서 노드의 최솟값과 최댓값이 바뀌기 때문에 부모 노드의 키와 포인터 또한 알맞게 업데이트해야 한다.

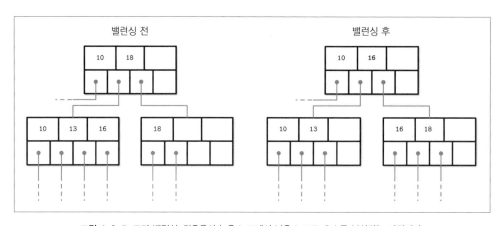

그림 4-9 B-트리 밸런싱. 점유율이 높은 노드에서 낮은 노드로 요소를 분산하는 과정이다.

로드 밸런싱은 많은 데이터베이스 구현에서 사용되는 유용한 기술이다. SQLite는 앞서 설명한 알고리즘과 유사한 형제 밸런싱balance-siblings 알고리즘을 사용한다. 밸런싱 때문에 구현이 더 복잡해질 수 있지만 독립된 작업이기 때문에 개발 후반 단계에서 최적화의 일부로 구현해도 된다.

오른쪽 추가 기법

많은 데이터베이스 시스템에서 자동 증가 값을 기본 인덱스 키로 사용한다. 이 방식을 사용하면 모든 삽입이 인덱스 끝(가장 오른쪽 리프)에서만 발생하기 때문에 대부분의 노드 분할 작업이 각 레벨의 가장 오른쪽 노드에서 일어나게 된다. 최적화에 적합한 구조이다. 나아가 키 업데이트 및 삭제가 추가보다 자주 발생하지 않을 경우, 내부 노드의 단편화는 키가 정렬되지 않았을 때 보다 감소한다.

PostgreSQL은 이와 같은 방식을 패스트패스fastpath라고 부른다. 삽입하는 키가 가장 오른쪽 페이지의 첫 번째 키보다 크고 가장 오른쪽 페이지에 새로운 키를 삽입할 공간이 충분하면, 탐색 과정을 건너뛰고 캐시된 페이지의 알맞은 위치에 키를 바로 삽입한다.

SQLite도 퀵밸런스quickbalance라는 비슷한 개념을 사용한다. 빈 공간이 없는 가장 오른쪽 노드(예를 들어 트리에서 가장 큰 키)에 데이터 추가 시 균형을 다시 맞추거나 분할하는 대신 오른쪽에 새로운 노드를 할당하고 부모 노드에 포인터를 추가한다(SQLite의 밸런싱 로직은 '리밸런싱' 절 참고). 새로 할당된 노드는 거의 비어 있지만(분할된 노드는 절반만 비어 있음) 곧 채워질 가능성이 매우 높다.

벌크 로딩

정렬된 데이터를 벌크 로딩하거나 트리를 재구성(단편화 제거 등의 목적)할 때에는 우측 추가 알고리즘을 사용할 수 있다. 데이터가 이미 정렬돼 있기 때문에 벌크 로딩 시 트리의 가장 오른쪽에만 데이터를 추가하면 된다.

이 경우에는 트리를 하위 레벨부터 상향식으로 한 레벨씩 구성하거나, 상위 레벨 노드에 충분한 수의 포인터를 넣을 수 있을 만큼 하위 레벨의 노드가 추가됐을 때 상위 노드를 쓰는 방식으로 트리를 구성하면 노드의 분할과 병합을 피할 수 있다.

미리 정렬된 데이터를 리프 레벨에 페이지 단위(개별로 삽입하는 대신)로 저장하는 방식으로 벌크 로딩을 구현할 수도 있다. 리프 페이지 생성 후, 리프 페이지의 첫 번째 키를 부모 노드에 복사하고 상위 레벨은 일반 B-트리 알고리즘을 사용해 구성한다[RAMAKRISHNAN03]. 이 방식도 마찬가지로 데이터가 정렬돼 있기 때문에 노드 분할은 가장 오른쪽 노드에서만 발생한다.

B-트리는 항상 최하위(리프) 레벨부터 상향식으로 구성하기 때문에 상위 레벨을 만들기 전에 리프 레벨 전체를 먼저 구성할 수 있다. 그렇기 때문에 상위 레벨을 구성하는 시점에는 이미 모든 자식 포인터가 준비돼 있다. 이 방식은 디스크에서 분할이나 병합을 할 필요가 없고 트리를 구성할 때 트리의 최소한의 부분(현재 채우는 중인 리프 노드의 모든 부모 노드)만 메모리에 저장하면 된다는 장점이 있다.

불변 B-트리도 같은 방식으로 만들 수 있는데, 가변 B-트리와 다르게 수정이 불가능하기 때문에 추가적인 공간 오버헤드가 발생하지 않는다. 모든 페이지를 완전히 채울 수 있기 때문에 점유율과 성능이 향상한다.

압축

원시raw 데이터를 압축하지 않고 저장하면 상당한 저장 오버헤드가 발생할 수 있다. 따라서 대부분의 데이터베이스는 공간을 절약할 수 있는 압축 알고리즘을 제공한다. 압축 알고리즘에서 접근 속도와 압축률은 서로 상반된 관계다. 압축률이 높을수록 데이터 크기는 감소하고 따라서 한 번에 더 많은 데이터를 읽을 수 있다. 하지만 압축과 압축 해제 작업에서 더 많은 RAM과 CPU 사이클을 사용한다.

데이터는 다양한 단위로 압축할 수 있다. 파일 전체를 압축하면 압축률이 향상하지만 업데이트 시 파일 전체를 다시 압축해야 하기 때문에 비효율적이다. 일반적으로 데이터셋이 클수록 작은 압축 단위가 적합하다. 인덱스 파일 전체를 압축하는 것도 비실용적이며 효율적으로 구현하기도 어렵다. 파일 전체(또는 압축 관련 메타데이터가 들어 있는 부분)를 읽고 압축을 해제해야 하기 때문이다.

파일 전체가 아닌 페이지 단위로 압축하면 문제를 해결할 수 있다. 지금까지 설명한 알고리즘은 모두 고정 크기 페이지를 사용하기 때문에 페이지 단위 압축을 사용하기에 알맞다. 페이지는 다른 페이지와 독립적으로 압축 및 압축 해제할 수 있기 때문에 페이지 로딩 및 플러시와 같이 수행할 수 있다. 하지만 일반적으로 데이터 전송이 블록 단위로 이뤄지기 때문에 압축된 페이지가 블록의 극히 일부분을 차지하는 경우에는 실제 데이터보다 더 많은 바이트를 읽는 비효율적인 상황이 발생한다[RAY95]. 그림 4-10의 압축된 페이지 (a)의 크기는 디스크 블록 크기보다 작다. 따라서 이 페이지를 요청하면 다른 페이지의 일부분도 포함된다. (b)와 같이 여러 디스크 블록에 걸쳐 있는 페이지의 경우 여러 페이지를 요청해야 한다.

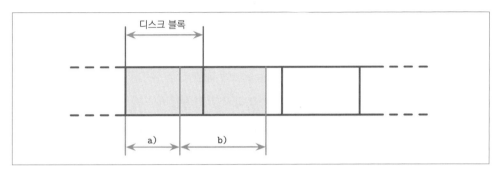

그림 4-10 압축과 블록 패딩

데이터를 로우 단위(데이터 레코드별) 또는 칼럼 단위(칼럼별)로 압축하는 방법도 있다. 하지만 이 경우 페이지 관리와 압축 작업을 묶어서 수행할 수 없다.

이 책을 집필하는 시점을 기준으로 대부분의 오픈소스 데이터베이스는 스내피^{Snappy}, zLib, lz4와 같은 다양한 압축 라이브러리를 연동하는 기능을 지원하고 있다.

압축 알고리즘은 대상 데이터셋과 목표(압축률, 성능, 메모리 오버헤드 등)에 따라 결과가 달라질 수 있기 때문에 이 책에서는 알고리즘 비교와 세부 구현은 설명하지 않겠다. 블록 크기별로 압축 알고리즘의 성능을 비교하는 다양한 자료(스쿼시 압축 벤치마크$^{Squash\ Compression\ Benchmark}$ 등)가 있다. 대부분 메모리 오버헤드와 압축 성능, 압축 해제 성능, 압축률을 중점적으로 비교한다. 압축 라이브러리를 선택할 때 가장 중요한 비교 요소다.

정리와 유지

지금까지 B-트리를 사용자 관점에서 살펴봤다. 데이터 무결성 유지와 공간 회수, 오버헤드 최소화, 페이지 정렬 등의 다양한 작업이 쿼리 수행과 더불어 수행된다. 이런 작업을 백그라운드에서 수행하면 시간을 절약할 수 있으며 삽입과 업데이트, 삭제 작업의 후처리 비용이 줄어든다.

앞서 설명한 슬롯 페이지('슬롯 페이지' 절 참고)는 설계상 추가적인 페이지 관리가 필요하다. 예를 들어 내부 노드의 분할과 병합, 리프 레벨 노드에 대한 삽입 및 업데이트, 삭제 등이 계속 일어나면 단편화가 발생해 논리적 공간은 충분하지만 연속된 물리적 공간이 부족한 페이지가 생긴다. 그림 4-11은 이러한 상황을 나타낸다. 페이지에 논리적 공간은 충분하지만 삭제된 셀의 공간과 헤더/셀 포인터와 셀 사이의 공간으로 나눠져 단편화된 모습이다.

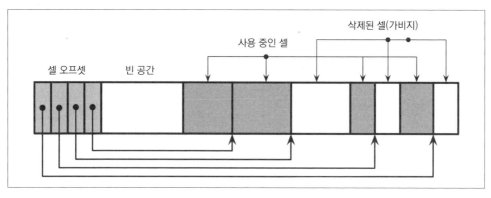

그림 4-11 단편화된 페이지

B-트리는 루트 노드에서부터 탐색을 시작한다. 탐색 경로를 따라 접근할 수 있는 데이터를 라이브live(주소 참조 가능addressable) 상태라고 한다. 참조할 수 없는 데이터는 가비지garbage라고 한다. 어디에서도 참조하지 않고 읽을 수 없기 때문에 null 값과 같다.

그림 4-11은 두 상태의 차이를 나타낸다. 삭제되거나 덮어쓸 셀과 다르게 포인터가 있는 셀은 참조할 수 있다. 가비지 영역은 결국 새로운 데이터로 덮어쓸 것이기 때문에 해당 영역을 0으로 채우는 등의 작업은 성능을 저하시킨다.

업데이트와 삭제로 인한 단편화

가비지 데이터가 존재하는 페이지를 컴팩션compaction(조각 모음)하는 방법을 생각해보자. 삭제된 리프 레벨의 셀은 헤더에서 오프셋만 제거하고 실제 셀은 남겨둔다. 해당 셀은 더 이상 참조할 수 없으며 관련 데이터는 쿼리 대상에서 제외된다. 따라서 null 처리하거나 이웃 셀을 이동하지 않아도 된다.

페이지가 분할되면 페이지의 일부는 더 이상 참조할 수 없기 때문에 해당 오프셋은 삭제된다. 삭제된 오프셋의 셀은 새로운 데이터로 덮어쓰거나 정리 단계에서 가비지 컬렉터가 처리한다.

 일부 데이터베이스는 삭제 또는 업데이트된 셀을 멀티버전 동시성 제어를 위해 바로 삭제하지 않고 가비지 컬렉션을 수행한다('멀티버전 동시성 제어' 절 참고). 동시 수행 중인 트랜잭션은 작업이 완료되기 전까지 해당 셀에 접근할 수 있으며 어떤 스레드도 사용하지 않을 때 가비지 컬렉션을 통해 셀을 정리한다. 일부 데이터베이스에서는 고스트(ghost) 레코드를 관리하는 자료 구조를 유지하면서 고스트 레코드에 접근하는 모든 트랜잭션이 완료되면 레코드를 정리한다.

삭제된 셀의 오프셋만 삭제하고 다른 셀을 재배치하거나 공간 확보를 위해 물리적으로 셀을 삭제하지 않기 때문에 사용 가능한 바이트가 페이지에 흩어져 있을 수 있다. 이와 같은 현상을 단편화fragmentation라고 하며, 이는 제거해야 하는 현상이다.

일반적으로 데이터를 삽입하려면 셀 크기에 맞는 연속된 바이트 블록이 필요하다. 단편화된 여러 조각을 모아 연속된 공간을 확보하려면 페이지를 재구성해야 한다.

삽입 작업은 튜플을 삽입 순서대로 저장한다. 큰 차이는 없지만 튜플을 논리적 순서대로 저장하면 캐시를 프리페치해 순차 읽기에 도움이 될 수 있다.

내부 페이지의 키는 탐색 경로를 안내하는 이정표 역할을 하며 서브트리의 범위를 정의할 뿐이다. 그렇기 때문에 업데이트 작업은 대부분 리프 레벨에서 수행된다. 또한 업데이트 작업은 키 단위로 수행되며, 오버플로우 페이지 생성 이외의 트리의 구조를 변경하는 작업은 수행하지 않는다. 리프 노드 업데이트 시, 페이지 재구성을 최소화하기 위해 셀 순서는 변경하지 않는다. 따라서 셀의 여러 버전이 존재할 수 있고 이 가운데 한 개의 버전만 접근할 수 있다.

페이지 단편화

공간 회수 및 페이지를 재구성하는 과정을 컴팩션, 정리 또는 유지보수라고 한다. 페이지에 사용 가능한 물리적 공간이 부족한 경우 (오버플로우 페이지 생성을 방지하기 위해서) 컴팩션과 쓰기를 동시에 수행할 수 있다. 하지만 일반적으로 컴팩션은 페이지별로 가비지 컬렉션을 수행하고 데이터를 재작성하는 독립적인 비동기적 과정을 일컫는다.

컴팩션은 데드dead 셀이 차지하는 공간을 회수하고 셀을 논리적 순서로 재정렬한다. 재구성된 페이지는 파일에서의 위치가 변경될 수 있다. 사용 중이지 않은 인메모리 페이지는 사용 가능 상태로 변경되고 페이지 캐시에 반환된다. 디스크에 새로 할당된 페이지의 ID는 프리 페이지 목록free page list 또는 freelist4에 추가한다. 이 목록은 사용 가능한 공간이 누락되거나 낭비되지 않도록 노드 장애나 재부팅 시에도 유지돼야 한다.

요약

4장에서는 디스크 기반 B-트리 구현과 관련된 몇 가지 주제를 설명했다.

페이지 헤더

헤더에 저장되는 정보

가장 오른쪽 포인터

구분 키와 쌍이 아닌 포인터를 처리하는 방법

하이 키

노드에 저장할 수 있는 최대 키

오버플로우 페이지

사이즈가 큰 가변 길이 레코드를 고정 사이즈 페이지에 저장하는 방법

---

4 예를 들어 SQLite는 데이터베이스가 사용 중이지 않은 페이지 목록을 유지한다. 해제된 페이지의 주소가 저장된 trunk 페이지를 링크드 리스트에 저장한다.

루트 노드에서 리프 노드까지 트리 순회와 관련된 주제도 설명했다.

- 간접 포인터를 사용한 이진 검색
- 부모 포인터와 탐색 경로를 사용해 탐색 경로를 저장하는 방법

마지막으로 몇 가지 트리 최적화 기법과 유지보수 방법을 알아봤다.

리밸런싱

분할과 병합 횟수를 줄이기 위해 이웃 노드로 일부 요소 이동

오른쪽 추가 기법

새로운 데이터가 빠르게 삽입될 때 셀을 분할하는 대신 데이터를 트리의 가장 오른쪽 셀에 추가하는 방법

벌크 로딩

정렬된 데이터를 사용해 B-트리 효율적으로 구성하는 방법

가비지 컬렉션

페이지를 재구성하고 키 순으로 셀 정렬 및 사용하지 않는 셀의 공간을 회수하는 작업

4장에서 다룬 개념은 기본 B-트리 알고리즘과 실제 구현 방식 사이의 차이를 설명한다. 나아가 B-트리 기반 스토리지 시스템의 작동 원리를 이해하는 데 도움이 될 것이다.

더 읽어보기

4장에서 이야기한 개념에 관한 더 자세한 설명은 다음 문헌을 참고하길 바란다.

「Disk-based B-Trees(디스크 기반 B-트리)」

Graefe, Goetz. 2011. "Modern B-Tree Techniques." Foundations and Trends in Databases 3, no. 4 (April): 203-402. https://doi.org/10.1561/1900000028.

Healey, Christopher G. 2016. Disk-Based Algorithms for Big Data (1st Ed.). Boca Raton: CRC Press.

5장

트랜잭션 처리와 복구

이 책은 데이터베이스의 저장 구조부터 상향식으로 데이터베이스 시스템의 각 구성 요소를 설명한다. 이제 데이터베이스 트랜잭션의 개념을 이해하는 데 중요한 버퍼와 잠금 관리, 복구를 담당하는 상위 레벨 컴포넌트를 살펴보자.

DBMS에서 트랜잭션이란 하나의 논리적 작업 단위를 의미하며 여러 작업을 한 단계로 표현하는 방법이다. 작업은 데이터베이스의 읽기와 쓰기를 모두 포함한다. 모든 데이터베이스 트랜잭션은 원자성과 일관성, 격리성, 지속성을 보장한다. 이 네 가지 속성을 줄여서 ACID라고 부른다[HAERDER83].

원자성 *Atomicity*

트랜잭션을 더 작은 단계로 나눌 수 없다. 트랜잭션과 관련된 작업은 모두 실행되거나 모두 실패해야 한다는 의미이다. 트랜잭션은 부분적으로 실행될 수 없다. 트랜잭션은 커밋(트랜잭션의 쓰기 작업의 결과를 실제 데이터에 반영)되든지 실패(abort, 아직 적용되지 않은 트랜잭션의 모든 작업을 롤백)하든지 둘 중 하나여야 한다. 커밋은 트랜잭션의 마지막 단계다. 실패한 트랜잭션은 재시도할 수 있다.

일관성 *Consistency*

일관성은 애플리케이션이 제어하는 속성이다. 트랜잭션은 참조 무결성 등의 제약 조건을 위반하지 않고 데이터베이스를 하나의 유효한 상태에서 또 다른 유효한 상태로 변경한다. 일관성은 가장 약하게 정의된 성질로, 데이터베이스가 아닌 사용자가 제어할 수 있는 유일한 속성이다.

격리성 *Isolation*

동시에 수행되는 여러 트랜잭션은 다른 트랜잭션이 존재하지 않는 것처럼 서로 간섭 없이 수행돼야 한다. 격리성은 수정 내용이 반영되는 시점과 동시 수행 중인 트랜잭션이 접근할 수 있는 데이터를 정의한다. 많은 데이터베이스는 성능상의 이유로 여기서 설명한 격리성의 정의에 비해 약한 격리 수준 *isolation level*을 사용한다. 동시성 제어 방식에 따라 트랜잭션의 변경 내용 중 일부가 동시 수행 중인 다른 트랜잭션에 노출될 수도 있고 노출되지 않을 수도 있다('격리 수준' 절 참고).

지속성 *Durability*

트랜잭션 커밋 후 디스크에 저장된 데이터베이스의 상태는 시스템이 중단되거나 정전 또는 시스템 장애가 발생해도 그대로 유지돼야 한다.

트랜잭션을 수행하기 위해서는 데이터를 디스크에 저장하고 유지하는 자료 구조 외에도 여러 컴포넌트가 필요하다. 트랜잭션 매니저는 트랜잭션의 세부 단계를 제어, 관리 및 스케줄링하는 컴포넌트다.

잠금 매니저는 리소스에 대한 동시 접근을 제어하고 데이터 무결성을 보장한다. 잠금이 요청되면 잠금 매니저는 다른 트랜잭션이 공유 *shared* 혹은 배타적 *exclusive* 잠금 모드로 해당 리소스를 이미 소유하고 있는지 확인한다. 요청자가 해당 리소스에 대한 접근 권한이 있다면 접근을 허용한다. 배타적 잠금은 동시에 한 개의 트랜잭션만이 소유할 수 있기 때문에 다른 트랜잭션은 잠금이 해제될 때까지 대기하거나 중단 후 나중에 재시도해야 한다. 잠금이 해제되거나 트랜잭션이 완료되면 잠금 매니저는 대기 중인 트랜잭션에 이 사실을 알린다.

페이지 캐시 *page cache*는 영구 저장소(디스크)와 스토리지 엔진 사이에서 중개자 역할을 한다. 메인 메모리의 변경 사항을 저장하고 영구 저장소와 동기화되지 않은 페이지를 캐시한다. 모든 데이터베이스 상태에 대한 변경 사항은 우선 페이지 캐시에 저장된다.

로그 매니저는 영구 저장소와 동기화되지 않은 페이지 캐시의 내용이 손실되지 않도록 작업 히스토리(로그)를 저장한다. 로그를 기반으로 부팅 시 작업을 재수행하고 마지막 캐시 상태를 재구성한다. 중단된 트랜잭션이 변경한 내용을 되돌릴undo 때에도 로그를 사용한다.

분산(멀티파티션) 트랜잭션은 추가적인 조정과 원격 실행이 필요하다. 분산 트랜잭션 프로토 콜은 13장에서 설명한다.

버퍼 관리

대부분의 데이터베이스는 상대적으로 속도가 느린 영구 저장소(디스크)와 빠른 메인 메모리 RAM로 구성된 메모리 계층 구조로 돼 있다. 따라서 영구 저장소 접근 횟수를 줄이기 위해 페이지를 메모리에 캐시하고 스토리지 계층에서 캐시된 페이지를 재요청하면 캐시에서 반환한다.

다른 프로세스가 디스크에 저장된 같은 페이지를 변경하지 않았다면 메모리에 캐시된 페이지를 재사용할 수 있다. 이와 같은 방식을 가상 디스크virtual disk라고 부르기도 한다[BAYER72]. 가상 디스크 읽기 작업은 요청된 페이지가 메모리에 없을 경우에만 물리적 저장소에 접근한다. 이 개념의 더 일반적인 명칭은 페이지 캐시 또는 버퍼 풀buffer pool이다. 페이지 캐시는 디스크에서 읽은 페이지를 메모리에 캐시한다. 시스템 장애가 발생하거나 시스템이 비정상적으로 종료되면 캐시된 데이터는 사라진다.

페이지 캐시라는 용어가 의도한 목적을 더 잘 반영하기 때문에 이 책에서는 기본적으로 페이지 캐시를 사용한다. 버퍼 풀은 버퍼에 저장된 데이터는 공유하지 않고 버퍼 생성과 미사용 버퍼의 재사용이 주된 목적처럼 들릴 수 있기 때문에 실제 목적을 정확하게 반영하지 못한다. 페이지 캐시의 한 가지 기능 또는 독립적인 컴포넌트로 혼동할 수 있다.

페이지 캐시는 데이터베이스에서만 사용되는 개념이 아니다. 운영체제도 I/O 시스템 호출syscall의 성능을 높이기 위해 디스크에 저장된 내용을 비어 있는 메모리 세그먼트에 캐시한다.

아직 캐시되지 않은 페이지를 디스크에서 메모리로 복사하는 작업을 페이징paging이라고 한다. 아직 디스크로 플러시되지 않은 변경된 페이지는 더티dirty 페이지라고 표현한다.

일반적으로 페이지 캐시의 메모리 영역은 전체 데이터셋보다 작기 때문에 이 영역은 결국 모두 사용될 것이고 새로운 페이지를 추가하기 위해 기존 페이지를 만료시켜야 한다.

그림 5-1은 캐시된 B-트리 페이지와 디스크에 저장된 페이지의 관계를 나타낸다. 페이지 캐시는 순서를 고려하지 않고 페이지를 빈 슬롯에 복사한다. 따라서 디스크와 메모리에서 페이지가 정렬되는 방식 사이에는 연관성이 없다.

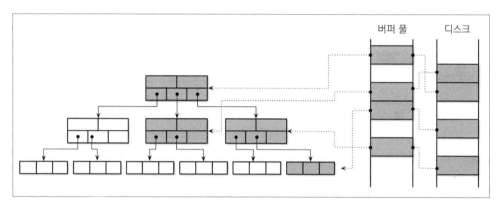

그림 5-1 페이지 캐시

페이지 캐시의 주요 기능은 다음과 같다.

- 페이지 내용을 메모리에 캐시한다.
- 디스크에 저장된 페이지에 대한 변경 사항을 함께 버퍼링하고 캐시된 페이지에 반영한다.
- 캐시되지 않은 데이터가 요청된 경우 메모리에 공간이 충분하다면 페이징하고 캐시된 버전을 반환한다.
- 캐시된 페이지가 요청된 경우 메모리에서 반환한다.
- 메모리에 새로운 페이지를 추가할 공간이 없을 경우 일부 페이지를 만료시키고 페이지로 플러시한다.

커널 페이지 캐시 우회 기법

많은 데이터베이스 시스템이 O_DIRECT 플래그를 사용해 파일을 읽는다. 이 플래그를 사용하면 I/O 시스템 호출 시 커널 페이지 캐시를 우회하고 디스크에 바로 접근하며 데이터베이스에 특화된 버퍼 관리 기법을 사용할 수 있다. 운영체제 개발자는 좋아하지 않는 방법이다.

리눅스 개발자 리누스 토발즈^{Linus Torvalds}는 O_DIRECT 플래그를 사용하는 데에 비판적이다. 비동기 방식도 아니고 미리 읽기^{readahead}를 지원하지도 않으며 커널이 액세스 패턴을 파악할 수 없기 때문이다. 하지만 운영체제가 더 효율적인 메커니즘을 제공하지 않는 이상 O_DIRECT 플래그를 계속해서 사용할 수밖에 없을 것이다.

fadvise를 사용하면 커널이 캐시에서 페이지를 만료시키는 방식을 제어할 수 있다. 하지만 커널은 요청을 무시할 수 있기 때문에 실제 적용 여부는 보장되지 않는다. 메모리 매핑을 사용하면 I/O 요청 시 시스템 호출을 방지할 수 있지만 캐시 방식을 제어할 수 없다.

캐싱

버퍼에 대한 변경 사항은 디스크에 쓰기 전까지 메모리에 남겨둔다. 어떤 프로세스도 원본 파일을 수정할 수 없기 때문에 동기화는 메모리에서 디스크로 플러시하는 단방향 작업이다. 데이터베이스는 페이지 캐시를 사용해 메모리를 관리하고 디스크 접근을 제어한다. 페이지 캐시를 애플리케이션에 특화된 커널 페이지 캐시라고 생각할 수 있다. 블록 디바이스에 바로 접근하고 기능 및 목적이 커널 페이지와 유사하다. 나아가 디스크 접근을 추상화하고 논리적 쓰기와 물리적 쓰기를 분리한다.

페이지를 캐시하면 알고리즘을 수정하거나 객체를 메모리에 실체화^{materialize}하지 않고 트리의 일부를 메모리에 저장할 수 있다. 간단하게 디스크에 접근하는 대신 페이지 캐시를 요청하면 된다.

스토리지 엔진이 특정 페이지를 요청하면 우선 캐시된 버전이 있는지 확인하고 있을 경우 반환한다. 없다면 논리적 페이지 주소 또는 페이지 번호를 물리적 주소로 변환해 해당 페이지를 메모리로 복사하고 반환한다. 이때 해당 페이지가 저장된 버퍼는 참조^{reference} 상태라고 표현한다. 작업이 끝나면 스토리지 엔진은 해당 페이지를 페이지 캐시에 반환 또는 참조 해제^{dereference}해야 한다. 페이지를 고정시키면 페이지 캐시에서 제거되지 않는다.

페이지가 변경된 경우(예를 들어 새로운 셀이 추가된 경우)에는 페이지에 더티 플래그를 설정한다. 더티 플래그는 해당 페이지가 디스크와 동기화되지 않았고 지속성을 위해 디스크로 플러시돼야 한다는 것을 의미한다.

캐시 만료

캐시된 데이터가 많을수록 더 많은 읽기 요청을 영구 저장소에 접근하지 않고 처리할 수 있다. 나아가 같은 페이지에 대한 변경 사항을 더 많이 같이 버퍼할 수 있다. 하지만 페이지 캐시의 크기는 한정적이기 때문에 새로운 페이지를 저장하기 위해 오래된 페이지는 제거해야 한다. 페이지가 동기화됐고(이미 플러시됐거나 수정되지 않음) 고정 또는 참조 상태가 아니라면 바로 제거될 수 있다. 더티 페이지는 제거되기 전에 먼저 플러시해야 한다. 참조 상태의 페이지는 사용이 끝나기 전까지는 제거될 수 없다.

페이지를 제거할 때마다 디스크로 플러시한다면 성능을 저하시킬 수 있다. 따라서 일부 데이터베이스는 별도의 백그라운드 프로세스가 제거될 가능성이 높은 더티 페이지를 주기적으로 디스크로 플러시한다. PostgreSQL의 백그라운드 플러시 라이터^{background flush writer}가 이 역할을 한다.

지속성은 데이터베이스에서 매우 중요한 속성이다. 데이터베이스에 장애가 발생하면 플러시되지 않은 데이터는 손실된다. 데이터 손실을 방지하기 위해 체크포인트^{checkpoint} 프로세스가 플러시 시점을 제어한다. 체크포인트 프로세스는 선행 기록 로그^{WAL}와 페이지 캐시의 싱크가 맞도록 조정한다. 오직 플러시가 완료된 캐시된 페이지와 관련된 로그만 WAL에서 삭제될 수 있다. 이 과정이 완료될 때까지 더티 페이지는 제거될 수 없다.

앞서 설명한 내용을 종합해보면 캐싱에는 여러 트레이드-오프가 존재한다.

- 디스크 접근 횟수를 줄이기 위해 플러시 시점을 늦춘다.
- 페이지를 우선적으로 플러시해 빠르게 캐시에서 제거한다.
- 제거할 페이지를 선택하고 최적의 순서로 플러시한다.

- 캐시 크기를 메모리 범위 내로 유지한다.
- 기본 저장소에 저장되지 않은 데이터는 손실되지 않아야 한다.

이 가운데 마지막 두 가지 사항을 유의하면서 다른 세 가지 선택안에 관해 논의해보자.

페이지 고정

모든 읽기와 쓰기 작업에서 디스크 I/O가 발생하는 시스템은 사실상 사용이 불가능하다. 연속된 읽기 연산에서 같은 페이지를 요청할 수도 있고 연속된 쓰기 연산에서 같은 페이지를 수정할 수도 있다. B-트리는 상위 레벨로 올라갈수록 좁아지기 때문에 상위 레벨 노드(루트에 가까운 노드)는 대부분의 읽기 작업에서 접근한다. 분할과 병합도 결국 상위 노드로 전파되기 때문에 트리의 일부라도 캐시하면 상당한 도움이 될 수 있다.

가까운 시간 내에 요청될 확률이 높은 페이지는 고정시킬 수 있다. 페이지를 캐시에 가둬 두는 것을 고정[pinning]한다고 표현한다. 고정된 페이지는 메모리에 더 오랜 시간 동안 유지되기 때문에 디스크 접근 횟수가 줄어들고 성능에 도움이 된다[GRAEFE11].

트리의 하위 레벨에는 상위 레벨보다 노드 수가 월등히 많기 때문에 상위 레벨 노드는 트리 전체에서 극히 일부분에 해당한다. 따라서 상위 레벨 노드를 메모리에 고정시키고 나머지 노드는 요청 시 페이징해도 된다. 이 방식은 쿼리 요청마다 디스크에 h번 접근하지 않아도 되고, 캐시되지 않은 하위 레벨 노드만 디스크에서 읽는다('B-트리 탐색 복잡도'에서 설명했듯이 h는 트리의 높이를 나타낸다).

서브트리에 대해 수행된 작업으로 인해 서로 상충되는 구조 변경이 연속해서 발생할 수 있다. 예를 들어 연속된 삭제 작업이 노드를 병합하고 뒤를 이어 다른 쓰기 작업이 같은 노드를 다시 분할하는 상황이다. 마찬가지로 다른 서브트리에서 전파된 구조 변경으로 인해 같은 상황이 발생할 수도 있다(비슷한 시기에 발생한 구조 변경이 상위 레벨로 전파되는 경우). 변경 사항을 디스크에 바로 쓰는 대신 메모리에 모아뒀다가 일괄 적용하면 이와 같은 상황을 방지하고 디스크 접근 횟수와 작업 비용을 줄일 수 있다.

페이지 교체 알고리즘

저장 공간이 부족한 캐시에 새로운 페이지를 추가하려면 일부 페이지를 만료시켜야 한다. 하지만 빈번하게 요청될 수 있는 페이지를 만료시키면 같은 페이지를 여러 차례 페이징하는 상황이 발생한다. 이와 같은 문제를 해결하기 위해서는 캐시된 페이지가 요청될 확률을 계산할 수 있어야 한다.

캐시된 페이지는 만료 정책$^{eviction policy}$(또는 페이지 교체 알고리즘)에 따라 캐시에서 제거된다. 캐시 만료 정책은 다시 요청될 확률이 가장 낮은 페이지를 만료시키고 해당 위치에 새로운 페이지를 페이징한다.

페이지 교체 알고리즘은 페이지 캐시의 성능을 결정하는 중요한 요인이다. 이상적인 페이지 교체 알고리즘을 설계하기 위해서는 페이지 요청 순서를 예측하고 재요청되지 않을 페이지를 찾아낼 수 있는 마법의 수정 구슬이 필요하다. 페이지 요청 순서는 일반적으로 특정 패턴이나 분포를 따르지 않기 때문에 정확한 예측이 불가능하다. 하지만 적절한 페이지 교체 알고리즘을 사용하면 불필요한 페이징을 방지할 수 있다.

캐시 용량을 늘리면 제거되는 페이지가 줄어들 것 같지만 현실은 그렇지 않다. 벨레이디의 모순$^{Bélády's anomaly}$[BEDALY69] 현상은 적합하지 않은 페이지 교체 알고리즘을 사용했을 때 페이지 수가 증가하면 제거되는 페이지 수도 같이 증가하는 현상을 의미한다. 만료된 페이지가 다시 페이징되면 공간을 선점하기 위해 다른 페이지와 경쟁해야 한다. 이와 같은 상황을 방지할 수 있는 페이지 교체 알고리즘을 신중하게 선택해야 한다.

FIFO와 LRU

가장 단순한 페이지 교체 알고리즘은 선입선출$^{\text{FIFO, First In First Out}}$ 방식이다. FIFO는 페이지 ID 를 삽입 순서대로 큐의 끝에 추가한다. 페이지 캐시에 공간이 부족할 경우 큐의 헤드에 저장된 페이지 ID가 가리키는 가장 오래된 페이지를 만료시킨다. 이 방식은 페이지 접근 순서를 전혀 고려하지 않기 때문에 실용적이지 않다. 예를 들어 루트와 최상위 레벨의 페이지는 가장 먼저 페이징되고 트리의 특성상 재요청될 확률이 매우 높지만, FIFO에서는 우선 제거 대상이다.

LRU$^{\text{Least-Recently Used}}$ 알고리즘은 FIFO를 확장한 방식이다[TANENBAUM14]. FIFO와 마찬가지로 삽입 순서대로 큐에 추가하지만 페이지가 재요청되면 마치 처음 페이징된 것처럼 다시 큐의 끝에 추가한다. 페이지를 요청할 때마다 페이지에 대한 참조와 노드를 갱신해야 하기 때문에 동시 접근 환경에서는 매우 비효율적일 수 있다.

LRU 기반의 다른 여러 페이지 교체 알고리즘이 있다. 2Q$^{\text{Two-Queue}}$ LRU는 2개의 큐를 사용해 최초 페이징 시 첫 번째 큐에 삽입하고 재요청 시 두 번째 핫^{hot} 큐로 옮긴다. 따라서 최근 요청된 페이지와 자주 요청된 페이지를 구분할 수 있다[JONSON94]. LRU-K 알고리즘은 마지막으로 참조된 k개의 페이지를 기반으로 자주 요청되는 페이지를 구분하고 페이지별 요청 횟수를 예측한다[ONEIL93].

CLOCK 알고리즘

어떤 상황에서는 정확성보다 효율성이 더 중요할 수 있다. LRU의 대안으로 사용되는 CLOCK 알고리즘은 더 단순하고 캐시 친화적이며 동시성을 지원한다[SOUNDARARARJAN06]. 리눅스는 변형된 CLOCK 알고리즘을 사용한다.

CLOCK-스윕$^{\text{CLOCK-sweep}}$ 알고리즘은 페이지에 대한 참조와 접근 여부를 나타내는 비트를 원형 버퍼에 저장한다. 일부 구현 방식에서는 비트 대신 요청 횟수를 나타내는 카운터를 사용하기도 한다. 페이지가 요청될 때마다 해당 페이지의 접근 비트를 1로 설정한다. CLOCK-스윕 알고리즘은 원형 버퍼를 순회하면서 접근 비트를 확인한다.

- 접근 비트가 1이지만 페이지가 참조 중이 아니라면, 접근 비트를 0으로 설정하고 다음 페이지를 확인한다.
- 접근 비트가 0이면 해당 페이지를 제거 대상으로 선정하고 만료 작업을 스케줄링한다.
- 현재 참조 중인 페이지의 접근 비트는 그대로 유지한다. 참조 중인 페이지의 접근 비트는 0이 될 수 없기 때문에 제거될 수 없고 제거될 확률도 낮다.

그림 5-2는 원형 버퍼에 저장된 접근 비트를 나타낸다.

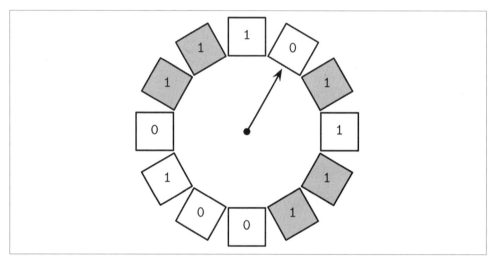

그림 5-2 CLOCK-스윕 알고리즘. 참조 중인 페이지의 카운터는 회색으로 표시하고 참조되지 않은 페이지는 흰색으로 표시한다. 화살표는 다음 페이지를 가리킨다.

원형 버퍼의 장점은 클럭 포인터와 페이지를 비교 후 스왑compare-and-swap 방식으로 쉽게 수정할 수 있고 추가적인 잠금 메커니즘이 필요하지 않다는 것이다. CLOCK-스윕 알고리즘은 이해 및 구현이 쉽고 교과서[TANENBAUM14]뿐만 아니라 상용 시스템에서도 자주 사용된다.

LRU가 항상 데이터베이스 시스템에서 사용할 수 있는 최적의 페이지 교체 알고리즘은 아니다. 어떤 경우에는 최신성recency보다 사용 빈도를 예측 변수로 사용하는 것이 더 효과적일 수 있다. 예를 들어 부하가 높은 데이터베이스에서 최신성은 데이터가 요청된 순서만을 나타낼 뿐이기 때문이다.

LFU

페이징 횟수 대신 페이지가 참조된 횟수를 기반으로 제거할 페이지를 선택하는 방법도 있다. LFU[Least-Frequently Used] 알고리즘은 요청 빈도가 가장 낮은 페이지를 제거한다.

TinyLFU는 페이징 시점이 아닌 요청 빈도를 고려해 페이지의 만료 여부를 결정하는 요청 빈도 기반 페이지 교체 알고리즘[EINZIGER17]이다. 유명한 자바 라이브러리 카페인[Caffeine]이 사용하는 방식이다.

TinyLFU는 캐시 접근 이력을 빈도수 히스토그램[CORMODE11]에 저장한다. 전체 이력을 저장하는 것은 비실용적이며 비용이 매우 높다.

TinyLFU는 페이지를 다음 중 하나의 큐에 저장한다.

- 등록[admission] 큐: LRU 알고리즘을 기반으로 새로 추가된 페이지를 저장한다.
- 관찰[probation] 큐: 제거될 확률이 높은 페이지를 저장한다.
- 보호[protected] 큐: 큐에 오랫동안 남아 있을 페이지를 저장한다.

TinyLFU는 제거할 페이지 대신 큐에 유지할 페이지를 선택한다. 요청 빈도가 높은 페이지를 관찰 큐로 옮기고 다시 요청되면 보호 큐로 옮긴다. 보호 큐가 가득 차면 일부 페이지를 다시 관찰 큐로 옮긴다. 따라서 요청 빈도가 높은 페이지일수록 큐에 더 오랫동안 유지되고 요청 빈도가 낮은 페이지는 제거될 확률이 높다.

그림 5-3은 등록, 관찰, 보호 큐와 빈도수 필터, 페이지 제거 사이의 논리적 흐름을 나타낸다.

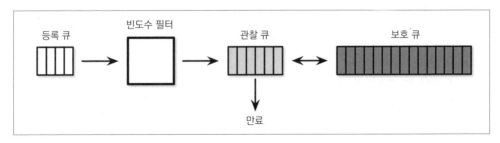

그림 5-3 TinyLFU의 등록, 관찰, 보호 큐

최적의 교체 대상 페이지를 찾는 많은 페이지 교체 알고리즘이 있다. 페이지 교체 알고리즘은 시스템의 레이턴시와 I/O 작업 횟수에 큰 영향을 미치기 때문에 신중하게 선택해야 한다.

복구

데이터베이스 시스템들은 각자 다른 안정성과 신뢰성 문제를 내재한 여러 하드웨어와 소프트웨어 계층으로 구성된다. 따라서 데이터베이스 시스템 자체와 기반 소프트웨어와 하드웨어 컴포넌트에 장애가 발생할 수 있다. 데이터베이스 개발자는 여러 장애 시나리오를 고려하고 "약속된" 데이터가 실제로 저장되게 해야 한다.

선행 기록 로그(WAL 또는 커밋 로그)는 장애 및 트랜잭션 복구를 위해 디스크에 저장하는 추가 전용 보조 자료 구조다. 페이지 캐시는 페이지에 대한 변경 사항을 메모리에 버퍼링한다. 캐시된 내용이 디스크로 플러시될 때까지 관련 작업 이력의 유일한 디스크 복사본은 WAL이다. PostgreSQL과 MySQL 등의 많은 데이터베이스가 추가 전용 WAL을 사용한다.

WAL의 주요 기능은 다음과 같다.

- 디스크에 저장된 페이지에 대한 변경 사항을 페이지 캐시에 버퍼링하는 동시에 데이터베이스 시스템 맥락에서의 지속성을 보장한다.
- 캐시된 페이지가 디스크와 동기화될 때까지 작업 이력을 디스크에 저장한다. 데이터베이스의 상태를 변경하는 모든 작업을 실제 페이지에 적용하기 전에 먼저 디스크에 로깅한다.
- 장애 발생 시 로그를 기반으로 마지막 메모리 상태를 재구성한다.

이 기능 외에도 WAL은 트랜잭션 처리에 중요한 역할을 한다. WAL은 데이터가 영구 저장소에 저장되도록 보장하고 로그를 재수행해서 커밋되지 않은 트랜잭션을 완료하거나 장애가 발생하기 전의 상태로 되돌릴 수 있기 때문에 매우 중요하다. 5장에서는 널리 사용되고 인용되는 최신 복구 알고리즘 ARIES[Algorithm for Recovery and Isolation Exploiting Semantics]을 설명한다 [MOHAN92].

PostgreSQL 대 fsync( )

PostgreSQL은 체크포인트를 사용해 인덱스와 데이터 파일이 로그 파일의 특정 레코드까지의 내용과 동기화됐는지 확인한다. 체크포인트 프로세스는 주기적으로 더티(수정된) 페이지를 디스크로 플러시한다. 더티 페이지를 디스크로 플러시하고 커널 페이지의 더티 플래그를 초기화하는 fsync( ) 커널 함수를 호출해 더티 페이지와 디스크를 동기화한다. 디스크로 페이지를 플러시할 수 없을 경우 fsync는 에러를 반환한다.

리눅스를 비롯한 일부 운영체제의 fsync는 I/O 에러로 인해 플러시되지 않은 페이지의 더티 플래그도 초기화한다. 나아가 fsync는 에러 발생 시점에 열려 있는 파일 디스크립터[descriptor]에만 에러를 반환하고 함수를 호출한 디스크립터를 열기 전에 발생한 에러는 반환하지 않는다.

체크포인트 프로세스는 항상 모든 파일을 열어 두지 않기 때문에 일부 에러가 발생한 사실을 모를 수 있다. 결과와 상관없이 더티 플래그는 초기화되기 때문에 체크포인트 프로세스는 실제로 플러시되지 않은 데이터가 성공적으로 디스크로 플러시됐다고 착각할 수 있다.

이와 같은 문제가 발생할 경우 장애를 복구할 수 있다고 해도 데이터 손실 또는 데이터베이스 손상으로 이어질 수 있다. 하지만 이러한 문제는 사전 감지가 어렵고, 이로 인해 시스템은 복구 불가능한 상태가 될 수 있다. 이런 상황은 의도적으로 만드는 것조차도 쉽지 않을 수 있다. 복구 메커니즘을 구현할 때에는 가능한 모든 장애 시나리오를 신중하게 검토하고 시험해야 한다.

로그의 시맨틱

WAL은 추가 전용 자료 구조이며, 작성된 데이터는 불변하기 때문에 모든 쓰기 작업은 순차적이다. 따라서 쓰기 작업이 로그에 새로운 데이터를 추가하는 동안 다른 읽기 작업은 특정 최신 값까지 안전하게 읽을 수 있다.

WAL은 여러 로그 레코드로 구성된다. 모든 레코드에는 단조 증가하는 고유 로그 시퀀스 번호[LSN, Log Sequence Number]가 있다. 일반적으로 LSN은 내부 카운터 값 또는 타임스탬프 값이다. 로그 레코드의 크기는 디스크 블록의 크기보다 작을 수 있기 때문에 로그 버퍼에 임시 저장하고 포스[force] 작업 시 디스크로 플러시한다. 포스 작업은 로그 버퍼가 가득 차면 수행되거나 트랜잭션 매니저 또는 페이지 캐시가 직접 요청할 수도 있다. 모든 로그 레코드는 LSN과 동일한 순서로 플러시돼야 한다.

WAL는 작업 로그 레코드 외에도 트랜잭션 완료 여부를 나타내는 레코드를 저장한다. 트랜잭션의 커밋 레코드의 LSN까지 플러시되기 전까지는 해당 트랜잭션은 커밋된 것으로 간주할 수 없다.

일부 시스템은 트랜잭션 롤백 또는 복구 중 장애가 발생해도 시스템이 계속해서 정상 작동할 수 있도록 보상 로그 레코드[CLR, Compensation Log Record]를 로그에 저장하고 언두[undo] 작업 시 사용한다.

일반적으로 WAL은 체크포인트에 도달하면 이전 로그를 정리[trimming]하는 인터페이스를 통해 기본 저장소와 동기화한다. 로깅은 데이터베이스의 정확성 측면에서 매우 중요한 작업이며 제대로 구현하는 것은 쉽지 않다. 로그 정리 작업과 데이터를 기본 스토리지에 저장하는 작업이 조금이라도 어긋나면 데이터는 손실될 수 있다.

체크포인트는 해당 시점 이전의 모든 로그 레코드가 플러시됐고 더 이상 필요하지 않다는 것을 로그에 명시하는 수단이며, 이를 통해 데이터베이스 가동 시 수행해야 하는 작업을 대폭 줄일 수 있다. 모든 더티 페이지를 강제로 디스크로 플러시해 기본 저장소와 완전히 동기화하는 작업을 싱크[sync] 체크포인트라고 한다.

모든 데이터를 한 번에 디스크로 플러시하면 체크포인트 작업이 완료될 때까지 다른 작업을 모두 중지해야 하기 때문에 비효율적이다. 이 문제를 해결하기 위해 대부분의 데이터베이스 시스템은 퍼지[fuzzy] 체크포인트를 사용한다. 마지막으로 성공한 체크포인트 작업에 대한 정보는 로그 헤더에 저장된 last_checkpoint 포인터에 저장한다. 퍼지 체크포인트는 begin_checkpoint라는 특별한 로그 레코드로 시작해 더티 페이지에 대한 정보와 트랜잭션 테이블의 내용을 저장한 end_checkpoint라는 로그 레코드로 끝난다. 이 로그 레코드에 명시된 모든 페이지가 플러시될 때까지 해당 체크포인트는 미완료 상태다. 페이지는 비동기적으로 플러시되며, 이 작업이 끝나면 last_checkpoint 레코드를 begin_checkpoint의 LSN으로 업데이트한다. 장애가 발생할 경우, 복구 프로세스는 해당 LSN에서부터 시작한다[MOHAN92].

작업 로그 대 데이터 로그

시스템 R[System R][CHAMBERLIN81] 등의 데이터베이스 시스템은 데이터의 지속성과 트랜잭션의 원자성을 보장하는 쓰기 시 복사[copy-on-write] 방식의 섀도 페이징[shadow paging] 기법을 사용한다. 새로운 데이터를 우선 내부 섀도 페이지에 쓴 다음, 이전 버전의 페이지를 가리키는 포인터를 섀도 페이지를 가리키도록 변경해 업데이트된 내용을 반영한다.

모든 상태 변화는 이전 상태와 이후 상태의 조합으로 나타낼 수 있다. 또는 그에 대응되는 리두[redo] 작업과 언두[undo] 작업으로 나타낼 수 있다. 이전 상태에 리두 작업을 수행하면 이후 상태가 된다. 반대로 이후 상태에 언두 작업을 수행하면 이전 상태가 된다.

물리적 로그(전체 페이지 상태 또는 바이트별 변경 사항) 또는 논리적 로그(현재 상태에 대해 수행해야 하는 작업)를 사용해 레코드와 페이지의 상태를 한 상태에서 다른 상태로 되돌리거나 재구성할 수 있다. 물리적 또는 논리적 로그 레코드를 적용할 페이지의 정확한 상태를 추적하는 것이 중요하다.

물리적 로그에는 수행 전후의 상태를 모두 저장하기 때문에 로깅 대상 작업에 의해 영향을 받은 모든 페이지를 참조해야 한다. 논리적 로그에는 "Y 키에 레코드 X 삽입"과 같은 페이지에 수행해야 작업과 "Y 키의 값 삭제"와 같은 해당 작업의 언두 작업을 저장한다.

대부분의 데이터베이스 시스템은 물리적 로그와 논리적 로그를 모두 사용한다. 언두 작업에는 (동시성과 성능을 위해) 논리적 로그를 사용하고 리두 작업에는 (복구 시간 단축을 위해) 물리적 로그를 사용한다[MOHAN92].

스틸과 포스 정책

DBMS는 스틸[steal]/노스틸[no-steal] 정책과 포스[force]/노포스[no-force] 정책을 기반으로 메모리에 캐시된 변경 사항을 디스크로 플러시하는 시점을 결정한다. 이 정책들은 페이지 캐시와도 직접적으로 관련되지만 복구 알고리즘 선택에 큰 영향을 미치기 때문에 복구의 관점에서 논의하는 것이 더 적합하다.

스틸 정책은 트랜잭션이 수정한 페이지를 커밋하기도 전에 플러시하는 것을 허용한다. 노스틸 정책은 커밋되지 않은 트랜잭션이 디스크로 플러시되는 것을 허용하지 않는다. 더티 페이지를 스틸한다는 것은 메모리에 캐시된 데이터를 디스크로 플러시하고 디스크에서 다른 페이시를 페이싱하는 것을 의미한다.

포스 정책은 트랜잭션이 수정한 모든 페이지를 커밋 전에 플러시한다. 반대로 노포스 정책은 일부 페이지가 디스크로 플러시되지 않았더라도 트랜잭션 커밋을 허용한다. 더티 페이지를 포스한다는 것은 커밋 전에 디스크로 플러시하는 것을 의미한다.

스틸과 포스 정책은 트랜잭션 언두와 리두 작업과 관련되기 때문에 매우 중요하다. 언두는 포스된 페이지를 롤백하고 리두는 커밋된 트랜잭션을 다시 수행한다.

노스틸 정책을 사용하면 디스크에는 이전 상태의 페이지가 저장돼 있고 로그에는 최신 변경 사항이 저장돼 있기 때문에 리두 로그만 사용해 상태를 복구할 수 있다[WEIKUM01]. 노포스 정책 사용 시 플러시 시점을 늦추면 더 많은 변경 사항을 버퍼링할 수 있다. 하지만 페이지를 더 오랫동안 캐시해야 하기 때문에 더 큰 페이지 캐시가 필요할 수 있다.

포스 정책 사용 시 트랜잭션에서 수정한 페이지는 커밋 전에 플러시되기 때문에 장애 복구 시 트랜잭션의 커밋 결과를 재구성하지 않아도 된다. 하지만 많은 I/O로 인해 트랜잭션 커밋 시간이 증가한다.

트랜잭션을 커밋하기 전에 언두 작업에 필요한 충분한 정보를 수집해야 한다. 트랜잭션에서 수정한 페이지가 플러시되면 해당 내용을 롤백할 수 있도록 커밋할 때까지 언두 관련 정보를 로그에 유지해야 한다. 플러시되지 않았다면 리두 레코드를 로그에 유지해야 한다. 두 경우 모두 언두 또는 리두 로그를 로그파일에 쓰기 전까지 트랜잭션을 커밋할 수 없다.

ARIES

ARIES는 스틸/노포스 정책 기반의 복구 알고리즘이다. ARIES는 빠른 복구를 위해 물리적 리두 로그를 사용하고(변경 사항을 빠르게 반영할 수 있다) 일반 작업의 동시성을 높이기 위해 논리적 언두를 사용한다(논리적 언두는 페이지에 독립적으로 적용할 수 있다). 복구 시 커밋되지 않은 트랜잭션을 언두하기 전에 데이터베이스 상태를 재구성하기 위해 WAL 레코드를 기반으로 작업을 재수행repeating history하고 언두 중에 보상 로그 레코드를 기록한다[MOHAN92].

장애 발생 후 데이터베이스 시스템을 재시작하면 복구는 다음 3단계로 진행된다.

1. 분석analysis 단계: 페이지 캐시에 저장된 더티 페이지와 장애 발생 당시 수행 중이던 트랜잭션을 파악한다. 더티 페이지에 대한 정보를 기반으로 리두 단계의 시작 지점을 결정한다. 트랜잭션 목록은 언두 단계에서 미완료된 트랜잭션을 롤백하는 데 사용한다.

2. 리두 단계: 장애가 발생하기 전까지의 작업을 재수행하고 데이터베이스를 이전 상태로 복원한다. 불완전한 트랜잭션뿐만 아니라 커밋됐지만 결과가 디스크로 플러시되지 않은 트랜잭션을 롤백하기 위한 준비 단계다.

3. 언두 단계: 불완전한 트랜잭션을 롤백하고 데이터베이스를 마지막 일관된 상태로 복원한다. 모든 작업은 실제 수행 순서의 역순으로 롤백된다. 복구 중에도 장애가 발생할 수 있기 때문에 언두 작업도 로그에 기록해야 한다.

ARIES는 LSN을 사용해 로그 레코드를 식별하고 트랜잭션에서 어떤 페이지를 수정했는지 더티 페이지 테이블에 기록하며, 물리적 리두와 논리적 언두, 퍼지 체크포인트를 사용한다. 이 알고리즘은 1992년 논문에서 처음 발표됐지만 기본 개념, 접근 방식 및 패러다임은 오늘날에도 그대로 트랜잭션 처리와 복구에 사용된다.

동시성 제어

앞서 'DBMS 구조' 절에서 동시성은 트랜잭션 매니저와 잠금 매니저가 제어한다고 설명했다. 동시성 제어는 동시에 수행되는 여러 트랜잭션 사이의 상호작용을 제어하는 기법이다. 동시성 제어는 대략 다음과 같이 분류할 수 있다.

낙관적 동시성 제어OCC, Optimistic Concurrency Control
> 여러 트랜잭션이 동시에 읽고 쓰는 것을 허용하고 결합된 여러 작업이 직렬화가 가능한지 여부를 결정한다. 트랜잭션이 서로 간섭하지 않고 각자의 작업 내역을 유지할 수 있

게 하고 커밋 전에 충돌이 발생할 수 있는지 확인한다. 충돌이 발생할 경우 트랜잭션 중 하나를 중단한다.

다중 버전 동시성 제어 *MVCC, Multiversion Concurrency Control*

여러 버전의 레코드를 저장해 과거의 특정 타임스탬프의 데이터베이스의 일관성을 보장한다. MVCC는 하나의 트랜잭션만을 채택하는 검증 기법을 사용해 구현하거나 타임스탬프 순서화 기법 *timestamp ordering*과 같은 무잠금 *lockless* 방식 또는 2단계 잠금 *two-phase locking*과 같은 잠금 기반의 방식으로도 구현할 수 있다.

비관적 (또는 보수적) 동시성 제어 *PCC, Pessimistic (also known as Conservative) Concurrency Control*

PCC는 잠금 기반 방식과 무잠금 방식이 있으며 두 방식은 공유 자원에 대한 관리 및 접근 방식이 다르다. 잠금 기반 방식에서 각 트랜잭션은 다른 트랜잭션이 같은 레코드를 동시에 수정 및 접근할 수 없도록 레코드에 대한 잠금을 획득한다. 무잠금 방식은 읽기와 쓰기 작업에 대한 목록을 유지하고 완료되지 않은 트랜잭션의 스케줄에 따라 다른 트랜잭션의 수행을 제한한다. 여러 트랜잭션이 서로 잠금을 해제하기를 기다리는 교착 상태(데드록)가 발생할 수 있다.

5장에서는 개별 노드 레벨에서의 동시성 제어 기법을 알아본다. 분산 트랜잭션과 결정론적 동시성 제어와 같은 주제는 13장에서 설명한다('캘빈을 이용한 분산 트랜잭션' 참고).

동시성 제어를 자세히 알아보기 전에 해결하려는 문제가 무엇인지 정의하고 트랜잭션을 동시에 수행하면 어떤 문제가 발생할 수 있는지부터 알아보자.

직렬화 가능성

트랜잭션은 데이터베이스의 상태를 읽고 쓰는 작업과 비즈니스 로직(읽은 값을 변환하는 작업)으로 구성된다. 데이터베이스의 관점에서 스케줄이란 트랜잭션을 수행하는 데 필요한 작업(읽기와 쓰기, 커밋, 중단 등의 데이터베이스 상태를 변경하는 작업)의 목록이다. 목록에 포함되지 않는 다른 작업은 부작용(데이터베이스 상태에 영향을 주지 않음)이 없다고 가정한다[MOLINA08].

완전한 *complete* 스케줄은 관련 트랜잭션의 모든 작업을 포함한다. 올바른 *correct* 스케줄은 논리적으로 전체 작업 목록과 동일하지만 ACID 속성과 트랜잭션 결과의 정확성이 보장될 경우 일부 작업이 병렬 수행되거나 성능을 위해 수행 순서가 바뀔 수 있다[WEIKUM01].

포함된 모든 트랜잭션이 교차하지 않고 완전히 독립적으로 수행될 수 있는 스케줄을 직렬 serial 스케줄이라고 한다. 직렬 스케줄의 모든 트랜잭션은 다음 트랜잭션이 시작하기 전에 수행이 완료된다. 여러 단계로 구성된 트랜잭션이 교차 수행되는 것에 비해 직렬 수행은 매우 직관적이다. 하지만 항상 트랜잭션을 하나씩 실행하면 시스템의 처리량이 크게 제한되고 성능이 저하된다.

트랜잭션을 동시에 수행하면서 직렬 스케줄의 정확성과 단순성을 유지하는 방법을 찾아야 한다. 직렬화 가능한serializable 스케줄이 이 문제를 해결할 수 있다. 동일한 트랜잭션 집합에 대한 완전한 직렬 스케줄 중에서 동일한 스케줄이 있을 경우 해당 스케줄은 직렬화 가능하다고 한다. 직렬화 가능한 스케줄의 결과는 트랜잭션을 임의의 순서로 순차 수행한 결과와 같다. 그림 5-4는 세 개의 동시 수행 트랜잭션의 모든 가능한 실행 순서를 나타낸다(3! = 6가지 순서 조합).

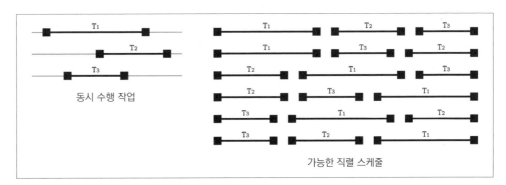

동시 수행 작업

가능한 직렬 스케줄

그림 5-4 동시 수행 트랜잭션과 모든 가능한 직렬 스케줄

트랜잭션 격리

데이터베이스 시스템은 여러 격리 수준isolation level을 지원한다. 격리 수준은 트랜잭션이 변경한 내용 중 어떤 부분이 언제 다른 트랜잭션에서 접근할 수 있는지를 정의한다. 즉, 격리 수

준은 동시에 수행되는 트랜잭션이 고립된 정도와 수행 중에 발생할 수 있는 이상 현상[anomaly]이 발생할 수 있는지를 나타낸다.

트랜잭션을 격리하려면 불완전하거나 일시적인 데이터가 트랜잭션 경계를 넘어 전파되는 것을 방지해야 하기 때문에 추가적인 코디네이션과 동기화가 필요하다. 이로 인해 추가 비용이 발생하며 성능 저하의 요인이 될 수 있다.

읽기와 쓰기 이상 현상

SQL 표준[MELTON06]은 여러 트랜잭션이 동시 수행될 때 발생할 수 있는 읽기 이상 현상을 더티 읽기[dirty read]와 반복 불가능 읽기[non-repeatable read], 팬텀 읽기[phantom read]로 분류한다.

더티 읽기는 아직 커밋되지 않은 다른 트랜잭션의 결과를 읽는 현상을 나타낸다. 예를 들어 트랜잭션 T_1이 사용자의 주소를 업데이트하고 T_2는 T_1이 커밋하기 전에 업데이트된 주소를 읽는다. 하지만 T_1은 실패하고 결과를 롤백한다. 따라서 T_2는 커밋되지 않을 값을 읽은 상황이 발생한다.

반복 불가능 읽기(또는 퍼지 읽기[fuzzy read])는 트랜잭션이 동일한 로우를 두 번 쿼리했을 때 둘의 결과가 다른 현상을 나타낸다. 예를 들어 트랜잭션 T_1이 읽은 로우를 T_2이 수정하고 커밋한다. T_1이 같은 로우를 다시 쿼리하면 이전 값과 다른 값을 반환한다.

트랜잭션에서 범위 쿼리(특정 데이터 레코드가 아닌 일정 범위의 레코드 조회)를 수행하면 결과에 팬텀[phantom] 레코드가 포함될 수 있다. 팬텀 읽기는 여러 로우를 두 번 쿼리했을 때 결과가 다른 현상을 나타낸다. 반복 불가능 읽기와 유사하지만 대상이 범위 쿼리라는 점이 다르다.

쓰기 이상 현상은 갱신 분실[lost update]과 더티 쓰기, 쓰기 치우침[write skew]으로 분류할 수 있다.

갱신 분실은 트랜잭션 T_1과 T_2가 같은 값 V를 수정할 때 발생한다. T_1과 T_2는 각자 V를 읽는다. T_1은 V를 수정하고 커밋한다. T_2도 V를 수정하고 커밋한다. 트랜잭션은 서로의 존재를 모르기 때문에 T_1의 결과를 T_2가 덮어쓰고 T_1이 갱신한 값은 사라진다.

더티 쓰기는 트랜잭션이 커밋되지 않은 값을 읽고(더티 읽기) 수정 및 커밋하는 현상을 나타낸다. 따라서 커밋되지 않은 값에 따라 트랜잭션의 결과가 바뀔 수 있다.

개별 트랜잭션은 불변 조건을 충족하지만 동시 수행 시 조건이 위반되는 현상을 쓰기 치우침이라고 한다. 예를 들어 트랜잭션 T_1과 T_2는 A_1과 A_2 계좌를 업데이트한다. A_1과 A_2에는 각각 $100와 $150가 있다. 두 계좌 잔액의 합이 음수가 아닌 한 잔액은 음수가 될 수 있다 ($A_1 + A_2 >= 0$). T_1과 T_2는 A_1와 A_2에서 $200씩 인출한다. 트랜잭션 시작 시 두 계좌 잔액의 합은 $250($A_1 + A_2 = 250)이기 때문에 각 트랜잭션은 요건을 위반하지 않는다고 판단하고 결과를 커밋한다. 커밋 후 A_1의 잔액은 -$100이고 A_2의 잔액은 -$50다. 따라서 계좌 잔액의 합을 양수로 유지해야 하는 요건을 위반한다[FEKETE04].

격리 수준

가장 낮은(약한) 격리 수준은 커밋 이전 읽기^{read uncommitted} 수준이다. 이 수준에서 트랜잭션은 동시 수행 중인 다른 트랜잭션이 커밋하지 않은 데이터를 읽을 수 있다. 더티 읽기가 허용된다는 의미다.

일부 이상 현상은 방지할 수 있다. 예를 들어 트랜잭션이 오직 커밋된 데이터만을 읽도록 하더라도 같은 레코드를 다시 요청했을 때 값이 다를 수 있다. 두 읽기 요청 사이에 다른 트랜잭션이 커밋할 경우 값이 달라질 수 있기 때문이다. 즉, 더티 읽기는 발생하지 않지만 팬텀 읽기와 반복 불가능 읽기는 발생할 수 있다. 이와 같은 격리 수준을 커밋 이후 읽기^{read committed}라고 한다. 반복 불가능 읽기까지 불허하면 반복 가능 읽기^{repeatable read} 수준이 된다.

가장 높은 격리 수준은 직렬화 가능 수준이다. '직렬화 가능성' 절에서 설명했듯이 직렬화 가능한 스케줄은 트랜잭션이 순차적으로 (서로 겹치지 않게) 수행된 것처럼 어떤 순서에 따라 결과를 반환한다. 동시성을 지원하지 않는 데이터베이스는 성능이 매우 떨어지기 때문에 불변 조건을 위반하지 않고 트랜잭션을 동시에 수행할 수 있다면 트랜잭션의 수행 순서는 바뀔 수 있다. 단지 결과는 반드시 어떤 순차적인 순서로 나타나야 한다.

그림 5-5는 각 격리 수준에서 허용되는 이상 현상을 나타낸다.

	더티 읽기	반복 불가능 읽기	팬텀 읽기
커밋 이전 읽기	허용	허용	허용
커밋 이후 읽기	-	허용	허용
반복 가능 읽기	-	-	허용
직렬화 가능	-	-	-

그림 5-5 격리 수준과 이상 현상

서로 의존성이 없는 트랜잭션은 완전히 독립적이기 때문에 임의의 순서로 수행해도 된다. 분산 시스템 맥락에서의 선형화 가능성linearizability('선형화 가능성' 참고)과 다르게 직렬화 가능성은 임의의 순서로 수행된 여러 작업에 대한 속성이다. 수행 순서에 대한 특정 순서를 강제하거나 미리 정의하지 않는다. ACID의 격리성은 직렬화 가능성을 의미한다[BAILIS14a]. 직렬화 가능성을 구현하려면 코디네이션 과정이 더 필요하다. 동시 수행 중인 트랜잭션이 조건을 위반하지 않도록 하고 충돌이 발생하는 트랜잭션은 순차적으로 수행돼야 한다[BAILIS14b].

일부 데이터베이스는 스냅숏 격리snapshot isolation 수준을 지원한다. 스냅숏 격리 수준에서 각 트랜잭션은 시작 당시의 다른 트랜잭션이 커밋한 내용을 확인할 수 있다. 트랜잭션은 데이터의 스냅숏을 생성하고 이에 대해 쿼리하며 트랜잭션 수행 중에는 스냅숏을 변경할 수 없다. 트랜잭션에서 수정한 값이 수행 중에 변경되지 않은 경우에만 커밋될 수 있다. 변경됐다면 중단 후 롤백된다.

두 개의 트랜잭션이 같은 값을 수정할 경우 한 개의 트랜잭션만이 커밋될 수 있다. 따라서 갱신 분실은 발생하지 않는다. 예를 들어 T_1과 T_2는 동시에 V를 수정하기 위해 트랜잭션 시작 당시의 커밋된 데이터의 스냅숏에서 V를 읽는다. 먼저 커밋을 시도한 트랜잭션이 커밋되고 다른 트랜잭션은 중단된다. 실패한 트랜잭션은 값을 덮어쓰지 않고 작업을 재시도한다.

스냅숏 격리 수준에서도 쓰기 치우침이 발생할 수 있다. 두 개의 트랜잭션이 각자의 스냅숏에서 값을 읽고 수정한 결과가 조건을 위반하지 않는다면 모두 커밋이 허용된다[FEKETE04]. 분산 트랜잭션 맥락에서의 스냅숏 격리는 '퍼콜레이터와 분산 트랜잭션' 절에서 자세히 설명한다.

낙관적 동시성 제어

낙관적 동시성 제어는 트랜잭션 충돌이 거의 발생하지 않는다고 가정한다. 잠금과 블로킹 트랜잭션을 사용하지 않고 결과를 커밋하기 전에 트랜잭션을 검증해 동시 수행 트랜잭션의 읽기/쓰기 충돌을 방지하고 직렬화 가능성을 확인한다. 일반적으로 트랜잭션 수행은 다음 세 단계로 구성된다[WEIKUM01].

읽기 단계

    트랜잭션은 자신이 변경한 내용을 다른 트랜잭션에서 볼 수 없도록 개별 컨텍스트에서 트랜잭션 단계를 수행한다. 이 단계 후에는 모든 트랜잭션 존속성(읽기 대상)과 트랜잭션의 효과(쓰기 대상)를 알 수 있다.

검증 단계

    동시 수행 트랜잭션의 읽기와 쓰기 대상에서 직렬화 가능성을 보장하지 않는 충돌이 발생할 수 있는지 확인한다. 트랜잭션이 쿼리한 데이터가 최신이 아니거나 읽기 단계 중에 수정 및 커밋한 값을 다른 트랜잭션이 덮어쓴 경우 컨텍스트를 초기화하고 읽기 단계부터 다시 수행한다. 트랜잭션을 커밋해도 ACID 속성이 유지되는지 검증하는 단계다.

쓰기 단계

    검증 단계에서 충돌이 발견되지 않았다면 결과를 개별 컨텍스트에서 데이터베이스 상태로 커밋한다.

검증은 이미 커밋된 트랜잭션(역방향) 또는 현재 검증 중인 트랜잭션(순방향)과의 충돌 여부를 확인하는 작업이다. 트랜잭션의 검증과 쓰기 단계는 원자적으로 수행돼야 한다. 트랜잭션을 검증하는 동안에는 다른 트랜잭션은 커밋될 수 없다. 검증과 쓰기 단계는 일반적으로 읽기 단계보다 짧기 때문에 합리적인 제한이다.

역방향 동시성 제어는 모든 T_1과 T_2 트랜잭션 쌍에 대해 다음 속성을 보장한다.

- T_2의 읽기 단계가 시작되기 전에 T_1이 커밋하면 T_2도 커밋할 수 있다.
- T_2의 쓰기 단계가 시작되기 전에 T_1이 커밋하고 T_1의 쓰기 대상과 T_2의 읽기 대상이 겹치지 않는다면 T_1이 쓴 값은 T_2에서 참조하지 않는다는 뜻이다.

- T_1의 읽기 단계가 T_2의 읽기 단계보다 먼저 완료되고 T_2의 쓰기 대상과 T_1의 읽기 또는 쓰기 대상과 겹치지 않는다면 두 트랜잭션은 서로 독립적인 데이터 레코드를 사용하기 때문에 모두 커밋이 허용된다.

낙관적 동시성 제어는 일반적으로 검증이 성공적이고 트랜잭션을 재시도할 필요가 없는 경우 효율적이다. 트랜잭션 재시도로 인해 성능이 저하될 수 있기 때문이다. 낙관적 동시성 제어에도 한 번에 한 개의 트랜잭션만이 접근할 수 있는 크리티컬 섹션[1]이 존재한다. 일부 작업에 비독점적 소유를 허용하는 또 다른 방법으로는 리더-라이터 잠금readers-writers lock(리더 간 자원 공유를 허용하는 잠금)과 업그레이드할 수 있는 잠금(필요시 공유 잠금을 배타적 잠금으로 변환하는 잠금)이 있다.

다중 버전 동시성 제어

다중 버전 동시성 제어MVCC는 여러 버전의 레코드를 저장하고 단조 증가하는 트랜잭션 ID 또는 타임스탬프로 식별해 데이터베이스 트랜잭션의 일관성을 보장하는 동시성 제어 방식이다. 새로운 버전이 커밋될 때까지 이전 버전을 읽을 수 있기 때문에 비교적 간단한 조정 단계를 통해 동시 읽기 및 쓰기 작업을 수행할 수 있다.

MVCC는 커밋된 값과 커밋되지 않은 값을 구분한다. 가장 마지막에 커밋된 값이 현재 값이다. 트랜잭션 매니저는 한 번에 최대 하나의 커밋되지 않은 값이 존재하도록 제어한다.

읽기 작업이 커밋되지 않은 값을 참조할 수 있는지에 대한 여부는 격리 수준에 따라 바뀔 수 있다[WEIKUM01]. MVCC는 잠금과 스케줄링, 2단계 잠금과 같은 충돌 해결 알고리즘 또는 타임스탬프 순서화 알고리즘을 사용해 구현할 수 있다. MVCC로 구현된 대표적인 격리 수준은 스냅숏 격리다[HELLERSTEIN07].

---

1   공유 자원에 대한 독점이 보장되는 임계 영역 - 옮긴이

비관적 동시성 제어

비관적 동시성 제어는 낙관적 동시성 제어보다 더 보수적이다. 트랜잭션 수행 중에 충돌 발생 가능성을 확인하고 계속 수행하거나 중단 또는 취소한다.

가장 단순한(무잠금 방식의) 비관적 동시성 제어 방식은 각 트랜잭션에 타임스탬프를 설정하는 타임스탬프 순서화 알고리즘이다. 트랜잭션 수행 여부는 더 높은 타임스탬프가 설정된 트랜잭션이 커밋됐는지 여부에 따라 결정된다. 이를 위해 트랜잭션 매니저는 값별로 읽기와 쓰기를 수행한 동시 수행 트랜잭션의 정보를 max_read_timestamp와 max_write_timestamp에 저장한다.

max_write_timestamp보다 낮은 타임스탬프가 설정된 트랜잭션이 값을 요청할 경우 이미 새로운 버전의 값이 존재하기 때문에 이 작업을 허용하면 트랜잭션 순서를 위반하게 된다.

마찬가지로 타임스탬프가 max_read_timestamp보다 낮은 쓰기 작업은 뒤에 실행된 읽기 작업과 충돌한다. 하지만 타임스탬프가 max_write_timestamp보다 낮은 쓰기 작업이 쓴 값은 무시해도 되기 때문에 허용된다. 이와 같은 규칙을 토마스 기록 규칙[Thomas Write Rule]이라고 한다[THOMAS79]. 읽기 또는 쓰기 작업이 수행되는 즉시 해당 값의 최대 타임스탬프 값은 업데이트된다. 실패한 트랜잭션은 동일한 타임스탬프를 사용하면 또 다시 실패하기 때문에 새로운 타임스탬프로 다시 수행한다[RAMAKRISHNAN03].

잠금 기반 동시성 제어

잠금 기반 동시성 제어는 타임스탬프 순서화 기법과 같은 스케줄링 기반이 아닌 데이터베이스 객체에 명시적으로 잠금을 설정하는 비관적 동시성 제어의 한 종류다. 잠금 기반 방식은 경합 현상 및 확장성 문제가 발생할 수 있다는 단점이 있다[REN16].

가장 보편적인 잠금 기법은 2단계 잠금[2PL, Two-Phase Locking]이다. 2PL은 다음 두 단계로 구성된다.

- 확장 단계[growing/expanding phase]: 필요한 잠금을 획득하고 유지한다.
- 축소 단계[shrinking phase]: 획득한 잠금을 해제한다.

트랜잭션은 단 하나의 잠금이라도 해제하면 더 이상 다른 잠금을 획득할 수 없다. 중요한 점은 2PL은 어떤 단계에서도 트랜잭션 수행을 제한하지 않는다는 것이다. 반면 보수적 2PL^{conservative 2PL}과 같은 변형된 2PL은 수행을 제한한다.

 이름은 비슷하지만 2단계 잠금과 2단계 커밋(two-phase commit)은 완전히 다른 개념이다. 2단계 커밋은 분산 트랜잭션을 위한 프로토콜이고, 2PL은 주로 직렬화 가능성을 위해 사용되는 동시성 제어 기법이다.

교착 상태

잠금 프로토콜에서 트랜잭션은 데이터베이스 객체에 대한 잠금을 요청한다. 잠금을 바로 획득하지 못할 경우 다른 트랜잭션이 잠금을 해제할 때까지 기다려야 한다. 여러 트랜잭션이 잠금을 획득하는 과정에서 서로 사용 중인 잠금을 해제하기를 기다리는 상태를 교착 상태^{deadlock}라고 한다.

그림 5-6은 교착 상태 즉, 데드록의 예를 나타낸다. 잠금 L_1을 획득한 T_1은 잠금 L_2가 해제될 때까지 기다리고 L_2 잠금을 획득한 T_2는 L_1이 해제될 때까지 기다린다.

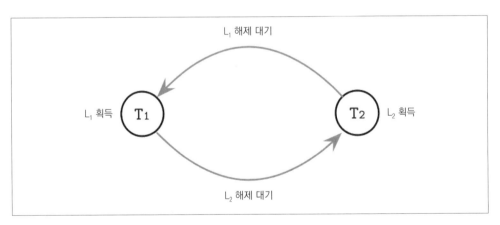

그림 5-6 데드록 예시

교착 상태를 해결하는 가장 간단한 방법은 타임아웃을 설정해 오랫동안 끝나지 않는 트랜잭션은 교착 상태가 발생한 것으로 간주하고 중단하는 것이다. 보수적 2PL의 경우 시작 전에 모든 잠금을 획득하지 못한 트랜잭션은 중단된다. 하지만 이와 같은 방식은 시스템의 동시성을 크게 저하시키기 때문에 대부분의 데이터베이스는 트랜잭션 매니저를 통해 교착 상태를 감지 및 방지(예방)한다.

교착 상태는 일반적으로 동시 수행 중인 트랜잭션 간의 대기 상태를 그래프로 표현하는 대기 그래프^{wait-for graph}를 사용해 감지한다.

대기 그래프의 사이클은 교착 상태를 의미한다. T_1은 T_2를 기다리고 T_2는 T_1을 기다리는 경우 사이클이 생성된다. 교착 상태 감지는 주기적(일정 주기마다) 또는 지속적(그래프가 업데이트될 때마다)으로 수행할 수 있다[WEIKUM01]. 일반적으로 더 늦게 잠금을 요청한 트랜잭션이 중단된다.

잠금으로 인한 교착 상태를 방지하기 위해 트랜잭션 매니저는 트랜잭션의 타임스탬프를 기반으로 우선순위를 지정한다. 타임스탬프가 낮을수록 우선순위가 높다.

트랜잭션 T_2보다 우선순위가 더 높은 T_1(T_2보다 먼저 시작됨)이 T_2가 소유한 잠금을 요청할 경우 다음과 같은 방법으로 교착 상태를 방지할 수 있다.

대기 또는 중지^{wait-die}

> T_1은 잠금이 해제되길 기다리거나 중단 후 재시도한다. 자신보다 타임스탬프가 더 높은 트랜잭션만이 트랜잭션을 블록할 수 있다.

선점 또는 대기^{wound-wait}

> T_2는 중단 후 재시도한다(T_1이 T_2를 중단시킨다). 만약 T_2가 T_1보다 먼저 시작됐다면 T_1은 대기할 수 있다. 타임스탬프가 더 낮은 트랜잭션만이 트랜잭션을 블록할 수 있다.

트랜잭션 사이의 교착 상태를 방지하기 위해서는 스케줄러가 필요하다. 래치('래치' 절 참고)의 경우 교착 상태 방지 알고리즘을 사용하지 않고 프로그래머가 직접 교착 상태가 발생하지 않도록 구현해야 한다.

잠금

같은 데이터 세그먼트를 수정하는 두 개의 트랜잭션을 동시에 수행할 때 논리적 일관성을 보장하기 위해서는 서로의 중간 결과를 볼 수 없어야 한다. 반면 동일한 트랜잭션에서 실행되는 스레드는 동일한 데이터베이스 상태에 대해 작업하고 서로의 결과에 접근할 수 있어야 한다.

트랜잭션 처리에서 데이터의 논리적 무결성과 물리적 무결성을 유지하는 메커니즘은 서로 같지 않다. 논리적 무결성과 물리적 무결성은 각각 잠금과 래치를 사용해 유지한다. 일반적으로 시스템 프로그래밍에서는 래치를 잠금이라고 부르기 때문에 헷갈릴 수 있다. 래치와 잠금의 차이점과 특징을 알아보자.

잠금은 동시 수행 트랜잭션을 격리 및 스케줄링하고 데이터베이스의 상태를 관리하는 데 사용된다. 내부 스토리지 구조와는 무관하며 특정 키에 대해 요청할 수 있다. 잠금은 (존재 여부와 상관없이) 특정 키 또는 특정 범위의 키를 보호한다. 일반적으로 트리 외부에 따로 저장 및 관리되며 데이터베이스 잠금 매니저가 관리하는 상위 레벨의 개념이다.

잠금은 래치보다 무겁고 트랜잭션이 수행되는 동안 유지된다.

래치

래치latch는 물리적 구조를 보호한다. 리프 페이지는 삽입, 업데이트 및 삭제 시 변경되고 리프가 아닌 페이지와 트리의 구조는 리프 노드에서 발생하는 언더플로우와 오버플로우로 인한 분할과 병합이 상위 레벨로 전파되면서 변경된다. 래치는 물리적 트리 구조(페이지와 트리 구조)를 보호하며 페이지에 대해 요청할 수 있다. 특정 페이지에 동시에 접근하기 위해서는 반드시 래치를 획득해야 한다. 무잠금 동시성 제어 방식도 래치를 사용한다.

리프 노드를 수정하면 B-트리의 상위 레벨도 변경될 수 있기 때문에 여러 레벨에 대한 래치가 필요할 수 있다.

소스 노드와 대상 노드 모두에 데이터가 존재하거나 데이터가 아직 상위 노드로 전파되지 않은 불완전한 쓰기 또는 노드 분할은 수행 중인 트랜잭션에서 볼 수 없도록 해서 상태의 일관성을 유지해야 한다.

부모와 형제 포인터 업데이트에도 마찬가지다. 동시성을 높이기 위해서는 래치를 페이지를 읽거나 업데이트하는 동안에만 가능한 최대한 짧게 유지해야 한다.

동시 수행 작업은 다음과 같이 분류할 수 있다.

- 동시 읽기: 여러 스레드가 같은 페이지를 요청하고 수정하지는 않는다.
- 동시 업데이트: 여러 스레드가 같은 페이지를 수정한다.
- 쓰기 중 읽기: 스레드가 페이지를 수정하는 동안 다른 페이지가 같은 페이지를 읽는다.

데이터베이스의 유지관리 프로세스('정리와 유지' 절에서 설명한 백그라운드 프로세스)와 동시 수행되는 작업도 똑같이 분류할 수 있다.

리더-라이터 잠금

가장 간단한 래치 구현 방식은 요청하는 스레드에 배타적 읽기/쓰기를 허용하는 것이다. 하지만 대부분의 경우 모든 프로세스를 서로 분리할 필요는 없다. 같은 페이지에 동시에 접근해도 아무런 문제가 발생하지 않는다. 여러 라이터writer가 동시에 겹치지 않고 리더reader와 라이터가 겹치지 않도록 하면 된다. 리더-라이터RW, Readers-Writer 잠금을 사용하면 제어를 세분화할 수 있다.

RW 잠금은 여러 리더가 동시에 같은 객체를 읽는 것을 허용한다. 반면에 라이터(보통 리더보다 수가 적다)는 객체를 독점해야 한다. 그림 5-7은 RW 잠금의 호환 관계를 나타낸다. 오직 리더만이 공유 잠금shared lock을 소유할 수 있고 모든 다른 리더와 라이터 조합은 배타적 잠금을 요청해야 한다.

	리더	라이터
리더	공유 잠금	배타적 잠금
라이터	배타적 잠금	배타적 잠금

그림 5-7 RW 잠금 호환 관계

그림 5-8의 (a)와 같이 여러 리더가 같은 객체를 참조 중일 때 라이터는 해당 페이지를 수정할 수 없기 때문에 기다려야 한다. 반대로 (b)와 같이 라이터 1이 객체에 대한 배타적 잠금을 소유하고 있을 경우 다른 리더와 라이터는 모두 기다려야 한다.

그림 5-8 RW 잠금

동일한 페이지에 동시에 접근하는 읽기 작업은 페이지 캐시가 디스크에서 같은 페이지를 반복해서 페이징하는 것만 방지할 수 있다면 동기화가 필요 없고 공유 잠금 모드에서 동시에 안전하게 읽을 수 있다. 반면 쓰기 작업은 다른 동시 수행 읽기 및 쓰기 작업과 분리돼야 한다.

바쁜 대기와 큐잉 기법

스레드를 중단하고 다시 진행 가능할 때 재시작하는 블로킹 알고리즘 또는 바쁜 대기busy-wait 알고리즘을 사용해 페이지에 대한 동시 접근을 제어할 수 있다. 바쁜 대기 알고리즘은 스케줄러에 제어 권한을 다시 넘기는 대신 스레드가 일정 시간 동안 대기하는 것을 허용한다.

큐잉queuing 기법은 일반적으로 잠금 획득과 큐 업데이트의 원자성을 보장하기 위해 비교 후 스왑compare-and-swap 알고리즘을 사용해 구현한다. 큐가 비어 있을 경우 스레드는 바로 접근이 허용된다. 비어 있지 않을 경우 스레드는 대기 큐에 자신을 등록하고 바로 앞의 스레드만 업데이트할 수 있는 변수를 계속해서 확인한다. 이 방식은 잠금 획득 및 해제에 사용되는 CPU 사용량을 줄일 수 있다[MELLORCRUMMEY91].

래치 크래빙

가장 단순한 래치 획득 방식은 루트에서부터 대상 리프 노드 사이의 모든 래치를 획득하는 것이다. 이 방식은 동시성 병목현상이 발생할 수 있지만 비교적 쉽게 방지할 수 있다. 래치를 소유하는 시간은 최소화해야 하며 래치 크래빙crabbing(또는 래치 결합) 기법을 사용해 이 문제를 해결할 수 있다[RAMAKRISHNAN03].

래치 크래빙의 원리는 매우 간단하다. 래치를 최대한 짧게 소유하고 작업을 수행하는데 래치가 더 이상 필요하지 않을 경우 바로 해제한다. 자식 노드를 찾으면 즉시 해당 래치를 획득하고 부모 노드의 래치는 해제한다.

노드 삽입으로 인해 부모 노드를 포함한 트리의 구조가 변경되지 않을 것이 확실할 경우 부모 레벨의 래치는 바로 해제한다. 즉, 자식 노드가 가득 찬 상태가 아니라면 부모 레벨의 래치는 해제한다.

삭제도 마찬가지로 자식 노드에 충분한 수의 요소가 있고 형제 노드와의 병합이 발생하지 않을 경우 부모 레벨의 래치는 해제한다.

그림 5-9는 삽입 시 루트에서부터 리프까지의 탐색 과정을 나타낸다.

- a) 루트 레벨에 대한 쓰기 래치를 획득한다.
- b) 다음 레벨의 노드를 찾고 해당 노드에 대한 쓰기 래치를 획득한다. 해당 노드가 구조 변경을 일으킬 수 있는지 확인한다. 노드는 가득 찬 상태가 아니기 때문에 부모 레벨의 래치는 해제한다.
- c) 다음 레벨의 쓰기 래치를 획득하고 리프 노드가 구조 변경을 유발할 수 있을지 확인한 뒤에 부모 레벨의 래치를 해제한다.

이 방식은 낙관적이다. 대부분의 삽입과 삭제 작업은 상위 레벨로 전파되는 구조 변경을 발생시키지 않는다고 가정한다. 실제로 구조 변경이 발생할 확률은 높은 레벨로 올라갈수록 줄어든다. 대부분의 작업은 대상 노드의 래치만을 필요로 하고 부모 레벨의 래치를 유지해야 하는 경우는 드물다.

자식 페이지가 아직 페이지 캐시에 페이징되지 않은 경우 해당 페이지에 대한 래치를 획득하거나 경합을 피하기 위해 부모 래치를 해제하고 페이징이 완료되면 루트에서부터 다시 탐색한다. 루트에서부터의 재탐색은 비효율적으로 보일 수 있지만 자주 발생하지 않으며 마지막 탐색 이후에 상위 레벨에서 구조 변경이 발생했는지 여부는 다른 메커니즘을 통해 확인할 수 있다[GRAEFE10].

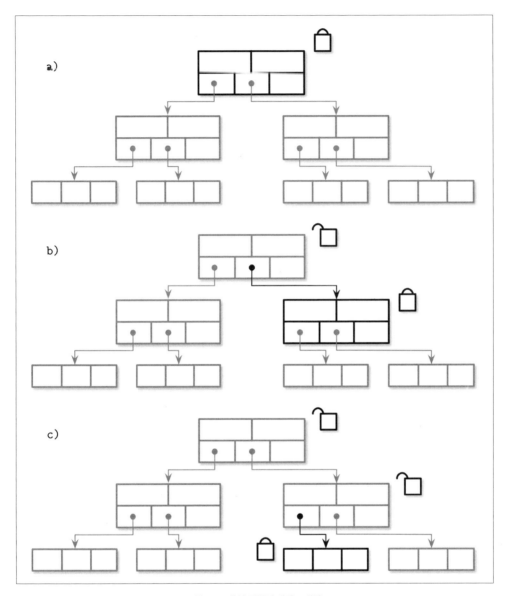

a)

b)

c)

그림 5-9 삽입 작업의 래치 크래빙

B^{link}-트리

B^{link}-트리는 B^*-트리('리밸런싱' 참고)에 하이 키('하이 키' 참고)와 형제 링크 포인터를 추가한 자료 구조다[LEHMAN81]. 하이 키는 서브트리의 가장 큰 키를 나타낸다. B^{link}-트리의 루트 노드를 제외한 모든 노드에는 포인터가 두 개씩 있다. 부모가 자식 노드를 가리키는 자식 포인터와 같은 레벨의 형제 노드를 가리키는 형제 링크 포인터가 있다.

B^{link}-트리에는 중간 분할$^{half-split}$ 상태가 존재한다. 노드를 가리키는 형제 포인터는 있지만 아직 부모 노드에서 참조하는 자식 포인터가 없는 상태를 나타낸다. 중간 분할 상태는 노드의 하이 키를 통해 확인할 수 있다. 만약 검색 키가 노드의 하이 키보다 클 경우(하이 키 조건 위반) 룩업 알고리즘은 트리의 구조가 현재 변경 중이라고 간주하고 형제 링크를 따라 계속해서 탐색한다.

성능을 위해서 포인터는 최대한 빠르게 부모 노드에 추가돼야 한다. 하지만 노드가 추가되지 않아도 트리의 모든 노드에 접근할 수 있기 때문에 탐색을 중단하거나 재시작하지 않아도 된다. 장점은 자식 노드가 분할되더라도 부모 노드에 대한 잠금을 유지할 필요가 없다는 것이다. 형제 링크를 통해 새로운 노드에 접근할 수 있기 때문에 부모 노드는 천천히 업데이트해도 정확성이 보장된다[GRAEFE10].

이와 같은 방식은 부모 노드에서 바로 자식 노드를 참조하는 것보다 덜 효율적이고 접근해야 하는 페이지 수도 증가하지만 루트-리프 탐색 시 동시 접근을 단순화할 수 있다. 일반적으로 노드 분할은 자주 빌생하지 않으며 B 트리의 크기도 줍처럼 줄어들지 않기 때문에, 중간 분할 상태는 예외적으로 발생하며 비용 또한 미미하다. 나아가 경합이 감소하고 분할 중에 부모 노드에 대한 잠금을 유지하지 않아도 되기 때문에 구조 변경 시 필요한 잠금 수가 줄어든다는 장점이 있다. 가장 중요한 부분은 트리의 구조 변경과 읽기를 동시에 수행할 수 있으며, 부모 노드를 동시에 수정하려는 시도로 인해 발생하는 교착 상태 방지할 수 있다는 것이다.

요약

5장에서는 트랜잭션 처리와 복구를 담당하는 스토리지 엔진 컴포넌트를 알아봤다. 트랜잭션 처리를 구현할 때 다음 두 가지 사항을 고려해야 한다.

- 효율성을 높이기 위해서는 트랜잭션의 동시 수행을 지원해야 한다.
- 정확성을 보장하기 위해서는 모든 동시 수행 트랜잭션이 ACID 속성을 보장해야 한다.

동시에 여러 트랜잭션을 수행하면 다양한 유형의 읽기 및 쓰기 이상 현상이 발생할 수 있다. 어떤 격리 수준을 구현하는지에 따라 이상 현상이 생기는 이유를 설명하거나 이상 현상을 제한할 수 있다. 동시성 제어 방식은 트랜잭션의 스케줄링이나 수행 방식을 결정한다.

페이지 캐시는 페이지를 메모리에 캐시하고 읽기와 쓰기 허용하기 때문에 효과적으로 디스크 접근 횟수를 줄일 수 있다. 캐시가 가득 차면 일부 페이지를 제거하고 디스크로 플러시해야 한다. 장애 발생 시 플러시되지 않은 데이터를 복구하고 트랜잭션을 롤백하기 위해 선행 기록 로그를 사용한다. 모든 트랜잭션을 효율적으로 수행하고 지속성을 유지하면서 롤백하기 위해 포스와 스틸 정책을 기반으로 페이지 캐시와 선행 기록 로그를 제어한다.

더 읽어보기

5장에서 이야기한 개념에 관한 더 자세한 설명은 다음 문헌을 참고하길 바란다.

「Transaction processing and recovery, generally(트랜잭션 처리와 복구)」

Weikum, Gerhard, and Gottfried Vossen. 2001. Transactional Information Systems: Theory, Algorithms, and the Practice of Concurrency Control and Recovery. San Francisco: Morgan Kaufmann Publishers Inc.

Bernstein, Philip A. and Eric Newcomer. 2009. Principles of Transaction Processing. San Francisco: Morgan Kaufmann.

Graefe, Goetz, Guy, Wey & Sauer, Caetano. 2016. "Instant Recovery with Write-Ahead Logging: Page Repair, System Restart, Media Restore, and System Failover, (2nd Ed.)" in Synthesis Lectures on Data Management 8, 1-113. 10.2200/S00710ED2V01Y201603DTM044.

Mohan, C., Don Haderle, Bruce Lindsay, Hamid Pirahesh, and Peter Schwarz. 1992. "ARIES: a transaction recovery method supporting fine−granularity locking and partial rollbacks using write−ahead logging." Transactions on Database Systems 17, no. 1 (March): 94−162. https://doi.org/10.1145/128765.128770.

「Concurrency control in B-Trees(B-트리에서의 동시성 제어)」

Wang, Paul. 1991. "An In-Depth Analysis of Concurrent B-Tree Algorithms." MIT Technical Report. https://apps.dtic.mil/dtic/tr/fulltext/u2/a232287.pdf.

Goetz Graefe. 2010. A survey of B−tree locking techniques. ACM Trans. Database Syst. 35, 3, Article 16 (July 2010), 26 pages.

「Parallel and concurrent data structures(병렬 및 동시성 자료 구조)」

McKenney, Paul E. 2012. "Is Parallel Programming Hard, And, If So, What Can You Do About It?" https://arxiv.org/abs/1701.00854.

Herlihy, Maurice and Nir Shavit. 2012. The Art of Multiprocessor Programming, Revised Reprint (1st Ed.). San Francisco: Morgan Kaufmann.

「Chronological developments in the field of transaction processing(트랜잭션 처리 분야의 발전)」

Diaconu, Cristian, Craig Freedman, Erik Ismert, Per-Åke Larson, Pravin Mittal, Ryan Stonecipher, Nitin Verma, and Mike Zwilling. 2013. "Hekaton: SQL Server's Memory-Optimized OLTP Engine." In Proceedings of the 2013 ACM SIGMOD International Conference on Management of Data (SIGMOD '13), 1243-1254. New York: Association for Computing Machinery. https://doi.org/10.1145/2463676.2463710.

Kimura, Hideaki. 2015. "FOEDUS: OLTP Engine for a Thousand Cores and NVRAM." In Proceedings of the 2015 ACM SIGMOD International Conference on Management of Data (SIGMOD '15), 691-706. https://doi.org/10.1145/2723372.2746480.

Yu, Xiangyao, Andrew Pavlo, Daniel Sanchez, and Srinivas Devadas. 2016. "Tic-Toc: Time Traveling Optimistic Concurrency Control." In Proceedings of the 2016 International Conference on Management of Data (SIGMOD '16), 1629-1642. https://doi.org/10.1145/2882903.2882935.

Kim, Kangnyeon, Tianzheng Wang, Ryan Johnson, and Ippokratis Pandis. 2016. "ERMIA: Fast Memory-Optimized Database System for Heterogeneous Workloads." In Proceedings of the 2016 International Conference on Management of Data (SIGMOD '16), 1675-1687. https://doi.org/10.1145/2882903.2882905.

Lim, Hyeontaek, Michael Kaminsky, and David G. Andersen. 2017. "Cicada: Dependably Fast Multi-Core In-Memory Transactions." In Proceedings of the 2017 ACM International Conference on Management of Data (SIGMOD '17), 21-35. https://doi.org/10.1145/3035918.3064015.

6장

B-트리의 변형

B-트리의 변형 사이에는 기본 트리 구조와 분할 및 병합을 통한 균형 유지 그리고 탐색, 삭제 알고리즘 등 몇 가지 공통점이 있다. 동시성 제어 방식과 디스크 페이지 구조, 형제 노드 사이의 링크, 유지보수 프로세스 등은 구현 방식에 따라 다를 수 있다.

6장에서는 B-트리를 효율적으로 구현하는 몇 가지 방법과 이를 기반으로 구현된 트리를 소개한다.

- 쓰기 시 복사형^{copy-on-write} B-트리: B-트리와 유사한 구조이지만 노드를 수정할 수 없고 인플레이스 업데이트를 지원하지 않는다. 그 대신 페이지를 복사하고 업데이트한 뒤에 새로운 위치에 저장한다.

- 지연형^{lazy} B-트리: 동일한 노드에 대한 연속된 쓰기 작업의 I/O 요청 횟수를 줄이기 위해 수정 내용을 버퍼에 저장한다. 7장에서 설명할 이중 컴포넌트 LSM 트리('이중 컴포넌트 LSM 트리' 절 참고)는 이와 유사한 버퍼 메커니즘을 사용하는 불변 B-트리이다.

- FD-트리: LSM 트리('LSM 트리' 절 참고)와 유사한 버퍼 메커니즘을 사용한다. 작은 크기의 B-트리를 버퍼로 사용하고 버퍼가 가득 차면 그 내용을 불변 형태로 기록한다. 수정 사항은 상위 레벨에서 하위 레벨로 전파된다.

- Bw-트리: B-트리 노드를 추가 전용 방식으로 기록되는 여러 작은 그룹으로 나

눈다. 여러 노드에 대한 쓰기 작업을 배치 단위로 처리해 비용을 낮춘다.

- 캐시 비인지형^{cache-oblivious} B-트리: 디스크 기반 자료 구조를 인메모리 자료 구조처럼 사용한다.

쓰기 시 복사

일부 데이터베이스는 동시 수행 작업의 데이터 무결성을 보장하기 위해 복잡한 래치 메커니즘 대신 쓰기 시 복사 방식을 사용한다. 페이지를 수정하기 전에 내용을 복사해 원본 대신 복사본을 수정한다. 따라서 평행 트리 계층 구조가 생성된다.

라이터^{writer}와 동시 수행 중인 리더^{reader}는 과거 버전의 트리를 읽을 수 있으나, 라이터가 작업 중인 수정된 페이지에 접근해야 하는 라이터는 먼저 수행 중인 쓰기 작업이 모두 완료될 때까지 대기해야 한다. 새로운 페이지 계층이 생성되면 최상단 페이지를 가리키는 포인터를 업데이트한다. 그림 6-1은 원본 트리에 평행한 트리를 생성하고 수정되지 않은 페이지는 재사용하는 과정을 나타낸다.

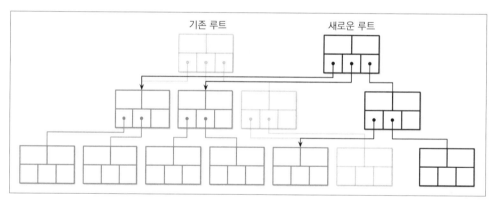

그림 6-1 쓰기 시 복사형 B-트리

이 방식의 명확한 단점은 더 많은 메모리가 필요하다는 점이다(이전 버전은 매우 짧은 시간 동안만 유지한다. 이전 페이지를 참조하는 동시 수행 작업이 끝나는 대로 해당 페이지를 회수한다). 페이지 전체를 복사하기 때문에 프로세서 사용량도 증가한다. 하지만 B-트리는 일반적으로 높이가

156

156

낮기 때문에 쓰기 시 복사 방식의 단순함과 장점은 단점을 능가한다.

쓰기 시 복사의 장점은 한 번 쓴 페이지는 수정할 수 없고 접근하는 데 래치가 필요 없기 때문에 리더를 위해 동기화하지 않아도 된다는 점이다. 나아가 쓰기 작업은 복사본에 대해 수행돼 리더는 라이터를 블록하지 않는다. 모든 수정 작업이 완료됐을 때 최상단 포인터를 갱신하기 때문에 어떤 작업도 불완전한 상태의 페이지에 접근할 수 없고 시스템 장애는 손상된 페이지를 남기지 않는다.

쓰기 시 복사 방식 구현: LMDB

쓰기 시 복사 방식을 사용하는 데이터베이스 엔진으로 라이트닝 메모리 맵 데이터베이스 LMDB, Lightning Memory-Mapped Database가 있다. LMDB는 OpenLDAP 프로젝트에서 사용하는 키-값 데이터베이스다. LMDB는 구조와 설계상 페이지 캐시와 선행 기록 로그, 체크포인트, 컴팩션을 사용하지 않는다.[1]

LMDB는 단일 레벨 구조의 데이터베이스다. 애플리케이션 레벨의 캐싱은 하지 않고 읽기와 쓰기 작업이 메모리 맵에 바로 접근한다. 따라서 페이지는 구체화하지 않아도 되며 데이터를 중간 버퍼로 복사하지 않고 메모리 맵에서 바로 읽을 수 있다. 업데이트 시 루트에서 리프 노드까지의 경로의 모든 노드를 복사한다. 업데이트가 전파되는 노드는 수정하고 나머지는 그대로 유지한다.

LMDB에는 두 개의 버전의 루트 노드가 있다. 최신 버전과 변경 사항이 커밋될 버전이다. 모든 쓰기 작업은 루트 노드에서 시작하기 때문에 합당한 구조이다. 새로운 루트 노드가 생성되면 이전 루트 노드는 더 이상 읽기와 쓰기에 사용될 수 없다. 이전 트리를 참조하는 읽기 작업이 끝나는 즉시 페이지를 회수하고 재사용할 수 있다. LMDB의 추가 전용 구조는 형제 노드 포인터가 없기 때문에 순차적 접근 시 부모 노드를 재방문해야 한다.

이러한 구조에서 과거 데이터를 복사된 노드에 저장하는 것은 비효율적이다. 이미 MVCC와 현재 실행 중인 읽기 트랜잭션이 참조할 수 있는 복사본이 존재한다. 이 구조는 본질적으

---

1   LMDB에 관한 자세한 설명은 코드 주석 및 소개 자료를 참고하기 바란다(https://databass.dev/links/87).

로 멀티 버전 구조이다. 리더는 라이터와 어떤 방식으로도 겹치지 않기 때문에 잠금이 필요 없다.

노드 업데이트 추상화

디스크에 저장된 페이지를 업데이트하기 전에 우선 메모리에 저장된 상태부터 업데이트해야 한다. 메모리에 저장된 노드에 접근하는 여러 방법이 있다. 캐시된 버전에 바로 접근하는 방법과 기반 언어로 인메모리 객체 생성하는 방법 그리고 래퍼wrapper 객체를 사용하는 방법 이다.

메모리 모델이 없는 언어는 B-트리 노드에 저장된 원시raw 이진 데이터를 해석하고 네이티 브 포인터를 사용해 제어할 수 있다. 노드는 포인터와 런타임 형변환을 통해 원시 이진 데이 터를 제어하는 자료 구조라고 볼 수 있다. 대부분 페이지 캐시가 관리하는 메모리 영역을 가 리키거나 메모리 매핑을 사용한다.

B-트리 노드를 객체 또는 기반 언어 고유의 자료 구조로 구체화하는 방법도 있다. 이 자료 구조는 삽입 및 업데이트, 삭제 시 사용할 수 있다. 나아가 플러시 작업은 변경 사항을 메모 리에 저장된 페이지에 반영한 뒤에 디스크로 플러시한다. 이 방식에서 원시 페이지 수정은 중간 객체에 대한 접근과 별개로 수행되기 때문에 동시 접근이 쉽다. 하지만 메모리에 두 개 의 버전(로우 이진 데이터와 언어 고유 자료 구조)의 페이지를 저장하기 때문에 메모리 오버헤드 가 발생한다.

세 번째 방법은 변경 사항을 즉시 B-트리에 구체화하는 래퍼 객체를 통해 노드가 복사된 버 퍼에서 읽는 것이다. 주로 메모리 모델을 지원하는 언어에서 사용하는 방식이다. 래퍼 객체 는 버퍼에 변경 사항을 반영한다.

디스크에 저장된 페이지와 캐시된 버전, 인메모리 버전을 모두 따로 관리하면 각각 다른 라 이프 사이클을 가질 수 있다. 예를 들어 삽입 및 업데이트, 삭제 내역은 버퍼에 저장하고 읽 기 작업 시 메모리에 저장된 수정 사항을 디스크에 저장된 원본과 동기화할 수 있다.

지연형 B-트리

(이 책에서 지연형 B-트리[2]로 분류하는) 일부 B-트리 알고리즘은 더 가볍고 동시성 지원 및 업데이트가 쉬운 인메모리 자료 구조를 사용해 변경 사항을 버퍼하고 동기화를 지연해 업데이트 비용을 낮춘다.

와이어드타이거

버퍼링을 사용해 lazy B-트리를 구현하는 방법을 알아보자. B-트리 노드는 페이징 즉시 메모리에 구체화되고 플러시되기 전까지 업데이트 내용을 메모리에 유지한다.

MongoDB의 기본 스토리지 엔진 와이어드타이거^{WiredTiger}가 유사한 방식을 사용한다. 와이어드타이거는 로우 스토어$^{row\ store}$ B-트리를 인메모리와 디스크의 페이지에 각각 다른 형식으로 저장한다. 인메모리 페이지는 영구 저장되기 전에 조정 과정을 거친다.

그림 6-2는 와이어드타이거의 페이지와 B-트리 구조를 나타낸다. 클린^{clean} 페이지는 디스크 페이지 이미지에서 생성된 인덱스만으로 구성된다. 변경 사항은 먼저 업데이트 버퍼에 저장한다.

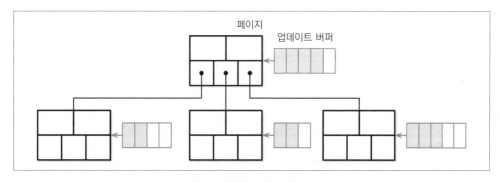

그림 6-2 와이어드타이거: 기본 구조

2　일반적으로 사용하는 명칭은 아니지만 여기서 설명하는 B-트리의 변형은 모두 한 가지 속성을 공유한다. B-트리의 변경 사항을 트리에 바로 반영하지 않고 중간 자료 구조에 버퍼한다는 점이다. 지연형(Lazy, 게으른)이라는 용어가 이 속성을 정확하게 반영한다.

업데이트 버퍼는 읽기 작업 시 접근된다. 버퍼된 내용과 원본 디스크 페이지를 합쳐서 가장 최신 데이터를 반환한다. 페이지를 플러시하면 업데이트 버퍼의 내용과 페이지 내용을 합치고 디스크에 저장된 기존 페이지를 덮어쓴다. 만약 합친 페이지가 허용된 최대 크기보다 크면 여러 페이지로 분할한다. 업데이트 버퍼는 검색 트리[PAPADAKIS93]와 복잡도는 유사하지만 더 나은 동시성을 지원하는 스킵리스트skiplist를 기반으로 한다.

그림 6-3는 인메모리 버전과 디스크 페이지 이미지에 대한 레퍼런스가 저장된 와이어드타이거의 클린 페이지와 더티 페이지를 나타낸다. 더티 페이지에는 업데이트 버퍼를 추가로 저장한다.

와이어드타이거의 가장 큰 장점은 페이지 업데이트와 구조 변경(분할 및 병합)은 백그라운드 스레드가 처리하기 때문에 읽기와 쓰기 작업은 다른 스레드가 완료될 때까지 기다릴 필요가 없다.

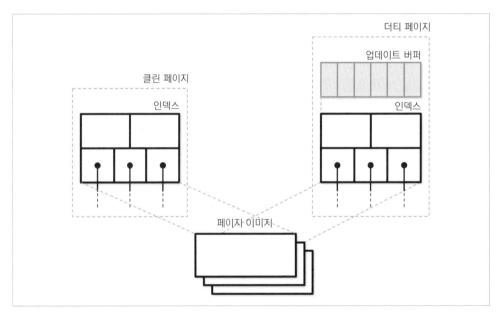

그림 6-3 와이어드타이거 페이지

지연 적응형 트리

각 노드마다 업데이트 버퍼를 유지하지 않고 노드를 서브트리 단위로 그룹화하고 각 서브트리별로 배치 작업을 저장하는 업데이트 버퍼를 사용하는 방법도 있다. 업데이트 버퍼에는 해당 서브트리의 최상단 노드와 자식 노드에 대해 수행된 모든 작업 내용을 저장한다. 이 알고리즘을 지연 적응형^{Lazy-Adaptive} 트리(LA-트리)라고 한다[AGRAWAL09].

새로운 데이터 레코드를 삽입할 때 값을 우선 루트 노드의 업데이트 버퍼에 저장한다. 버퍼가 가득차면 변경 사항을 하위 레벨의 버퍼로 복사 및 이동해 공간을 확보한다. 하위 레벨 버퍼에 공간이 부족한 경우 리프 노드까지 이 과정을 재귀적으로 반복한다.

그림 6-4는 노드를 서브트리 단위로 나누고 그룹별 계단식 버퍼가 있는 LA-트리를 나타낸다. 회색 박스는 루트 버퍼에서 복사된 변경 사항을 나타낸다.

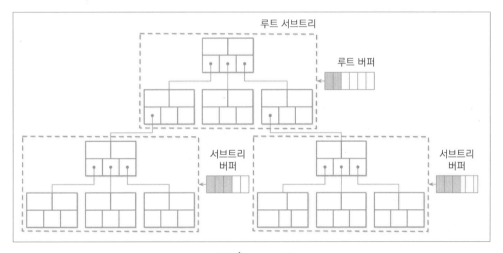

그림 6-4 LA-트리

버퍼는 계층 종속적이며 계단식으로 전달된다. 모든 변경 사항은 상위 레벨 버퍼에서 하위 레벨 버퍼로 전파된다. 업데이트가 리프 레벨에 도달하면 삽입과 업데이트, 삭제 작업을 배치 단위로 수행하게 되며, 모든 내용 수정 및 구조 변경 작업을 한 번에 반영한다. 특정 페이지에 대한 연속적인 업데이트 작업을 개별로 수행하지 않고 한 번에 업데이트한다. 결과적으로 디스크 요청 횟수가 줄어들고 상위 레벨로 전파되는 분할 및 병합 작업도 배치 단위로 적용하기 때문에 구조 변경 횟수도 줄어든다.

앞서 설명한 두 가지 버퍼링 방식은 각자 다른 방식의 배치 단위 쓰기 작업을 통해 트리 업데이트 시간을 단축한다. 두 알고리즘 모두 추가적인 인메모리 버퍼 탐색과 원본 데이터와의 병합/조정 단계가 필요하다.

FD-트리

버퍼링은 데이터베이스에서 많이 사용되는 개념으로 여러 소규모 랜덤 쓰기를 피하고 더 큰 규모로 쓰기 작업을 수행하게 해준다. HDD에서는 헤드 위치를 이동하는 과정 때문에 랜덤 쓰기가 매우 느리다. SDD는 물리적으로 움직이는 부품은 없지만 추가적인 I/O 작업으로 인한 가비지 컬렉션 비용이 추가 발생한다.

B-트리 유지관리 작업에서는 리프 노드 수정과 부모 레벨로 전파되는 분할 및 병합 등의 과정에서 많은 랜덤 쓰기가 발생한다. 랜덤 쓰기와 노드 업데이트 횟수를 낮출 수 있는 방법이 필요하다.

앞서 개별 노드나 노드 그룹에 보조 버퍼를 사용해 변경 사항을 버퍼링하는 방법을 설명했다. 다른 방법으로는 추가 전용 스토리지와 병합 프로세스를 사용해 여러 노드에 대한 업데이트 작업을 그룹화하는 방법도 있다. LSM 트리('LSM 트리' 절 참고)에서 사용하는 방식이다. 쓰기 작업 시 대상 리프 노드를 찾을 필요 없이 작업 내용을 추가하기만 하면 된다. FD-트리^{FD-Tree, Flash Disk Tree}는 이 방식으로 데이터를 인덱싱한다.

FD-트리는 작은 가변 헤드 트리^{head tree}와 여러 개의 정렬된 불변 배열로 구성된다. 랜덤 쓰기를 하는 위치가 변경 사항을 버퍼하는 작은 B-트리(헤드 트리)로 줄어든다. 헤드 트리가 가득 차면 저장된 내용을 불변 배열로 옮긴다. 새로운 배열의 크기가 일정량보다 크면 다음 레벨의 배열과 합친다. 따라서 데이터 레코드는 상위 레벨에서 하위 레벨로 복사된다.

부분적 캐스케이딩

FD-트리는 부분적 캐스케이딩fractional cascading을 사용해 레벨 간 포인터를 유지한다[CHAZ
ELLE86]. 이 방식을 사용하면 정렬된 배열에서 특정 아이템을 찾는 비용을 줄일 수 있다. 첫
번째 배열에서 검색 대상을 찾는 데 log n번의 단계가 필요하지만, 이후의 단계는 이전 레벨
에서 찾은 근삿값에서 시작하기 때문에 검색 범위가 줄어든다.

갭gap(상위 레벨에서 참조하는 포인터가 없는 그룹)을 최소화하기 위해 인근 레벨의 배열을 브리지
bridge를 통해 연결하고 레벨 사이에 지름길을 만든다. 브리지는 상위 레벨에 존재하지 않는
요소를 하위 레벨에서 끌어올리고 하위 레벨에서의 위치를 가리키는 포인터다.

[CHAZELLE86]은 계산기하학의 탐색 문제를 해결하는 데 양방향 브리지와 갭 크기를 유지하는
알고리즘을 사용한다. 이 책에서는 데이터베이스 자료 구조와 특히 FD-트리와 관련된 주제
만 설명한다.

상위 레벨 배열의 모든 원소를 다음 레벨에서 가장 근접한 요소와 매핑하면 포인터 사용과
유지보수 비용이 급격히 늘어난다. 상위 레벨에 있는 요소만 매핑하면 요소 사이의 갭이 많
아진다. 하위 레벨 배열의 모든 N번째 아이템을 상위 레벨로 끌어올리면 이 문제를 해결할
수 있다.

다음과 같이 3개의 정렬된 배열을 예로 들어보자.

```
A1 = [12, 24, 32, 34, 39]
A2 = [22, 25, 28, 30, 35]
A3 = [11, 16, 24, 26, 30]
```

인덱스가 높은 배열에서 낮은 배열로 한 요소씩 걸러 끌어올리면 검색을 단순화할 수 있다.

```
A1 = [12, 24, 25, 30, 32, 34, 39]
A2 = [16, 22, 25, 26, 28, 30, 35]
A3 = [11, 16, 24, 26, 30]
```

그림 5-6과 같이 끌어올린 요소와 하위 레벨에서의 위치를 잇는 브리지(FD-트리에서는 펜스 fence라고 부른다)를 만들 수 있다.

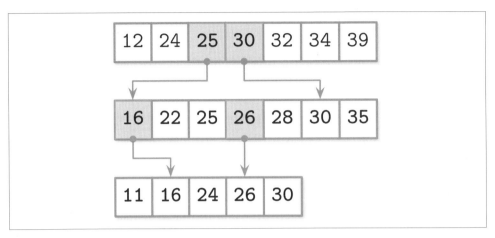

그림 6-5 부분적 캐스케이딩

모든 배열에서 특정 원소를 찾으려면 우선 최상위 레벨에서 이진 탐색을 수행한다. 브리지를 따라 레벨을 내려갈수록 더 근접한 값의 위치로 이동하기 때문에 탐색 공간이 급격히 줄어든다. 따라서 여러 정렬된 리스트를 연결해 탐색 비용을 줄일 수 있다.

로그 배열

FD-트리는 부분적 캐스케이딩과 크기가 로그 단위로 증가하는 배열을 결합해 사용한다. 이 배열은 이전 레벨의 배열과 현재 배열을 합친 정렬된 불변 배열이며 크기가 k의 배수로 증가한다.

헤드 트리가 가득 차면 리프에 저장된 값을 첫 번째 최상위 레벨 배열에 저장한다. 헤드 트리가 또 다시 차면 값을 첫 번째 배열과 합치고 이전 배열을 덮어쓴다. 상위 레벨 배열의 크기가 일정 값에 도달하면 다음 레벨 배열을 생성한다. 만약 다음 레벨 배열이 이미 존재한다면 이전 레벨과 합친 배열로 덮어쓴다. 이 과정은 불변 테이블을 합쳐 더 큰 테이블을 만드는 LSM 트리의 컴팩션과 유사하다.

그림 6-6은 헤드 B-트리와 브리지로 연결된 로그 배열 L1과 L2로 구성된 FD-트리를 나타낸다.

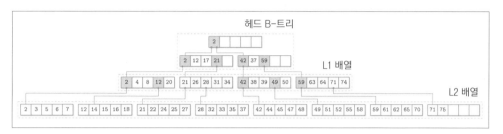

그림 6-6 FD-트리 구조

정렬된 배열의 모든 요소에 접근할 수 있도록 FD-트리는 개선된 버전의 부분적 캐스케이딩을 사용한다. 하위 레벨 페이지의 헤드 요소를 상위 레벨의 포인터로 끌어올린다. 이 포인터를 사용해 상위 레벨에서 검색 대상 키에 더 가까운 값을 찾을 수 있기 때문에 하위 레벨 탐색 비용이 줄어든다.

FD-트리는 페이지를 인플레이스 업데이트하지 않기 때문에 같은 키가 여러 레벨에 존재할 수 있다. FD-트리는 삭제된 키에는 삭제됐음을 나타내는 (FD-트리 논문에서는 필터 엔트리^{filter} ^{entry}라고 부르는) 툼스톤^{tombstone}을 삽입한다. 하위 레벨에 존재하는 같은 키의 레코드도 모두 삭제돼야 한다. 툼스톤이 최하위 레벨까지 전파되면 더 이상 남은 값이 없기 때문에 모두 삭제해도 된다.

Bw-트리

쓰기 증폭^{write amplification}은 B-트리의 인플레이스 업데이트 구현에서 가장 중요한 문제다. 연속된 B-트리 페이지 수정으로 인해 디스크에 저장된 페이지 원본을 모든 요청마다 업데이트하는 상황이 발생할 수 있기 때문이다. 두 번째 문제는 업데이트를 위한 공간을 미리 확보할 때 발생하는 메모리 증폭^{space amplification}이다. 요청된 데이터를 담고 있는 유용한 바이트를 전송하려면 매번 빈 바이트와 해당 페이지의 나머지 부분을 같이 전송해야 한다는 의미이기도 하다. 세 번째 문제는 해결하기 어려운 동시성 문제와 래치 사용의 복잡성이다.

세 가지 문제를 한꺼번에 해결하려면 지금까지 논의한 방법과 완전히 다른 방법이 필요하다. 업데이트 내용을 버퍼링하면 쓰기와 메모리 증폭 문제를 일부 해결할 수 있지만 동시성 문제는 여전히 해결되지 않고 남게 된다.

추가 전용 스토리지를 사용해 여러 노드에 대한 업데이트를 일괄 적용하고 노드를 서로 연결해 체인을 형성하는 방법이 있다. 한 번의 CAS 연산으로 노드 사이를 연결하는 포인터를 생성할 수 있는 인메모리 자료 구조를 사용하면 잠금이 필요 없는 트리를 만들 수 있다. 이와 같은 방식의 트리를 Buzzword-트리[Bw-트리]라고 한다[LEVANDOSKI14].

체인 업데이트

Bw-트리는 변경 사항과 원본 노드[base node]를 따로 저장한다. 변경 사항(델타 노드)은 체인을 형성한다. 가장 최신 수정본부터 순서대로 정렬하고 원본 노드를 가장 마지막에 저장한 링크드 리스트 형태의 체인이다. 각 업데이트 내용을 따로 저장하면 디스크에 저장된 원본 노드를 수정하지 않아도 된다. 델타 노드는 삽입과 업데이트(삽입과 구별 불가능), 삭제 작업을 모두 포함한다.

원본과 델타 노드의 크기는 페이지 크기와 일치하지 않을 가능성이 높기 때문에 연속된 공간에 저장하는 것이 합리적이다. 나아가 두 노드 모두 업데이트되지 않기 때문에(모든 업데이트는 단순히 링크드 리스트에 노드를 추가한다) 추가 공간을 미리 할당하지 않아도 된다.

노드를 물리적 개체가 아닌 논리적 개체로 사용하는 것은 흥미로운 접근 방식이다. 공간을 미리 할당하거나 노드의 크기를 고정하고 연속된 메모리 세그먼트에 저장하지 않아도 된다. 하지만 읽기 작업 시 모든 델타 노드를 순회해 원본 노드를 최신 상태로 동기화해야 한다는 단점이 있다. 이 방식은 변경 사항을 메인 자료 구조와 별도로 저장하고 읽기 시 반영하는 LA-트리('지연 적응형 트리' 절 참고)와 유사하다.

CAS 연산으로 동시성 문제 해결

노드의 앞에 데이터를 추가prepend할 수 있는 디스크 기반 트리는 유지 비용이 매우 높다. 부모 노드가 새로운 델타 노드를 가리키도록 주기적으로 업데이트해야 하기 때문이다. Bw-트리는 원본과 델타 노드 외에 논리적 식별자와 디스크에서의 위치를 매핑하는 인메모리 매핑 테이블을 저장한다. 매핑 테이블을 사용하면 쓰기 작업 시 배타적 잠금을 획득하는 대신 매핑 테이블의 물리적 오프셋을 CAS^compare-and-swap, 비교 후 스왑 연산으로 변경할 수 있기 때문에 래치가 필요 없다.

그림 6-7은 기본적인 Bw-트리의 모습이다. 논리적 노드는 한 개의 원본 노드와 여러 델타 노드로 구성된다.

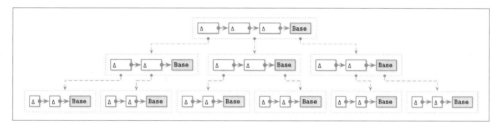

그림 6-7 Bw-트리. 점선은 매핑 테이블에 저장된 노드 사이의 가상 링크를 나타낸다. 실선은 노드 사이의 포인터를 나타낸다.

Bw-트리의 노드 업데이트 알고리즘의 단계는 다음과 같다.

1. 루트 노드에서 리프 노드까지 순회하면서 대상 논리적 리프 노드를 찾는다. 매핑 테이블에는 원본 노드 또는 업데이트 체인에서 가장 최신 델타 노드를 가리키는 가상 링크를 저장한다.

2. 1단계에서 찾은 원본 노드(또는 최신 델타 노드)를 가리키는 새로운 델타 노드를 생성한다.

3. 2단계에서 생성한 델타 노드를 가리키는 포인터를 매핑 테이블에 업데이트한다.

업데이트 작업 3단계에서 CAS를 사용한다. CAS는 원자적인 연산이기 때문에 포인터 업데이트와 동시에 요청된 모든 읽기 작업은 리더와 라이터를 블록하지 않고 업데이트 작업 전 또는 후에 실행한다. 업데이트 작업 전에 실행되는 읽기 작업은 기존 포인터를 참조하기 때문에 아직 추가되지 않은 새로운 델타 노드에 대해서 알 수 없다. 반면 업데이트 작업 후에 실행되는 읽기 작업은 새로운 포인터를 참조해 최신 상태를 볼 수 있다. 만약 두 개의 스레드가 동시에 깊은 논리적 노드에 새로운 델타 노드를 추가하려고 하면 둘 중 하나만 성공할 수 있고 다른 스레드는 작업을 재시도해야 한다.

구조 변경 작업

Bw-트리는 논리적으로 B-트리와 구조가 같다. 따라서 노드는 너무 크거나(오버플로우 발생) 거의 비어 있는(언더플로우 발생) 상태일 수 없으며 분할 및 병합 등의 구조 변경 작업SMO, Structure Modification Operation이 필요하다. 분할과 병합 방식은 B-트리('B-트리 분할'과 'B-트리 병합' 절 참고)와 유사하지만 구현 방식은 다를 수 있다.

분할 SMO는 분할 대상 노드의 원본 노드에 델타를 반영해 논리적 상태를 최신 상태로 업데이트하고 분할 지점의 오른쪽에 새로운 페이지를 추가한다. 이후의 단계는 다음과 같다 [WANG18].

1. 분할 - 리더가 분할이 진행 중이라는 사실을 알 수 있도록 특수한 분할 델타split delta 노드를 분할 노드의 끝에 추가한다. 분할 델타 노드는 분할 노드의 레코드를 무효화하기 위한 중간 지점의 구분 키와 새로운 형제 노드를 가리키는 링크로 구성된다.

2. 부모 노드 업데이트 - 이 시점의 상태는 Blink-트리의 중간 분할('Blink-트리' 절 참고) 상태와 유사하다. 새로운 노드는 분할 델타 노드 포인터를 통해 접근할 수 있지만 아직 참조하는 부모 노드가 없다. 따라서 리더는 분할 노드의 형제 포인터를 통해 접근할 수밖에 없다. 리더가 분할 노드를 통하지 않고 바로 새로운 노드에 접근할 수 있도록 노드를 가리키는 포인터를 부모 노드에 추가하면 분할 작업이 완료된다.

부모 포인터 업데이트는 성능 최적화의 일부다. 부모 포인터를 업데이트하지 않아도 모든 노드와 요소에 접근할 수 있기 때문이다. Bw-트리는 래치를 사용하지 않기 때문에 어떤 스레드도 불완전한 SMO의 결과에 접근할 수 있다. 다음 스레드가 형제 포인터가 아닌 새로운 부모 포인터를 통해 새로운 노드에 접근할 수 있도록 스레드는 진행 전에 미완료된 다중 단계의 SMO를 완료해야 한다.

병합 SMO도 분할 SMO와 유사하다.

1. 형제 노드 제거 – 병합 SMO의 시작과 삭제 대상 노드를 의미하는 특수 삭제 델타 remove delta 노드를 오른쪽 형제 노드에 추가한다.
2. 병합 – 왼쪽 형제 노드에 오른쪽 형제 노드를 가리키는 병합 델타merge delta 노드를 추가해 오른쪽 형제 노드를 왼쪽 형제 노드의 논리적 노드로 만든다.
3. 부모 노드 업데이트 – 왼쪽 형제 노드에서 오른쪽 형제 노드의 요소에 접근할 수 있다. 부모 노드에서 오른쪽 자식 노드를 가리키는 포인터를 삭제하면 병합 작업이 완료된다.

SMO가 동시에 같은 노드를 분할 또는 병합하는 것을 방지하고자 부모 노드에 중지 델타abort delta 노드를 추가해야 한다[WANG180]. 중지 델타 노드는 쓰기 잠금과 비슷하다. 동시에 한 개의 스레드만이 노드에 대한 쓰기 권한을 가질 수 있고 해당 델타 노드에 새로운 노드를 추가하는 모든 다른 스레드는 중단된다. SMO가 완료되면 부모에서 중지 델타 노드를 제거한다.

루트 노드 분할 시 Bw-트리의 높이가 증가한다. 루트 노드가 일정 크기 이상 커지면 새로운 루트 노드를 생성하고 기존 루트 노드와 새로운 노드가 자식 노드가 된다.

노드 통합과 가비지 컬렉션

아무 조치를 취하지 않으면 델타 체인은 매우 길어질 수 있다. 델타 체인이 길어질수록 읽기 작업 비용이 증가하기 때문에 길이를 적당하게 유지해야 한다. 체인의 길이가 설정해 둔 상한에 도달하면 원본 노드와 델타 노드를 합쳐서 새로운 원본 노드로 통합consolidation한다. 통합된 노드는 디스크의 새로운 위치에 저장하고 매핑 테이블의 노드 포인터가 새로운 노드를 가리키도록 업데이트한다. 로그 구조 스토리지가 처리하는 가비지 컬렉션과 노드 통합, 재배치에 관해서는 'LLAMA와 신중한 스택 구성' 절에서 자세히 설명한다.

노드가 통합되면 기존 내용(원본 노드와 모든 델타 노드)은 더 이상 매핑 테이블을 통해 접근할 수 없다. 하지만 다른 진행 중인 작업에서 해당 부분을 참조하고 있을 수 있기 때문에 바로 메모리를 해제하지 않는다. 리더는 래치를 사용하지 않기 때문에(리더가 노드에 접근하는 것을 제한하지 않음) 페이지의 유효 여부를 확인할 수 있는 방법이 필요하다.

특정 노드에 대한 접근이 허용되는 스레드와 허용되지 않는 스레드를 구분하기 위해 Bw 트리는 에포크 기반의 교정 기법epoch-based reclamation을 사용한다. 특정 시점에 일부 노드와 델타가 통합으로 인해 매핑 테이블에서 삭제돼도 기존 노드는 해당 시점 또는 이전에 시작된 리더가 작업을 완료할 때까지 유지돼야 한다. 이후에 시작한 리더는 해당 노드에 절대 접근할 수 없기 때문에 작업이 완료되면 안전하게 가비지 컬렉션을 통해 정리한다.

Bw-트리는 흥미로운 B-트리의 변형이다. 쓰기 증폭 문제를 해결하고 논블로킹non-blocking 액세스와 캐시 친화적이다. 실험적인 스토리지 엔진 Sled에서 수정된 버전의 Bw-트리를 사용한다. 카네기멜론 대학 데이터베이스 그룹CMU Database Group은 OpenBW-트리라는 인메모리 버전의 Bw-트리를 개발하고 구현 방법을 공개했다[WANG18].

6장에서는 B-트리의 관점에서 Bw-트리의 상위 레벨 개념에 대해서만 설명했다. 'LLAMA와 신중한 스택 구성' 절에서 로그 구조 스토리지를 포함해 더 자세히 설명한다.

캐시 비인지형 B-트리

블록 크기와 노드 크기, 캐시 라인 얼라인먼트 그리고 여러 다른 설정 가능한 파라미터가 B-트리의 성능에 영향을 미친다. 캐시 비인지형cache-oblivious 자료 구조[DEMAINE02]라는 새로운 클래스의 자료 구조는 메모리 계층 구조와 파라미터 조정 여부와 상관없이 점근적으로 최적의 성능을 보장한다. 알고리즘이 캐시 라인과 파일시스템 블록, 디스크 페이지의 크기와 무관하다는 의미이다. 캐시 비인지형 자료 구조는 설정이 다른 여러 서버에서 추가 설정 없이 잘 작동하도록 설계됐다.

지금까지는 B-트리를 2-레벨 메모리 계층 구조 관점에서 살펴봤다('쓰기 시 복사' 절에서 설명한 LMDB 제외). B-트리의 노드들은 디스크 페이지에 저장되며, 페이지 캐시를 통해 메인 메모리에서 효율적으로 액세스된다.

2-레벨 계층 구조는 페이지 캐시(크기는 제한적이지만 속도가 빠름)와 디스크(일반적으로 느리지만 용량이 큼)로 구성된다[AGGARWAL88]. 두 개의 레벨로 구성된다는 것은 각 레벨과 관련된 세부 사항을 처리하는 레벨별 코드 모듈이 두 개만 있으면 된다는 것을 의미하며, 따라서 알고리즘 설계가 비교적 수월해진다.

디스크는 여러 블록으로 나뉘고 데이터는 디스크와 캐시 사이에 블록 단위로 전송한다. 따라서 알고리즘이 블록 안의 한 개의 레코드만을 요청해도 블록 전체를 읽어야 한다. 이러한 방식은 캐시 인지형cache-aware 방식이다.

성능이 중요한 소프트웨어를 개발할 때 CPU 캐시 또는 간혹 디스크 계층 구조(핫/콜드 스토리지 또는 HDD/SSD/NVM 계층 그리고 계층별로 단계적 데이터 삭제)까지 생각해 복잡한 모델을 프로그래밍한다. 이 과정을 일반화하는 것은 어렵다. '인메모리 DBMS 대 디스크 기반 DBMS' 절에서 디스크 액세스가 메인 메모리 액세스보다 몇 배 이상 느리다는 것을 설명했다. 데이터베이스 개발자는 둘 사이의 성능 차이를 최적화하기 위한 많은 시도를 한다.

캐시 비인지형 알고리즘은 멀티 레벨 계층 구조의 이점을 제공하면서 자료 구조를 2-레벨 메모리 계층 구조의 관점에서 바라볼 수 있다. 이 방식은 플랫폼에 종속적인 파라미터가 필요 없고 레벨 사이의 전송 횟수를 상수 범위 내로 보장한다. 만약 자료 구조가 어느 두 레벨의 메모리 계층에서 최적의 성능을 내도록 최적화됐다면 인접하는 다른 두 레벨에서도 최적으로 작동한다. 가능한 한 높은 캐시 레벨을 많이 사용할수록 최적화된다.

반 엠데 보아스 레이아웃

캐시 비인지형 B-트리는 정적 B-트리와 패킹된packed, 묶음형 배열로 구성된다[BENDER05]. 정적 B-트리는 반 엠데 보아스vEB, van Emde Boas 레이아웃을 기반으로 생성한다. 트리의 에지를 잘라 분할하고 재귀적으로 각 서브트리를 분할하면 sqr(N) 크기의 여러 서브트리가 생긴다. 이 레이아웃의 핵심은 모든 재귀적 트리는 연속된 메모리 블록에 저장된다는 점이다.

그림 6-8은 vEB 레이아웃을 나타낸다. 논리적으로 그룹화된 노드는 서로 모여 있다. 그림의 상단은 논리적 레이아웃(노드가 트리를 형성하는 방식)을 나타내고 하단은 노드가 메모리와 디스크에 저장되는 방식을 나타낸다.

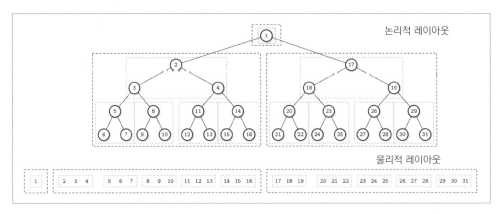

그림 6-8 vEB 레이아웃

자료 구조를 동적으로 제어하기 위해(예를 들어 삽입과 업데이트, 삭제 허용) 캐시 비인지형 트리에서는 패킹된 배열^{packed array} 자료 구조를 사용한다. 연속된 메모리 세그먼트를 이용해 원소들을 저장하지만, 나중에 삽입될 원소들을 위한 갭^{gap}을 마련해둔다. 갭의 간격은 밀도 기준값에 따라 설정한다. 그림 6-8은 원소 사이에 갭이 존재하는 패킹된 배열을 나타낸다.

그림 6-9 패킹된 배열

이 방식은 더 적은 재배치 횟수로 트리에 요소를 삽입할 수 있다. 새로운 요소가 들어갈 갭이 없을 경우 다른 요소를 재배치해야 한다. 패킹된 배열의 밀집도가 너무 높거나 너무 낮은 경우 크기를 줄이거나 확장하기 위해 배열을 재구성해야 한다.

정적 트리는 최하위 레벨의 패킹된 배열의 인덱스로 사용한다. 재배치된 요소가 최하위 레벨의 해당 요소를 가리키도록 업데이트해야 한다.

이와 같은 구조는 효율적인 B-트리를 구현할 수 있는 흥미로운 방식이다. 디스크 기반 자료구조를 메인 메모리 기반 자료 구조와 유사한 방식으로 만들 수 있다. 하지만 이 책을 집필하는 시점에는 학계 이외에서 캐시 비인지형 B-트리를 구현해 활용한 사례를 찾을 수 없다.

사용 사례가 없는 유력한 이유는 캐시 로딩 단계를 추상화해도 데이터를 블록 단위로 읽고 쓰는 구조에서 페이징하고 만료하는 방식이 여전히 결과에 안 좋은 영향을 주기 때문이다. 또 다른 이유는 블록 전송 관점에서 캐시 비인지형 B-트리와 캐시 인지형 B-트리의 복잡도가 같다는 점이다. 효율적인 비휘발성 바이트 단위 스토리지 기기가 보급화되면 바뀌게 될 것이다.

요약

기본 B-트리 구조는 일반 회전식 디스크에서는 문제가 되지 않지만 SSD에서는 효율성이 떨어진다. B-트리는 (페이지 다시 쓰기로 인한) 쓰기 증폭 문제를 안고 있으며 향후 쓰기 작업을 위한 공간을 미리 확보해야 하기 때문에 메모리 오버헤드도 높다.

쓰기 증폭은 버퍼링을 통해 줄일 수 있다. 와이어드타이거, LA-트리와 같은 지연형 B-트리는 각 노드와 그룹별로 할당된 인메모리 버퍼에 해당 페이지에 대한 여러 수정 사항을 버퍼링해서 I/O 요청 횟수를 줄인다.

메모리 공간 증폭 문제를 해결하기 위해 FD-트리는 불변성을 활용한다. 데이터 레코드를 정렬된 불변 자료 구조에 저장하고 가변 B-트리의 크기를 제한한다.

Bw-트리도 불변성을 활용해 메모리 공간 증폭 문제를 해결한다. B-트리 노드와 변경 사항을 각각 따로 저장하고 로그 구조 스토어에 영구 저장한다. 논리적 노드의 재조정은 비교적 자주 발생하지 않기 때문에 기본 B-트리 구조보다 쓰기 증폭이 줄어든다. Bw-트리는 논리적 노드 사이의 가상 포인터를 메모리에 저장하기 때문에 페이지에 대한 동시적 접근 제어에 래치를 사용하지 않는다.

더 읽어보기

6장에서 이야기한 개념에 관한 더 자세한 설명은 다음 문헌을 참고하길 바란다.

「Copy-on-Write B-Trees(쓰기 시 복사 B-트리)」

Driscoll, J. R., N. Sarnak, D. D. Sleator, and R. E. Tarjan. 1986. "Making data structures persistent." In Proceedings of the eighteenth annual ACM symposium on Theory of computing (STOC '86), 109-121. https://dx.doi.org/10.1016/0022-0000(89)90034-2.

「Lazy-Adaptive Trees(지연 적응형 트리)」

Agrawal, Devesh, Deepak Ganesan, Ramesh Sitaraman, Yanlei Diao, and Shashi Singh. 2009. "Lazy-Adaptive Tree: an optimized index structure for flash devices."

Proceedings of the VLDB Endowment 2, no. 1 (January): 361-372. https://doi.org/10.14778/1687627.1687669.

「FD-Trees(FD-트리)」

Li, Yinan, Bingsheng He, Robin Jun Yang, Qiong Luo, and Ke Yi. 2010. "Tree Indexing on Solid State Drives." Proceedings of the VLDB Endowment 3, no. 1-2 (September): 1195-1206. https://doi.org/10.14778/1920841.1920990.

「Bw-Trees(Bw-트리)」

Wang, Ziqi, Andrew Pavlo, Hyeontaek Lim, Viktor Leis, Huanchen Zhang, Michael Kaminsky, and David G. Andersen. 2018. "Building a Bw-Tree Takes More Than Just Buzz Words." Proceedings of the 2018 International Conference on Management of Data (SIGMOD '18), 473–488. https://doi.org/10.1145/3183713.3196895 Levandoski, Justin J., David B. Lomet, and Sudipta Sengupta. 2013. "The Bw-Tree: A B-tree for new hardware platforms." In Proceedings of the 2013 IEEE International Conference on Data Engineering (ICDE '13), 302-313. IEEE. https://doi.org/10.1109/ICDE.2013.6544834.

「Cache-Oblivious B-Trees(캐시 비인지형 트리)」

Bender, Michael A., Erik D. Demaine, and Martin Farach-Colton. 2005. "Cache-Oblivious B-Trees." SIAM Journal on Computing 35, no. 2 (August): 341-358. https://doi.org/10.1137/S0097539701389956.

7장

로그 구조 스토리지

회계사는 지우개를 쓰는 순간 철창행이다.

– 팻 헬란드(Pat Helland)

회계사는 기록을 수정해야 하면 이미 입력된 값은 지우지 않고 새로운 값을 다시 입력한다. 분기 보고서를 발행하면서 이전 분기 결과에 관한 수정 사항을 넣기도 한다. 최종 결산 결과를 구하려면 모든 항목을 재검토하고 합계액을 계산해야 한다[HELLAND15].

마찬가지로 불변 스토리지에서도 저장된 파일은 수정할 수 없다. 한번 작성된 테이블은 다시는 수정할 수 없다. 새로운 레코드는 새로운 파일에 추가하고 레코드의 최신 값(또는 레코드의 존재 여부)을 확인하기 위해서는 여러 파일을 참조해 레코드를 재구성해야 한다. 반면 가변 스토리지는 디스크에 저장된 레코드를 바로 수정한다.

불변 자료 구조는 함수형 프로그래밍에서 주로 사용된다. 한번 생성된 불변 자료 구조는 바뀔 수 없고 동시에 참조할 수 있으며 무결성이 보장된다는 점 때문에 안전하다는 특성을 지녀 많은 주목을 받고 있다.

상위 개념에서 보면 스토리지 내부와 외부에서 데이터를 제어하는 방법은 완전히 다르다. 내부적으로 불변 파일은 여러 버전의 파일 사본을 저장하며 최신 버전이 구 버전을 덮어쓴다. 반면에 가변 파일은 최신 버전만 저장한다. 불변 파일이 요청되면 중복 저장된 복사본을 조정하고 최신 버전을 클라이언트에 반환한다.

대부분의 책이나 논문과 마찬가지로 이 책에서는 B-트리를 가변 자료 구조의 대표적인 예로 들고 로그 구조 병합 트리^{Log-Structured Merge Tree}를 불변 자료 구조의 대표적인 예로 든다. 불변 LSM 트리는 추가 전용 구조를 기반으로 하며 병합 조정^{merge reconciliation} 방식을 사용한다. 반면 B-트리는 디스크에서 레코드를 찾고 해당 페이지의 기존 오프셋 위치에 업데이트한다.

인플레이스 업데이트를 지원하는 자료 구조는 읽기 작업에 효율적이다[GRAEFE04]. 디스크에서 레코드가 저장된 위치를 찾고 클라이언트에게 반환한다. 하지만 업데이트 대상 레코드를 디스크에서 찾아야 하기 때문에 쓰기 성능이 떨어진다. 반면 추가 전용 스토리지는 쓰기 작업에 유리하다. 업데이트 대상 레코드를 디스크에서 찾지 않아도 되기 때문이다. 하지만 읽기 작업 시 레코드의 여러 버전을 읽고 조정해야 하기 때문에 읽기 성능이 떨어진다.

지금까지는 가변 자료 구조 위주로 설명했다. 앞서 쓰기 시 복사형 B-트리('쓰기 시 복사' 절 참고)와 FD-트리('FD-트리' 절 참고), Bw-트리('Bw-트리' 절 참고)를 알아보면서 불변성의 개념을 설명했다. 이외에도 불변 자료 구조를 구현하는 더 많은 방식이 있다.

가변 B-트리의 구조와 구성 방식 때문에 쓰기 및 유지보수 작업의 I/O는 대부분 랜덤 I/O다. 모든 쓰기 작업은 데이터가 저장된 페이지를 찾은 뒤에 업데이트할 수 있다. 노드 분할 및 병합 시 일부 레코드를 재배치해야 한다. 시간이 지나면 일부 B-트리 페이지에 대한 유지보수 작업이 필요할 수 있다. 페이지 크기는 고정돼 있고 향후 쓰기 작업을 위해 페이지의 일부는 비워 둬야 한다. 페이지에서 단 하나의 셀을 변경해도 페이지 전체를 재작성해야한다.

일부 I/O 작업을 순차적으로 처리하고 수정 시 페이지 전체를 재작성하는 것을 방지하면 이와 같은 문제를 일부 완화할 수 있다. 불변 자료 구조를 사용하는 것이 하나의 방법이다. 7장에서는 LSM 트리 구현 방법과 특성 그리고 B-트리와의 차이점을 설명한다.

LSM 트리

앞서 B-트리의 메모리 공간 문제와 쓰기 증폭 문제는 버퍼링을 통해 개선할 수 있다고 설명했다. 일반적으로 스토리지 자료 구조에 버퍼링을 적용하는 두 가지 방식이 있다. 변경 사항을 디스크 페이지에 적용하는 시점을 늦추는 방식('FD-트리' 절과 '와이어드타이거' 절 참고)과 쓰기 작업을 순차적으로 수행하는 방식이다.

가장 많이 사용되는 디스크 기반의 불변 자료 구조인 LSM 트리는 버퍼링과 추가 전용 구조를 사용해 순차 쓰기를 지원한다. LSM 트리는 B-트리와 유사한 디스크 기반 자료 구조의 변형이다. 모든 노드는 완전히 찬 상태이며 순차 접근에 최적화된 자료 구조이다. 패트릭 오닐[Patrick O'Neil]과 에드워드 쳉[Edward Cheng]이 논문에서 처음 발표했다[ONEIL96]. 로그 구조 병합 트리라는 이름은 디스크의 모든 수정 사항을 로그 구조의 파일에 저장하는 로그 구조 파일시스템[log-structured filesystem]에서 따왔다[ROSENBLUM92].

LSM 트리는 불변 파일을 생성하고 순차적으로 병합한다. 각 파일에는 효율적인 데이터 검색을 위한 자체 인덱스를 유지한다. LSM 트리를 종종 B-트리의 대안으로 생각하지만 일반적으로 B-트리는 LSM 트리의 불변 파일의 인덱스 구조로 사용된다.

로그 구조 병합 트리의 '병합'이라는 단어는 불변성을 유지하기 위해 트리를 병합 정렬[merge sort]과 유사한 방식으로 병합하는 것을 가리킨다. 이 과정은 중복된 복사본이 차지하는 공간을 다시 확보하기 위한 유지보수 작업 시 그리고 읽기를 요청한 사용자에게 데이터를 반환하기 전에 수행한다.

LSM 트리는 데이터 파일 쓰기를 지연시키고 변경 사항을 메모리 기반 테이블에 저장한다. 나중에 내용을 불변 디스크 파일에 저장해 변경 사항을 반영한다. 모든 데이터 레코드는 파일이 완전히 저장될 때까지 메모리를 통해 참조 가능한 상태로 유지한다.

불변 파일은 순차 읽기에 적합한 구조이다. 데이터를 디스크에 싱글 패스로 저장할 수 있고 파일은 추가 전용 구조이다. 가변 자료 구조는 싱글 패스로 블록을 미리 할당할 수 있다(예를 들어 인덱스 순차 접근 방식[ISAM, Indexed Sequential Access Method]을 통해). 하지만 이후의 접근에서 여전히 랜덤 읽기와 쓰기가 필요하다. 불변 파일은 데이터를 연속된 공간에 저장해 단편화를 방지한다. 나아가 불변 파일은 향후에 추가될 데이터를 위한 공간 또는 업데이트된 레코드가 원본 레코드보다 큰 경우를 위한 공간을 미리 할당하지 않아도 되기 때문에 밀도가 더 높다.

파일은 수정될 수 없기 때문에 삽입과 수정, 삭제 작업은 디스크에서 레코드를 찾지 않아도 된다. 따라서 쓰기 성능과 처리량이 크게 향상된다. 대신 중복 저장을 허용하고 충돌은 읽기 작업 중에 해결한다. 따라서 LSM 트리는 읽기보다 쓰기가 훨씬 더 많은 애플리케이션에 적합하다. 데이터 양과 처리 속도가 계속해서 증가하는 데이터 집약적인 현대 시스템에서 흔한 구조이다.

읽기와 쓰기 작업은 설계상 겹칠 수 없다. 따라서 디스크에 저장된 레코드는 세그먼트 단위의 잠금 없이 읽고 쓸 수 있어 동시 접근이 복잡하지 않다. 반면 가변 구조는 계층형 잠금과 래치('동시성 제어' 절 참고)를 사용해 디스크 기반 자료 구조의 무결성을 보장하는데, 여러 리더들이 동시에 읽을 수는 있지만 라이터는 서브트리에 관한 배타적 잠금을 획득해야 한다. LSM 기반 스토리지 엔진은 데이터와 인덱스 파일을 선형화 가능한 인메모리 뷰로 사용하고, 이들을 관리하는 객체에 대한 동시 접근만 제어하면 된다.

B-트리와 LSM 트리는 각각 다른 목적의 성능을 최적화하기 위한 유지보수 작업이 필요하다. 할당된 파일의 수는 꾸준히 증가하기 때문에 요청된 데이터가 여러 파일에 존재할 수 있다. 따라서 LSM 트리에서는 읽기 작업이 최대한 적은 수의 파일을 읽도록 파일을 병합하고 재작성해야 한다. 반면 가변 파일은 단편화를 방지하기 위해 부분 또는 전체를 다시 쓰고 업데이트 또는 삭제된 레코드의 공간을 재확보해야 하는 경우가 생긴다. 물론 이 작업은 구현 방식에 따라 좌우되는 유지보수 프로세스를 통해 처리할 수 있다.

LSM 트리 구조

데이터를 파일에 정렬해서 저장하는 정렬된 LSM 트리부터 살펴보자[ONEIL96]. 나중에 '비정렬 LSM 스토리지' 절에서 삽입 순서대로 데이터를 저장해 쓰기 작업에 효율적인 자료 구조도 설명할 것이다.

앞서 설명했듯이 LSM 트리는 작은 메모리 기반 컴포넌트와 큰 디스크 기반 컴포넌트로 구성된다. 디스크에 불변하는 파일 내용을 쓰려면 먼저 그 내용을 메모리 버퍼에 저장하고 정렬해야 한다.

메모리 기반 컴포넌트 즉, 멤테이블memtable은 불변 자료 구조로 데이터 레코드를 버퍼에 저장하고 읽기와 쓰기 작업을 적용한다. 멤테이블에 저장된 내용의 크기가 설정한 기준값에 도달하면 내용을 디스크로 복사하게 된다. 멤테이블 업데이트는 디스크에 접근하지 않기 때문에 디스크 I/O가 발생하지 않는다. '복구' 절에서 설명한 개념과 유사한 선행 기록 로그 파일을 따로 유지해 레코드의 지속성을 보장한다. 데이터 레코드를 로그에 추가하고 메모리에 커밋한 다음, 작업 결과를 클라이언트에게 반환한다.

버퍼링은 메모리 기반 작업이다. 즉, 모든 읽기와 쓰기 작업은 메모리에 상주하는 테이블에 적용되며, 이 테이블은 동시 접근을 지원하는 정렬된 자료 구조 형태를 유지한다. 주로 인메모리 정렬 트리 또는 이와 유사한 특성을 가진 자료 구조가 쓰인다.

버퍼에 저장된 데이터는 디스크 기반 컴포넌트로 플러시된다. 디스크 기반 컴포넌트는 읽기 작업에만 사용되며 파일에 영구 저장된 데이터는 다시 수정할 수 없다. 따라서 기본 작업을 다음과 같이 인메모리 테이블에 쓰는 작업과 디스크와 메모리 기반 테이블에서 읽는 작업, 병합 작업, 파일을 삭제하는 작업으로 나눌 수 있다.

7장에서 사용하는 테이블이라는 용어는 디스크 기반 테이블을 의미한다. 여기서는 테이블의 의미를 스토리지 엔진의 맥락에서 다루고 있으며, 더 광범위한 DBMS의 맥락에서의 테이블과는 구분되는 개념이다.

이중 컴포넌트 LSM 트리

이중 컴포넌트two-component LSM 트리와 다중 컴포넌트 LSM 트리는 개념이 다르다. 이중 컴포넌트 LSM 트리에는 불변 세그먼트로 구성된 단일 디스크 기반 컴포넌트가 있다. 디스크 기반 컴포넌트는 100% 채워진 노드와 읽기 전용 페이지로 구성된 B-트리이다.

메모리 기반 트리에 저장된 데이터는 여러 파트로 나눠서 디스크로 플러시된다. 플러시 과정에서는 플러시된 인메모리 서브트리별로 디스크에서 해당 서브트리를 찾아 두 세그먼트를 병합하고 디스크의 새로운 세그먼트에 저장한다. 그림 7-1은 병합 전의 인메모리와 디스크 기반 트리를 나타낸다.

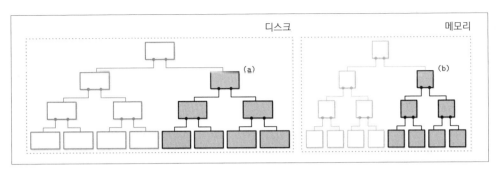

그림 7-1 플러시 직전의 이중 컴포넌트 LSM 트리.
플러시 대상 인메모리 세그먼트와 디스크 기반 세그먼트는 회색으로 표시한다.

서브트리가 플러시되면 인메모리와 디스크 기반 서브트리는 삭제되고 새로운 병합된 서브트리로 대체된다. 이 서브트리는 디스크 기반 트리의 기존 위치에서 그대로 접근할 수 있다. 그림 7-2는 병합 과정의 결과를 보여주는데, 이미 디스크상의 새로운 위치에 쓰였고 해당 트리의 나머지 부분과 연결된 모습이다.

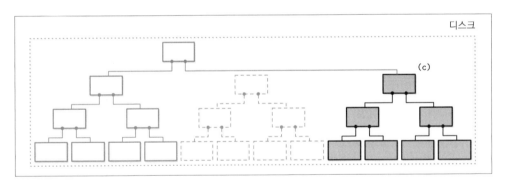

그림 7-2 플러시가 완료된 이중 컴포넌트 LSM 트리.
병합된 서브트리는 회색으로 표시했다. 굵은 점선으로 표시된 직사각형은 삭제된 디스크 세그먼트를 나타낸다.

병합 작업은 디스크 기반 리프 노드와 인메모리 트리 노드를 반복자를 통해 순회하면서 순서대로 값을 비교한다. 두 트리는 모두 정렬됐기 때문에 병합 결과도 순서가 보장된다. 순회 과정에서 두 노드 중 더 최신 값을 선택한다.

이 방식은 지금까지 다룬 B-트리 구조를 논리적으로 확장한 형태다. 쓰기 시 복사형 B-트리('쓰기 시 복사' 절 참고)도 B-트리를 기반으로 하지만 모든 노드가 가득 찬 상태가 아니며 루트에서 리프까지의 경로의 모든 페이지를 복사하고 수평 트리를 생성해야 한다. 이중 컴포넌트 LSM 트리도 비슷한 구조이지만 변경 사항을 버퍼에 저장하기 때문에 디스크에 저장된 트리를 업데이트하는 비용이 발생하지 않는다.

서브트리 병합과 플러시를 구현할 때에는 다음 세 가지 사항을 기억해야 한다.

1. 플러시 과정이 시작되는 즉시, 그 이후의 모든 새로운 쓰기 요청은 새로운 멤테이블에 저장해야 한다.
2. 서브트리 플러시 과정을 진행하는 중에도 읽기 작업은 디스크와 인메모리 서브트리에 접근할 수 있어야 한다.
3. 플러시가 완료되면 병합된 트리를 접근 가능한 상태로 만드는 작업과 병합되지 않은 디스크 및 인메모리 데이터 삭제 작업을 원자적으로 수행해야 한다.

이중 컴포넌트 LSM 트리는 인덱스 파일에 적합한 자료 구조이지만 책을 집필하는 시점에 저자가 알고 있는 사용 사례는 없다. 멤테이블 플러시로 인한 잦은 병합 작업이 쓰기 증폭을 유발하기 때문이다.

다중 컴포넌트 LSM 트리

두 개 이상의 디스크 기반 테이블이 있는 다중 컴포넌트multicomponent LSM 트리의 구조를 살펴보자.

이 구조는 멤테이블 전체를 한 번에 플러시한다.

플러시가 여러 번 발생하면 디스크에 테이블이 여러 개 생성되며, 그 수는 시간이 지날수록 증가하게 된다. 어떤 테이블에 필요한 레코드가 있는지 항상 정확히 알 수 없기 때문에 데이터를 찾기 위해 여러 파일을 읽어야 할 수도 있다.

하지만 여러 위치에서 데이터를 읽는 것은 비용이 많이 든다. 이 문제를 해결하고 테이블 수를 최소로 유지하기 위해 컴팩션('LSM 트리 유지보수' 절 참고)이라는 병합 작업을 주기적으로 수행한다. 컴팩션은 여러 테이블의 내용을 읽고 병합한 뒤에 새로운 파일에 결과를 저장한다. 새로운 병합된 테이블이 생기면 기존 테이블은 삭제한다.

그림 7-3은 다중 컴포넌트 LSM 트리의 데이터 수명 주기data life cycle를 나타낸다. 데이터는

먼저 메모리 기반 컴포넌트에 버퍼링한다. 버퍼의 크기가 너무 커지면 디스크 컴포넌트로 플러시한다. 여러 개의 테이블을 병합해 더 큰 테이블을 생성한다.

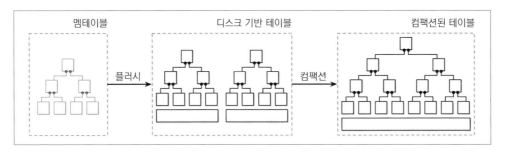

그림 7-3 다중 컴포넌트 LSM 트리 데이터 수명 주기

7장의 나머지 부분에서 다중 컴포넌트 LSM 트리의 구성 요소와 유지보수 프로세스를 집중적으로 설명할 것이다.

인메모리 테이블

멤테이블 플러시는 주기적으로 또는 기준 플러시 크기 값을 사용해 발동시킬 수 있다. 플러시를 하려면 우선 멤테이블을 전환해야 한다. 새로운 멤테이블을 할당해 그 이후에 들어오는 쓰기 작업을 담당하도록 설정하고, 기존 테이블은 플러시 상태로 전환한다. 이 두 단계는 원자적으로 수행돼야 한다. 플러시 대상 테이블은 그 내용이 완전히 플러시될 때까지 접근 가능한 상태로 유지돼야 한다. 플러시가 완료되면 기존 멤테이블은 삭제되며, 그 내용은 새로 쓴 디스크 기반 테이블에서 읽을 수 있게 된다.

그림 7-4는 LSM 트리의 컴포넌트 사이의 관계와 전환 과정을 나타낸다.

최신 멤테이블

    읽기와 쓰기 요청 처리

플러시 대상 멤테이블

    읽기 가능

온디스크 플러시 대상

    불완전한 상태이기 때문에 읽을 수 없음

플러시된 테이블

  플러시가 완료된 멤테이블이 제거되면 바로 읽을 수 있는 상태가 됨

컴팩션 대상 테이블

  병합 중인 디스크 기반 테이블

컴팩션된 테이블

  플러시된 테이블 또는 다른 컴팩트된 테이블로부터 만들어진 테이블

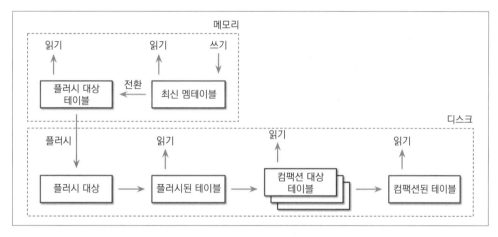

그림 7-4 LSM 컴포넌트 구조

데이터는 이미 메모리에 정렬돼 있다. 이들을 순차적으로 디스크에 쓰면 디스크 기반 테이블이 만들어진다. 플러시가 진행되는 동안 플러시 대상 멤테이블과 최신 멤테이블 모두 읽을 수 있다.

멤테이블이 완전히 플러시되기 전까지 해당 내용이 유일하게 디스크에 저장된 곳은 선행 기록write-ahead 로그다. 멤테이블이 완전히 디스크로 플러시되면 로그에서 멤테이블과 관련된 작업이 기록된 부분은 삭제한다.

수정과 삭제

LSM 트리는 삽입과 수정, 삭제 시 디스크에서 데이터를 찾을 필요가 없다. 대신 읽기 중에 중복 데이터는 조정된다.

다른 디스크 또는 인메모리 테이블에 동일한 키에 대한 데이터가 존재할 수 있기 때문에 삭제 작업은 단순히 멤테이블에서 레코드를 삭제하는 것만으로는 충분하지 않다. 멤테이블에서 데이터만 삭제한다면 삭제 작업은 아무런 영향이 없거나 이전 값을 부활시킬 뿐이다.

다음과 같은 상황을 예로 들어보자. 플러시된 테이블의 키 k1의 값은 v1이고 멤테이블에는 더 최신 값인 v2가 저장돼 있다.

키 k1에 할당된 레코드 값 v1은 플러시된 디스크 테이블에 있고 멤테이블에는 v2라는 새로운 값이 저장돼 있다.

디스크 테이블   멤테이블
| k1 | v1 | | k1 | v2 |

멤테이블에서 v2를 삭제하고 플러시하면 키 k1의 유일한 값인 v1이 되살아난다.

디스크 테이블   멤테이블
| k1 | v1 | ∅

따라서 삭제 내역을 명시적으로 기록해야 한다. 해당 키의 값이 삭제됐음을 나타내는 특수한 삭제 항목^{delete entry}(툼스톤 또는 휴면 표시^{dormant certificate}라고 부르기도 한다)을 삽입한다.

디스크 테이블   멤테이블
| k1 | v1 | | k1 | 〈툼스톤〉 |

조정 프로세스는 툼스톤을 찾아 가려져 있는 값을 제거한다.

특정 키가 아닌 연속된 키 범위를 삭제하는 방법이 더 효율적인 경우도 있다. 삭제 항목에 조건^{predicate}을 붙여 레코드 정렬 규칙을 그대로 유지하면서 삭제 항목을 추가하는 조건 제시 삭

184

제^{predicate delete} 방식을 사용하면 된다. 그러면 조정 단계에서 지정한 조건에 해당하는 레코드는 건너뛰고 클라이언트에게 반환하지 않는다.

조건을 이용하면 DELETE FROM table WHERE key ≥ "k2" AND key ‹ "k4"와 같은 형태로 모든 범위를 검색할 수 있다. 아파치 카산드라가 이와 같은 방식을 범위 툼스톤^{range tombstone}이라는 이름으로 사용한다. 범위 툼스톤은 하나의 키가 아닌 키의 범위를 커버한다.

범위 툼스톤을 사용할 때 디스크 테이블 사이에 범위가 겹칠 수 있다는 점을 반드시 기억해야 한다. 예를 들어 다음과 같은 경우 k2와 k3에 해당하는 데이터 레코드는 결과에서 배제된다.

```
디스크 테이블 1      디스크 테이블 2
| k1 | v1 |         | k2 | <start_tombstone_inclusive> |
| k2 | v2 |         | k4 | <end_tombstone_exclusive> |
| k3 | v3 |
| k4 | v4 |
```

LSM 트리 룩업

LSM 트리는 여러 컴포넌트로 구성된다. 룩업 시 일반적으로 여러 컴포넌트에 접근하기 때문에 클라이언트에게 결과를 반환하기 전에 내용을 병합하고 조정해야 한다. 병합 과정에서 어떤 방식으로 테이블을 순회하고 중복 레코드를 병합하는지 자세히 알아보자.

병합-반복

디스크 테이블은 정렬돼 있기 때문에 다방향 병합 정렬^{multiway merge sort}을 사용할 수 있다. 예를 들어 2개의 디스크 테이블과 1개의 멤테이블, 총 세 가지 소스가 있다. 일반적으로 스토리지 엔진은 파일을 순회할 수 있는 커서^{cursor} 또는 반복자^{iterator}를 제공한다. 커서는 마지막으로 참조된 데이터 레코드의 오프셋을 가리키고 이를 사용해 순회가 끝난 여부를 확인하고 다음 레코드에 접근할 수 있다.

다방향 병합 정렬은 N개의 원소(N은 반복자의 수)를 저장 및 정렬하고 다음으로 가장 작은 원소를 반환하는 최소 힙$^{min-heap}$[SEDGEWICK11] 등의 우선순위 큐$^{priority\ queue}$를 사용한다. 각 반복자의 헤드를 큐에 저장하면 큐의 헤드 원소는 모든 반복자의 처솟값이다.

우선순위 큐는 원소를 순서가 보장되는 큐에 저장하는 자료 구조이다. 일반 큐는 요소를 삽입된 순서대로(선입선출) 저장하지만 우선순위 큐는 삽입 시 큐를 다시 정렬하고 가장 높은 (또는 낮은) 순위의 원소를 큐의 헤드에 저장한다. 결과의 순서가 중요한 병합-반복 작업에 적합한 자료 구조이다.

큐에서 가장 작은 원소가 제거되면 해당 원소의 반복자가 가리키는 다음 값을 큐에 저장하고 순서를 유지하기 위해 큐를 다시 정렬한다.

모든 반복자의 원소는 정렬돼 있기 때문에 마지막으로 가장 작은 값을 반환한 반복자의 다음 원소를 큐에 삽입해도 큐에는 여전히 모든 반복자의 가장 작은 값이 있다는 것이 보장된다. 반복자에 더 이상 값이 없을 경우 알고리즘은 다음 반복자의 헤드를 삽입하지 않고 계속 진행한다. 쿼리 조건이 충족되거나 모든 반복자가 소진될 때까지 이 과정을 반복한다.

그림 7-5는 위에서 설명한 병합 과정을 나타낸다. 각 헤드 원소(소스 테이블의 밝은 회색으로 표시된 원소)를 우선순위 큐에 삽입하고 큐의 원소를 결과 반복자에 반환한다. 최종 결과는 정렬된 상태다.

병합-반복 과정에서 같은 키에 대해 둘 이상의 데이터 레코드가 존재할 수 있다. 우선순위 큐와 반복자의 특성상 각 반복자에 키별로 단 하나의 레코드만 존재하는데, 큐에는 동일한 키에 여러 레코드가 저장돼 있다면 이 레코드들은 모두 다른 반복자에서 온 것이 확실하다.

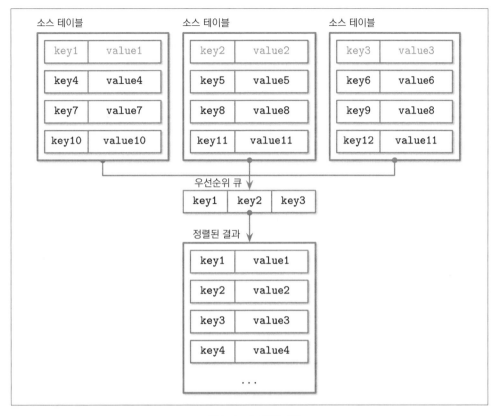

그림 7-5 LSM 병합 과정

다음 예를 단계별로 살펴보자. 다음 두 개의 디스크 테이블에 대한 반복자를 입력으로 사용한다.

반복자 1:   반복자 2:
{k2: v1} {k4: v2}   {k1: v3} {k2: v4} {k3: v5}

우선순위 큐에 각 반복자의 헤드를 삽입한다.

반복자 1:   반복자 2:   우선순위 큐:
{k4: v2}   {k2: v4} {k3: v5}   {k1: v3} k2: v1}

가장 작은 값인 k1를 결과에 추가한다. 이 키를 반환한 반복자 2의 원소를 다시 삽입한다.

반복자 1:	반복자 2:	우선수위 큐:	결과:
{k4: v2}	{k3: v5}	{k2: v1} {k2: v4}	{k1: v3}

이제 큐에 키 k2에 대한 값이 2개가 존재한다. 앞서 설명한 특성대로 더 이상 어떤 반복자에도 같은 키에 대한 값이 존재하지 않는다. 동일한 키를 병합하고 결과에 추가한다.

두 반복자의 값을 큐에 추가한다.

반복자 1:	반복자 2:	우선순위 큐:	결과:
{}	{}	{k3: v5} {k4: v2}	{k1: v3} {k2: v4}

더 이상 반복자에 원소가 없기 때문에 큐의 나머지 원소를 결과와 병합한다.

결과:
{k1: v3} {k2: v4} {k3: v5} {k4: v2}

요약하자면 다음 절차를 반복해 여러 반복자를 병합한다.

1. 반복자의 헤드 원소로 큐를 채운다.
2. 큐에서 가장 작은 값(헤드)을 선택한다.
3. 해당 반복자에 원소가 남아 있을 경우 다음 원소를 큐에 추가한다.

복잡도 관점에서 반복자 병합과 정렬된 컬렉션의 병합은 같다. N이 반복자의 수를 나타낼 때 메모리 오버헤드는 O(N)이다. 정렬된 반복자 헤드의 컬렉션의 평균 복잡도는 O(log N)이다[KNUTH98].

조정

병합-반복은 여러 소스의 데이터를 병합하기 위해 수행하는 하나의 단계일 뿐이다. 또 다른 중요한 부분은 같은 키에 대한 여러 값 사이의 충돌 해결 및 조정 단계다.

여러 다른 테이블에 같은 키에 대한 업데이트 또는 삭제 내역이 존재할 수 있다. 이와 같은 중복된 키는 반드시 조정돼야 한다. 앞의 예에 나왔던 우선순위 큐를 구현할 때 중복 키 저장을 허용하고 조정 작업을 발동시키도록 해야 한다.

 데이터베이스에 레코드가 존재하지 않을 경우 새로운 레코드를 삽입하고 존재할 경우 기존 레코드를 업데이트하는 작업을 업서트(upsert)라고 한다. LSM 트리는 삽입과 업데이트의 구별이 없다. 모든 소스에서 특정 키에 저장된 레코드를 모두 찾아 수정하는 일이 없기 때문에 기본적으로 업서트한다고 표현할 수 있다.

여러 데이터 레코드를 조정하려면 그중 어떤 값이 우선하는지 알아야 한다. 각 레코드에는 타임스탬프와 같은 메타데이터가 저장돼 있다. 타임스탬프를 비교하면 여러 소스에서 오는 레코드 사이에 순서를 정하고 어떤 것이 더 최근의 것인지 알아낼 수 있다.

더 높은 타임스탬프의 레코드로 감춰진 레코드는 클라이언트에게 반환하지 않고 컴팩션에 포함하지 않는다.

LSM 트리 유지보수

불변 B-트리와 마찬가지로 LSM 트리도 유지보수가 필요하다. 유지보수 작업은 알고리즘의 불변 요소의 영향을 많이 받는다.

B-트리의 유지보수 프로세스는 참조되지 않은 셀을 찾고 페이지에 대한 조각 모음을 수행해 삭제 및 섀도^{shadow} 처리된 레코드가 차지하는 공간을 회수한다. LSM 트리는 주기적인 컴팩션을 통해 꾸준히 증가하는 디스크 테이블의 수를 줄인다.

컴팩션은 앞서 설명한 병합과 조정 알고리즘을 사용해 전체 레코드를 순회하고 결과를 새로 생성한 테이블에 저장한다.

디스크 테이블의 레코드는 정렬돼 있고 병합 정렬 알고리즘의 특성상 반복자의 헤드만 메모리에 저장하기 때문에 컴팩션에 사용되는 이론적인 메모리 사용량 상한이 존재한다. 테이블의 레코드는 순차적으로 읽고 병합된 결과도 순차적으로 쓴다. 이러한 세부 사항은 최적화 방식에 따라 구현마다 다를 수 있다.

컴팩트 대상 테이블은 컴팩션이 끝날 때까지 읽을 수 있는 상태를 유지한다. 따라서 디스크에 컴팩트된 테이블을 쓸 수 있을 만큼의 충분한 공간을 미리 확보해야 한다.

동시에 여러 컴팩션 작업이 수행될 수 있다. 하지만 일반적으로 동시적 컴팩션 작업의 대상 테이블은 겹치지 않는다. 컴팩션을 통해 여러 테이블이 하나의 테이블로 병합되거나 반대로 하나의 테이블이 여러 테이블로 나눠질 수 있다.

툼스톤과 컴팩션

툼스톤은 성공적인 조정 작업에 필요한 중요한 정보를 나타낸다. 일부 테이블에 툼스톤으로 감춰진 레코드의 과거 버전이 존재할 수 있기 때문이다.

컴팩션 과정에서 툼스톤을 바로 삭제하지 않는다. 스토리지 엔진은 다른 테이블에 더 작은 타임스탬프가 설정된 동일한 키의 레코드가 존재하지 않는 것을 확인할 때까지 툼스톤을 삭제하지 않는다. RocksDB는 최하위 레벨을 확인할 때까지 툼스톤을 유지한다. 아파치 카산드라는 결과적으로 일관성이 보장되는 데이터베이스의 특성에 따라 GC^Garbage Collection^ 유예 기간 동안 툼스톤을 유지해 다른 노드가 툼스톤을 참조할 수 있도록 한다. 과거 데이터의 부활을 방지하기 위해 컴팩션 중 툼스톤 유지는 중요하다.

레벨형 컴팩션

컴팩션을 최적화할 수 있는 다양한 전략이 있다. 가장 많이 사용되는 컴팩션 기법은 레벨형 컴팩션^leveled compaction^이다. RocksDB가 사용하는 방식이다.

레벨 컴팩션은 디스크 테이블을 여러 레벨로 나눈다. 각 레벨의 테이블의 크기는 제한되며 각 레벨을 나타내는 인덱스 번호(식별자)가 있다. 직관적이지 않지만 가장 큰 인덱스가 최하위 레벨을 가리킨다. 이 절에서는 헷갈리지 않도록 상위 또는 하위 레벨이라는 표현 대신 레벨 인덱스를 사용한다. 즉, 2는 1보다 크기 때문에 레벨 2는 레벨 1보다 인덱스가 높다. 이전과 다음이라는 표현도 인덱스 레벨과 같은 순서를 의미한다.

멤테이블을 플러시하면 0번 레벨의 테이블이 생성된다. 0번 레벨 테이블의 키의 범위는 겹칠 수 있다. 0번 레벨의 테이블 수가 일정 수에 도달하면 데이터를 병합해 1번 레벨 테이블을 생성한다.

1번 레벨의 키 범위와 인덱스가 높은 레벨의 키 범위는 겹치지 않는다. 따라서 컴팩션 시 0번 레벨 테이블을 여러 범위로 파티션하고 같은 범위의 테이블끼리 병합한다. 또는 0번과 1번 레벨의 테이블을 모두 합치고 여러 개의 파티션된 1번 레벨 테이블을 생성하는 방법도 있다.

높은 인덱스 레벨에 대한 컴팩션은 이전 2개의 레벨에서 범위가 겹치는 테이블을 합쳐 다음 레벨에 새로운 테이블을 생성한다. 그림 7-6은 컴팩션 작업이 레벨 사이에 데이터를 옮기는 과정을 나타낸다. 1번과 2번 레벨 테이블을 컴팩션해서 2번 레벨에 새로운 테이블을 생성한다. 테이블이 파티션된 방식에 따라 같은 레벨에서 여러 테이블이 컴팩션될 수 있다.

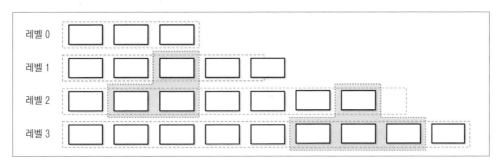

그림 7-6 컴팩션 과정. 점선으로 된 회색 영역은 컴팩션 중인 테이블을 나타낸다. 레벨 단위 영역은 해당 레벨이 수용할 수 있는 최대 크기를 나타낸다. 1번 레벨은 한계를 초과했다.

테이블마다 서로 다른 키 범위를 저장하면 읽기 중에 접근해야 하는 테이블 수가 줄어든다. 테이블의 메타데이터를 확인해 범위에 검색 키가 포함되지 않는 테이블은 필터링한다.

각 레벨의 테이블 크기와 수는 제한된다. 1번 레벨 또는 더 높은 인덱스 레벨의 테이블 수가 임곗값에 도달하면 범위가 겹치는 해당 레벨의 테이블과 다음 레벨의 테이블을 병합한다.

레벨 간 크기는 기하급수적으로 증가한다. 각 레벨의 테이블 크기는 이전 레벨의 테이블의 크기보다 월등히 크기 때문이다. 가장 최신 데이터는 항상 인덱스가 낮은 레벨에 있고 상대적으로 오래된 데이터는 점차 높은 인덱스 레벨로 이동한다.

크기 단계별 컴팩션

또 다른 자주 사용되는 컴팩션 방식은 크기 단계별size-tiered 컴팩션이다. 크기 단계별 컴팩션은 레벨이 아닌 테이블의 크기를 기준으로 디스크 테이블을 그룹화하는 방식이다. 작은 테이블과 큰 테이블을 나눠서 비슷한 크기의 테이블끼리 그룹화한다.

0번 레벨에는 멤테이블에서 플러시됐거나 컴팩션을 통해 생성된 가장 작은 크기의 테이블이 있다. 컴팩션을 통해 병합된 테이블은 같은 크기의 테이블이 저장된 레벨에 서상된나. 이 과정을 레벨마다 재귀적으로 반복하면 크기가 큰 테이블은 높은 레벨로 옮겨지고 크기가 작은 테이블은 낮은 레벨로 이동한다.

 크기 단계별 컴팩션의 문제 중 하나는 테이블 기아 현상(table starvation)이다. 컴팩션된 테이블의 크기가 여전히 작은 경우 (예를 들어 툼스톤으로 가려진 레코드가 결과에서 배제된 경우) 높은 인덱스 레벨의 테이블은 컴팩션 기회를 얻지 못해 이들의 툼스톤이 정리되지 않고 따라서 읽기 비용이 증가한다. 이런 경우 레벨에 테이블 수가 많지 않아도 컴팩션을 강제로 수행해야 한다.

워크로드에 맞게 최적화할 수 있는 여러 컴팩션 알고리즘이 있다. 예를 들어 아파치 카산드라는 타임 윈도우^{time window} 컴팩션 알고리즘을 사용한다. 유효 기간이 있는 데이터(일정 시간 후에 데이터가 없어지는 경우)를 처리하는 시계열 워크로드에 특화된 컴팩션 알고리즘이다.

타임 윈도우 컴팩션은 데이터를 컴팩션하거나 다시 쓰지 않고도 데이터가 쓰여진 시간을 참고해 이미 만료된 시간 범위에 속하는 파일을 한 번에 삭제할 수 있다.

읽기, 쓰기, 메모리 공간 증폭

최적의 컴팩션 알고리즘을 구현할 때는 고려해야 할 요소가 많다. 중복 데이터가 차지하는 공간을 회수하면 공간 오버헤드를 줄일 수 있다. 하지만 연속된 테이블 재작성으로 인해 쓰기 증폭이 증가한다. 반대로 데이터를 연속적으로 쓰지 않으면 읽기 증폭(읽기 중에 같은 키의 레코드를 조정할 때 발생하는 오버헤드)과 공간 증폭(중복 레코드가 더 오랜 시간 동안 유지되기 때문)이 증가한다.

데이터베이스 학계에서 가장 큰 논쟁 중 하나는 B-트리와 LSM 트리 중 어떤 트리에서 발생하는 쓰기 증폭이 더 낮은지 여부다. 두 자료 구조 모두 쓰기 증폭의 근원을 이해하는 것이 매우 중요하다.

B-트리의 경우 후기록(writeback) 작업 그리고 같은 노드를 연속적으로 업데이트할 때 쓰기 증폭이 발생한다. LSM 트리의 경우 컴팩션 중에 파일 간 데이터를 복사할 때 쓰기 증폭이 발생한다. 따라서 두 자료 구조를 직접 비교하는 것은 잘못된 방식이다.

요약하자면 데이터를 디스크에 불변 방식으로 저장할 때 다음과 같은 세 가지 문제가 발생한다.

읽기 증폭

데이터를 읽기 위해 여러 테이블을 참조하면서 발생한다.

쓰기 증폭

컴팩션 과정에서 발생하는 연속된 재작성으로 인해 발생한다.

공간 증폭

같은 키에 대해 여러 레코드가 존재할 때 발생한다.

7장의 나머지 부분에서 각 문제를 하나씩 살펴본다.

RUM 예측

RUM 예측RUM Conjecture은 읽기Read, 업데이트Update, 메모리Memory 오버헤드를 기준으로 비용을 계산하는 보편적인 스토리지 자료 구조의 비용 모델이다[ATHA-NASSOULIS16].

RUM 예측에 따르면 세 가지 오버헤드 중 두 개를 줄이면 나머지 오버헤드가 불가피하게 증가한다. 따라서 최적화는 세 가지 중 한 가지 요소를 희생해야 할 수밖에 없다. 세 가지 요소의 측면에서 여러 스토리지 엔진을 비교해 어떤 요소를 최적화했고 이로 인해 어떤 문제가 발생할 수 있는지 알아보자.

가장 이상적인 솔루션은 낮은 메모리와 쓰기 오버헤드를 유지하면서 읽기 비용을 최소화하는 것이다. 하지만 이는 현실적으로 불가능하고 트레이드-오프가 존재할 수밖에 없다.

B-트리는 읽기에 최적화된 자료 구조이다. B-트리에 쓰려면 우선 디스크에서 레코드를 찾아야 하며 동일한 페이지에 대한 연속된 쓰기로 인해 디스크 페이지를 여러 차례 업데이트해야 할 수 있다. 향후 업데이트를 위한 공간과 삭제된 공간은 공간 오버헤드를 발생시킨다.

반면 LSM 트리는 디스크에서 레코드를 찾지 않아도 되며 향후 쓰기를 위해 공간을 추가 할당하지 않는다. 하지만 중복 데이터로 인한 메모리 오버헤드가 존재한다. 기본 설정은 결과를 반환하기 위해 여러 테이블을 참조해야 하기 때문에 읽기 작업의 비용이 높다. 하지만 앞서 설명한 최적화 기법으로 해결할 수 있는 문제다.

앞서 B-트리에 관한 설명에서 살펴본 바와 같이 앞으로 7장에서 설명하는 다양한 최적화 기법을 통해 위와 같은 문제들을 개선할 수 있다.

RUM 비용 모델은 완벽하지 않다. 레이턴시와 접근 패턴, 구현 복잡도, 유지보수 오버헤드, 하드웨어 관련 문제 등은 고려하지 않기 때문이다. 데이터 일관성 유지와 이중화 오버헤드 등의 분산 데이터베이스에서 중요한 고급 개념도 고려하지 않는다. 하지만 이 모델은 스토리지 엔진의 기본적인 기능을 이해하는 데 도움이 되기 때문에 일차적으로 비용을 어림잡는 규칙으로 사용할 수 있다.

세부 구현 설명

지금까지 LSM 트리의 데이터를 읽고, 쓰고, 컴팩트하는 기본 원리를 설명했다. 하지만 많은 LSM 트리 구현에서 공통적으로 포함되는 몇 가지 중요한 주제가 더 있다. 메모리와 디스크 기반 테이블의 구현 방식과 세컨더리 인덱스의 원리, 읽기 시 참조하는 디스크 테이블을 줄이는 방법 그리고 마지막으로 로그 구조 스토리지 관련 주제를 살펴보자.

SSTable

앞서 LSM 트리의 계층 구조와 논리적 구조(여러 메모리와 디스크 기반 테이블로 구성된 구조)를 설명했다. 이제 디스크 테이블을 어떻게 구현하고 구현 방식이 시스템의 나머지 부분과 어떻게 상호작용하는지 알아보자.

디스크 기반 테이블은 일반적으로 SSTable^{Sorted String Table, 정렬된 문자열 테이블}을 사용해 구현한다. SSTable은 이름 그대로 레코드를 키 순서로 정렬해 저장한다. SSTable은 인덱스 파일과 데이터 파일로 구성된다. 인덱스 파일은 B-트리 등의 로그 시간 룩업이 가능한 자료 구조 또는 해시 테이블 등의 상수 시간^{constant-time} 룩업이 가능한 자료 구조를 사용해 구현한다.

데이터 파일은 레코드를 키 순서로 저장하기 때문에 해시 테이블을 사용해 인덱싱해도 범위 스캔을 쉽게 구현할 수 있다. 해시 테이블에서 해당 범위의 첫 번째 키를 찾고 데이터 파일에서 해당 키부터 범위를 벗어날 때까지 순차적으로 읽으면 된다.

인덱스 컴포넌트는 키와 데이터(데이터 파일에 실제 레코드가 저장된 위치의 오프셋)로 구성된다. 데이터 컴포넌트는 연결된 키-값 쌍으로 구성된다. 3장에서 설명한 셀의 구조와 데이터 레코드 형식은 SSTable에도 대부분 적용된다. 가장 큰 차이점은 셀은 순차적으로 작성되며 SSTable의 수명 주기 동안은 수정될 수 없다는 것이다. 인덱스 파일에는 데이터 파일의 레코드를 가리키는 포인터가 저장되기 때문에 인덱스 생성 시점에 모든 오프셋이 파악돼야 한다.

데이터 레코드가 정렬돼 있으므로 컴팩션 시에는 인덱스 컴포넌트에 접근하지 않고 데이터 파일을 순차적으로 읽으면 된다. 컴팩션 작업의 병합 대상 테이블의 순서는 같기 때문에 병합-반복의 결과도 순서가 보장된다. 따라서 최종 병합된 테이블도 데이터 레코드를 순차적으로 복사하면 된다. 한 번 생성된 파일은 더 이상 수정할 수 없다. 따라서 디스크에 저장된 내용도 바뀌지 않는다.

SSTable 첨부형 보조 인덱스

LSM 트리 인덱싱 분야에서 흥미로운 기술 중 하나는 아파치 카산드라의 SSTable 첨부형 보조 인덱스SASI, SSTable-Attached Secondary Index다. 기본 키 외의 다른 필드를 사용해 테이블을 인덱싱할 수 있도록 인덱스 자료 구조와 이들의 수명 주기를 SSTable의 수명 주기와 동기화하고 SSTable별로 인덱스를 생성한다. 멤테이블이 플러시되고 해당 내용이 디스크에 복사되면 SSTable 기본 키 인덱스와 함께 보조 인덱스 파일도 생성된다.

LSM 트리는 데이터를 버퍼에 저장하기 때문에 인덱스는 메모리와 디스크 기반 테이블을 모두 인덱싱해야 한다. 이를 위해 SASI는 멤테이블을 인덱싱하는 인메모리 자료 구조를 별도로 생성한다.

레코드가 요청되면 여러 인덱스를 참조해 해당 레코드의 기본 키를 찾는다. LSM 트리의 룩업 작업과 유사한 방식으로 레코드를 병합 및 조정한다.

SSTable의 수명 주기에 맞추면 멤테이블 플러시 또는 컴팩션 중에 인덱스를 생성할 수 있는 장점이 있다.

블룸 필터

LSM 트리의 읽기 증폭은 읽기 작업이 여러 디스크에 저장된 테이블에 접근할 때 발생한다. 디스크 기반 테이블에 검색 키에 대한 레코드가 존재하는지 미리 알 수 없기 때문이다.

테이블 룩업을 방지하는 위해 메타데이터에 키 범위(해당 테이블의 최솟값과 최댓값)를 저장하고 검색 키가 범위에 속하는지 미리 확인할 수 있다. 하지만 이 정보는 부정확하기 때문에 데이터 레코드가 존재할 수도 있음을 의미한다. 이런 문제를 개선할 수 있도록 아파치 카산드라와 RocksDB 등은 블룸 필터를 사용한다.

 확률적 자료 구조는 보통 일반적인 자료 구조보다 공간 효율적이다. 예를 들어 집합의 카디널리티(고유한 요소의 수) 또는 빈도(특정 요소의 수)를 알아내려면 먼저 모든 요소를 저장하고 요소를 하나씩 확인해야 한다. 반면 확률적 자료 구조는 대략적인 정보를 기반으로 부정확할 수 있는 쿼리를 수행한다. 집합에 속하는지 여부를 확인하는 블룸 필터(Bloom filter)와 카디널리티를 예측하는 하이퍼로그로그(HyperLogLog)[FLAJOLET12], 빈도수를 예측하는 Count-Min 스케치(Count-Min Sketch)[CORMODE12] 등이 많이 사용되는 확률적 자료 구조이다.

버튼 하워드 블룸Burton Howard Bloom이 1970년 고안한 블룸 필터[BLOOM70]는 어떤 원소가 집합에 속하는지 여부를 확인할 수 있는 공간 효율적인 확률적 자료 구조이다. 양성 오류false-positive(실제로 집합에 속하지 않지만 속한다고 잘못 판단)는 발생할 수 있지만 음성 오류false-negative는 발생하지 않는다(결과가 음성인 원소는 집합에 확실히 속하지 않음).

블룸 필터를 사용해 특정 키가 테이블에 존재할 수 있는지 또는 테이블에 확실히 존재하지 않는지 알 수 있다. 블룸 필터가 음성을 반환한 파일은 쿼리 수행 중 무시된다. 다른 파일의 실제 존재 여부는 직접 확인해야 한다. 디스크 기반 테이블과 블룸 필터를 같이 사용하면 읽기 작업의 테이블 접근 횟수를 크게 줄일 수 있다.

블룸 필터는 큰 비트 배열과 여러 가지 해시 함수를 사용한다. 각 레코드의 키를 해시 함수에 대입해 비트 배열에서의 인덱스를 찾고 해당 비트를 1로 설정한다. 모든 해시 함수의 결과가 가리키는 위치의 비트의 값이 1인 키는 집합에 속한다는 것을 의미한다. 블룸 필터에 원소가 존재하는지 확인할 때도 키를 해시 함수를 대입하고 함수의 결과 비트가 모두 1이면 일정 확률로 해당 값이 집합에 속한다는 것을 의미하는 양수를 반환한다. 만약 단 한 개의 비트라도 값이 0이라면 해당 원소는 확실하게 집합에 속하지 않는다.

다른 키를 대입한 해시 함수의 결과가 같은 위치를 가리키는 해시 충돌hash collision이 발생할 수 있다. 따라서 1로 설정된 비트는 일부 해시 함수가 일부 키에 해당 비트 위치를 할당했다는 것을 의미할 뿐이다.

양성 오류의 발생 확률은 비트 배열의 크기와 해시 함수의 수로 제어한다. 배열의 크기가 클수록 해시 충돌이 발생할 확률이 줄어들고 해시 함수가 많을수록 더 많은 비트를 확인할 수 있어 정확도가 증가한다.

비트 배열의 크기가 클수록 더 많은 메모리를 차지하고 해시 함수가 많을수록 성능에 안 좋은 영향을 줄 수 있다. 따라서 용인되는 확률과 불가피한 오버헤드 사이에서 적절한 타협점을 찾아야 한다. 확률은 예상된 배열 크기를 기반으로 계산할 수 있다. LSM 트리의 테이블은 수정될 수 없기 때문에 배열의 크기(테이블에 저장된 키의 수)는 미리 알 수 있다.

그림 7-7의 간단한 예를 살펴보자. 16비트 배열과 3개의 해시 함수가 있고 key1을 각 함수에 대입한 결괏값은 3, 5, 10이다. 각 위치의 비트를 1로 설정한다. 다음 삽입된 key2의 해시

함수 결괏값은 5와 8, 14다. 마찬가지로 해당 비트를 1로 설정한다.

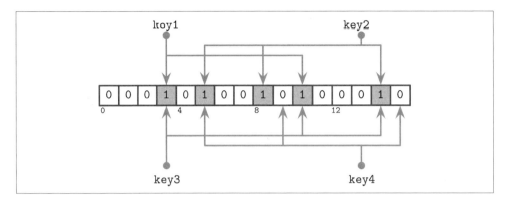

그림 7-7 블룸 필터

이제 집합에 key3가 속하는지 여부를 확인해보자. key3의 해시 함수 결괏값은 3과 10, 14다. 3개의 비트는 모두 앞서 key1과 key2를 추가할 때 1로 설정됐기 때문에 실제로 key3은 삽입된 적이 없지만 해시 함수의 결과 비트는 모두 1인 음성 오류가 발생한다. 하지만 블룸 필터의 결과는 키가 테이블에 존재할 수 있다는 것을 의미하기 때문에 용인되는 결과다.

key4의 해시 결괏값이 5와 9, 15라면 5번 비트만 1이고 나머지 비트는 0이다. 단 한 개의 비트라도 0이라면 해당 키는 확실히 블룸 필터에 삽입되지 않은 키다.

스킵리스트

데이터를 메모리에 정렬해서 저장하는 여러 자료 구조가 있다. 이 가운데 스킵리스트^{skiplist}는 단순함 때문에 최근 더욱 많이 쓰이고 있는 자료 구조이다[PUGH90b]. 스킵리스트는 싱글 링크드 리스트보다 구현이 그리 복잡하지 않으며 확률적 복잡도도 탐색 트리와 비슷한 수준이 보장된다.

스킵리스트는 삽입과 업데이트 시 구조를 회전 또는 재배치하지 않고 확률적으로 균형을 유지한다. 따라서 스킵리스트는 인메모리 B-트리보다 캐시 친화적이지 않다. 스킵리스트의 노드의 크기는 작고 임의의 메모리 공간에 할당되기 때문이다. 이 문제는 전개형^{unrolled} 링크드 리스트를 사용해 해결할 수 있다.

스킵리스트는 높이가 다른 여러 노드로 구성되며 이들을 연결한 계층 구조를 통해 일부 요소를 건너뛸 수 있다. 각 노드에는 키가 있고 링크드 리스트의 노드와 달리 일부 노드에는 두 개 이상의 후속 노드가 있을 수 있다. 높이가 h인 노드는 한 개 이상의 높이가 최대 h인 이전 노드와 연결된다. 가장 낮은 레벨의 노드는 모든 높이의 노드와 연결될 수 있다.

노드의 높이는 삽입 시 임의의 함수를 통해 결정된다. 높이가 같은 노드는 레벨을 형성한다. 레벨이 무한대로 증가하지 않도록 레벨 수를 제한하고 자료 구조에 저장할 수 있는 최대 원소 수를 기준으로 최대 높이를 결정한다. 레벨이 높아질수록 노드의 수가 급격히 줄어든다.

탐색은 최상위 레벨의 포인터에서 시작한다. 포인터를 따라가다가 검색 키보다 더 큰 키가 저장된 노드를 찾으면 이전 노드가 가리키는 다음 레벨의 노드로 이동한다. 정리하자면 현재 노드 키보다 검색 키가 큰 경우 계속해서 앞으로 이동하고 더 작다면 다음 레벨의 이전 노드로 이동한다. 검색 키 또는 바로 앞의 키를 찾을 때까지 이 과정을 재귀적으로 반복한다.

예를 들어 그림 7-8의 스킵리스트에서 7번 키를 찾는 순서는 다음과 같다.

1. 최상위 레벨의 포인터를 따라 10번 키가 저장된 노드로 이동한다.
2. 10은 검색 키 7보다 크기 때문에 헤드 노드의 다음 레벨 포인터가 가리키는 5가 저장된 노드로 이동한다.
3. 이 노드의 최상위 레벨의 포인터를 따라가면 다시 10이 저장된 노드로 이동한다.
4. 7은 10보다 작기 때문에 5가 저장된 노드의 다음 레벨의 포인터를 따라가면 7이 저장된 노드를 찾을 수 있다.

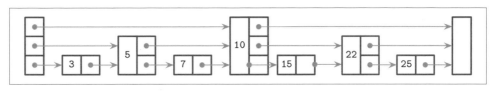

그림 7-8 스킵리스트

삽입 작업도 마찬가지로 위와 동일한 단계로 삽입 지점(삽입 키가 저장된 노드 또는 바로 앞의 노드)을 찾고 해당 지점에 새로운 노드를 삽입한다. 트리와 유사한 계층 구조를 형성하고 균형을 유지하기 위해 노드의 높이는 확률 분포를 기반으로 생성된 임의의 수로 설정한다. 새로운 노드의 키보다 작은 키가 있는 앞 노드의 포인터가 새로운 노드를 가리키도록 수정한다. 더 높은 레벨의 포인터는 그대로 유지하고 새로운 노드의 포인터는 각 레벨의 다음 노드를 가리킨다.

노드 삭제 시 삭제된 노드의 포인터는 해당 레벨의 이전 노드로 옮겨진다.

노드의 모든 포인터가 완전히 업데이트됐는지 여부를 나타내는 fully_linked 플래그를 사용해 선형화 가능한 방식으로 구현하면 동시성을 지원하는 스킵리스트를 만들 수 있다. 이 플래그는 CAS를 사용해 설정한다[HERLIHY10]. 스킵리스트의 구조 변경 작업은 여러 레벨의 노드 포인터를 업데이트하기 때문에 적합한 방식이다.

메모리 모델이 없는 언어는 동시에 참조된 노드가 사용 중에 해제되지 않도록 참조 카운팅 기법reference counting 또는 해저드hazard 포인터를 사용한다[RUSSEL12]. 노드는 오직 상위 레벨에서만 접근할 수 있기 때문에 데드록이 발생할 수 없다.

아파치 카산드라는 세컨더리 인덱스 멤테이블 구현에 스킵리스트를 사용한다. 와이어드타이거는 일부 인메모리 작업에 스킵리스트를 사용한다.

디스크 접근

테이블 내의 데이터는 대부분 디스크에 저장되기 때문에 스토리지 기기는 보통 데이터를 블록 단위로 제공한다. 많은 LSM 트리 구현이 디스크 접근과 중간 캐싱에 페이지 캐시를 사용한다. 페이지 만료, 고정 등 앞서 '버퍼 관리' 절에서 설명한 다양한 기법을 로그 구조 스토리지에도 똑같이 적용할 수 있다.

가장 명확한 차이점은 인메모리 데이터는 수정할 수 없기 때문에 동시 접근에 잠금 및 래치가 필요 없다는 점이다. 참조 카운팅 기법을 사용해 현재 참조된 페이지가 메모리에서 제거되는 것을 방지하고 컴팩션으로 인해 파일이 삭제되기 전에 진행 중인 작업을 완료할 수 있다.

또 다른 차이점은 LSM 트리의 데이터 레코드는 페이지와 얼라인^{align}되지 않을 수 있다는 점과 포인터는 페이지 ID가 아닌 절대 오프셋을 사용해 구현할 수 있다는 점이다. 그림 7-9는 페이지와 얼라인되지 않은 데이터 레코드를 나타낸다. 일부 레코드는 페이지 경계를 넘나들기 때문에 메모리에서 여러 페이지를 읽어야 할 수 있다.

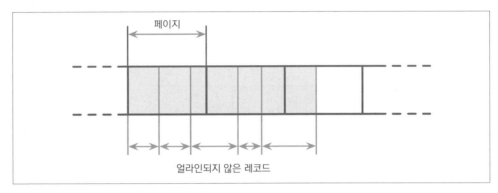

그림 7-9 페이지와 얼라인되지 않은 데이터 레코드

압축

4장에서 B-트리 데이터를 압축하는 방법에 대해 설명했다('압축' 절 참고). LSM 트리 데이터의 압축도 유사하다. 가장 큰 차이점은 LSM 테이블은 불변 자료 구조이며 일반적으로 싱글 패스로 저장한다는 점이다. 데이터를 페이지 단위로 압축하면 압축된 페이지는 압축되지 않은 페이지보다 크기가 작기 때문에 페이지와 얼라인되지 않는다.

압축된 페이지에 접근하려면 저장 시 데이터의 주소 범위를 기록해 둬야 한다. 페이지와 얼라인되도록 남은 공간을 0으로 채울 수 있지만 압축의 효과가 줄어든다.

압축된 페이지의 오프셋과 크기를 저장하는 간접 레이어를 통해 압축된 페이지에 접근할 수 있다. 그림 7-10은 압축된 블록과 압축되지 않은 블록 사이의 매핑을 나타낸다. 압축된 페이지는 항상 원본보다 크기가 작다. 그렇지 않다면 압축할 필요가 없다.

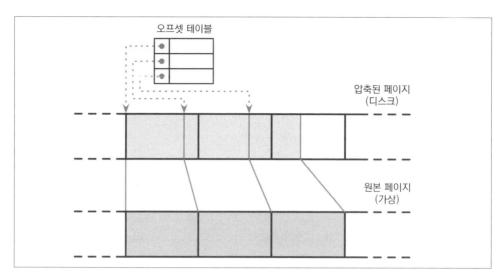

그림 7-10 압축된 블록 읽기. 점선은 디스크에 저장된 압축된 페이지의 오프셋을 가리키는 매핑 테이블의 포인터를 나타낸다. 원본 페이지는 일반적으로 페이지 캐시에 저장한다.

컴팩션 및 플러시 시 압축된 페이지를 순차적으로 추가하고 관련 압축 정보(원본 페이지와 압축된 페이지의 오프셋)는 별도의 파일 세그먼트에 저장한다. 페이지가 요청되면 압축된 페이지의 오프셋과 크기를 참조해 압축을 해제하고 메모리에 실체화한다.

비정렬 LSM 스토리지

지금까지 설명한 대부분의 스토리지 자료 구조는 데이터를 정렬된 상태로 저장한다. B-트리의 가변 페이지와 불변 페이지, FD-트리의 정렬된 배열, LSM 트리의 SSTable은 모두 레코드를 키 순서로 저장한다. 하지만 각자 다른 방식으로 순서를 유지한다. B-트리 페이지는 인플레이스 업데이트 방식을 사용하고 FD-트리의 배열은 두 배열을 병합한 결과물이다. SSTable은 데이터 레코드를 메모리에 저장 및 정렬한다.

이 절에서는 데이터를 임의의 순서로 저장하는 자료 구조에 관해 설명한다. 순서를 보장하지 않는 스토어는 일반적으로 별도의 로그가 필요 없고 레코드를 삽입 순서대로 저장하기 때문에 쓰기 비용이 줄어든다.

비트캐스크

리악^{Riak}에서 사용되는 스토리지 엔진 중 하나인 비트캐스크^{Bitcask}는 정렬되지 않은 로그 구조 기반의 스토리지 엔진이다[SHEEHY10b]. 지금까지 설명한 로그 구조 스토리지 구현과는 다르게 멤테이블을 버퍼로 사용하지 않고 데이터 레코드를 로그 파일에 바로 저장한다.

비트캐스크는 레코드를 검색할 수 있도록 각 키의 최신 데이터 레코드에 대한 참조를 keydir이라는 자료 구조에 저장한다. keydir에서 참조하지 않는 이전 데이터 레코드들이 여전히 디스크에 남아 있을 수 있는데, 이러한 이전 데이터 레코드는 컴팩션 시 가비지 컬렉터가 정리한다. keydir은 인메모리 해시맵^{hashmap} 형태이며 시스템 가동 시 로그 파일을 사용해 재구성한다.

쓰기 요청 시 새로운 데이터 레코드는 로그 파일에 순차적으로 추가하고 새로운 레코드의 위치를 가리키는 포인터를 keydir에 추가한다.

읽기 요청 시 keydir에서 해당 키를 찾고 로그 파일을 가리키는 포인터를 따라가면 레코드를 찾을 수 있다. keydir에는 키별 한 개의 값만 존재하기 때문에 포인트 쿼리는 여러 소스의 데이터를 병합하지 않아도 된다.

그림 7-11은 비트캐스크의 키와 데이터 파일에 저장된 레코드를 매핑하는 방식을 나타낸다. 로그 파일에는 데이터 레코드를 저장하고 keydir에는 각 키의 최신 실제 데이터 레코드를 가리키는 포인터를 저장한다. 데이터 파일에서 회색으로 표시된 레코드는 삭제 처리(새로도. 쓰기 또는 삭제로 대체된 레코드)된 레코드다.

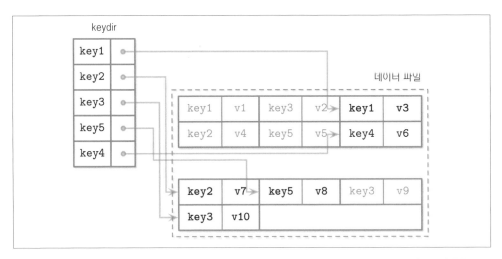

그림 7-11 비트캐스크의 keydir과 데이터 파일 사이의 매핑. 실선은 키의 최신 값을 가리키는 포인터를 나타낸다. 삭제 처리된 키-값 쌍은 회색으로 표시한다.

컴팩션 시 모든 로그 파일의 내용을 순차적으로 읽고 병합한 뒤에 새로운 위치에 쓴다. 실제 데이터 레코드만 유지하고 삭제 처리된 레코드는 삭제한다. keydir의 포인터는 재배치된 데이터 레코드를 가리키도록 업데이트한다.

데이터 레코드는 로그 파일에 바로 쓰기 때문에 별도의 선행 기록 로그가 필요 없다. 따라서 공간 오버헤드와 쓰기 증폭이 줄어든다. 하지만 이 방식의 단점은 keydir과 데이터 파일의 레코드가 정렬돼 있지 않기 때문에 범위 스캔이 불가능하고 오직 포인트 쿼리만 수행할 수 있다는 점이다.

반면 장점은 단순함과 높은 포인트 쿼리 성능이다. 데이터 레코드의 여러 버전이 존재하지만 keydir을 통해 오직 최신 버전에만 접근할 수 있다. 하지만 모든 키를 메모리에 저장하고 시스템 가동 시 keydir을 재구성해야 하는 부분은 일부 시스템에서는 큰 문제가 될 수 있다. 이 구조는 포인트 쿼리에 매우 적합하지만 범위 스캔은 전혀 지원하지 않는다.

위스키

범위 스캔은 많은 애플리케이션에서 매우 중요한 기능이다. 따라서 정렬되지 않은 스토리지 자료 구조의 쓰기 및 공간 사용의 장점은 유지하면서 범위 스캔을 지원하는 스토리지 자료 구조가 필요하다.

위스키WiscKey[LU16]는 LSM 트리에 키를 정렬된 상태로 유지하고 vLogvalue log라는 정렬되지 않은 추가 전용 파일에 데이터 레코드를 저장해 가비지 컬렉션과 정렬 작업을 분리한다. 위스키는 모든 키를 메모리에 저장하고 시스템 가동 시 해시테이블을 재구성해야 하는 비트캐스크의 문제를 해결할 수 있다.

그림 7-12는 위스키의 주요 구성 요소 및 키와 로그 파일 사이의 매핑을 나타낸다. vLog 파일에는 데이터 레코드는 임의의 순서로 저장한다. 정렬된 LSM 트리에는 로그 파일에 저장된 최신 레코드를 가리키는 키를 저장한다.

일반적으로 키는 데이터 레코드보다 크기가 훨씬 더 작기 때문에 컴팩션 시 효율이 매우 높다. 위스키는 특히 업데이트 및 삭제 빈도가 낮아 가비지 컬렉션이 회수해야 하는 디스크 공간이 크지 않은 환경에 더 적합하다.

vLog의 데이터는 정렬되지 않았기 때문에 범위 스캔 수행 시 랜덤 I/O가 발생한다. 위스키는 범위 스캔 시 SSD의 내부 병렬 처리를 통해 블록을 병렬로 프리페치해서 랜덤 I/O 비용을 줄인다. 하지만 블록 전송 비용은 여전히 높다. 한 개의 데이터 레코드를 페치하기 위해 레코드가 포함된 페이지 전체를 읽어야 하기 때문이다.

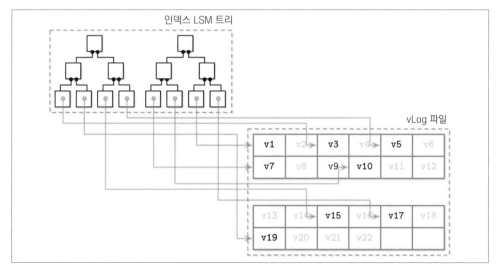

그림 7-12 위스키의 주요 컴포넌트: 인덱스 LSM 트리와 vLog 파일 사이의 관계. 데이터 파일에서 삭제 처리된 레코드(쓰기 및 삭제로 인해 대체된 값)는 회색으로 표시한다. 실선은 LSM 트리의 키에서 로그 파일에 저장된 최신 값을 가리키는 포인터를 나타낸다.

컴팩션 시에는 vLog 파일을 순차적으로 읽고 병합한 뒤에 새로운 위치에 쓴다. 포인터(LSM 트리에 저장된 키)는 새로운 위치를 가리키도록 업데이트한다. 위스키는 vLog 파일 전체를 스캔하는 것을 방지하기 위해 활성 상태의 기기 저장된 vLog의 세그먼트에 대한 정보가 저장된 head와 tail 포인터를 사용한다.

vLog의 데이터는 정렬된 상태가 아니며 키의 활성 상태에 대한 정보가 없기 때문에 키 트리를 스캔해 어떤 키가 활성 상태인지 확인해야 한다. 이 작업을 가비지 컬렉션 중에 수행하면 복잡도가 증가한다. 일반 LSM 트리는 컴팩션 중에 키 인덱스에 접근하지 않고 파일을 조정한다.

LSM 트리 동시성 제어

LSM 트리의 가장 큰 동시성 문제는 테이블 뷰 전환(플러시 및 컴팩션으로 인해 변경되는 메모리와 디스크 기반 테이블)과 로그 동기화와 관련이 있다. 멤테이블도 일반적으로 동시에 접근하지만 (실라DB^ScyllaDB와 같이 코어별로 파티션하는 데이터베이스 제외) 인메모리 자료 구조의 동시성 제어는 이 책에서 다루지 않는다.

플러시 작업은 다음 규칙을 따라야 한다.

- 새로운 멤테이블은 읽기 및 쓰기가 가능해야 한다.
- 기존(플러시 대상) 멤테이블은 읽을 수 있어야 한다.
- 플러시 대상 멤테이블은 디스크에 저장된다.
- 플러시된 멤테이블 삭제와 디스크 기반 테이블 생성은 원자적으로 수행돼야 한다.
- 플러시된 멤테이블에 수행된 작업의 로그가 저장된 선행 기록 로그 세그먼트는 삭제돼야 한다.

예를 들어 아파치 카산드라는 작업 수행 순서를 강요해 위 규칙을 따른다. 모든 쓰기 관련 작업은 멤테이블을 플러시하기 전에 수행된다. 따라서 플러시 프로세스(컨슈머)는 어떤 프로세스(프로듀서)가 자신에게 의존하는지 알 수 있다.

일반적으로 동기화 단계는 다음과 같다.

멤테이블 전환

전환 후에는 새로운 멤테이블이 모든 쓰기 요청을 처리하는 기본 멤테이블이 된다. 기존 멤테이블은 계속해서 읽을 수 있다.

플러시 완료

기존 멤테이블을 테이블 뷰의 플러시된 디스크 기반 테이블로 대체한다.

선행 기록 로그 삭제

플러시된 멤테이블과 관련된 로그가 기록된 로그 세그먼트를 삭제한다.

각 단계는 데이터 정확성과 매우 밀접한 관계를 가진다. 기존 멤테이블에 계속해서 데이터를 쓰면 데이터 유실이 발생할 수 있다. 예를 들어 이미 플러시된 멤테이블의 섹션에 데이터를 쓴 경우다. 나아가 디스크에 데이터를 완전히 쓰기 전에 기존 멤테이블을 삭제하면 데이터는 불완전한 상태가 된다.

컴팩션 중에 테이블 뷰도 변경되지만 이 프로세스는 매우 간단하다. 기존 디스크 기반 테이블을 삭제하고 컴팩트된 버전을 추가한다. 새로운 테이블이 완전히 생성되고 읽을 수 있는 상태가 될 때까지 기존 테이블은 계속해서 접근할 수 있어야 한다. 나아가 동일한 테이블이 동시에 여러 컴팩션에 포함되는 상황은 피해야 한다.

B-트리의 지속성을 보장하기 위해서 로그 삭제는 페이지 캐시에서 더티 페이지를 플러시하는 작업과 조율돼야 한다. LSM 트리는 멤테이블에 데이터를 저장하기 때문에 멤테이블이 완전히 플러시되기 전까지는 지속성이 보장되지 않는다. 따라서 마찬가지로 로그 삭제는 멤테이블 플러시 작업과 조율돼야 한다. 플러시가 완료되면 로그 매니저는 마지막으로 플러시된 로그 세그먼트에 대한 정보를 기반으로 로그를 안전하게 삭제할 수 있다.

로그 삭제를 플러시와 동기화하지 않으면 데이터 유실이 발생할 수 있다. 플러시가 끝나기 전에 로그 세그먼트가 삭제되고 동시에 노드에 장애가 발생하면 로그 리플레이 및 데이터 복원이 불가능하다.

로그 스태킹

많은 최신 파일시스템은 로그 구조 기반이다. 메모리 세그먼트에 레코드를 저장하고 버퍼가 가득 차면 내용을 추가 전용 방식으로 디스크에 플러시한다. SSD도 소규모의 랜덤 쓰기 처리와 쓰기 오버헤드 최소화, 웨어 레벨링 개선, 기기 수명 연장을 위해 로그 구조 스토리지를 사용한다.

로그 구조 스토리지^{LSS, Log-Structured Storage} 시스템은 SSD의 가격이 저렴해지면서 인기를 끌기 시작했다. LSM 트리와 SSD는 잘 어울리는 조합이다. SSD의 성능을 저하하는 인플레이스 업데이트로 인한 쓰기 증폭은 순차 처리와 추가 전용 쓰기 방식으로 줄일 수 있다.

여러 로그 구조 시스템을 쌓은 스택 구조에서는 쓰기 증폭과 단편화, 성능 저하와 같은 LSS로 해결하려고 했던 여러 문제가 다시 발생할 수 있다. 따라서 애플리케이션을 개발할 때는 최소한 SSD 플래시 변환 계층^{flash translation layer}과 파일시스템을 염두에 두어야 한다[YANG14].

플래시 변환 계층

SSD에서 로그 구조의 매핑 레이어가 필요한 이유는 소규모의 랜덤 쓰기를 물리적 페이지에 일괄 적용하고 SSD는 프로그램/삭제^{Program/Erase} 사이클을 기반으로 작동하기 때문이다. SSD는 이전 데이터가 삭제된^{erased} 페이지에만 새로운 데이터를 쓸 수 있다. 즉, 비어 있지 않은(삭제되지 않은) 페이지는 프로그램^{programmed, 쓰기}할 수 없다는 의미이다.

페이지는 개별로 삭제할 수 없고 여러 페이지로 구성된 블록 단위(일반적으로 64~512개 페이지)로만 삭제할 수 있다. 그림 7-13은 여러 블록으로 그룹핑된 페이지를 나타낸다. 플래시 변환 계층^{FTL}은 논리적 페이지 주소를 물리적 위치로 변환하고 페이지의 상태(사용 중, 삭제됨 또는 비어 있음)를 관리한다. 사용 가능한 페이지가 부족한 경우 FTL은 가비지 컬렉션을 수행하고 삭제된 페이지를 정리한다.

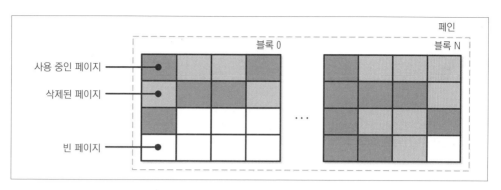

그림 7-13 여러 블록으로 그룹화된 SSD 페이지

블록 내 모든 삭제된 페이지가 항상 제거되는 것은 아니다. 블록을 삭제하기 전에 FTL은 사용 중인 페이지를 빈 페이지가 있는 다른 블록으로 옮긴다. 그림 7-14는 사용 중인 페이지를 기존 블록에서 새로운 위치로 재배치하는 과정을 나타낸다.

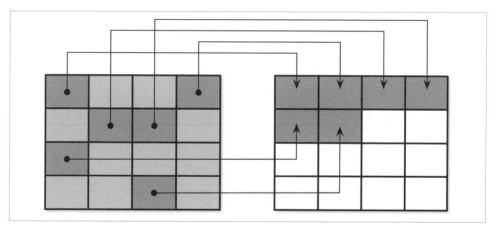

그림 7-14 가비지 컬렉션 중 페이지 재배치

모든 사용 중인 페이지가 재배치되면 블록을 안전하게 삭제할 수 있고 빈 페이지는 새로운 레코드를 쓸 수 있는 상태가 된다. FTL은 페이지 현재 상태와 상태 전환 여부 등의 모든 필요한 정보를 가지고 있고 SSD 마모 평준화wear leveling도 수행한다.

마모 평준화는 장치에 부하를 고르게 분산시켜 높은 프로그램/삭제 사이클로 인해 블록이 조기에 사용할 수 없는 상태가 되는 핫스팟을 방지한다. 플래시 메모리 셀의 프로그램/삭제 사이클 수는 제한적이기 때문에 메모리 셀을 고르게 사용하면 기기의 수명을 연장하는 데 도움이 된다.

SSD에서 로그 구조 스토리지를 사용하는 이유는 소규모 랜덤 쓰기를 일괄 처리해 I/O 비용을 낮추기 위해서다. 이로 인해 작업 수가 줄어들고 결과적으로 가비지 컬렉션 수행 횟수도 줄어든다.

파일시스템 로깅

대부분의 파일시스템은 쓰기 증폭을 줄이고자 수정 내용을 버퍼에 저장하는 데 로깅 기법을 사용하고 기반 하드웨어를 최대한 활용한다.

로그 스태킹에는 여러 가지 방법이 있다. 각 레이어는 자체적으로 로그를 관리하고 일반적으로 각 로그는 중복 작업을 방지하는 데 필요한 정보를 드러내지 않는다.

그림 7-15는 중복 로깅이 존재하고 가비지 컬렉션 패턴이 다른 상위 레벨의 로그(예를 들어 애플리케이션 로그)와 하위 레벨의 로그(예를 들어 파일시스템 로그) 사이의 매핑을 나타낸다 [YANG14]. 얼라인되지 않은 세그먼트는 상황을 더욱 악화시킨다. 상위 레벨의 로그 세그먼트를 삭제하면 단편화가 발생할 수 있고 일부 인근 세그먼트를 재배치해야 하기 때문이다.

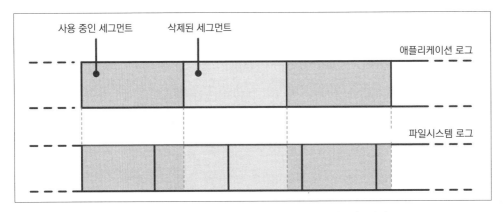

그림 7-15 얼라인되지 않은 세그먼트와 상위 레벨 로그 세그먼트 삭제

계층 간에는 LSS 관련 스케줄링(예를 들어 세그먼트 삭제 및 재배치)을 공유하지 않기 때문에 일부 하위 레벨 서브시스템이 이미 삭제되거나 곧 삭제될 데이터에 대한 불필요한 작업을 수행할 수 있다. 나아가 정해진 표준 세그먼트 크기가 없기 때문에 얼라인되지 않은 하나의 상위 레벨 세그먼트가 여러 하위 레벨 세그먼트의 공간을 차지할 수 있다. 이런 오버헤드는 줄이거나 완전히 제거할 수 있다.

순차 I/O가 로그 구조 스토리지에서 가장 중요한 부분이지만 데이터베이스 시스템에는 여러 쓰기 스트림write stream이 존재할 수 있다는 점을 유념해야 한다(예를 들어 데이터 레코드 쓰기와 로그 쓰기의 병렬 수행)[YANG14]. 하드웨어 레벨에서 인터리빙하는 순차 쓰기 스트림은 동일한 순차 패턴으로 해석되지 않을 수 있다. 블록이 쓴 순서대로 삽입되지 않을 수 있다는 의미이다. 그림 7-16은 수행 시간이 겹치는 여러 스트림이 하드웨어의 페이지 사이즈와 얼라인되지 않은 크기의 레코드를 작성하는 예를 나타낸다.

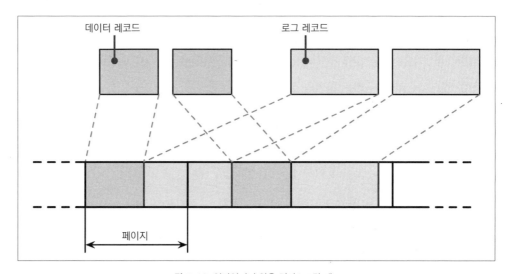

그림 7-16 얼라인되지 않은 멀티스트림 레코드

방지해야 하는 단편화가 발생하게 된다. 일부 데이터베이스 벤더는 인터리빙을 줄일 수 있도록 별도의 장치에 로그를 저장해 워크로드를 분리하고 성능과 액세스 패턴을 독립적으로 파악하는 것을 권장한다. 하지만 파티션과 하드웨어가 얼라인되고[INTEL14] 레코드도 페이지 사이즈와 얼라인되도록 하는 것이 더 중요하다[KIM12].

LLAMA와 투명한 스태킹

"믿기지 않겠지만 이 라마^{llama}는 원래 인간이었어. 심지어 강력한 카리스마가 넘치는 황제였지."

　　　　　　　　　　　　　　　　　　　– 쿠스코(Kuzco), 영화 〈쿠스코? 쿠스코!(The Emperor's New Groove)〉

앞서 'Bw-트리' 절에서 불변 B-트리의 한 종류인 Bw-트리에 대해 설명했다. Bw-트리는 무잠금, 로그 구조의 접근 방식이 투명한^{LLAMA, latch-free, log-structured, access-method aware} 스토리지 서브시스템 위에 쌓여 있는 계층이다. 이와 같은 계층 구조 덕분에 Bw-트리는 가비지 컬렉션과 페이지 관리는 투명하게 유지하면서 트리의 크기를 동적으로 변경할 수 있다. 가장 관심을 가져야 하는 부분은 소프트웨어 레이어 사이의 조정의 장점을 나타내는 투명한 접근 방식^{access-method aware}이다.

앞서 설명했듯이 논리적 Bw-트리 노드는 물리적 델타 노드를 가장 최신 노드부터 순서대로 연결하고 마지막엔 원본 노드가 있는 링크드 리스트다. 논리적 노드는 인메모리 매핑 테이블을 기반으로 디스크에 저장된 최신 내용을 가리킨다. 키와 값은 논리적 노드에 추가 또는 삭제될 수 있지만 물리적 구조는 불변의 상태를 유지한다.

로그 구조 스토리지는 변경 사항(델타 노드)을 모아서 4Mb 크기의 플러시 버퍼에 저장한다. 버퍼가 가득 차면 바로 디스크로 플러시한다. 주기적으로 가비지 컬렉션을 수행해 사용하지 않는 델타와 원본 노드의 공간을 회수하고 최신 노드를 재배치해 단편화를 제거한다.

접근 방식을 알 수 없다면 뒤섞여 들어온 여러 논리적 노드에 속한 델타 노드는 삽입 순서대로 저장될 것이다. 하지만 LLAMA는 Bw-트리의 구조를 고려해 여러 델타 노드를 연속된 물리적 위치에 저장한다. 만약 삽입 후에 삭제가 뒤이어 나오는 경우처럼 델타 노드의 두 업데이트 작업이 서로 상반된다면, 마지막 삭제 작업만 유지하듯이 노드를 논리적으로 통합한다.

LSS의 가비지 컬렉션도 논리적인 Bw-트리 노드의 내용을 통합해 처리할 수 있다. 따라서 가비지 컬렉션을 통해 공간 회수뿐만 아니라 물리적 노드의 단편화도 상당 부분 제거할 수 있다. 만약 가비지 컬렉션이 델타 노드를 연속된 공간에 다시 쓰기만 한다면 여전히 사용되는 공간의 크기는 같고 리더가 델타를 직접 원본 노드에 적용해야 하는 것도 마찬가지다. 또한 다른 상위 레벨 시스템이 노드를 통합하고 새로운 연속된 위치에 쓰더라도 LSS는 여전히 이전 버전을 정리하는 가비지 컬렉션을 수행해야 한다.

Bw-트리의 구조를 고려해 가비지 컬렉션 중에 모든 델타를 적용하고 여러 델타를 하나의 원본 노드로 다시 쓸 수 있다. 이렇게 하면 Bw-트리 노드의 크기와 삭제된 페이지의 공간을 회수하는 동안 페이지를 읽을 때 발생하는 레이턴시가 줄어든다.

신중하게 고려하면 스태킹으로 많은 이득을 볼 수 있다. 단단하게 결합된 여러 단일 레벨 구조가 항상 옳은 설계는 아니다. 적절한 API를 사용해 유용한 정보를 공유하면 효율성을 더 높일 수 있다.

오픈 채널 SSD

소프트웨어 계층 스태킹의 대안으로 간접 레이어를 건너뛰고 하드웨어에 바로 접근하는 방법이 있다. 예를 들어 오픈 채널 SSD^{Open-Channel SSD}에 맞춰 개발하면 파일시스템과 플래시 변환 계층을 사용하지 않아도 된다. 최소 두 개의 로그 계층이 줄어들기 때문에 마모 평준화와 가비지 컬렉션, 데이터 배치 및 스케줄링을 더 세밀하게 제어할 수 있다. LOCS^{LSM Tree-based KV Store on Open-Channel SSD}가 이 방식을 사용한다[ZHANG13]. 리눅스 커널에 구현된 LightNVM도 오픈 채널 SSD를 사용한다[BJØRLING17].

플래시 변환 계층은 일반적으로 데이터 배치와 가비지 컬렉션, 페이지 재배치를 담당한다. 하지만 오픈 채널 SSD는 FTL을 거치지 않고 내부 구현과 드라이브 관리, I/O 스케줄링에 접근할 수 있다. 이런 방식은 개발자 관점에서 더 많은 주의가 요구되지만 성능이 크게 향상될 수 있다. O_DIRECT 플래그를 사용해 커널 페이지 캐시를 바이패스하면 더 세밀하게 제어할 수 있지만 페이지 관리를 직접해야 한다는 단점이 있다.

하드웨어와 소프트웨어가 통합 설계된 오픈 채널 SSD 시스템인 소프트웨어 정의 플래시^{SDF, Software Defined Flash}[OUYANG14]는 SSD의 특성을 고려한 비대칭 I/O 인터페이스를 사용한다. 읽기와 쓰기 단위의 크기가 다르고 쓰기 단위 크기는 삭제 단위 크기(블록)와 같기 때문에 쓰기 증폭이 크게 줄어든다. 이와 같은 설정은 가비지 컬렉션과 페이지 재배치를 수행하는 소프트웨어 계층이 하나뿐이기 때문에 로그 기반 스토리지에 이상적이다. 나아가 SDF의 모든 채널은 별도의 블록 디바이스처럼 접근할 수 있기 때문에 개발자는 SSD의 내부 병렬화를 활용해 성능을 높일 수 있다.

간단한 API 뒤에 복잡한 구현을 숨기는 것이 좋아 보일 수 있지만 각 소프트웨어 레이어의 시맨틱이 다른 경우 더 복잡해질 수 있다. 시스템의 내부 구현을 일정 부분 노출하는 것이 시스템 통합에 도움이 될 수 있다.

요약

로그 구조 스토리지는 플래시 변환 레이어부터 파일시스템과 데이터베이스 시스템까지 다양한 계층에서 사용된다. LSS는 소규모의 랜덤 쓰기를 메모리에 일괄 적용해 쓰기 증폭을 줄인다. 나아가 삭제된 세그먼트의 공간을 회수하기 위해 주기적으로 가비지 컬렉션을 수행한다.

LSM 트리는 LSS와 일부 개념을 공유하는 자료 구조로서 인덱스를 로그 구조 방식으로 관리할 수 있다. 변경 사항을 메모리에 일괄 저장하고 디스크로 플러시한다. 삭제된 레코드는 컴팩션 중에 정리한다.

많은 소프트웨어 레이어가 LSS를 사용한다는 점을 기억하고 최적의 방법으로 계층을 스태킹해야 한다. 파일시스템 레벨을 모두 건너뛰고 하드웨어에 직접 접근하는 방법도 있다.

더 읽어보기

7장에서 이야기한 개념에 관한 더 자세한 설명은 다음 문헌을 참고하길 바란다.

「Overview(개관)」

Luo, Chen, and Michael J. Carey. 2019. "LSM-based Storage Techniques: A Survey." The VLDB Journal https://doi.org/10.1007/s00778-019-00555-y.

「LSM Trees(LSM 트리)」

O'Neil, Patrick, Edward Cheng, Dieter Gawlick, and Elizabeth O'Neil. 1996. "The log-structured merge-tree (LSM-tree)." Acta Informatica 33, no. 4: 351-385. https://doi.org/10.1007/s002360050048.

「Bitcask」

Justin Sheehy, David Smith. "Bitcask: A Log-Structured Hash Table for Fast Key/ Value Data." 2010.

「WiscKey」

Lanyue Lu, Thanumalayan Sankaranarayana Pillai, Hariharan Gopalakrishnan, Andrea C. Arpaci-Dusseau, and Remzi H. Arpaci-Dusseau. 2017. "WiscKey: Separating Keys from Values in SSD-Conscious Storage." ACM Trans. Storage 13, 1, Article 5 (March 2017), 28 pages.

「LOCS」

Peng Wang, Guangyu Sun, Song Jiang, Jian Ouyang, Shiding Lin, Chen Zhang, and Jason Cong. 2014. "An efficient design and implementation of LSM-tree based key-value store on open-channel SSD." In Proceedings of the Ninth European Conference on Computer Systems (EuroSys '14). ACM, New York, NY, USA, Article 16, 14 pages.

「LLAMA」

Justin Levandoski, David Lomet, and Sudipta Sengupta. 2013. "LLAMA: a cache/ storage subsystem for modern hardware." Proc. VLDB Endow. 6, 10 (August 2013), 877-888.

1부 요약

지금까지 1부에서는 스토리지 엔진을 설명했다. 데이터베이스 시스템의 상위 레벨 아키텍처 및 분류부터 디스크 기반 자료 구조를 구현하는 방법과 이들이 다른 컴포넌트와 어떻게 함께 전체 시스템을 구성하는지 알아봤다.

B-트리부터 포함해 여러 종류의 스토리지 자료 구조를 살펴봤다. 이들이 모든 스토리지 자료 구조를 대표하는 것은 아니며 그 외에도 많은 흥미로운 방식이 있다. 하지만 모두 1부 시작 부분에서 설명한 세 가지 속성 버퍼링과 불변성, 순서화를 이해하기에 좋은 예다. 이 세 가지 속성은 스토리지 자료 구조의 다양한 측면을 설명하고 암기, 표현하는 데 유용하다.

다음장에 있는 그림 I-1은 각 자료 구조가 어떤 속성을 갖고 있는지 보여준다.

인메모리 버퍼를 사용하면 쓰기 증폭을 줄일 수 있다. 와이어드타이거나 LA-트리와 같이 인플레이스 업데이트를 지원하는 자료 구조는 인메모리 버퍼링을 통해 같은 페이지에 대한 여러 쓰기 요청을 병합해 비용을 줄일 수 있다. 즉, 버퍼링은 쓰기 증폭을 줄이는 데 도움이 된다.

다중 컴포넌트 LSM 트리와 FD-트리와 같은 불변 자료 구조도 버퍼링으로 비슷한 효과를 볼 수 있다. 하지만 재작성된 데이터를 또 다른 불변 계층으로 옮기는 비용이 발생한다. 따라서 불변성은 쓰기 증폭을 지연시킬 수 있다. 하지만 앞서 설명한 대부분의 불변 자료 구조는 페이지 전체를 사용하기 때문에 불변성은 동시성과 공간 증폭에 영향을 미친다고 볼 수 있다.

버퍼링을 지원하지 않는 불변 자료 구조는 비트캐스크^{Ditcask}와 위스키^{WiscKey} 같은 미순차 자료 구조이다(페이지를 복사한 뒤에 정렬 후 다시 쓰는, 쓰기 시 복사형 B-트리 제외). 위스키는 정렬된 LSM 트리에 키만 저장하고 키 인덱스를 사용해 키 순서로 레코드를 검색할 수 있다. Bw-트리의 경우 일부 노드(통합된 노드)에는 레코드가 키 순서로 정렬돼 있지만 나머지 노드의 델타는 여러 다른 페이지에 위치할 수 있다.

	버퍼링	불변성	순서화
B+트리	No	Yes	Yes
와이어드타이거	Yes	Yes	Yes
LA 트리	Yes	Yes	Yes
COW B-트리	No	No	Yes
2C LSM 트리	Yes	No	Yes
MC LSM 트리	Yes	No	Yes
FD-트리	Yes	No	Yes
비트캐스크	No	No	No
위스키	Yes(1)	No	Yes(1)
Bw-트리	No	No	No(2)

그림 I-1 각 자료 구조의 버퍼링, 불변성, 순서화 여부. (1) 위스키는 키 정렬 순서를 유지하는 데만 버퍼링을 사용한다. (2) Bw-트리는 통합된 노드만 레코드가 정렬돼 있다.

위 세 가지 속성은 필요에 따라 혼합해서 구성할 수 있다. 하지만 스토리지 엔진 설계에는 보통 트레이드-오프가 존재한다. 특정 작업의 효율성을 위해 또 다른 작업의 비용을 높여야 한다.

지금까지 학습한 내용을 바탕으로 최신 데이터베이스 시스템 코드 분석을 시작할 수 있을 것이다. 코드에 대한 참조 및 시작점은 이 책에서 쉽게 찾을 수 있다. 관련 용어를 이해하면 분석하는 데 많은 도움이 될 것이다.

대부분의 최신 데이터베이스 시스템은 확률적 자료 구조를 사용한다[FLAJOLET12][CORMODE 04]. 나아가 머신 러닝을 데이터베이스 시스템에 적용하려는 연구도 진행되고 있다[KRASKA18].

바이트 단위 접근이 가능한 비휘발성 스토리지가 널리 보급되고 사용됨에 따라 데이터베이스 연구와 산업은 더 많은 변화를 겪게 될 것이다[VENKATARAMAN11].

이 책에서 설명하는 기본 개념을 이해하면 새로운 기술을 해석하고 구현하는 데 도움이 될 것이다. 새로운 연구도 모두 동일한 개념에서 시작되고 이를 바탕으로 구현되기 때문이다. 이론과 역사를 아는 것이 중요한 이유는, 완전히 새로운 것이란 없으며 기술이란 단계적으로 발전하기 때문이다.

2부

분산 시스템

> 분산 시스템이란 존재조차 몰랐던 컴퓨터가 고장 나면 당신의 컴퓨터까지 못쓰게
> 될 수 있는 시스템이다.
>
> — 레슬리 램포트(Leslie Lamport)

분산 시스템이 없다면 전화 통화를 하거나 돈을 송금하거나 장거리 간 정보를 공유할 수 없을 것이다. 우리는 매일 분산 시스템을 사용한다. 대부분 인지하지 못하지만 모든 클라이언트-서버 애플리케이션도 분산 시스템이다.

대부분의 현대 소프트웨어 시스템은 수직 스케일링(더 빠른 CPU와 RAM, 디스크를 갖춘 하드웨어에서 같은 소프트웨어를 실행해 확장하는 방법)이 불가능하다. 성능이 높을수록 가격이 높고 교체가 어려우며 특별한 유지보수가 필요하기 때문이다. 대안은 수평으로 확장하는 것이다. 네트워크를 통해 연결된 여러 기기에서 소프트웨어를 실행하고 하나의 논리적 개체로 인식한다.

분산 시스템은 매우 작은 크기부터 수백 대의 서버로 구성될 수 있으며 소형 휴대용 기기 또는 센서 장치부터 고성능 컴퓨터까지 구성 서버의 종류 또한 다를 수 있다.

데이터베이스를 단일 노드에서만 실행하던 시대는 이미 지났다. 대부분의 최신 데이터베이스는 저장 공간과 성능, 가용성을 높이기 위해 여러 노드를 클러스터로 연결한다.

일부 분산 컴퓨팅 분야의 혁신 기술은 새로운 것이 아니지만 실제 적용 사례는 비교적 최근 늘고 있다. 이 분야에 관한 관심이 높아지고 더 많은 연구와 개발이 진행되는 추세다.

기본 정의

분산 시스템에는 여러 참가자(프로세스, 노드 또는 복제 노드라고도 함)가 있다. 각 참가자별로 각 자의 상태가 있으며 참가자 사이를 연결하는 통신 링크를 통해 메시지를 교환한다.

프로세스는 클럭^{clock}을 통해 시간을 알 수 있다. 클럭은 논리적일 수도 있고 물리적일 수도 있다. 논리 클럭은 단조 증가하는 카운터를 사용해 구현한다. 물리 클럭은 벽시계$^{wall\ clock}$라고 부르기도 한다. 실제 현실 시간과 같으며 운영체제 등을 통해 프로세스 내에서 요청할 수 있다.

참가자들이 서로 떨어져 있는 분산 시스템의 구조로 인해 발생하는 본질적인 문제를 언급하지 않고선 분산 시스템을 설명할 수 없다. 원격 프로세스는 느리고 불안정할 수 있는 링크를 통해 통신하기 때문에 프로세스의 정확한 상태를 파악하는 것은 쉽지 않다.

대부분의 분산 시스템 관련 연구는 전적으로 신뢰할 수 있는 시스템은 없다는 가정에서 시작한다. 통신 채널은 메시지를 늦게 전달하거나 순서를 변경할 수 있고 전달에 실패할 수도 있다. 프로세스는 일시 중지 또는 종료되거나 속도가 느려지고 통제 불능 상태 또는 응답하지 않는 상태가 될 수 있다.

CPU는 링크와 프로세서, 통신 프로토콜로 구성된 작은 분산 시스템이기 때문에 동시성과 분산 프로그래밍 사이에는 많은 연구 주제가 겹친다. 동시성 프로그래밍과의 유사성은 '일관성 모델' 절에서 설명한다. 하지만 원격 참가자 사이의 통신 비용과 링크와 프로세스의 불안정성 때문에 대부분의 기본 개념은 다를 수밖에 없다.

분산 환경의 문제는 분산 알고리즘$^{distributed\ algorithm}$을 사용해 해결할 수 있다. 분산 알고리즘에는 로컬 및 원격 프로세스 수행과 상태에 대한 개념이 있고 네트워크가 불안정하고 컴포넌트에 장애가 발생해도 작동한다. 알고리즘은 상태와 단계$^{step\ 또는\ phase}$ 그리고 그 사이의 전환^{transition}의 관점에서 설명할 수 있다. 프로세스는 알고리즘 단계를 자신의 로컬에서 수행한다. 따라서 분산 알고리즘은 로컬 수행과 프로세스 사이의 상호작용으로 구성된다.

분산 알고리즘은 여러 독립된 노드의 개별 동작과 이들 사이의 상호작용으로 설명된다. 노드는 메시지를 교환해 서로 통신한다. 알고리즘은 참가자의 역할, 교환된 메시지, 상태, 전환, 실행 단계, 전송 매체의 속성, 타이밍 가정, 장애 모델, 프로세스 간의 상호작용 등의 여러 특성을 정의한다.

분산 알고리즘의 용도는 다양하다.

코디네이션 *Coordination*

여러 워커^{worker}의 행동과 행위를 총괄한다.

협동 *Cooperation*

작업을 완료하기 위해 여러 참가자가 서로 협동한다.

전파 *Dissemination*

프로세스는 정보를 필요로 하는 참가자에 신속하고 안정적으로 정보를 전파한다.

합의 *Consensus*

여러 프로세스 사이에 합의를 도출한다.

이 책은 알고리즘을 사용 방식의 맥락에서 설명하고 순수 학술적인 측면보다 실용적인 측면을 더 강조한다. 먼저 필요한 모든 추상화에 대한 설명으로 시작해 프로세스 간의 연결 방식을 알아보고 더 복잡한 통신 패턴을 구현하는 방법을 설명한다. 발신자는 메시지가 목적지에 도달했는지 여부를 알 수 없는 UDP부터 설명하고 마지막 장에서는 여러 프로세스가 특정 값에 합의하는 방식을 알아본다.

8장

분산 시스템 개요

분산 시스템과 단일 노드 시스템의 본질적인 차이는 무엇일까? 간단한 예제를 살펴보자. 단일 스레드 프로그램에는 여러 변수와 수행 프로세스(단계의 집합)를 정의할 수 있다.

예를 들어 다음과 같이 변수를 정의하고 간단한 산술 연산을 수행한다.

```
int x = 1;
x += 2;
x *= 2;
```

위 코드는 변수를 정의하고 2만큼 증가한 뒤에 2를 곱하면 결과가 6인 하나의 수행 순서를 나타낸다. 단일 스레드가 아닌 두 개의 스레드가 변수 x를 읽고 쓰는 상황을 생각해보자.

동시 수행

두 개의 스레드가 같은 변수를 동시에 요청했을 때 스레드 간 수행 순서를 맞추지 않는 이상 결과를 예측할 수 없다. 그림 8-1의 동시에 수행되는 작업의 결과는 총 4가지이다.[1]

---

1   곱셈을 덧셈보다 먼저 수행하는 교차 수행 시나리오는 결과가 같기 때문에 무시한다.

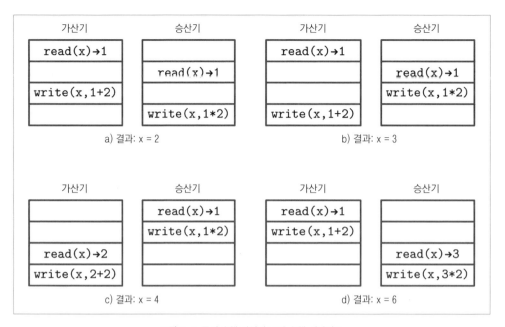

그림 8-1 동시 수행 작업의 교차 수행 시나리오

- a) x = 2, 두 스레드가 모두 초깃값을 읽고 가산기[adder]가 먼저 덧셈 결과를 쓰지만 승산기[multiplier]가 곱셈 결과로 그 값을 덮어쓴다.
- b) x =3, 두 스레드가 모두 초깃값을 읽고 승산기가 먼저 곱셈 결과를 쓰지만 가산기가 덧셈 결과로 그 값을 덮어쓴다.
- c) x = 4, 가산기가 수행되기 전에 승산기가 초깃값을 읽고 곱셈 결과를 쓴다.
- d) x = 6, 승산기가 수행되기 전에 가산기가 초깃값을 읽고 덧셈 결과를 쓴다.

단일 노드의 경계를 넘기도 전에 동시성이라는 분산 시스템의 첫 번째 문제에 직면했다. 동시성을 지원하는 프로그램은 모두 분산 시스템의 성격을 가진다. 스레드는 공유된 자원에 접근하고 개별적으로 연산을 수행한 뒤 결과를 다시 공유 변수에 쓴다.

수행 단계를 정확하게 정의하고 가능한 결과의 수를 줄이기 위해서는 일관성 모델[consistency model]이 필요하다. 일관성 모델은 동시에 수행되는 작업의 수행 순서를 정의하고 다른 참가자가 순서를 알 수 있도록 한다. 일관성 모델을 사용해 시스템의 상태의 종류를 제한하거나 완화할 수 있다.

분산 시스템과 동시 컴퓨팅 분야는 용어와 연구 주제가 중복되는 부분이 많지만 일부 차이점도 있다. 동시성을 지원하는 시스템은 공유 메모리를 통해 데이터를 공유한다. 반면 분산 시스템은 프로세서별로 상태가 다를 수 있으며 참가자는 메시지 교환을 통해 통신한다.

동시성과 병렬성

동시 컴퓨팅과 병렬 컴퓨팅이라는 용어를 구분하지 않고 사용하기도 하지만 의미가 완전히 같진 않다. 여러 단계로 구성된 두 가지 작업 시퀀스를 동시에 수행하면 둘 다 실행 중인 것처럼 보이지만 실제로는 어느 순간이든 그중 하나만 실행된다. 반면 두 시퀀스를 병렬로 수행하면 두 시퀀스의 단계가 동시에 수행될 수 있다. 동시에 수행되는 작업은 수행 시간이 겹치지만 병렬로 수행되는 작업은 여러 프로세스가 수행한다[WEIKUM01].

얼랭Erlang 언어의 창시자 조 암스트롱Joe Armstrong은 '동시 수행은 한 대의 커피 머신에 두 줄을 세우는 것과 같고 병렬 수행은 두 대의 커피 머신에 두 줄을 세우는 것과 같다'고 묘사한다. 하지만 대부분의 경우 시스템이 여러 개의 스레드를 병렬로 실행하는 것을 동시성이라고 표현한다. 병렬성이라는 용어는 거의 사용하지 않는다.

분산 시스템의 자원 공유

분산 시스템에서도 데이터베이스와 같은 데이터 저장소를 일종의 공유 메모리처럼 사용할 수 있다. 하지만 데이터베이스에 대한 동시 요청 문제를 해결한다고 해도 모든 프로세스의 동기화를 보장할 수 없다.

데이터베이스에 접근하기 위해 프로세스는 전송 매체를 통해 메시지를 주고받아 상태를 쿼리하거나 수정해야 한다. 하지만 특정 프로세스가 데이터베이스로부터 오랜 시간 동안 응답을 받지 못한다면 어떻게 될까? 이 질문에 답하려면 우선 오랜 시간에 대한 정의가 필요하다. 이를 위해 통신이 완전히 비동기적인지 또는 일부 타이밍 가정이 있는지 여부를 나타내는 동기성synchrony의 관점에서 시스템을 설명해야 한다. 타이밍 가정이 있다면 타임아웃과 재시도 기능을 사용할 수 있다.

데이터베이스가 응답하지 않을 때 그 원인이 과부하 상태이기 때문인지, 사용할 수 없기 때문인지, 아니면 느리거나 네트워크에 문제가 생겼는지 정확한 원인을 알 수 없다. 이는 시스템 장애의 특성이다. 프로세스는 다음 알고리즘 단계를 수행하지 못하거나 일시적인 장애가 발생하거나 또는 일부 메시지가 누락될 경우 중단될 수 있다. 따라서 장애를 해결할 수 있는 방법을 찾기 전에 발생할 수 있는 장애 유형을 나타내는 장애 모델failure model을 정의해야 한다.

내결함성fault tolerance은 시스템의 신뢰성과 장애 발생 시 정상적으로 작동할 수 있는지 여부를 나타내는 속성이다. 시스템 장애는 불가피하다. 따라서 우선 신뢰할 수 있는 컴포넌트로 시스템을 구성하고 단일 노드 데이터베이스와 같은 형태의 단일 장애 지점을 제거해야 한다. 백업 데이터베이스를 추가하면 시스템을 다중화redundancy할 수 있다. 하지만 다중화로 인해 여러 복사본의 동기화라는 또 다른 문제에 직면하게 된다.

지금까지 상황을 보면 단순한 시스템에 공유된 상태를 추가하는 문제에 해답보다 더 많은 의문점이 생겼다. 상태 공유는 단순히 데이터베이스 도입으로 해결되지 않는다. 독립적인 프로세스 사이의 메시지 교환 관점에서 상호작용을 더욱 더 세분화해서 설명해야 한다.

분산 컴퓨팅의 오류

이상적인 상황에서 두 대의 컴퓨터는 네트워크를 통해 문제없이 통신할 수 있다. 프로세스가 커넥션을 열고 데이터를 보낸 뒤 다시 응답을 받는 완벽한 상황이다. 하지만 작업이 항상 아무 이상 없이 성공한다는 가정은 위험하다. 이 가정을 깨는 문제가 발생하면 시스템은 예측이 어렵거나 불가능한 방식으로 작동한다.

대부분의 경우 네트워크가 신뢰할 수 있다고 가정하는 것은 합리적이다. 전혀 신뢰할 수 없다면 무용지물이다. 원격 서버에 접속을 시도했는데 '네트워크에 연결할 수 없음' 에러를 본 경험이 있을 것이다. 연결에 성공했다 하더라도 통신이 안정적이라고 가정할 수 없다. 언제든지 접속이 끊길 수 있다. 메시지가 원격 서버에 도착했지만 응답이 유실되거나 전달되기 전에 연결이 끊길 수 있다.

네트워크 스위치는 고장 날 수 있고 케이블은 끊어질 수 있으며 네트워크 설정은 언제든지 변경될 수 있다. 이 모든 시나리오를 상황에 맞게 대처할 수 있는 시스템을 구축해야 한다.

연결이 안정적이더라도 원격 서버 호출이 로컬 호출보다 빠를 수 없다. 레이턴시에 대한 가정은 최소화해야 하지만 레이턴시가 0이라고 가정해서는 안 된다. 메시지가 상대 서버에 도달하는 과정에서 여러 소프트웨어 계층과 광케이블 같은 물리적 매체를 통과한다. 이 모든 과정은 즉각적이지 않다.

마이클 루이스^{Michael Lewis}는 책 『플래시 보이스(Flash Boys)』(비즈니스북스, 2014)에서 각 기업마다 경쟁사보다 증권거래소에 먼저 접속하기 위해 레이턴시를 몇 밀리초 단축하는 데 수백만 달러를 지출하는 이야기를 다룬다. 낮은 레이턴시를 경쟁 우위 요소로 사용하는 좋은 예다. 하지만 연구[BARTLETT16]에 따르면 지연 가격 차익거래^{stale-quote arbitrage}(경쟁사보다 먼저 가격을 알고 주문해서 이익을 챙기는 행위)로 시장을 착취할 수는 없다.

재시도와 재연결을 시도하고 즉각 실행에 대한 가설을 없앴지만 여전히 충분하지 않다. 교환된 메시지의 수와 속도, 크기를 늘리거나 네트워크에 새로운 프로세스를 추가할 때 대역폭이 무한하다는 가정은 옳지 않다.

피터 도이치(Peter Deutsch)가 1994년에 분산 컴퓨팅 분야에서 간과하기 쉬운 문제를 설명하는 주장들을 모아 〈Fallacies of distributed computing(분산 컴퓨팅의 결함)〉이라는 목록을 만들어 발표했다. 이 목록에서 도이치는 네트워크 신뢰성과 레이턴시, 대역폭에 대한 가정을 비롯해 여러 문제들을 설명한다. 이를테면 네트워크 보안 관련 이슈와 적대적 네트워크의 존재 가능성, 일부 리소스의 존재 여부와 위치를 의도적 또는 비의도적으로 변경할 수 있는 토폴로지 변화, 시간과 리소스 관점에서의 전송 비용, 전체 네트워크에 대한 정보와 통제권을 가진 단일 주체의 문제점 등이다.

도이치가 지적하는 문제들은 분산 컴퓨팅의 오류를 하나하나 다루고 있지만, 결론적으로 한 프로세스에서 다른 프로세스로 메시지를 보낼 때 발생할 수 있는 문제들을 설명한다. 모두 근거 있고 일반적이며 복잡하지 않은 내용이지만, 애석하게도 분산 시스템을 설계하고 구현할 때에는 문제가 될 수 있는 여러 요소들에 대한 가정이 필요하다.

프로세싱

원격 프로세스는 전달받은 메시지에 대한 응답을 보내기 위해 로컬에서 수행해야 하는 작업이 있다. 따라서 프로세싱은 즉각적이라고 가정할 수 없다. 원격 프로세스의 로컬 프로세싱도 즉각적이지 않기 때문에 네트워크 레이턴시를 고려하는 것도 충분하지 않다.

나아가 메시지가 전달되는 즉시 프로세싱이 시작된다는 보장도 없다. 작업을 우선 원격 서버의 대기열에 등록하고 이전에 도착한 메시지가 모두 처리될 때까지 기다려야 할 수 있다.

노드는 물리적으로 위치가 가깝거나 멀 수 있으며 CPU의 종류와 RAM의 크기, 디스크 종류, 소프트웨어 버전 및 환경 설정이 다를 수 있다. 따라서 모든 노드의 요청을 처리하는 속도가 같을 것이라고 가정할 수 없다. 병렬로 작업을 수행하는 여러 원격 서버를 기다려야 한다면 전체 작업의 속도는 가장 느린 원격 서버의 속도와 같아진다.

기대와는 다르게 큐의 용량은 제한적이고 요청을 계속해서 쌓는 것은 시스템에 아무런 도움이 되지 않는다. 백프레셔^{Backpressure} 알고리즘은 프로듀서가 컨슈머가 요청을 처리할 수 있는 속도보다 더 빠른 속도로 메시지를 발행하는 경우 프로듀서의 속도를 의도적으로 늦추는 알고리즘이다. 분산 시스템에서 가장 인정받지 못하고 사용되지 않는 알고리즘으로, 보통 시스템 설계의 일부분이 아닌 임시방편으로 사용된다.

대개 큐의 용량을 늘리면 파이프라이닝과 병렬화를 돕고 요청을 효율적으로 스케줄링할 수 있을 것이라고 생각한다. 하지만 큐에서 자신의 차례를 기다리는 동안 메시지에는 아무 일도 일어나지 않는다. 따라서 큐의 용량을 늘려도 프로세싱 속도에는 아무런 영향을 미치지 않기 때문에 레이턴시가 증가할 수 있다.

일반적으로 프로세스에서 로컬 큐를 사용하는 이유는 다음과 같다.

분리^{decoupling}

    메시지 수신과 처리를 시간적으로 분리하고 독립적으로 수행한다.

파이프라이닝^{pipelining}

    서로 다른 단계에 있는 요청은 각각 독립된 서브시스템이 처리한다. 메시지를 수신하는 서브시스템은 이전 메시지가 완전히 처리될 때까지 블록하지 않아도 된다.

일시적 급증 부하 처리

> 시스템 부하는 일정하지 않고 요청을 처리하는 컴포넌트는 새로운 요청이 도착하는 시간을 알 수 없다. 전체 시스템 레이턴시는 요청이 큐에서 대기하는 시간으로 인해 늘어나게 되는데, 그렇지만 일반적으로 요청이 실패했다고 응답하고 재시도하게 만드는 것보다는 훨씬 낫다.

큐의 크기는 작업량과 애플리케이션별로 다르다. 작업량이 비교적 일정하다면 작업 처리 시간과 작업이 처리되기 전까지 큐에서 머무르는 평균 시간을 측정해서 큐의 크기를 조정한다. 처리량은 늘리고 레이턴시는 허용 가능한 범위 내로 유지해야 한다. 작업량이 일정하면 큐의 크기는 비교적으로 작다. 작업량을 예측할 수 없는 경우 대량의 작업이 동시에 요청된다면 큐의 크기를 높은 부하와 요청 수를 감당할 수 있을 정도로 조정해야 한다.

원격 서버가 요청을 빠르게 처리할 수 있지만 항상 모든 요청이 성공하는 것은 아니다. 쓰기 작업이 실패하거나 검색 결과가 없거나 버그가 발견되는 등의 이유로 오류를 반환할 수 있다. 아무리 뻔한 시나리오라도 주의 깊게 살펴야 한다.

클럭과 시간

> 시간은 환상이다. 점심시간은 두 배로 그렇다.
>
> – 포드 프리펙트(Ford Prefect), 『은하수를 여행하는 히치하이커를 위한 안내서』

두 서버의 클럭이 동기화됐다는 가정은 위험할 수 있다. 이는 특히 시계열 데이터와 실시간 데이터를 처리할 때 레이턴시는 존재하지 않는다와 프로세싱은 즉각적이다란 가정과 맞물려 또 다른 문제를 유발한다. 예를 들어 다른 참가자로부터 데이터를 수집하고 집계할 때 전달받은 타임스탬프에 의존하지 않고 참가자 사이의 시간 차이를 이해하고 알맞게 시간을 정규화해야 한다. 참가자가 정확한 시간을 제공하지 않는 이상 동기화 또는 순서화에 타임스탬프를 사용하면 안 된다. 물론 전달받은 시간을 전혀 신뢰할 수 없거나 완전히 무시해야 한다는 의미는 아니다. 결국 모든 동기 시스템의 타임아웃은 로컬 클럭에 의존한다.

프로세스 간의 시간 차이와 메시지를 전달하고 처리하는 데 소요되는 시간을 항상 고려해야한다. 예를 들어 스패너[Spanner]('분산 트랜잭션과 스패너' 절 참고)는 타임스탬프와 오차 범위를 반한하는 시간 API를 사용해 트랜잭션 순서를 엄격하게 결정한다. 일부 장애 감지[failure-detection]알고리즘은 공유된 클럭에 의존하고 클럭 차이[clock drift]가 항상 허용된 범위 내에 있다고 가정한다.

분산 시스템에서 클럭 동기화는 쉽지 않다는 사실 외에도 현재 시간은 항상 바뀐다는 점을 기억해야 한다. 운영체제에 현재 POSIX 타임스탬프를 요청하고 몇 가지 작업을 처리한 후에 다시 시간을 요청하면 앞서 요청한 시간과 같지 않다. 당연한 결과지만 시간 제공자와 타임스탬프가 의미하는 정확한 순간을 이해하는 것이 중요하다는 의미이다.

클럭이 (절대 거꾸로 갈 수 없는) 단조 클럭인지 여부와 예정된 시간 관련 작업 사이에 시간 차이가 얼마나 발생할 수 있는지 아는 것은 많은 도움이 될 수 있다.

상태 일관성

앞서 설명한 가정은 대부분 '거의 항상 거짓'에 해당된다. 하지만 일부는 '항상 참이 아니다'에 더 가깝다. 복잡하지 않게 생각해도 된다면 일부 특수한 상황은 무시하고 특정 방법으로 생각하면 모델을 단순화할 수 있다.

분산 알고리즘은 상태에 대한 일관성을 완벽하게 보장하지 않는다. 일부는 제약 조건이 엄격하지 않고 복제 노드 간의 상태 차이를 허용하며 충돌 해결[conflict resolution](시스템 내 상태 차이를 감지 및 해결하는 과정)과 읽기 중 데이터 복구 방식[read-time data repair](요청한 데이터의 값이 다른 경우 복사 노드를 즉시 동기화하는 방식)을 통해 상태 차이를 해결한다. 이 부분은 12장에서 자세히 설명한다. 모든 노드의 상태가 완벽히 일치한다는 가정은 찾기 힘든 버그를 유발할 수 있다.

결과적 일관성[eventual consistency]을 보장하는 분산 시스템에는 읽기 중에 노드 쿼럼[quorum, 정족수]을 쿼리해 복제 노드 사이의 상태 불일치를 해결하는 로직이 있을 수 있다. 하지만 데이터베이스 스키마와 클러스터의 뷰가 완전히 일치한다고 가정한다. 이 둘의 일관성을 강제하지 않고 가정에 의존하면 심각한 문제가 생길 수 있다.

일례로 아파치 카산드라의 경우 스키마 변경 사항이 각 서버로 다른 시점에 전파되는 문제로 인한 버그가 발견됐었다. 변경 사항이 완전히 전파되기 전에 데이터베이스를 읽으면 서버가 서로 다른 형식의 스키마를 인코딩 혹은 디코딩하면서 데이터베이스가 손상되는 버그다.

또 다른 예는 카산드라 링 상태 불일치^{divergent view of the ring}로 인한 버그다. 한 노드가 다른 노드에 특정 키에 대한 레코드가 있다고 가정하지만, 해당 노드의 클러스터 뷰가 다른 노드와 다른 경우 읽거나 새로 쓴 데이터가 잘못된 위치에 배치되거나 데이터는 존재하지만 빈 응답을 반환하는 버그다.

완전한 해결책을 구현하는 것이 어렵더라도 발생할 수 있는 문제에 대해 미리 생각두는 것이 좋다. 문제를 이해하면 시스템 내에 안정장치를 설치하거나 해결책에 맞도록 설계를 변경할 수 있을 것이다.

로컬 실행과 원격 실행

원격 API 뒤에 복잡한 로직을 숨기는 것은 위험할 수 있다. 익숙하지 않은 스토리지 엔진을 사용하더라도 로컬 데이터셋의 반복자가 내부적으로 어떤 방식으로 동작하는지 쉽게 추론할 수 있다. 하지만 원격 노드의 데이터셋을 순회하는 작업은 방식이 완전히 다르다. 일관성과 전달 방식, 데이터 조정, 페이징, 병합, 동시 접근 등 여러 부분에 관한 이해가 필요하다.

로컬 실행과 원격 실행 로직을 동일한 인터페이스로 구현하면 간편할 수 있지만 직관적이지 않을 수 있다. 디버깅과 설정 변경 및 모니터링을 위해 API에 변수를 추가해야 할 수 있다. 로컬 실행과 원격 실행은 완전히 다르다는 사실을 항상 명심해야 한다[WALDO96].

원격 실행을 감추기 어려운 이유는 바로 레이턴시다. 원격 실행은 로컬 실행보다 비용이 몇 배 이상 높다. 양방향 네트워크 전송과 직렬화/역직렬화 등의 여러 단계가 추가되기 때문이다. 원격 실행과 로컬 실행이 뒤섞이면 성능 저하와 부작용의 원인이 될 수 있다.

장애 처리

모든 노드가 정상적으로 작동한다고 가정하고 시스템 설계를 시작하는 것도 괜찮지만 항상 이렇게 기경히는 것은 위험하다. 쉬지 않고 사동하는 시스템에서는 노느가 점검을 위해 중단 graceful shutdown(안전 종료)되기도 하고 소프트웨어 문제, 메모리 부족 킬러 out-of-memory killer[KERRISK10], 런타임 버그, 하드웨어 문제 등으로 인해 노드에 장애가 발생하기도 한다. 프로세스는 중단될 수 있다. 따라서 장애 상황에 대비하고 어떻게 대처할 수 있을지 고민해야 한다.

원격 서버가 응답하지 않는 정확한 이유를 항상 알 수 있는 것이 아니다. 충돌, 네트워크 장애, 원격 프로세스 또는 링크의 속도 저하 등의 다양한 원인이 있을 수 있다. 일부 분산 알고리즘은 하트비트 프로토콜 heartbeat protocol과 장애 검출기 failure detector를 사용해 어떤 노드가 살아 있고 접근 가능한지 추측한다.

네트워크 파티션과 부분 장애

2개 이상의 서버가 서로 통신을 할 수 없는 상황을 네트워크 파티션이 발생했다고 한다. "Perspectives on the CAP Theorem"[GILBERT12]에서 세스 길버트 Seth Gilbert와 낸시 린치 Nancy Lynch는 두 참가자가 서로 통신할 수 없는 상황과 일부 참가자 그룹이 고립돼 서로 메시지를 교환하지 못하고 알고리즘을 수행할 수 없는 상황을 설명한다.

불안정한 네트워크(패킷 분실, 재전송, 예측할 수 없는 레이턴시 등)는 성가시기는 하지만 견디고 대처할 수 있다. 하지만 네트워크 파티션은 훨씬 더 심각한 문제다. 격리된 그룹들이 각자 작업을 수행해 결과가 충돌할 수 있기 때문이다. 비대칭 네트워크 링크가 발생할 수도 있다. 메시지가 한 프로세스에서 다른 프로세스로 성공적으로 전달되지만 반대 방향은 실패하는 경우다.

한 개 이상의 프로세스에 장애가 발생해도 정상 작동하는 견고한 robust 시스템을 구축하기 위해서는 부분적인 장애 상황에 대비해야 한다[TANENBAUM06]. 시스템 일부분에 접근할 수 없거나 기능에 문제가 생겨도 시스템은 계속해서 작동해야 한다.

장애 감지는 쉽지 않다. 장애는 시스템의 모든 부분에서 동일한 형태로 발생하지 않는다. 가용성이 높은 시스템을 설계할 때는 항상 여러 특수 상황을 고려해야 한다. 데이터를 성공적으로 복제했지만 확인 응답을 받지 못했다면 재시도할 것인가? 확인 응답을 보낸 노드의 데이터는 읽기를 허용할 것인가?

머피의 법칙Murphy's Law2에 따르면 시스템 장애는 언젠가는 발생한다. 전통적으로 프로그래밍 분야에서 장애는 가능한 최악의 방식으로 발생한다. 따라서 분산 시스템 엔지니어의 역할은 장애가 발생할 수 있는 상황을 최소화하고 피해를 감당할 수 있도록 사전에 준비하는 것이다.

모든 장애를 예방하는 것은 불가능하지만 장애가 발생해도 정상적으로 작동하는 탄력적인 시스템은 구축할 수 있다. 장애에 대처하는 가장 이상적인 방법은 테스트다. 모든 장애 시나리오를 검토하고 여러 프로세스의 동작을 예측하는 것은 불가능하다. 파티션 생성과 비트 손상 시뮬레이션[GRAY05], 레이턴시 증가, 클럭 불일치 유발, 상대적 처리 속도 증가 등을 설정할 수 있는 테스트 하네스test harness를 준비해야 한다. 상용 분산 시스템은 매우 적대적이고 불친절하며 (매우 공격적인 방식으로) 창조적일 수 있다. 따라서 테스트는 가능한 한 많은 시나리오를 포함해야 한다.

최근 몇 년 동안 다양한 장애 시나리오를 재현할 수 있는 오픈소스 프로젝트가 공개됐다. 톡시프록시(Toxiproxy)는 네트워크 문제를 재현할 수 있는 프로그램이다. 대역폭 제한, 레이턴시와 타임아웃 조절 등의 기능을 지원한다. 카오스 멍키(Chaos Monkey)는 급진적인 접근 방식을 취한다. 임의로 서비스를 중단시켜 엔지니어는 실제 장애 상황을 경험할 수 있다. 카리브드FS(CharybdeFS)는 파일시스템과 하드웨어 에러, 장애를 재현한다. 다양한 툴을 사용해 소프트웨어를 테스트하고 장애 상황에 올바르게 대처할 수 있다. 크래시멍키(CrashMonkey)는 파일시스템에 관한 정보 없이 영구 저장된 파일의 데이터와 메타데이터의 일관성을 테스트할 수 있는 레코드-리플레이-테스트(record-replay-and-test) 프레임워크다.

분산 시스템 설계 시 내결함성, 회복력, 장애 시나리오 그리고 여러 특수 상황을 모두 신중하게 고려해야 한다. 일반적으로 클러스터에는 항상 문제가 발생하기 마련이다. 하지만 "보

---

2 머피의 법칙이란 "잘못될 수 있는 일은 결국 잘못되기 마련이다"로 요약할 수 있는 현상을 나타내는 용어로 대중문화에서 자주 사용한다.

는 눈이 많다면 어떤 버그라도 쉽게 잡을 수 있다"는 말처럼 테스트를 충분히 하면 결국 모든 문제는 해결될 수 있다.

계단식 장애

장애는 분리가 불가능할 수 있다. 특정 프로세스의 사용량이 급증하면 결국 클러스터 전체의 사용량이 증가해 다른 노드에도 장애가 발생할 확률이 높아진다. 계단식 장애는 시스템의 한 부분에서 다른 부분으로 전파돼 오류의 범위를 확장한다.

계단식 장애cascading failures는 우호적인 의도에서 비롯되기도 한다. 예를 들어 잠시 동안 오프라인 상태가 된 노드는 최신 업데이트 내용을 전달받지 못한다. 다시 온라인 상태가 되면 인근 노드는 최신 상태를 공유하기 위해 전달되지 않은 데이터를 스트리밍한다. 이때 네트워크 리소스를 과다하게 사용하거나 시작 직후 노드에 장애가 발생할 수 있다.

 시스템 내에 장애가 전파되는 것을 방지하고 장애 상황에 적절하게 대응하기 위해 회로 차단기(circuit breaker)를 사용하기도 한다. 전기 공학에서 회로 차단기는 전류 흐름을 중지해 과부하와 단락으로부터 비용이 높거나 교체하기 어려운 부품을 보호한다. 소프트웨어 개발 분야에서 회로 차단기는 장애를 모니터링하고 장애가 발생한 부분을 분리시켜 해당 부분을 복구하고 장애 상황에 적절한 조치를 취하도록 시간을 줘 시스템을 보호할 수 있는 메커니즘을 제공한다.

특정 서버와의 연결이 끊어지거나 서버가 응답하지 않는 경우 클라이언트는 계속해서 재연결을 시도한다. 이때 과부하에 걸린 서버는 새로운 접속 요청을 처리하는데 바쁘기 때문에 클라이언트의 지속적인 재연결 시도는 상황을 악화시킨다. 이와 같은 상황을 방지하기 위해 클라이언트가 바로 재시도하지 않고 잠시 대기하는 백오프backoff 전략을 사용한다. 이 전략은 재시도를 스케줄링하고 요청 사이의 시간을 늘려 증폭 문제를 해결한다.

백오프 전략은 클라이언트의 요청 사이의 시간을 지연시킨다. 하지만 여러 클라이언트가 동일한 백오프 전략을 사용할 경우 상당한 부하가 발생할 수 있다. 여러 클라이언트가 백오프 기간이 지나고 동시에 재시도하는 상황을 방지하기 위해 지터jitter를 사용한다. 지터는 백오프 기간에 임의의 짧은 시간을 추가해 여러 클라이언트가 동시에 재시도하는 확률을 줄인다.

하드웨어 장애와 비트 손상, 소프트웨어 에러로 인해 손상된 데이터가 일반적인 전송 메커니즘을 통해 전파될 수 있다. 예를 들어 레코드의 유효성을 검증하지 않을 경우 손상된 데이터가 다른 노드로 복제될 수 있다. 따라서 유효성 검증 메커니즘이 없다면 시스템은 손상된 데이터를 다른 노드로 전파해 정상적인 데이터 레코드를 덮어쓸 수 있다. 이와 같은 문제는 체크섬checksum과 유효성 검증을 통해 노드 사이에 교환되는 데이터의 무결성을 확인해야 한다.

부하와 핫스팟hotspot은 작업을 미리 계획하고 조정함으로써 방지할 수 있다. 각 노드가 독립적으로 작업을 수행하지 않고 코디네이터가 가용 리소스를 기반으로 실행 계획을 준비하고 과거 실행 데이터를 기반으로 부하를 예측해야 한다.

아울러 시스템의 한 부분에서 발생한 장애가 다른 부분에서 문제를 일으킬 수 있는 경우를 반드시 고려해야 한다. 회로 차단기와 백오프 전략, 유효성 검증 및 조정 메커니즘을 시스템에 구현해야 한다. 분리된 작은 문제를 처리하는 것이 대규모 장애를 복구하는 것보다 훨씬 더 간단하다.

지금까지 장황하게 설명한 분산 시스템의 문제와 잠재적 장애 시나리오는 협박이 아닌 강력한 경고로 생각해야 한다.

어떤 문제가 생길 수 있는지 예상하고 세심하게 설계하고 테스트하면 더욱 견고하고 탄력적인 시스템을 만들 수 있다. 문제를 미리 알고 있으면 개발 단계에서 문제의 원인이 될 수 있는 부분을 미리 찾을 수 있으며 실제 서비스 단계에서 문제를 디버깅하는 데 큰 도움이 될 것이다.

분산 시스템 추상화

일반적으로 프로그래밍 언어에 대해 설명할 때 공통 용어를 사용하고 프로그램을 함수와 연산자, 클래스, 변수, 포인터의 관점에서 정의한다.

공통 용어를 사용하면 개념을 설명할 때마다 새로운 단어를 만들지 않아도 된다. 개념에 대한 정의가 더 정확하고 확실할수록 듣는 사람도 쉽게 이해할 수 있다.

알고리즘을 설명하기 전에 먼저 강연과 책, 논문에서 자주 쓰는 분산 시스템 관련 용어부터 살펴보자.

링크

네트워크는 신뢰성이 낮다. 메시지는 분실 또는 전송이 지연될 수 있고 순서가 바뀔 수 있다. 이런 점을 감안해서 여러 통신 프로토콜을 설계해보자. 가장 신뢰성이 낮고 견고한 프로토콜부터 시작해 프로토콜의 가능한 모든 상태를 파악하고 신뢰성을 높이기 위해 어떻게 개선할 수 있을지 알아보겠다.

손실될 수 있는 링크

링크로 연결된 두 개의 프로세스가 있다. 그림 8-2와 같이 프로세스는 서로 메시지를 교환할 수 있다. 하지만 모든 통신 매체는 불완전하기 때문에 메시지는 분실되거나 전송이 지연될 수 있다.

무엇이 보장되는지 살펴보자. 송신자의 관점에서 전송된 메시지 M의 상태는 다음 중 하나일 수 있다.

- 아직 프로세스 B에 전달되지 않음(하지만 결과적으로 전달됨)
- 전송 중에 손실돼 복구가 불가능함
- 원격 프로세스에 성공적으로 전달됨

그림 8-2 가장 간단하고 신뢰성이 낮은 형태의 통신 방법

이 방식에서 송신자는 메시지의 전달 여부를 확인할 수 없다. 분산 시스템의 용어로 이와 같은 링크를 손실 허용 링크라고 부른다. 이 링크는 다음과 같은 속성이 있다.

손실 허용성

송신자와 수신자가 정확하다면 송신자가 무한정 재전송한 메시지는 결과적으로 전달된다.[3]

유한 중복성

메시지는 무한히 중복 전달되지 않는다.

생성 불가성

링크는 메시지를 생성하지 않는다. 즉, 전송되지 않은 메시지가 전달될 수 없다.

손실 허용 링크는 유용한 추상화이며 보장성이 높은 통신 프로토콜의 중요한 구성 요소다. 이 링크에서 메시지는 시스템적으로 손실될 수 없고 새로운 메시지가 생성되지 않는다. 하지만 동시에 완전히 신뢰할 수 없다. 프로세스 간 메시지를 교환할 수 있지만 프로토콜 레벨에서 메시지의 전달 여부는 알 수 없는 사용자 데이터그램 프로토콜[UDP, User Datagram Protocol]과 유사하다.

메시지 확인 응답

이와 같은 상황을 개선하고 메시지의 상태를 정확히 판단하기 위해 수신자가 메시지를 수신했음을 알리는 메시지 확인 응답[acknowledgement]을 사용할 수 있다. 그러려면 양방향 통신 채널과 메시지를 구별할 수 있는 어떤 수단이 필요하다. 예를 들어 시퀀스 번호와 같은 단조적으로 증가하는 메시지 식별자가 있으면 된다.

모든 메시지마다 고유 식별자를 설정해도 된다. 시퀀스 번호는 카운터를 사용해 고유성을 보장하는 고유 식별자의 종류 중 하나일 뿐이다. 단, 해시 알고리즘을 사용해 식별자를 생성할 경우 해시 충돌이 발생해도 메시지를 구별할 수 있어야 한다.

n이 단조 증가하는 메시지 카운터를 나타낼 때 프로세스 A는 메시지 M(n)을 전송한다. 메시지를 받은 B는 확인 응답 ACK(n)를 A에 보낸다. 그림 8-3은 이러한 통신 과정을 나타낸다.

3　정상적인 프로세스 A가 정상적인 프로세스 B에 메시지를 무한정 반복 전송하면 B는 메시지를 무한정 반복해서 전달받는다는 의미이다([CACHIN11]).

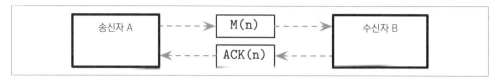

그림 8-3 메시지 확인 응답

확인 응답도 원본 메시지와 마찬가지로 전송 중에 손실될 수 있다. 따라서 메시지의 상태가 추가된다. A가 확인 응답을 받기 전까지 메시지는 앞서 설명한 세 개의 상태 중 하나일 수 있다. 확인 응답을 받는 즉시 메시지는 B에 성공적으로 전달됐다고 확신할 수 있다.

메시지 재전송

확인 응답을 추가하는 것만으로 통신 프로토콜을 완전히 신뢰할 수는 없다. 메시지가 전송 중에 누락될 수도 있고 확인 응답을 보내기 전에 원격 프로세스에 장애가 발생할 수도 있다. 이와 같은 문제를 해결하고 전달을 보장하기 위해 메시지를 재전송할 수 있다. 재전송이란 송신자가 잠재적으로 실패한 작업을 재시도하는 행위다. 앞으로 설명할 다른 종류의 링크는 확인 응답을 보내지 않기 때문에 송신자는 전송 성공 및 실패 여부를 정확히 알 수 없다. 따라서 잠재적으로 실패했다고 가정한다.

메시지 M을 전송한 프로세스 A는 대기하다가 타임아웃 T가 발동되면 같은 메시지를 재전송한다. 프로세스 사이의 링크가 온전하고 프로세스 사이의 네트워크 파티션이 무한히 지속되지 않으며 모든 패킷이 손실된 것이 아니라고 가정하면 송신자의 관점에서 메시지는 B에 성공적으로 전달되거나 아직 전달되지 않은 상태다. A는 계속해서 메시지를 재전송하기 때문에 메시지는 전송 중에 손실돼 복구 불가능한 상태가 될 수 없다고 확신할 수 있다.

분산 시스템의 용어로 이 추상화를 스터번^{stubborn} 링크라고 부른다. 송신자는 메시지가 성공적으로 전달될 때까지 계속해서 재시도하기 때문에 '고집이 세다'고 묘사한다. 하지만 이 방식은 매우 비효율적이기 때문에 확인 응답과 재시도를 같이 활용할 수 있는 방법이 필요하다.

재전송 문제

메시지를 전송하고 확인 응답을 받기 전까지 메시지가 성공적으로 처리됐는지, 처리될 예정

인지, 전송 중 손실됐는지 또는 메시지를 받기 전에 원격 프로세스에 장애가 발생했는지 전혀 알 수 없다. 연산을 재수행하고 메시지를 재전송할 수 있지만 불필요한 중복이 발생할 수 있다. 멱등^{idempotent} 연산일 경우에만 중복 메시지를 안전하게 처리할 수 있다.

멱등 연산은 여러 차례 수행해도 부작용이 없고 결과가 동일한 연산이다. 예를 들어 서버 종료 작업은 멱등적이다. 첫 번째 호출이 셧다운을 시작하고 이후의 호출은 아무런 효과가 없다.

만약 모든 연산이 멱등적이라면 메시지 전달에 대해 복잡하게 생각하지 않아도 된다. 내결함성은 재전송으로 해결할 수 있고 신호에 대한 응답으로 특정 작업을 트리거하는 부작용이 없는 반응형 시스템을 구축할 수 있다. 하지만 모든 연산이 멱등적인 것은 아니며 모두 멱등적이라는 가정은 클러스터 전체에 부작용을 초래할 수 있다. 예를 들어 신용카드 결제는 멱등적이지 않다. 중복 결제는 반드시 방지해야 한다.

멱등성은 부분적 장애와 네트워크 파티션이 발생할 수 있는 환경에서 특히 더 중요하다. 원격 작업의 정확한 상태(성공, 실패 또는 곧 실행될 예정)를 항상 알 수 있지 않고 더 오래 기다리는 방법밖에 없기 때문이다. 모든 작업이 멱등적이라는 가정은 비현실적이다. 따라서 작업의 의미를 바꾸지 않고 멱등성에 준하는 결과를 보장하는 방법이 필요하다. 이를 위해 중복 제거 기능^{deduplication}을 사용하면 메시지를 중복 처리하는 것을 방지할 수 있다.

메시지 순서

신뢰성이 낮은 네트워크에는 두 가지 문제가 있다. 메시지가 전송 순서대로 도착하지 않을 수 있고 재전송으로 인해 같은 메시지가 여러 번 전송될 수 있다. 앞서 설명한 시퀀스 번호를 사용해 수신자는 선입선출 방식의 순서를 유지할 수 있다. 모든 메시지에는 시퀀스 번호가 있기 때문에 수신자는 다음 정보를 알 수 있다.

- $n_{consecutive}$: 수신한 메시지의 가장 높은 시퀀스 번호. 이 번호까지의 메시지는 다시 실제 순서대로 정렬할 수 있다.
- $n_{processed}$: 실제 순서대로 정렬하고 처리한 메시지의 가장 높은 시퀀스 번호. 중복 제거 용도로 사용된다.

메시지의 시퀀스 번호가 비연속적인 경우 수신자는 해당 메시지를 재정렬 버퍼에 저장한다. 예를 들어 시퀀스 번호가 3인 메시지 다음에 시퀀스 번호가 5인 메시지를 수신한 경우 아직 4를 받지 못했기 때문에 4가 도착할 때까지 5를 버퍼에 저장하면 실제 순서를 재구성할 수 있다. 손실 허용 링크 기반의 통신이기 때문에 $n_{consecutive}$와 n_{max_seen} 사이의 메시지는 결국 전달될 것이라고 가정할 수 있다.

수신자는 시퀀스 번호 $n_{consecutive}$까지의 메시지는 확실히 전달됐기 때문에 안전하게 삭제할 수 있다.

중복 제거 작업은 시퀀스 번호 n의 처리 여부를 확인하고 이미 처리된 메시지는 삭제한다.

분산 시스템에서 이와 같은 링크를 퍼펙트perfect 링크라고 부르며 다음 속성을 보장한다 [CACHIN11].

전송 신뢰성

정상적인 프로세스 A와 B 사이에 한 번 전송된 모든 메시지는 결국 전달된다.

전송 비중복성

메시지는 한 번만 전달된다.

생성 불가성

다른 종류의 링크와 마찬가지로 오직 실제로 전송된 메시지만 전달될 수 있다.

TCP[4]와 유사해 보일 수 있지만(TCP의 신뢰적 전송은 단일 세션에서만 유효하다) 설명을 위해 모델을 단순화한 것이다. TCP는 프로토콜 레벨의 오버헤드를 줄이기 위해 확인 응답을 그룹화하는 등의 더 복잡한 확인 응답 처리 메커니즘을 사용한다. 나아가 TCP는 선택적 확인 응답과 흐름 및 혼잡congestion 제어, 에러 감지 등 이 책에서 다루지 않는 다양한 메커니즘을 사용한다.

---

4   https://databass.dev/links/53 참고

정확히 한 번 전달

> 분산 시스템에는 두 가지 난제가 있다. 2. 정확히 한 번만 전달 1. 메시지의 순서 보장 2. 정확히 한 번만 전달
>
> – 마티아스 베레이스(Mathias Verraes)

정확히 한 번만 전달exactly-once delivery하는 것이 가능한지 아닌지에 관한 많은 논의가 있다. 링크 장애로 인해 처음부터 메시지가 전달되지 않을 수 있기 때문에 대부분의 시스템은 확인 응답을 받을 때까지 재시도하고 결국 응답을 받지 못하면 실패로 간주하는 최소 한 번 전달at-least-once delivery 방식을 사용한다. 반면 최대 한 번 전달at-most-once delivery 방식은 메시지를 전송한 뒤 전달 여부는 신경 쓰지 않는다.

TCP는 메시지를 여러 패킷으로 나누고 개별로 전송한다. 수신자는 전달받은 패킷을 조합해 메시지를 재구성한다. TCP는 일부 패킷을 재전송할 수 있고 같은 패킷의 전송 시도가 여러 차례 성공할 수 있다. TCP의 각 패킷에는 시퀀스 번호가 있기 때문에 중복 패킷을 제거할 수 있고 수신자는 같은 메시지를 한 번만 처리하게 된다. 하지만 오직 단일 세션에서만 유효한 속성이다. 수신자는 메시지를 확인 및 처리했지만 송신자가 확인 응답을 받기 전에 연결이 끊어지면 애플리케이션은 전달 여부를 알 수 없고 내부 로직에 따라 메시지를 재전송할 수 있다.

중복 전달(또는 패킷 재전송)은 부작용이 없고 전송을 위한 최선의 노력이기 때문에 정확히 한 번 처리된다는 부분이 중요하다. 예를 들어 데이터베이스 노드가 레코드를 전달받기만 하고 저장하지 않는다면 전달은 성공했지만 레코드를 조회할 수 없기 때문에 전혀 쓸모가 없다 (즉, 전달과 처리가 모두 완료돼야 한다).

정확히 한 번exactly-once 속성을 보장하기 위해서는 모든 노드가 공통 정보를 공유해야 한다 [HALPERN90]. 어떤 정보에 대해 모든 참가자가 알고 있고 서로 같은 내용을 알고 있다는 사실도 알아야 한다. 쉽게 말해 모든 노드는 레코드의 상태에 대해 동의해야 한다. 레코드의 유지 여부는 모든 노드의 동의가 필요하다. 나중에 설명하겠지만 이는 이론적으로 불가능하다. 따라서 일부 조정 조건을 완화해 이 조건을 보장한다.

정확히 한 번 전달이 가능한가에 대한 잘못된 이해는 대부분 문제에 접근하는 프로토콜과 추

상화 레벨, 전달의 의미가 다르기 때문이다. 모든 메시지를 한 번만 전송하는 신뢰할 수 있는 링크란 존재하지 않는다. 하지만 모든 메시지를 한 번만 처리하고 중복된 메시지는 무시하며 송신자의 관점에서 정확히 한 번 전달된 것과 같이 보이게 할 수 있다

이제 신뢰할 수 있는 통신 채널을 구현하는 방법을 이해했다면 분산 시스템의 프로세스 사이의 일관성과 일치성^{agreement}을 보장할 수 있는 방법을 알아보자.

두 장군 문제

분산 시스템의 맥락에서 합의의 의미를 가장 잘 나타내는 설명은 '두 장군 문제$^{Two\ Generals'}$ ^{Problem}'로 널리 알려진 사고 실험이다.

이 사고 실험은 비동기 통신 중 링크에 장애가 발생했을 때 참가자 간의 합의 달성이 불가능하다는 것을 증명한다. TCP는 퍼펙트 링크와 유사하지만 이름과 달리 퍼펙트 링크는 완벽한 전달을 보장하지 않는다. 나아가 모든 참가자가 항상 접근 가능한 상태가 아닐 수 있으며 퍼펙트 링크는 오직 통신 방식만을 설명한다.

두 명의 장군이 이끄는 두 개의 군대가 요새 도시를 공격할 준비를 하고 있다고 상상해보자. 군대는 도시의 양쪽에서 동시에 공격해야만 성공적으로 도시를 포위할 수 있다.

두 장군은 전령을 통해 의사소통을 하고 사전에 합의된 공격 계획이 있다. 계획의 실행 여부만 결정하면 된다. 두 장군 중 한 명의 계급이 더 높아 협조가 어렵거나 두 군대가 정확히 같은 시간에 공격을 개시해야 한다는 조건이 더 붙을 수 있다. 하지만 두 장군은 합의를 이뤄야 한다는 기본 문제는 변하지 않는다.

두 장군은 계획대로 공격하겠다고 동의만 하면 된다. 동의하지 않으면 공격은 실패한다. 장군 A는 B가 동의한다면 지정된 시간에 공격을 진행하겠다는 의사를 담은 메시지 MSG(N)을 전령을 통해 보낸다.

전령을 보낸 A는 메시지가 제대로 전달됐는지 알 수 없다. 메신저는 이동 중 포획돼 메시지를 전달하지 못할 수 있다. 메시지를 전달받은 장군 B는 응답 메시지 ACK(MSG(N))을 다시 보내야 한다. 그림 8-4는 단방향으로 메시지를 전송하고 상대방은 이를 확인하는 과정을 나타

낸다.

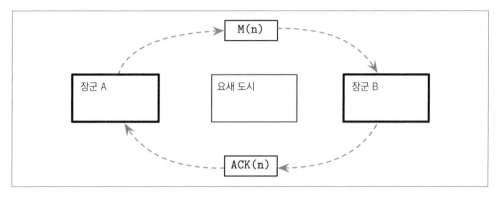

그림 8-4 두 장군 문제

확인 응답을 전달하는 전령도 마찬가지로 포획되거나 응답을 전달하지 못할 수 있다. 따라서 B도 확인 응답이 제대로 전달됐는지 알 수 없다.

전달 여부를 확실하게 알기 위해서는 A는 확인 응답을 전달받았다는 것을 의미하는 2차 확인 응답 ACK(ACK(MSG(N)))를 보내야 한다.

장군들이 서로 수차례 확인 응답을 보낸다고 해도 언제나 한 개의 ACK 차이로 공격을 진행할 수 없다. 장군들은 마지막 확인 메시지가 목적지에 도착했는지 알 수 없다.

이 문제에는 어떤 타이밍 관련 가정이 없다. 두 장군 사이의 통신은 완전히 비동기적이다. 장군이 응답하는 데 할애할 수 있는 시간을 제한하지 않는다.

FLP 불가능성 이론

피셔Fisher, 린치Lynch, 패터슨Paterson이 공동 저술한 논문은 유명한 'FLP 불가능성 이론FLP Impossibility'을 설명한다(저자들의 성의 첫 자를 조합한 단어)[FISCHER85]. 이 이론은 초깃값을 가진 여러 프로세스가 새로운 값에 대해 합의하는 과정을 설명한다. 알고리즘이 완료된 후 모든 정상 프로세스의 최신 값은 같아야 한다.

신뢰할 수 있는 네트워크 환경에서 특정 값에 대한 합의는 간단하다. 하지만 실제로 시스템에는 메시지 분실, 중복 전송, 네트워크 파티션, 프로세스 속도 저하 또는 충돌 등의 다양한 형태의 장애가 발생한다.

힙의 프로도골은 프로세스의 상태를 초기 상태 $^{initial\ state}$에서 모두 합의된 상태 $^{decision\ state}$로 전환한다. 정상적인 합의 프로토콜에는 다음 세 가지 속성이 있다.

일치성 *Agreement*

프로토콜의 결과는 모두가 동의해야 한다. 각 프로세스는 특정 값을 선택하고 모든 프로세스의 값은 일치해야 한다. 일치하지 않으면 합의는 실패한다.

유효성 *Validity*

결정된 값은 특정 프로세스가 제안한 값이다. 시스템이 임의의 값을 만들어 낼 수 없다는 의미다. 이는 값은 자명하지 않다는 것을 의미하기도 한다. 프로세스는 미리 정의된 같은 기본값을 선택하지 않아야 한다.

유한성 *Termination*

합의는 오직 모든 프로세스가 확정된 상태가 됐을 때 유효하다.

[FISCHER85]는 프로세싱은 완전히 비동기적이라고 가정한다. 프로세스 간 공유된 시간의 개념이 없다는 의미다. 이런 환경에서 실행되는 알고리즘은 타임아웃을 사용할 수 없다. 프로세스에 장애가 발생했는지 또는 단순히 응답 속도가 느린 것인지 알 수 없기 때문이다. 이 논문은 한정된 시간 내에 합의가 반드시 이뤄지는 프로토콜은 존재하지 않는다고 주장한다. 단하나의 프로세스라도 예고 없이 충돌하는 것을 용인하는 완전히 비동기적 합의 알고리즘은 존재하지 않는다.

프로세스가 알고리즘을 수행하는 시간을 제한하지 않으면 프로세스 장애를 정확히 감지할수 없기 때문에 합의에 도달할 수 있는 결정론적 알고리즘이 존재할 수 없다.

하지만 FLP 불가능성 이론은 합의가 불가능하기 때문에 포기해야 한다는 주장이 아니다. 비동기 시스템은 항상 일정 시간 내에 합의에 도달할 수 없다고 주장한다. 실제로 시스템에는 어느 정도의 동기성이 필요하다. 이 문제를 해결하려면 더욱 정교한 모델이 필요하다.

시스템 동기성

앞서 FLP 불가능성 이론에서 보았듯이 타이밍 관련 가정은 분산 시스템에서 매우 중요하다. 비동기 시스템에서 모든 프로세스의 처리 속도는 알 수 없고 항상 한정된 시간 내에 메시지를 전달하거나 전달 순서를 보장할 수 없다. 프로세스가 응답하는 데 긴 시간이 소요될 수 있고 프로세스 장애도 항상 정확하게 감지할 수 없다.

하지만 이런 가정은 비현실적이다. 일반적으로 프로세스 사이의 처리 속도 차이는 크지 않으며 링크를 통해 메시지를 전달하는 데 시간이 무한정 오래 걸리진 않는다. 시간에 의존하면 문제 파악이 간단해지고 보장할 타이밍을 제한할 수 있다.

일부 비동기 모델의 합의 문제는 해결이 어려울 수 있다[FISCHER85]. 나아가 효율적인 비동기 알고리즘 설계는 쉽지 않고 일부 문제의 가장 실용적인 해결 방안은 시간에 의존할 가능성이 높다[ARJOMANDI83].

일부 제약 사항을 완화하고 동기 시스템이라고 가정할 수 있다. 이를 위해 타이밍 개념이 필요하다. 동기 모델 기반의 시스템이 더 파악하기가 쉽다. 각 프로세스의 처리 속도는 비슷하고 전송 지연 시간은 제한되며 메시지 전송은 무한대로 오래 걸릴 수 없다고 가정한다.

동기 시스템은 프로세스별로 동기화된 클럭이 있다고 생각할 수 있다. 프로세스 사이의 시차는 상한선이 있다[CACHIN11].

동기 모델 기반의 시스템에서는 타임아웃을 사용할 수 있다. 따라서 리더 선출과 합의, 장애 감지와 같은 더 복잡한 추상화를 구현할 수 있다. 최선의 상황은 더욱 견고해지지만 타이밍 조건이 충족되지 않으면 장애가 발생한다. 예를 들어 래프트raft 합의 알고리즘('Raft' 절 참고)의 경우 여러 프로세스가 서로 리더라고 생각하는 상황이 발생할 수 있다. 이 경우 일부 프로세스의 속도를 의도적으로 늦춰 특정 프로세스를 리더로 만들 수 있다. 또 다른 예로 장애 감지 알고리즘(9장 참고)은 정상적인 프로세스를 장애가 발생했다고 잘못 판단하거나 그 반대로 오인할 수 있다. 시스템을 설계할 때 이와 같은 상황을 반드시 고려해야 한다.

동기 모델과 비동기 모델의 속성을 합친 모델을 부분 동기partial synchronous 모델이라고 한다. 부분 동기 시스템은 동기 시스템의 일부 속성을 내재하지만 메시지 전달 시간과 클럭 차이, 상대적 처리 속도의 범위는 다를 수 있다.

동기성은 분산 시스템에서 매우 중요한 속성이다. 성능과 확장성, 문제 해결 가능성 그리고 시스템이 정상적으로 작동하는 데 필요한 여러 부분에 영향을 미친다. 이 책에서 설명하는 일부 알고리즘은 동기 시스템 환경에서만 작동한다.

장애 모델

지금까지 장애라는 용어를 광범위하고 일반적인 개념으로 사용했다. 여러 타이밍 관련 가정이 있듯이 장애도 여러 종류가 있다. 장애 모델이란 분산 시스템의 프로세스에 발생할 수 있는 장애를 정의한 모델이며 이 모델을 기반으로 알고리즘을 설계한다. 예를 들어 장애가 발생한 프로세스는 복구 불가능한 상태가 되거나 복구되는 데 시간이 필요할 수 있다. 또는 제어 불능 상태에 빠져 잘못된 값을 반환할 수 있다.

분산 시스템은 여러 프로세스가 협조해 알고리즘을 수행한다. 따라서 장애가 발생하면 시스템 전체에 걸쳐 알고리즘이 잘못 수행될 수 있다.

충돌crash과 누락omission 그리고 임의의 장애 등의 분산 시스템의 장애 모델을 알아보자. 모든 종류의 장애를 포함하지 않지만 실제 시스템에서 발생하는 중요한 모델이다.

충돌

일반적으로 프로세스는 알고리즘의 모든 단계를 정상적으로 수행한다. 가장 단순한 프로세스 충돌은 프로세스가 알고리즘 수행을 중단하고 다른 프로세스에 더 이상 메시지를 보내지 않는 경우다. 이런 상황을 프로세스가 충돌했다고 표현한다. 대부분의 경우, 충돌한 프로세스는 충돌 상태를 유지한다고 규정하는 충돌-정지(crash-stop) 모델을 기본 모델로 정의한다.

이 모델은 프로세스는 복구될 수 없다는 것을 의미하지 않으며 복구를 시도하지 않거나 막지 않는다. 알고리즘은 복구를 통해 정확성correctness과 라이브니스liveness를 보장하지 않음을 의미한다. 복구된 프로세스는 시스템 상태와 동기화하고 다음 알고리즘 수행에 참여한다.

프로세스는 장애가 지속되는 동안에는 합의 과정에 참여할 수 없다. 복구된 프로세스를 새로운 프로세스로 할당해도 충돌-정지 모델은 충돌-복구 crash-recovery 모델과 동일하지 않다. 대부분의 알고리즘은 미리 정의된 프로세스 목록을 사용하고 허용할 수 있는 장애 프로세스의 수의 관점에서 장애를 정의하기 때문이다[CACHINE11].

충돌-복구 모델은 또 다른 프로세스 추상화다. 알고리즘 수행 중 중단된 프로세스는 복구 시 남은 단계를 계속해서 수행한다. 프로세스를 복구하려면 상태의 개념과 복구 프로토콜이 필요하다[SKEEN83]. 충돌-복구 모델 기반의 알고리즘은 모든 가능한 복구 상태를 고려해야 한다. 복구된 프로세스는 중단되기 전에 마지막으로 실행한 단계부터 재시도할 수 있기 때문이다.

복구에 의존하는 알고리즘은 프로세스의 존재와 상태를 반드시 고려해야 한다. 프로세스의 관점에서 연결이 끊어졌던 프로세스와 장애 발생 후 복구된 프로세스를 구분할 수 없기 때문에 충돌-복구 모델은 일종의 누락 장애 omission failure 모델로 볼 수 있다.

누락

누락은 또 하나의 장애 모델이다. 이 모델은 프로세스가 알고리즘의 단계 중 일부를 건너뛰거나 수행할 수 없는 상태이거나, 다른 참가자가 실행 여부를 알 수 없거나 참가자가 서로 메시지를 교환할 수 없는 상태를 설명한다. 네트워크 링크 및 스위치 고장, 네트워크 정체 등으로 인한 네트워크 파티션이 누락의 원인이다. 네트워크 파티션은 개별 프로세스 또는 프로세스 그룹 간의 메시지 누락으로 표현할 수 있다. 프로세스 사이에 교환되는 모든 메시지를 완전히 무시해 재현할 수 있다.

다른 프로세스보다 처리 속도가 늦은 프로세스가 예상보다 훨씬 늦게 응답하는 경우 다른 프로세스 관점에서 해당 메시지는 잊혀진 것처럼 보일 수 있다. 속도가 느린 프로세스는 작업을 완전히 중지하는 대신 결과를 다른 프로세스와 동기화되지 않은 상태로 보내려고 시도한다.

누락은 알고리즘의 일부 단계를 건너뛰거나 수행 결과를 확인할 수 없을 때 발생한다. 예를 들어 메시지를 보내는 도중에 메시지가 손실돼 복구될 수 없지만 송신자는 메시지가 정상적으로 전달됐다고 착각해 메시지를 재전송하지 않고 계속해서 다음 작업을 수행할 수 있다. 누락은 간헐적 연결 끊김과 네트워크 과부하, 큐 공간 부족 등으로 인해 발생할 수도 있다.

임의의 장애

임의의 장애 또는 비잔티움 장애는 가장 해결하기 어렵다. 프로세스가 알고리즘의 의도와 모순되는 방식으로 알고리즘을 수행하는 상황을 나타낸다(예를 들어 합의 알고리즘의 특정 프로세스가 어떤 프로세스도 제안하지 않은 값에 대해 결정하는 경우).

이런 장애는 소프트웨어 버그 또는 알고리즘의 버전 차이로 인해 발생할 수 있다. 이 경우 장애 감지와 원인 파악이 상대적으로 쉽다. 하지만 모든 프로세스를 직접 제어할 수 없거나 특정 프로세스가 다른 프로세스를 악의적으로 제어하는 경우엔 매우 어려워질 수 있다.

비잔티움 장애 허용$^{Byzantine\ fault\ tolerance}$은 항공업계에서 자주 사용하는 개념이다. 항공기와 우주선 제어 시스템은 서브 컴포넌트의 응답을 곧이곧대로 신뢰하지 않고 다른 응답과 교차 검증한다. 또 다른 예로 탈중앙화 기술인 암호화폐^{cryptocurrency}는 여러 다른 참가자가 노드를 제어한다. 악의적인 사용자는 값을 위조해 물리적 대가를 얻을 수 있기 때문에 위조한 응답으로 시스템을 갈취한다[GILAD17].

장애 처리

프로세스를 여러 그룹으로 나눠 다중화하면 장애 발생 사실을 숨길 수 있다. 특정 노드에 장애가 발생해도 사용자는 이 사실을 인지하지 못한다[CHRISTIAN91].

장애는 성능 저하의 요인이 될 수 있다. 정상적인 작업은 여러 프로세스가 반응하지만 에러처리 및 수정은 상대적으로 수행이 느리다. 대부분의 장애는 소프트웨어 코드 리뷰와 광범위한 테스트, 타임아웃과 재시도 그리고 알고리즘 단계의 수행 순서를 보장해 방지할 수 있다.

앞으로 설명할 알고리즘은 대부분 충돌 장애 모델을 가정하고 다중화를 통해 장애를 해결한다. 이해 및 구현이 쉽고 성능이 높은 알고리즘을 설계하기 위한 가정이다.

요약

8장에서는 분산 시스템 관련 용어와 기본 개념을 설명했다. 링크는 메시지를 전달하지 못할 수 있고 프로세스는 충돌할 수 있으며 네트워크 파티션이 발생할 수 있다. 이와 같은 시스템 컴포넌트의 낮은 신뢰성이 문제를 일으키고 시스템을 더 복잡하게 만든다.

8장에서 설명한 용어는 앞으로 논의할 주제를 이해하기에 충분할 것이다. 이 책의 남은 부분에서는 분산 시스템에서 어떤 문제가 발생할 수 있고 어떻게 해결할 수 있는지 논의한다.

더 읽어보기

8장에서 이야기한 개념에 관한 더 자세한 설명은 다음 문헌을 참고하길 바란다.

「Distributed systems abstractions, failure models, and timing assumptions(분산 시스템 추상화, 장애 모델, 타이밍 가정)」

Lynch, Nancy A. 1996. Distributed Algorithms. San Francisco: Morgan Kaufmann.

Tanenbaum, Andrew S. and Maarten van Steen. 2006. Distributed Systems: Principles and Paradigms (2nd Ed). Boston: Pearson.

Cachin, Christian, Rachid Guerraoui, and Lus Rodrigues. 2011. Introduction to Reliable and Secure Distributed Programming (2nd Ed.). New York: Springer.

9장

장애 감지

아무도 없는 숲에서 나무가 쓰러지면 소리가 들릴까?

– 무명의 작가

시스템 장애에 적절하게 대응하기 위해서는 장애를 적시에 감지해야 한다. 응답하지 않는 결함이 있는 프로세스가 생기면 레이턴시가 증가하고 시스템 가용성은 감소한다.

비동기 분산 시스템(즉, 타이밍 관련 가정을 하지 않는 시스템)은 프로세스가 중단된 것인지 아니면 응답 시간이 지연되고 있는 것인지 알 수 없기 때문에 장애를 감지하기가 매우 어렵다. 이문제는 앞서 'FLP 불가능성 이론' 절에서 설명했다.

종료^{dead}, 중단^{failed} 및 충돌^{crashed}과 같은 용어는 실행이 완전히 중단된 프로세스를 나타낸다. 응답하지 않음^{unresponsive}, 장애 발생^{faulty}, 느림^{slow} 등의 용어는 비정상^{suspected} 프로세스를 나타내며 실제로 완전히 중단됐을 수 있다.

장애는 링크(프로세스 사이의 메시지가 손실되거나 전송이 지연된 경우) 또는 프로세스(프로세스가 충돌하거나 느린 경우) 레벨에서 발생할 수 있으며, 속도 저하와 장애는 구별이 안 되는 경우도 있다. 따라서 정상 프로세스를 중단된 상태로 오인하는 상황(거짓 양성)과 응답이 없는 프로세스를 바로 중단된 상태로 인지하지 않고 응답을 기다려주는 상황(거짓 음성) 사이의 트레이드-오프가 항상 존재한다.

장애 감지 시스템은 중단되거나 연결할 수 없는 프로세스를 알고리즘에서 제외시키고 안전성safety과 라이브니스를 보장하는 로컬 서브시스템이다.

라이브니스와 안정성은 알고리즘의 문제 해결 능력과 결과의 정확성을 나타내는 속성이다. 라이브니스는 의도된 이벤트는 반드시 발생됨을 나타낸다. 일례로 특정 프로세스에 장애가 발생하면 장애 감시 시스템은 해당 장애를 반드시 감지해야 한다. 안정성은 의도되지 않은 이벤트는 반드시 발생하지 않음을 나타내는 속성이다. 예를 들어 장애 감시 시스템이 종료된 상태로 표시한 프로세스는 반드시 종료된 상태를 유지해야 한다[LAMPORT77] [RAYNAL99] [FREILING11].

장애가 발생한 프로세스를 제외시키면 불필요한 작업이 줄어들고 에러 및 장애가 전파되는 것을 방지할 수 있다. 반대로 의심스럽지만 정상 작동하는 프로세스를 제외시키면 가용성이 감소한다.

장애 감지 알고리즘에는 몇 가지 중요한 속성이 있다. 첫 번째로 장애 발생 시 모든 정상 프로세스는 장애 발생 사실을 인지해야 하고 알고리즘 수행을 완료해 결과를 반환해야 한다. 이 속성을 완전성completeness이라고 한다.

장애 감지 알고리즘은 장애 감지 시스템이 얼마나 빨리 장애를 감지할 수 있는지를 나타내는 효율성으로 평가할 수 있다. 또는 얼마나 정확하게 장애를 감지했는지 나타내는 정확성으로 평가할 수 있다. 정상 프로세스에 장애가 발생했다고 잘못 판단하거나 실제로 장애가 발생한 프로세스를 감지하지 못하는 알고리즘은 정확하지 않다고 할 수 있다.

효율성과 정확성은 조정할 수 있는 속성이다. 알고리즘은 효율적일수록 정확성이 낮고 정확할수록 효율성이 떨어진다. 따라서 정확하면서 효율적인 장애 감지 시스템은 존재하지 않는다. 장애 감지 시스템의 결과는 거짓 양성(정상 프로세스에 장애가 발생했다고 잘못 판단하는 경우)일 수 있다[CHANDRA96].

장애 감지 시스템은 뒤에서 설명할 여러 합의 알고리즘과 원자적 브로드캐스트 알고리즘의 필수 조건이며 구성 요소다.

많은 분산 시스템이 하트비트heartbeat를 사용해 장애 감지 시스템을 구현한다. 하트비트는 간단하고 완전성이 높아 많이 사용된다. 이 장에서 설명하는 알고리즘은 프로세스가 의도적으로 자신이나 인근 프로세스의 상태를 허위로 공유하는 비잔틴^{Byzantine} 장애는 발생할 수 없다고 가정한다.

하트비트와 핑

원격 프로세스의 상태는 다음 중 하나의 작업을 주기적으로 발동시켜 확인할 수 있다.

- 원격 프로세스에 메시지를 보내는 핑^{ping}을 발동시켜 원격 프로세스가 일정 시간 내에 응답하는지 확인한다.
- 인근 프로세스에 자신의 활성 상태를 알릴 수 있는 하트비트를 전송한다.

앞으로의 예제에서는 핑을 사용하지만 하트비트를 사용해도 똑같은 방식으로 문제를 해결할 수 있다.

각 프로세스에는 모든 프로세스가 포함된 목록(정상 또는 중지된, 비정상 프로세스)이 있고 마지막 응답 시간을 이 목록에 업데이트한다. 오랫동안 핑 메시지에 응답하지 않는 프로세스는 비정상^{suspected}으로 표시한다.

그림 9–1은 정상적으로 작동하는 시스템을 나타낸다. 프로세스 P_1은 노드 P_2의 상태를 질의하고 P_2는 확인 응답을 보낸다.

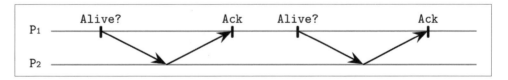

그림 9–1 핑을 이용한 장애 감지. 메시지 딜레이가 없는 정상적인 상황

그림 9–2는 확인 응답이 지연되는 상황이다. 이 경우 프로세스를 중단된 상태로 잘못 표시할 수 있다.

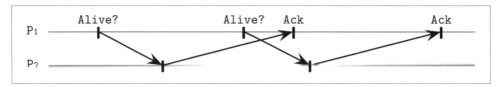

그림 9-2 핑을 이용한 장애 감지. 두 번째 메시지 전송 후 첫 번째 메시지의 대한 응답이 도착한 상황

많은 장애 감지 알고리즘이 하트비트와 타임아웃을 사용한다. 예를 들어 많이 알려진 분산 시스템 프레임워크 아카Akka에는 일정 시간 간격으로 하트비트를 사용해 상태를 보고하지 않는 프로세스가 있는지 확인하는 데드라인 장애 감지 시스템이 포함돼 있다.

이 방식은 몇 가지 문제가 있다. 핑 주기와 타임아웃 값이 정확도를 좌우한다는 점과 다른 프로세스의 관점에서 프로세스의 상태를 확인할 수 없다는 점이다('하트비트 아웃소싱' 절 참고).

타임아웃이 없는 장애 감지

타임아웃을 사용하지 않는 장애 감지 알고리즘도 있다. 하트비트 알고리즘[AGUILERA97]은 타임아웃을 사용하지 않고 하트비트 전송 횟수를 기록한다. 애플리케이션은 하트비트 카운터 벡터에 저장된 값을 기반으로 장애를 감지한다. 이 알고리즘은 타임아웃이 없기 때문에 비동기 시스템에서만 사용할 수 있다.

이 알고리즘은 모든 프로세스는 페어 링크fair link(무한히 반복 전송된 메시지는 무한히 반복 전달되는 링크)만으로 구성된 페어 패스fair path로 연결됐고 모두 서로의 존재를 알고 있다고 가정한다.

각 프로세스는 인근 프로세스 목록과 각 프로세스의 카운터를 저장하고 인근 프로세스에 하트비트 메시지를 전송한다. 각 메시지에는 하트비트가 이동한 경로를 기록한다. 최초 메시지에는 경로의 첫 번째 발신자 정보와 동일한 메시지를 중복 브로드캐스트하지 않기 위한 고유 식별자를 기록한다.

새로운 하트비트 메시지를 수신한 프로세스는 경로에 포함된 모든 프로세스의 카운터를 증가시키고 자신을 경로에 등록한 뒤에 목록에 없는 프로세스에 메시지를 전송한다. 모든 프로세스가 메시지를 수신하면(모든 프로세스 ID가 경로에 포함된 경우) 메시지 전파를 중지한다.

하트비트 메시지는 여러 프로세스를 통과하기 때문에 메시지에는 여러 프로세스로부터 수집한 정보가 있다. 따라서 이 정보를 기반으로 프로세스 사이의 링크에 장애가 발생해 서로의 상태를 알 수 없더라도 정상적인 상태라는 것을 확신할 수 있다.

하트비트 카운터는 시스템의 글로벌 뷰라고 볼 수 있다. 하트비트가 프로세스 사이에 전파되는 과정을 알 수 있고 이를 사용해 프로세스의 상태를 비교할 수 있다. 하지만 하트비트 카운터가 나타내는 상태를 정확히 판단하기 어려울 수 있다. 결과의 정확성을 높일 수 있는 적절한 임곗값을 설정하지 않으면 알고리즘은 정상 프로세스를 비정상 상태로 잘못 판단할 수 있다.

하트비트 아웃소싱

SWIM 프로토콜Scalable Weakly Consistent Infection-style Process Group Membership Protocol[GUPTA01]은 주변 프로세스의 관점에서 프로세스의 라이브니스를 판단하는 하트비트 아웃소싱Outsourced Heartbeat 방식을 사용해 결과의 신뢰성을 높일 수 있는 또 다른 방법이다. 각 프로세스는 네트워크의 모든 프로세스가 아닌 일부 주변 프로세스의 존재 여부만 알아도 된다.

그림 9-3을 보면 프로세스 P_1은 핑 메시지를 프로세스 P_2로 전송한다. P_2가 응답하지 않기 때문에 P_1은 여러 임의의 프로세스(P_3와 P_4)를 선택한다. 선택된 임의의 프로세스는 P_2에 하트비트 메시지를 보내고 P_2가 응답하는 경우 P_1에 확인 응답을 전달한다.

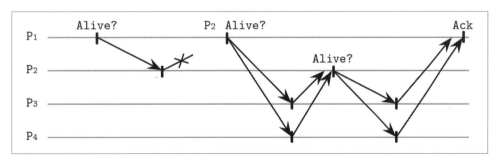

그림 9-3 하트비트 아웃소싱

이 방식은 상태를 직접적과 간접적으로 확인할 수 있다. 예를 들어 P_1과 P_2, P_3 프로세스는 P_1

과 P_2의 관점에서 P_3의 상태를 확인할 수 있다.

하트비트 아웃소싱은 구성원 사이에 책임을 나눔으로써 장애 감지의 신뢰성을 높인다. 이 방식에서는 광범위한 피어 그룹에 메시지를 브로드캐스트하지 않아도 된다. 나아가 하트비트를 병렬로 전송할 수 있기 때문에 비정상 프로세스에 대한 정보를 더 빠르게 수집하고 상태에 대한 더 정확한 판단을 내릴 수 있다.

파이 누적 장애 감지

노드의 상태를 작동 중이거나 작동 중단된 상태 두 가지로 나누는 대신, 파이 누적$^{\varphi\text{-accrual}}$ 장애 감지 방식[HAYASHIBARA04]에서는 노드의 상태를 프로세스의 충돌 확률을 나타내는 연속형 척도로 나타낸다. 이 시스템은 슬라이딩 윈도우$^{\text{sliding window}}$에 주변 프로세스의 마지막 하트비트의 도착 시간을 기록한다. 이 기록을 기반으로 다음 하트비트의 도착 시간을 예측하고 실제 도착 시간과 비교해 현재 네트워크 상태에서의 장애 감지 정확성을 나타내는 불신도$^{\text{suspicion level}}$ φ를 계산한다.

이 알고리즘에서는 하트비트의 도착 시간을 수집 및 샘플링하고 노드의 상태를 판단하는 데 사용할 뷰를 생성한다. φ가 일정 값에 도달하면 해당 노드는 중단된 것으로 판단한다. 나아가 노드를 비정상으로 분류하는 기준을 조정해서 네트워크의 상태 변화를 동적으로 반영한다.

설계 관점에서 파이 누적 장애 감지 시스템은 다음 세 개의 서브시스템으로 구성된다.

모니터링 프로세스
    핑과 하트비트 사용 또는 요청–응답 샘플링을 통해 노드의 라이브니스를 확인한다.

판정 프로세스
    프로세스를 비정상 상태로 표시해야 하는지 여부를 결정한다.

액션 프로세스
    프로세스가 비정상 상태로 판정됐을 때마다 실행하는 콜백 작업

모니터링 프로세스는 하트비트 도착 시간의 데이터 샘플(정규 분포를 따른다고 가정한다)을 고정 크기 윈도우에 수집 및 저장한다. 새로운 데이터는 윈도우에 추가하고 기존 데이터는 제거한다.

표본의 평균과 분산을 계산해 샘플링 윈도우의 분포를 추정한다. 이 정보를 기반으로 바로 전 메시지 도착 이후 t 시간 단위 내에 메시지가 도착할 확률과 프로세스의 라이브니스의 정확도를 나타내는 φ를 계산한다. 이 값은 예측한 도착 시간에 하트비트가 도착하지 않을 확률을 의미한다.

이 알고리즘은 호쿠리쿠 선단과학기술대학원대학^{JAIST, Japan Advanced Institute of Science and Technology} 에서 개발했고 카산드라와 아카(앞서 설명한 데드라인 장애 감지 시스템과 같이 사용함) 등의 분산 시스템에서 사용한다.

가십과 장애 감지

단일 노드의 시점에서 장애를 판단하지 않는 또 다른 방식은 가십^{gossip}('가십 전파' 절 참고)을 사용해 인근 프로세스의 상태를 수집하고 전달하는 가십형 장애 감지 서비스다[VANRENESSE98].

각 노드는 전체 노드 목록과 각 노드의 하트비트 카운터 그리고 마지막으로 카운터가 증가된 시간을 나타내는 타임스탬프 값을 저장한다. 노드는 주기적으로 자신의 카운터를 업데이트하고 목록을 임의의 노드로 전송한다. 목록을 전달받은 노드는 자신의 목록과 병합해서 다른 노드의 카운터를 업데이트한다.

노드는 주기적으로 다른 노드의 상태와 카운터를 확인한다. 특정 노드의 카운터가 일정 기간 동안 업데이트되지 않으면 해당 노드에 장애가 발생했다고 판단한다. 거짓 양성 발생 확률을 줄이려면 타임아웃 값을 신중하게 선택해야 한다. 노드가 서로 통신하는 빈도(가장 낮은 대역폭)에는 한도가 있으며, 통신 빈도는 시스템의 프로세스 수에 비례해 증가한다.

그림 9-4는 하트비트 카운터를 공유하는 3개의 프로세스를 나타낸다.

- a) 모든 프로세스는 타임스탬프를 업데이트할 수 있다.
- b) P_3와 P_1이 서로 통신할 수 없어도 타임스탬프 t_6는 P_2를 통해 전파될 수 있다.
- c) 충돌이 발생한 P_3는 더 이상 업데이트를 전달하지 않기 때문에 다른 프로세스는 P_3에 장애가 발생했다고 판단한다.

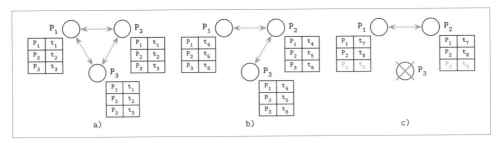

그림 9-4 장애 감지를 위한 하트비트 테이블 복사

이 방식은 충돌한 노드뿐만 아니라 다른 노드에서 연결할 수 없는 노드까지 찾을 수 있다. 나아가 클러스터의 전체 뷰는 여러 노드에서 집계한 상태를 나타내기 때문에 신뢰할 수 있다. 두 노드를 연결하는 링크에 장애가 발생해도 다른 노드를 통해 하트비트를 전파할 수 있다. 가십을 통해 시스템 상태를 전파하면 시스템의 메시지 수는 증가하지만 더 안정적으로 정보를 전파할 수 있다.

장애 전파를 사용한 문제 해결

장애에 관한 정보를 전파하는 일이 항상 가능한 것은 아니며 모든 노드에 정보를 알리는 데 드는 비용이 매우 높을 수 있다. FUSE[Failure Notification Service, 장애 알림 서비스][DUNAGAN04]는 네트워크 파티션이 발생해도 낮은 비용으로 신뢰할 수 있게 장애를 전파하는 방법이다.

FUSE는 장애를 감지하기 위해 모든 활성 프로세스를 여러 그룹으로 나눈다. 어떤 한 그룹에 장애가 발생하면 모든 참가자는 해당 장애를 감지할 수 있다. 개별 프로세스의 장애가 그룹 전체의 장애로 확장돼 전파된다. 이 방식은 모든 패턴의 연결 끊김과 네트워크 파티션, 노드 장애를 감지할 수 있다.

각 그룹의 프로세스는 주기적으로 그룹 내 다른 프로세스에 핑 메시지를 보내 상태를 확인한다. 만약 특정 프로세스가 충돌, 네트워크 파티션 또는 링크 장애로 인해 핑에 응답하지 않으면 핑을 보낸 프로세스도 더 이상 다른 핑에 응답하지 않는다.

그림 9-5는 4개의 프로세스가 통신하는 과정을 나타낸다.

- a) 초기 상태: 모든 프로세스는 정상적이고 서로 통신할 수 있다.
- b) P_2에 장애가 발생해 핑 메시지에 응답하지 않는다.
- c) P_4는 P_2의 장애를 감지하고 더 이상 핑 메시지에 응답하지 않는다.
- d) P_1과 P_3는 P_1과 P_2가 응답하지 않는다는 사실을 인지하고 그룹 전체로 장애를 전파한다.

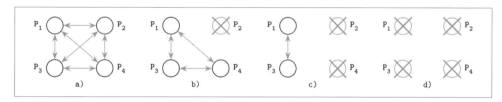

그림 9-5 FUSE

모든 장애는 발생한 노드에서부터 다른 모든 노드로 전파된다. 같은 그룹의 노드들은 점차 핑 메시지에 대한 응답을 중지하고 단일 노드 장애는 그룹의 장애로 확장된다.

FUSE는 통신 부재를 장애 전파의 수단으로 사용한다. 이 방식의 장점은 모든 노드는 그룹 내 장애 발생 사실을 알 수 있고 적절하게 대응할 수 있다는 점이다. 단점은 링크 장애로 인해 한 개의 프로세스가 분리돼도 그룹 전체의 장애로 확장된다는 점이다. 하지만 이 부분은 상황에 따라 장점이 될 수도 있다. 애플리케이션은 각자의 장애 처리 방식에 따라 알맞게 대처하면 된다.

요약

장애 감지 시스템은 모든 분산 시스템에서 필수적이다. FLP 불가능성 이론에 따르면 어떤 프로토콜도 비동기 시스템의 합의를 보장할 수 없다. 장애 감지 시스템은 정확성과 완전성을 적절히 조정해 합의 문제를 해결한다. 장애 감지 시스템의 유용성을 입증하는 가장 의미 있는 발견은 시스템이 반복해서 장애를 잘못 감지하더라도 합의에 도달할 수 있다는 점이다 [CHANDRA96].

9장에서는 몇 가지 접근 방식이 다른 장애 감지 알고리즘을 설명했다. 일부는 직접적인 통신을 통해 장애를 감지하고 일부는 브로드캐스트와 가십을 통해 상태 정보를 전파한다. 일부는 침묵(통신 중단)을 장애 전파의 수단으로 사용해 자신을 제외시킨다. 나아가 하트비트와 핑, 타임아웃(하드 데드라인), 연속형 척도를 사용하는 방식도 살펴봤다. 각 방식마다 단순성, 정확성 또는 정밀성 등의 고유한 장점이 있다.

더 읽어보기

9장에서 이야기한 개념에 관한 더 자세한 설명은 다음 문헌을 참고하길 바란다.

「Failure detection and algorithms(장애 감지 알고리즘)」

Chandra, Tushar Deepak and Sam Toueg. 1996. "Unreliable failure detectors for reliable distributed systems." Journal of the ACM 43, no. 2 (March): 225-267. https://doi.org/10.1145/226643.226647.

Freiling, Felix C., Rachid Guerraoui, and Petr Kuznetsov. 2011. "The failure detector abstraction." ACM Computing Surveys 43, no. 2 (January): Article 9. https://doi.org/10.1145/1883612.1883616.

Phan-Ba, Michael. 2015. "A literature review of failure detection within the context of solving the problem of distributed consensus." https://www.cs.ubc.ca/~bestchai/theses/michael-phan-ba-msc-essay-2015.pdf

10장

리더 선출

동기화는 비용이 많이 들 수 있다. 알고리즘의 각 단계마다 모든 참가자와 통신해야 한다면 상당한 통신 오버헤드가 발생한다. 특히 지리적으로 분산된 대규모 네트워크에서 더 큰 문제가 될 수 있다. 동기화 오버헤드를 줄이고 의사 결정에 필요한 메시지 왕래 횟수를 줄이기 위해 일부 알고리즘에는 분산 알고리즘의 단계를 수행 및 조정하는 리더(또는 코디네이터) 프로세스가 있다.

일반적으로 분산 시스템의 프로세스는 균일하고 모든 프로세스가 리더 역할을 맡을 수 있다. 리더 프로세스는 오랫동안 리더 역할을 유지하지만 영구적이지는 않다. 일반적으로 프로세스에 장애가 발생할 때까지 역할을 유지한다. 장애가 발생하면 어떤 프로세스라도 리더 선출 과정을 시작할 수 있고 선출된 프로세스는 이전 리더의 작업을 이어서 수행한다.

선출 알고리즘의 지속성liveness은 거의 항상 리더가 존재하고 선출 과정은 결국 완료됨을 보장한다(선출 과정은 무기한 지속되지 않는다).

이상적으로는 안정성도 보장되면 좋다. 한 번에 하나의 리더만 존재할 수 있고 분리 뇌split brain 현상(같은 목적을 가진 여러 리더가 선출되고 서로 존재를 모르는 상황)은 절대로 발생하지 않아야 한다. 하지만 많은 리더 선출 알고리즘이 이 조건을 위반한다.

리더 프로세스는 브로드캐스트된 메시지의 순서를 유지한다. 리더는 전역 상태를 수집 및 저장하고 수신한 메시지를 각 프로세스에 전달한다. 나아가 장애 발생 후, 시스템 초기화 중 또는 중요한 상태 변경이 발생한 경우 시스템 재구성 작업을 조정한다.

신출 작업은 시스템 초기화 시 첫 리더를 신출하기 위해 또는 이전 리더 프로세스가 충돌하거나 장애가 발생했을 때 발동된다. 선출 작업은 결정론적^{deterministic}이어야 한다. 정확히 하나의 리더를 선출하고 모든 참가자는 결과를 인정해야 한다.

리더 선출과 분산 잠금(공유 자원에 대한 배타적 소유)은 이론적으로 유사해 보이지만 미세한 차이가 있다. 한 프로세스가 임계 구역$^{\text{critical section}}$에 대한 잠금을 소유하고 있는 동안 지속성(다른 프로세스가 해당 리소스를 사용할 수 있도록 잠금은 결국 해제된다)만 보장된다면 다른 프로세스는 잠금의 소유자가 누구인지 알 필요가 없다. 이와 대조적으로 리더 프로세스에는 모든 구성원이 인지해야 하는 특수 속성이 있다. 따라서 새로운 리더는 모든 구성원에게 자신의 존재를 알려야 한다.

만약 분산 잠금 알고리즘이 특정 프로세스 또는 프로세스 그룹에 우선권을 준다면 다른 프로세스는 공유 자원에 대한 잠금을 획득하지 못해 지속성이 보장되지 않는다. 반면 리더는 프로세스가 중단되거나 장애가 발생할 때까지 역할을 유지한다. 시스템 입장에서 리더직은 오래 유지될수록 좋다.

시스템에 안정적인 리더가 있으면 원격 노드의 상태를 동기화하지 않아도 되고 주고받는 메시지 수를 줄일 수 있다. 나아가 여러 노드가 아닌 하나의 프로세스가 작업을 수행하도록 조정할 수 있다. 리더 프로세스가 있는 시스템의 가장 큰 문제는 리더가 병목이 될 수 있다는 점이다. 이 문제를 해결하기 위해 많은 시스템이 데이터를 겹치지 않는 여러 개의 독립적인 파티션을 나누고('데이터베이스 파티셔닝' 절 참고) 각 파티션별로 리더를 선출한다. 스패너^{Spanner}가 이 방식을 사용한다('스패너 분산 트랜잭션' 절 참고).

모든 리더 프로세스에는 장애가 발생할 수 있기 때문에 장애를 감지, 보고 및 처리할 수 있어야 한다. 장애 발생 시 이전 리더를 대체할 새로운 리더를 선출해야 한다.

ZAB('주키퍼 원자적 브로드캐스팅' 절 참고)와 멀티 팍소스$^{\text{Multi-Paxos}}$('멀티 팍소스' 절 참고), 래프트('Raft' 절 참고)와 같은 알고리즘은 참가자 간 합의를 도출하는 데 필요한 메시지 수를 줄이기 위해 임시 리더를 선출한다. 하지만 각 알고리즘별로 리더 선출과 장애 감지, 경쟁하는 리더 프로세스 사이의 충돌을 해결하는 방법은 다르다.

불리 알고리즘

불리[bully] 알고리즘은 프로세스의 순위를 기반으로 리더를 선출하는 알고리즘이다. 각 프로세스에 고유 순위를 부여하고 가장 높은 순위의 프로세스가 리더가 된다[MOLINA82].

이 알고리즘은 매우 단순하다. 알고리즘 이름이 '불리(깡패)'인 이유는 가장 높은 순위의 노드가 다른 노드들이 결과를 인정하도록 압박하기 때문이다. 군주가 사망하면 왕위 계승률에 따라 가장 서열이 높은 혈통이 군주가 되는 것에 빗대 군주[monarchial] 선출 알고리즘이라고 부르기도 한다.

프로세스가 시스템 내 리더의 부재를 감지하거나 리더가 요청에 응답하지 않으면 새로운 선출 작업이 시작된다. 선출 작업은 다음 세 단계로 구성된다.[1]

1. 프로세스는 자신보다 높은 순위의 프로세스에 선출 메시지를 보낸다.
2. 상위 순위 프로세스가 응답할 때까지 대기하고 응답이 없으면 다음 단계를 진행한다. 응답하는 경우 자신이 알고 있는 최상위 프로세스에 다음 단계 진행을 요청한다.
3. 프로세스는 자신보다 더 높은 순위의 프로세스가 없다고 가정하고 하위 프로세스에 새로운 리더가 선출된 사실을 알린다.

그림10-1은 불리 리더 선출 알고리즘을 나타낸다.

- a) 프로세스 3은 이전 리더 6이 중단된 것을 감지하고 순위가 더 높은 프로세스에 Election 메시지를 전송해 새로운 선출 작업을 시작한다.
- b) 프로세스 4와 5는 프로세스 3보다 순위가 높기 때문에 Alive 메시지로 응답한다.
- c) 프로세스 3은 자신에게 응답한 프로세스 중 순위가 가장 높은 프로세스 5의 메시

---

1   여기에 수록한 내용은 수정된 불리 선출 알고리즘[KORDAFSHARI05]의 세 단계인데, 더 간단하고 이해가 쉽다.

지에 응답한다.

- d) 프로세스 5는 새로운 리더로 선출된다. `Elected` 메시지를 브로드캐스트해서 하위 순위 프로세스에 결과를 통지한다.

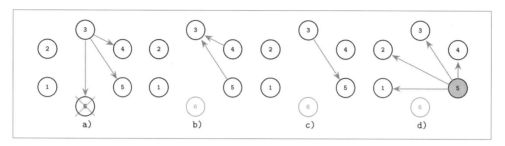

그림 10-1 불리 알고리즘: 이전 리더 (6)에 장애가 발생해 프로세스 3이 새로운 선출 작업을 시작한다.

이 알고리즘의 명확한 문제는 네트워크 파티션이 발생했을 때 안정성(최대 한 명의 리더만 존재할 수 있음)이 보장되지 않는다는 점이다. 노드가 여러 개의 독립적으로 작동하는 그룹으로 분할되고 각 그룹별로 리더를 선출하는 상황이 쉽게 발생한다. 이런 경우를 분리 뇌 현상이 발생했다고 한다.

또 다른 문제는 상위 순위 노드에 높은 우선권을 부여한다는 점이다. 상위 순위 노드가 불안정하면 선출 작업이 무한 반복될 수 있다. 높은 순위의 불안정한 노드가 자신을 리더로 선출한 직후 중단되면 재선출과 중단이 계속해서 반복되는 상황이 발생할 수 있다. 이 문제는 공유된 노드의 상태를 기반으로 리더를 선출해 해결할 수 있다.

다음 서열로 리더 역할 승계

불리 알고리즘을 개선한 다양한 버전의 불리 알고리즘이 있다. 예를 들어 그다음 서열을 갖는 여러 대안 프로세스를 두고 장애 조치 시 리더 역할을 승계해 재선출 작업을 단축할 수 있다[GHOLIPOUR09].

모든 리더는 리더 역할을 승계할 노드 목록을 제공한다. 리더 프로세스의 장애를 감지한 프로세스는 리더가 제공한 목록에서 가장 순위가 높은 대안 프로세스에 메시지를 보내 새로운 선출 과정을 시작한다. 대안 프로세스 중 하나라도 응답하면 선출 과정을 생략하고 응답한 프로세스가 새로운 리더로 선출된다.

만약 장애를 감지한 프로세스가 목록에서 가장 높은 순위의 프로세스라면 즉시 리더가 되고 다른 프로세스에 이 사실을 알린다.

그림 10-2는 최적화를 적용한 불리 알고리즘을 나타낸다.

- a) {5, 4}를 대안 노드로 지목한 리더 6에 장애가 발생한다. 3은 장애를 감지하고 목록에서 가장 순위가 높은 5에 이 사실을 통보한다.
- b) 5는 3의 메시지에 응답해 목록의 다른 노드에 요청하지 않도록 한다.
- c) 5는 자신이 새로운 리더라는 사실을 브로드캐스트한다.

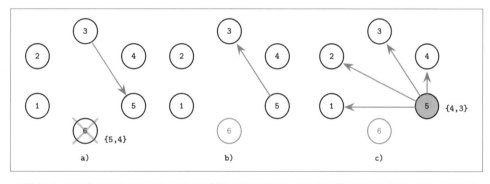

그림 10-2 불리 알고리즘과 장애 조치: 이전 리더 (6)에 장애가 발생하고 프로세스 3은 가장 높은 순위의 대안 프로세스에 새로운 선출 과정의 시작을 요청한다.

결과적으로 대안 프로세스가 활성 상태라면 리더 선출에 필요한 단계가 줄어든다.

후보/일반 노드 최적화

선출 과정에서 교환되는 메시지 수를 줄이기 위해 노드를 후보^{candidate} 그룹과 일반^{ordinary} 그룹으로 나누고 특정 후보 노드를 리더로 선출하는 알고리즘도 있다[MURSHED12].

일반 프로세스는 후보 노드에 메시지를 전송해 선출 작업을 시작한다. 응답한 가장 높은 순위의 후보 프로세스를 새로운 리더로 선출하고 다른 노드에 결과를 알린다.

동시에 여러 선출 작업이 시작되는 문제를 해결하기 위해 이 알고리즘은 노드별로 딜레이 시간을 나타내는 변수 δ를 설정한다. 이 값은 노드 간에 차이가 크기 때문에 일부 노드는 다른 노드보다 먼저 작업을 시작할 수 있다. 일반적으로 딜레이 시간 사이의 차이는 메시지 라운드트립 시간보다 크다. 우선순위가 높은 노드일수록 δ값이 작다.

그림 10-3은 알고리즘의 리더 선출 과정을 나타낸다.

- a) 일반 그룹의 프로세스 4는 리더 프로세스 6의 장애를 감지한다. 후보 그룹의 모든 프로세스에 이 사실을 알리고 새로운 선출 작업을 시작한다.
- b) 후보 프로세스는 프로세스 4의 메시지에 응답해 정상적으로 작동 중임을 알린다.
- c) 프로세스 4는 프로세스 2가 새로운 리더라는 사실을 브로드캐스트한다.

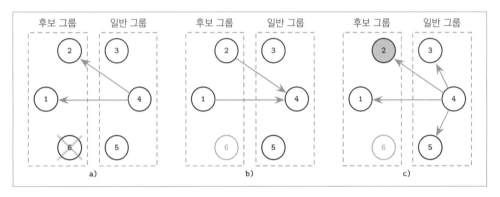

그림 10-3 후보/일반 방식의 불리 알고리즘: 기존 리더 (6)에 장애가 발생하고 프로세스 4는 선출 작업을 시작한다.

초대 알고리즘

초대^{invitation} 알고리즘은 프로세스가 서로 더 높은 순위를 차지하기 위해 경쟁하는 대신 서로 자신의 그룹으로 초대한다. 이 알고리즘은 그룹별로 리더를 선출하기 때문에 이론적으로 동시에 여러 리더가 존재할 수 있다.

각 프로세스는 자신이 유일한 구성원인 그룹의 리더로 시작한다. 그룹 리더는 그룹에 속하지 않은 다른 프로세스를 자신의 그룹으로 초대한다. 초대받은 프로세스도 리더라면 두 그룹을 병합한다. 리더가 아니라면 자신의 그룹 리더의 ID로 응답한다. 따라서 두 그룹의 리더는 더 적은 단계로 연결 및 병합할 수 있다.

그림 10-4는 초대 알고리즘의 리더 선출 과정을 나타낸다.

- a) 4개의 프로세스는 자신이 유일한 구성원인 그룹의 리더로 시작한다. 1은 2를 초대하고 3은 4를 초대한다.
- b) 2는 1과, 4는 3과 병합한다. 첫 번째 그룹의 리더 1은 다른 그룹의 리더 3을 초대한다. 두 번째 그룹의 구성원 4는 새로운 리더에 대해 통보받는다.
- c) 두 그룹을 병합하고 1은 이 그룹의 새로운 리더가 된다.

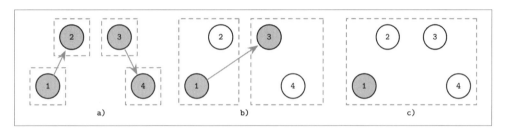

그림 10-4 초대 알고리즘

그룹 병합 시 초대한 프로세스의 리더와 초대받은 프로세스의 리더 중 누가 새로운 리더가 되는지는 중요하지 않다. 하지만 그룹을 병합하는 데 필요한 메시지를 수를 최소화하려면 더 큰 그룹의 리더가 새로운 그룹의 리더로 선출돼야 한다. 더 작은 그룹의 구성원에만 리더가 바뀐 사실을 알리면 되기 때문이다.

앞서 설명한 다른 알고리즘과 마찬가지로 초대 알고리즘도 프로세스가 여러 그룹에 소속될 수 있고 동시에 여러 리더가 존재할 수 있다. 이 알고리즘은 프로세스를 그룹으로 나누고 새로운 리더 선출 작업을 시작하지 않고 그룹을 병합할 수 있다. 따라서 선출 작업에 필요한 메시지 수가 감소한다.

링 알고리즘

링^{ring} 알고리즘[CHANG79]에서 모든 노드는 링 형태로 연결돼 있고 각 노드는 링의 토폴로지(예를 들어 자신의 앞과 뒤의 노드들)에 관한 정보를 가지고 있다. 리더 프로세스의 장애를 감지한 프로세스는 새로운 선출 작업을 시작하는 메시지를 링 전역으로 전달한다. 각 프로세스는 메시지를 다음 프로세스(링 구조에서 자신과 가장 가까운 노드)에 전달하고 응답하지 않는 경우 응답하는 노드가 나타날 때까지 링을 순회한다.

각 노드의 형제 노드를 방문하면서 링을 순회하면 정상 노드에 대한 정보를 수집할 수 있다. 노드는 자신을 정상 노드 목록에 추가하고 다음 노드로 이동한다. 이 방식은 '타임아웃이 없는 장애 감지' 절에서 설명한 각 노드가 자신의 고유 식별자를 메시지의 이동 경로에 추가하는 방식의 장애 감지 알고리즘과 유사하다.

이 알고리즘은 링 전체를 순회한다. 메시지가 선출 작업을 시작한 노드로 다시 돌아오면 활성 노드 목록에서 가장 순위가 높은 노드가 리더로 선출된다. 그림 10-5는 링을 순회하는 과정을 나타낸다.

- a) 리더 6에 장애가 발생하고 각 프로세스는 자신의 관점에서 링 구조에 대한 정보를 가지고 있다.
- b) 3은 링 순회를 시작해 선출 작업을 개시한다. 각 단계마다 목록에는 지금까지 방문한 모든 노드가 있다. 5와 6 사이의 연결이 끊어졌기 때문에 6을 건너뛰고 1로 이동한다.
- c) 5가 가장 순위가 높은 노드이기 때문에 리더로 선출되고 3은 다시 새로운 리더에 대한 정보 전달을 시작한다.

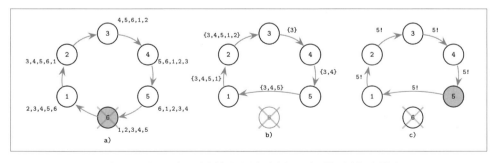

그림 10-5 링 알고리즘: 리더 (6)에 장애가 발생하고 3이 선출 작업을 시작한다.

메모리 사용을 줄이기 위해 정상 노드 목록 대신 순위가 가장 높은 하나의 노드를 찾는 방법도 있다. Max 함수는 교환법칙(순서와 상관없이 결과가 동일)을 만족하기 때문에 해당 시점의 가장 순위가 높은 노드를 찾을 수 있다. 링을 순회해 선출 작업을 시작한 노드로 다시 돌아오면 이 과정에서 찾은 최상위 노드의 식별자를 다시 전파한다.

링을 여러 그룹으로 분할할 수 있고 그룹별로 리더를 선출할 수 있기 때문에 이 알고리즘도 안정성을 보장하지 않는다.

리더 프로세스가 존재하는 시스템이 정상적으로 작동하기 위해서는 리더의 상태(정상 작동 여부)를 알아야 한다. 리더는 다른 프로세스를 관리하고 작업을 수행하기 위해 정상적으로 작동해야 하고 접근 가능해야 한다. 리더 프로세스의 충돌은 장애 감지 알고리즘을 사용해 감지할 수 있다(9장 참고).

요약

리더 선출은 분산 시스템에서 매우 중요한 부분이다. 리더를 선출하면 조정 오버헤드를 줄일 수 있고 알고리즘의 성능을 높일 수 있다. 선출 작업은 비용이 높은 작업이지만 자주 수행되지 않기 때문에 시스템 성능에 큰 영향을 주지 않는다. 하지만 단일 리더 프로세스는 병목이 될 수 있다. 이 문제는 프로세스를 여러 그룹으로 분할하고 그룹별로 리더를 선출하거나 작업별로 다른 리더를 사용해 해결할 수 있다.

10장에서 설명한 모든 알고리즘은 두 개의 독립된 그룹에 서로의 존재를 모르는 여러 개의 리더 프로세스가 공존하는 상황을 의미하는 분리 뇌 현상을 일으킬 수 있다. 이 문제를 해결하기 위해서는 클러스터 구성원 과반수의 동의가 필요하다.

멀티 팍소스와 래프트를 비롯한 여러 합의 알고리즘은 리더 프로세스가 조율을 담당한다. 리더 선출과 합의의 개념은 크게 다르지 않다. 리더를 선출하기 위해서는 모든 프로세스가 합의해야 한다. 따라서 리더 선출 결과에 합의할 수 있다면 다른 어떤 것에 대해서도 같은 방식으로 합의할 수 있음을 의미한다[ABRAHAM13].

리더의 정체는 프로세스가 모르는 사이에 바뀔 수 있다. 따라서 각 프로세스가 개별적으로 알고 있는 리더에 대한 정보가 유효한지 확인해야 한다. 이 문제는 리더 선출 알고리즘과 장애 감지 알고리즘을 같이 사용해 해결할 수 있다. 예를 들어 안정적인 리더 선출^{stable leader election} 알고리즘은 안정적인 프로세스에 리더의 기회를 주고 타임아웃 기반의 장애 감지 알고리즘을 사용해 해당 프로세스에 장애가 발생하지 않고 접근이 가능한 동안 계속해서 리더 역할을 유지할 수 있도록 보장한다[AGUILERA01].

리더에 의존하는 대부분의 알고리즘은 여러 리더가 존재하는 것을 허용하고 리더 사이의 충돌을 최대한 빠르게 해결한다. 예를 들어 멀티 팍소스('멀티 팍소스' 절 참고)는 리더 사이에 충돌이 발생하면 2차 쿼럼을 구성해 하나의 리더(제안자)를 선출한다. 따라서 두 개의 다른 제안자의 값이 선택되지 않도록 보장한다.

래프트('래프트' 절 참고)는 시스템 내 다른 리더의 존재를 인지한 리더가 자신의 임기를 연장할 수 있도록 한다.

두 방식 모두 지속성(현재 리더에 장애가 발생하면 새로운 리더를 선출한다)을 위해 계속해서 리더를 선출한다. 따라서 프로세스에 장애가 발생했다는 사실을 인지하는 데 너무 오랜 시간이 소요되지 않아야 한다. 안정성을 포기하고 여러 리더를 허용하면 성능을 높일 수 있다. 알고리즘에 이중화 단계가 들어갈 수 있으며, 안전성은 충돌 감지 및 해결을 통해 보장한다.

합의 알고리즘의 맥락에서 합의와 리더 선출의 개념은 14장에서 자세히 설명한다.

더 읽어보기

10장에서 이야기한 개념에 관한 더 자세한 설명은 다음 문헌을 참고하길 바란다.

「Leader election algorithms(리더 선출 알고리즘)」

Lynch, Nancy and Boaz Patt-Shamir. 1993. "Distributed algorithms." Lecture notes for 6.852. Cambridge, MA: MIT.

Attiya, Hagit and Jennifer Welch. 2004. Distributed Computing: Fundamentals, Simulations and Advanced Topics. USA: John Wiley & Sons.

Tanenbaum, Andrew S. and Maarten van Steen. 2006. Distributed Systems: Principles and Paradigms (2nd Ed.). Upper Saddle River, NJ: Prentice-Hall.

11장

복제와 일관성

합의 알고리즘과 원자적 커밋 알고리즘을 설명하기 전에 이들을 심층적으로 이해하는 데 매우 중요한 일관성 모델$^{consistency\ model}$에 관해 알아보자. 여러 개의 데이터 복제본을 유지하는 시스템에서 일관성 모델은 시스템의 상태와 작동 방식을 정의하는 중요한 개념이다.

내결함성$^{fault\ tolerance}$이란 장애가 발생해도 정상적으로 작동할 수 있는 시스템을 나타내는 속성이다. 내결함성을 갖춘 시스템을 설계하고 기존 시스템에 내결함성을 구현하는 것은 쉽지 않다. 일차적인 목표는 시스템에서 단일 장애점$^{single\ point\ of\ failure}$을 제거하고 필수 컴포넌트를 이중화하는 것이다. 일반적으로 이중화는 사용자에게 완전히 투명하다.

시스템에 여러 개의 데이터 복제본을 저장하면 일부 서버에 장애가 발생해도 다른 서버가 장애 조치^{failover}를 수행해 시스템이 정상적으로 작동할 수 있다. 진실 공급원$^{source\ of\ truth}$이 하나인 시스템(예를 들어 프라이머리–복제 노드 구조의 데이터베이스)은 복제 서버^{replica}를 새로운 마스터로 승격시켜 장애를 직접적으로 처리할 수 있다. 그에 반해 다른 구조의 시스템은 직접적으로 구조를 변경하지 않고 읽기와 쓰기 요청 시 여러 노드의 응답을 수집해 데이터의 일관성을 유지한다.

데이터 복제^{replication}는 시스템에 여러 개의 데이터 복제본을 유지해 시스템을 이중화하는 기술이다. 여러 복제본을 원자적으로 업데이트하는 작업은 합의 알고리즘[MILOSEVIC11]과 유사하기 때문에 모든 요청마다 수행하기엔 비용이 매우 높을 수 있다. 따라서 노드 간에 어느 정도 상태 차이는 허용하면서 사용자에게 최대한 일관된 데이터를 제공할 수 있는 비용 효율적이고 유연한 알고리즘이 필요하다.

데이터 복제는 멀티 데이터센터 배포 구조에서 특히 더 중요하나, 이 경우 지리적 이중화$^{geo-}$ ^{replication}를 통해 데이터 가용성을 높이고 데이터센터 장애를 대응할 수 있다. 나아가 데이터 복제본을 사용자와 물리적으로 가까운 곳에 저장해 전송 레이턴시를 줄일 수 있다.

데이터 레코드를 수정하면 그에 맞게 복제본도 업데이트해야 한다. 데이터 복제에서 가장 중요한 작업은 세 가지인데, 쓰기와 복제본 갱신$^{replica update}$ 그리고 읽기 작업이다. 클라이언트가 이러한 작업을 요청하면 일련의 이벤트가 발동된다. 복제본 갱신은 클라이언트 관점에서 쓰기가 완료된 후에 수행되기도 한다. 하지만 갱신 시기와 상관없이 클라이언트가 의도한 순서대로 작업이 수행돼야 한다.

고가용성

앞서 분산 시스템에 대한 잘못된 이해와 이로 인해 발생할 수 있는 여러 문제를 설명했다. 운영 중에 노드는 정상적으로 작동하지 않을 수 있고 다른 노드와 통신이 불가능할 수도 있다. 하지만 이런 간헐적 장애가 시스템의 가용성에 영향을 주지 않아야 한다. 사용자 관점에서 시스템은 아무 문제도 발생하지 않은 것처럼 계속 작동해야 한다.

시스템 가용성은 매우 중요한 속성이다. 소프트웨어 공학에서는 항상 가용성을 높이고 다운타임을 최소화하려고 애쓴다. 시스템 업타임은 엔지니어링 팀의 큰 자랑거리다. 고가용성^{high} ^{availability}이 중요한 이유는 소프트웨어가 우리 사회에서 필수적인 부분이기 때문이다. 은행 거래와 통신, 여행 등의 여러 분야는 소프트웨어 없이는 존재할 수 없다.

기업의 입장에서 낮은 가용성은 고객 이탈 또는 매출 하락을 의미한다. 쇼핑몰 서버가 다운되면 사용자는 물건을 구매할 수 없고 은행 웹사이트가 응답하지 않으면 돈을 송금할 수 없다.

고가용 시스템은 일부 노드의 장애 및 오류를 단계적으로 대응할 수 있어야 한다. 이는 이중화와 복제를 통해 해결할 수 있다. 하지만 이중화로 인해 여러 복제본을 동기화해야 하는 문제가 발생하고 복구 메커니즘을 추가 구현해야 한다.

CAP 이론

가용성은 시스템이 모든 요청에 대해 성공적으로 응답할 수 있는 능력을 나타내는 속성이다. 가용성은 이론적으로 결과적 응답$^{eventual\ response}$을 의미하지만 현실적으로 응답이 지나치게 오래 걸리는 서비스는 바람직하지 않다.

이상적으로 모든 작업은 일관성을 유지해야 한다. 여기서 일관성이란 원자적 또는 선형화할 수 있는^{linearizable} 일관성을 의미한다('선형화 가능성' 절 참고). 선형화 가능한 이력(히스토리)이란 원래의 실행 순서가 보존되는 일련의 짧은 작업들로 나타낼 수 있다. 선형화 가능성은 시스템 상태에 대한 추론을 단순화하고 분산 시스템이 단일 서버에서 실행되는 것처럼 보이게 한다.

네트워크 파티션이 발생해도 일관성과 가용성을 모두 충족하는 시스템을 구축하는 방법이 필요하다. 네트워크는 여러 부분으로 분할될 수 있고 이로 인해 프로세스는 서로 통신이 불가능할 수 있다. 이 경우 파티션된 노드 사이의 메시지는 제대로 전달되지 않는다.

가용성은 모든 정상 노드는 결과를 반환한다는 것을 의미하고 일관성은 모든 결과는 선형화할 수 있다는 것을 의미한다. 에릭 브루어$^{Eric\ Brewer}$가 공식화한 CAP 이론은 일관성^{Consistency}과 가용성^{Availability}, 분할 내성$^{Partitiion\ tolerance}$ 사이의 트레이드-오프를 설명한다[BREWER00].

비동기 시스템에서는 가용성을 보장할 수 없다. 나아가 네트워크 파티션이 발생했을 때 가용성과 일관성을 동시에 보장하는 시스템은 구현이 불가능하다[GILBERT02]. 대신 최선의 가용성과 높은 일관성 또는 최선의 일관성과 높은 가용성을 보장하는 시스템은 구현할 수 있다[GILBERT12]. 여기서 최선이란 다른 문제가 발생하지 않는다면 시스템은 의도적으로 제약 사항을 위반하지 않고 네트워크 파티션 발생 시 일부 조건은 완화 및 충족되지 않을 수 있음을 의미한다.

CAP 이론은 일련의 선택지를 제공한다. 각 선택지가 나타내는 시스템의 성격은 다음과 같다.

높은 일관성과 분할 허용[CP]

CP 시스템은 요청을 정상적으로 처리하는 것보다 일관된 데이터를 제공하는 것을 더 중요시한다.

가용성 보장 및 파티션 허용[AP]

AP 시스템은 일관성을 일부 포기하고 일관되지 않은 데이터를 제공할 수 있다.

CP 시스템을 구현한 예로 과반수 노드가 동의해야 하는 합의 알고리즘이 있다. 이 알고리즘은 데이터의 일관성은 보장하지만 네트워크 파티션 발생 시 정상적으로 작동하지 않을 수 있다. AP 시스템은 단 하나의 복제 서버라도 살아 있다면 모든 쓰기와 읽기를 허용한다. 이 경우 데이터가 손실되거나 일관되지 않을 수 있다.

PACELEC 정리[ABADI12]는 CAP 이론을 확장한 개념으로 네트워크 파티션 발생 시 가용성과 일관성 중 하나를 선택해야 하고, 나아가 시스템이 정상적으로 작동하더라도 레이턴시와 일관성 중 하나를 선택해야 한다고 주장한다.

CAP 이론의 특성

CAP 이론은 노드 충돌 또는 (충돌–복구 등의) 다른 종류의 장애보다 네트워크 파티션만을 다룬다는 점이 중요하다. 클러스터에서 분할된 노드는 일관되지 않은 요청을 처리할 수 있지만 장애가 발생한 노드는 응답조차 하지 않는다. 이는 일관성 문제는 노드에 장애가 발생했을 때만 생기는 것이 아니라는 의미이기도 하다. 실제 운영 중에는 다양한 종류의 장애 시나리오가 존재한다(일부는 네트워크 파티션으로 인한 장애다).

CAP 이론에 의하면 모든 노드가 정상적으로 가동 중이어도 노드 간에 연결 문제가 있으면 일관성 문제가 발생할 수 있다. 장애가 발생한 노드 수와 무관하게 모든 정상 노드는 올바로 응답할 것이라고 예상하기 때문이다.

CAP 정리를 노브[knob]를 돌려 세 개의 속성을 적당히 분배하는 것을 의미해 삼각형으로 표현하기도 한다. 하지만 노브를 돌려 일관성과 가용성을 조절할 수 있지만 분할 내성은 현실적으로 튜닝 또는 다른 속성과 맞바꿀 수 없는 속성이다[HALE10].

CAP 이론의 일관성과 ACID(5장 참조)의 일관성은 의미가 상당히 다르다. ACID의 일관성은 트랜잭션의 일관성을 의미한다. 트랜잭션은 데이터베이스의 제약 조건(고유성 제약 조건, 참조 무결성 등)을 위반하지 않고 상태를 유효한 상태에서 또 다른 유효한 상태로 변경한다. 그에 반해 CAP의 일관성은 연산의 원자성(작업 전체가 성공하거나 실패한다)과 일관성(어떤 작업도 데이터를 일관되지 않은 상태로 방치하지 않는다)을 의미한다.

CAP 이론의 가용성도 앞에서 설명한 고가용성과 같지 않다[KLEPPMANN15]. CAP 이론은 레이턴시를 제한하지 않는다. 나아가 CAP와는 다르게 일반적인 의미의 데이터베이스 가용성은 모든 정상 노드가 모든 요청에 응답할 것이라고 가정하지 않는다.

CAP 이론은 분산 시스템의 속성을 정의하고 장애 시나리오와 발생할 수 있는 여러 문제를 설명한다. 일관성을 완전히 포기하는 것과 예측할 수 없는 결과를 제공하는 것 사이에는 명확한 차이가 있다.

가용성을 우선시하는 데이터베이스는 다른 문제가 발생하지 않고 충분한 수의 복제 노드가 살아 있다면 이들에서 일관된 결과를 제공할 수 있다. 물론 이외에도 여러 더 복잡한 장애 시나리오가 존재한다. CAP 이론은 하나의 법칙일 뿐이고 모든 경우를 설명하지 않는다.[1]

수확률과 산출률

CAP 이론은 일관성과 가용성을 가장 엄격한 맥락에서 선형화 가능성과 시스템이 모든 요청에 결국 응답하는 능력으로만 보고 논의한다. 이 때문에 두 속성 사이에서 어려운 선택을 해야 한다. 하지만 두 속성을 더 완화하는 편이 더 나은 애플리케이션도 있기 때문에 이러한 성질들을 좀 더 약한 형태로도 생각해볼 만하다.

일관성과 가용성 중에 하나를 선택하기보다는 일부 제약을 조건을 완화할 수도 있다. 이를 위해 똑같은 결과가 보장되는 두 가지 조정 가능한 수치인 수확률^{harvest}과 산출률^{yield}을 사용

---

1   결과적 일관성을 보장하는 데이터베이스의 맥락에서 쿼럼 읽기와 쓰기는 '결과적 일관성' 절에서 자세히 설명한다.

한다.

수확률

쿼리의 결과의 완선성을 나타낸다. 예를 들어 실제 쿼리 결과의 로우 수는 100개이지만 일부 노드의 장애로 인해 99개만 반환되더라도 쿼리가 실패하고 아무것도 반환되지 않는 것보다 더 나을 수 있다.

산출률

전체 요청 중 성공적으로 완료된 요청 수를 나타낸다. 산출률과 업타임은 같지 않다. 부하가 높은 노드는 살아 있더라도 일부 요청에 응답하지 못할 수 있다.

이러한 척도를 도입하면 두 속성 사이의 트레이드-오프를 따지는 관점이 절대 비교에서 상대 비교로 바뀐다. 수확률보다 산출률이 더 높은 경우 더 많은 요청을 처리할 수 있지만 반환된 데이터가 불완전할 수 있다. 사용 가능한 파티션에서만 쿼리 결과를 반환하면 산출률을 높일 수 있다('데이터베이스 파티셔닝' 절 참조). 예를 들어 일부 사용자 정보가 저장된 노드가 중단돼도 그 외의 사용자에 대한 요청은 계속해서 처리할 수 있다. 또는 애플리케이션 내 중요한 데이터는 반드시 완전한 형태로 반환해야 하지만 그 외의 데이터는 어느 정도의 불일치를 허용할 수 있다.

공유 메모리

클라이언트에게는 데이터를 저장하고 있는 분산 시스템이 공유 스토리지인 것처럼 작동한다. 단일 노드 시스템과 비슷하게 말이다. 노드 사이의 통신과 메시지 교환을 추상화하면 공유 메모리와 같이 보일 수 있다.

읽기와 쓰기 작업이 접근하는 스토리지의 가장 작은 단위의 영역을 일반적으로 레지스터register라고 한다. 따라서 분산 시스템의 공유 메모리는 레지스터의 배열이라고 볼 수 있다.

모든 연산은 호출invocation과 완료completion 이벤트로 구성된다. 연산을 호출한 프로세스가 완료 전에 충돌하면 해당 연산은 실패한 것으로 간주한다. 특정 연산의 호출과 완료 이벤트가 또 다른 연산이 호출되기 전에 발생하면 해당 연산은 다른 연산보다 앞에 있고 두 연산은 순차적sequential이라고 표현한다. 반대의 경우는 동시적concurrent이라고 표현한다.

그림 11-1의 프로세스 P_1과 P_2는 각각 다른 연산을 수행한다.

- a) P_2의 연산은 P_1의 연산이 완료된 후에 시작한다. 따라서 두 연산은 순차적이다.
- b) 두 프로세스의 수행 시간이 겹치기 때문에 동시적이다.
- c) P_2는 P_1보다 뒤에 시작하지만 연산이 먼저 완료된다. 따라서 두 연산은 동시적이다.

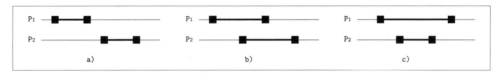

그림 11-1 순차적 연산과 동시적 연산

여러 리더reader와 라이터writer는 동시에 레지스터에 접근할 수 있다. 레지스터 읽기와 쓰기는 즉각적이지 않고 일정 시간 뒤에 수행된다. 서로 다른 프로세스가 동시에 수행하는 읽기/쓰기 작업은 순차적이지 않다. 레지스터가 동시 수행 연산을 처리하는 방식에 따라 수행 순서와 결과는 달라질 수 있다. 레지스터는 다음 세 가지 유형으로 분류할 수 있다.

세이프safe 레지스터

쓰기 중인 세이프 레지스터를 동시에 읽으면 레지스터에 저장된 값의 범위 내에서 임의의 값을 반환할 수 있다(실용적으로 들리지 않지만 순서가 무관한 비동기 시스템의 방식과 유사하다). 이진수 값이 저장된 세이프 레지스터를 동시에 읽고 쓰면 값이 깜빡임 현상(다른 값을 번갈아 가면서 반환하는 현상)이 나타날 수 있다.

일반 레지스터

일반 레지스터는 기준이 더 엄격하다. 레지스터는 항상 가장 최신 값 또는 동시 수행 중인 쓰기 작업이 쓴 값을 반환한다. 따라서 시스템에는 순서가 존재하고 모든 리더가 동시에 같은 값을 읽을 수 없다(예를 들어 마스터 노드에 쓴 값을 읽기 요청을 처리하는 워커 노드에 복제하는 경우 해당 값은 동시에 읽을 수 없다).

원자적 레지스터

원자적 레지스터는 선형화 가능성을 보장한다. 모든 쓰기 연산에는 다른 읽기 작업이 이전 값을 반환하고 이후에는 새로운 값을 반환하는 특정 시점이 존재한다. 원자성은 시스템의 상태에 대한 추론을 단순화할 수 있는 중요한 속성이다.

순서화

일반적으로 일련의 이벤트는 특정 수행 순서를 따른다고 가정한다. 하지만 분산 시스템은 정확히 언제 특정 이벤트가 발생하고 클러스터 전체에서 새로운 정보에 접근할 수 있는지 알수 없기 때문에 순서를 보장할 수 없다. 각 참가자별로 데이터베이스를 바라보는 관점이 다르기 때문에 모든 연산을 확인하고 호출과 완료 이벤트의 관점에서 정의하고 범위를 파악해야 한다.

프로세스가 공유 레지스터에 read(register)와 write(register, value) 연산을 수행할 수 있는 시스템을 구현해보자. 각 프로세스는 개별적으로 여러 연산을 순차적으로 수행한다(모든 연산은 이전 연산이 완료된 후에 시작될 수 있다). 이 프로세스들의 순차 이력을 조합하면 클러스터 전역의 이력이 만들어진다. 모든 연산은 동시에 수행될 수 있다.

일관성 모델은 읽기와 쓰기 작업과 이들이 동시에 수행될 수 있는 여러 방법의 관점에서 이해하면 간단하다. 읽기는 아무런 영향이 없지만 쓰기는 레지스터의 상태를 변경한다. 이 사실을 기반으로 새로 쓴 데이터를 읽을 수 있는 정확한 시점을 설정할 수 있다. 다음과 같이 동시에 연산을 수행하는 두 프로세스를 예로 들어보자.

```
프로세스 1:    프로세스 2:
write(x, 1)    read(x)
               read(x)
```

이와 같은 상황에서 read(x)의 결괏값을 추론하기는 쉽지 않다. 몇 가지 가능한 시나리오는 다음과 같다.

- 읽기를 수행하기 전에 쓰기가 완료된다.
- 쓰기와 읽기가 교차 수행된다. 읽기 사이에 쓰기가 수행된다.
- 모든 읽기가 쓰기 전에 완료된다.

데이터의 복제본이 존재하지 않는 경우 수행 순서에는 정답이 없다. 데이터를 이중화하는 시스템인 경우 더 다양한 상태가 존재할 수 있고 여러 프로세스가 동시에 데이터를 쓴다면 문제는 더 복잡해질 수 있다.

모든 연산을 한 개의 프로세스가 수행한다면 특정 수행 순서를 강제할 수 있다. 하지만 프로세스가 많아질수록 어려워진다. 발생할 수 있는 문제는 다음과 같이 두 가지로 분류할 수 있다.

- 연산이 겹칠 수 있다.
- 겹치지 않는 연산의 효과가 즉시 나타나지 않을 수 있다.

수행 순서를 이해하고 결과를 정확하게 추론하기 위해서는 일관성 모델을 정의해야 한다. 분산 시스템의 동시성은 공유 메모리와 동시 시스템 측면에서 설명한다. 일관성에 대한 의미와 제약이 거의 같기 때문이다. 동시 시스템과 분산 시스템은 많은 용어를 공유하지만 통신 패턴과 성능, 신뢰성의 차이 때문에 같은 동시성 제어 알고리즘을 사용할 수는 없다.

일관성 모델

공유 메모리 레지스터에 대한 연산은 겹칠 수 있기 때문에 여러 클라이언트가 동시에 또는 단기간 내에 다른 복제본을 읽거나 수정했을 때 어떻게 처리할지 여부를 명확하게 정의해야 한다. 애플리케이션에 따라 처리 방식이 다르기 때문에 정답은 없지만 일관성 모델을 정의하는 데 매우 중요한 부분이다.

여러 일관성 모델은 서로 시맨틱과 보장하는 속성이 다르다. 일관성 모델은 참가자 사이의 계약 정도로 생각해도 된다. 시맨틱을 충족하기 위해 복제 노드가 어떻게 작동해야 하고 읽기와 쓰기 작업을 요청한 사용자에게 어떤 값을 반환해도 되는지 정의한다.

일관성 모델은 데이터 복제본이 여럿 존재하고 동시 접근이 가능할 때 클라이언트가 반환받을 수 있는 예상 결괏값이 무엇인지 설명한다. 이 절에서는 독립적인 연산의 일관성 모델에 관해 논의한다.

각 모델은 시스템의 행동을 예상할 수 있거나 당연한 행동에서 얼마나 벗어나는지를 설명한다. 일관성 모델에 따라 연산을 교차 수행할 때 "가능한 모든 조합" 중에 "X 모델이 허용하는 조합"이 구별된다. 따라서 변경된 상태의 가시성에 대한 추론이 상당히 간소화된다.

일관성을 상태 관점에서 생각하면, 일관성이란 허용되는 상태를 규정하고 같은 데이터 복제본 사이에 허용되는 관계를 정의하는 속성이다. 연산 관점에서 보면 일관성은 데이터 스토어를 외부에서 바라보고 연산의 수행 순서를 지정한다[TANENBAUM06][AGUILERA16].

글로벌 클럭을 사용하지 않고 분산 작업 사이에 정확하고 확실한 실행 순서를 지정하기가 어렵다. 모든 참가자가 상태와 시간을 각자의 관점으로 바라보는 특수 상대성 이론Special Relativity Theory 때문이다.

이론적으로 시스템 상태를 변경할 때마다 시스템 레벨의 잠금을 획득하면 되지만, 매우 비효율적인 방법이다. 따라서 그 대신 일련의 규칙과 정의, 제약 조건을 기반으로 가능한 이력과 결과의 수를 제한한다.

일관성 모델은 'CAP 이론' 절에서 설명한 이론에 또 다른 속성을 추가한다. 일관성과 가용성뿐만 아니라 동기화 비용 측면에서도 일관성을 고려해야 한다[ATTIYA94]. 동기화 비용은 레이턴시와 추가적인 연산 수행으로 인한 CPU 사용, 복구 관련 정보를 영구 저장하기 위해 필요한 디스크 I/O, 대기 시간, 네트워크 I/O, 동기화를 피함으로써 없어지는 모든 비용을 포함한다.

연산 결과의 가시성과 전파 과정부터 살펴보자. 동시 읽기와 쓰기는 서로 의존적인 쓰기 연산을 순차적으로 수행하고 새로운 값이 전파되는 시점을 지정하면 가능한 연산의 조합의 수를 줄일 수 있다.

데이터베이스의 상태에 대해 read()와 write() 연산을 수행하는 프로세스(클라이언트)의 관점에서 여러 일관성 모델을 알아보자. 복제본 사이의 일관성을 확인하기 위해 데이터베이스에는 여러 복제본이 존재한다고 가정한다.

엄격한 일관성 모델

엄격한 일관성 모델은 복제가 완전히 투명하다. 프로세스가 새로 쓴 값은 이후 모든 프로세스에서 즉시 사용할 수 있어야 한다. 글로벌 클럭의 개념을 사용해 t_1 시점에 write(x, 1)을 수행하면 $t_2 > t_1$ 시점에 수행되는 모든 read(x)는 새로운 값 1을 반환해야 한다.

안타깝게도 이 모델은 이론적으로만 존재하며 현실적으로 구현이 불가능하다. 물리 법칙과 분산 시스템의 구조상 모든 작업의 수행 속도에는 한계가 있기 때문이다.

선형화 가능성

선형화 가능성은 단일 객체와 단일 연산에 대한 가장 엄격한 일관성 모델이다. 선형화 가능성 모델에서는 모든 쓰기 작업의 결과를 해당 작업의 호출과 완료 이벤트 사이의 특정 시점에 모든 다른 리더에서 접근할 수 있어야 한다. 따라서 어떤 클라이언트도 상태 전환 과정, (미완료 또는 진행 중인 작업의) 중간 결과, (완료 전에 중단된) 불완전한 결과를 볼 수 없어야 한다 [LEE15].

일련의 동시 수행 연산은 결과의 상태에 대한 조건을 충족하는 여러 순차 이력 중 하나로 표현할 수 있다. 두개 이상의 수행 순서가 존재할 수 있기 때문에 선형화 가능성에는 불확정성이 존재한다[HERLIHY90].

수행 시간이 겹치는 연산은 어떤 순서로든 수행될 수 있다. 쓰기 작업 뒤에 수행되는 모든 읽기 작업은 새로운 값을 읽을 수 있다. 읽기 작업이 특정 값을 반환하면 이후에 수행되는 모든 읽기 작업은 같은 값 또는 더 최신 값을 반환해야 한다[BAILIS14a].

동시 수행 연산의 수행 순서에는 어느 정도의 유연성이 존재하지만 아무렇게나 재배치할 수 없다. 미래를 예견하는 신탁을 받은 듯이 연산을 수행하기도 전에 수행 결과를 효력이 있게 하지는 못한다. 그리고 연산을 완료하기 전에 수행 결과가 효력을 가져야 한다. 그렇지 않으면 선형화 지점^{linearization point}을 정의할 수가 없다.

선형화 가능성 모델은 프로세스의 로컬 작업 순서와 병렬로 수행되는 다른 작업과의 상대적 순서까지 모두 고려해서 수행 순서를 정의한다.

이 순서는 일관돼야 한다. 모든 읽기 작업은 가장 마지막에 기록된 값 또는 동시 수행되는 다른 쓰기 작업이 쓴 값을 반환해야 한다는 의미다. 선형화 가능한 쓰기 작업은 상호 배제를 의미하기도 한다. 여러 동시 쓰기 작업 중 하나만이 먼저 수행될 수 있다.

연산이 동시에 수행되고 중복되더라도 연산의 효과는 순차적으로 나타난다. 어떤 연산도 즉시 수행되지 않지만 모두 원자적인 연산처럼 수행된다.

다음 실행 이력을 살펴보자.

```
프로세스 1:     프로세스 2:     프로세스 3:
write(x, 1)    write(x, 2)    read(x)
                              read(x)
                              read(x)
```

그림 11-2의 세 개의 프로세스 중 두 개는 초깃값 ∅이 저장된 레지스터 x에 새로운 값을 쓴다. 이때 세 번째 프로세스의 읽기 작업이 반환할 수 있는 x의 값은 다음과 같다.

- a) 첫 번째 읽기 작업은 1, 2 또는 ∅(쓰기 작업을 수행하기 전의 초깃값)을 반환할 수 있다. 두 쓰기 작업이 모두 진행 중이기 때문이다. 첫 번째 읽기 작업이 두 쓰기 작업 이전에 수행될 수도 있고, 두 쓰기 작업 사이 또는 두 쓰기 작업 이후에 수행될 수도 있다.
- b) 두 번째 읽기 작업은 1 또는 2만 반환할 수 있다. 첫 번째 쓰기는 완료됐고 두 번째 쓰기는 아직 진행 중이기 때문이다.
- c) 세 번째 읽기 작업은 2만 반환할 수 있다. 두 번째 쓰기는 첫 번째 쓰기보다 뒤에 수행되기 때문이다.

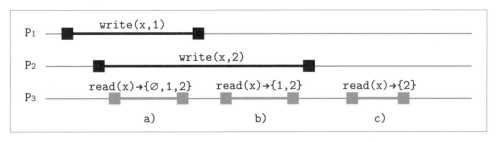

그림 11-2 선형화 가능성 예제

선형화 지점

선형화의 가장 중요한 특성은 가시성^{visibility}이다. 작업이 완료되면 모두가 결과를 볼 수 있어야 하고, 시스템은 수정 사항을 다시 되돌리거나 일부 참가자로부터 숨길 수 없다. 선형화는 스테일 읽기$^{stale\ read}$를 방지하고 단조 읽기$^{monotonic\ read}$만을 허용한다.

일관성 모델은 원자적 연산(중단될 수 없고 나눌 수 없는 연산)의 관점에서 보는 것이 가장 이해가 쉽다. 연산은 즉각적이지 않아도 되지만(애초에 즉각적인 연산이란 것은 존재하지 않는다) 어느 순간에는 효과가 나타나 즉각적인 연산처럼 보이게 해야 한다. 효과가 나타나는 시점을 선형화 지점이라고 한다.

쓰기 작업의 선형화 지점 이후에는 모든 프로세스가 새로운 값을 읽을 수 있어야 한다. 만약 또 다른 쓰기 작업이 수행된다면 가장 최신 값을 읽을 수 있어야 한다. 현재 접근 가능한 값은 또 다른 새로운 값이 접근 가능해질 때까지 이 상태를 유지해야 한다. 레지스터의 값이 불안정하게 계속 바뀌지 않아야 한다.

대부분의 최신 프로그래밍 언어는 원자적 write 연산과 CAS(Compare-And-Swap) 연산을 지원한다. 원자적 write 연산에서는 현재 레지스터 값이 무엇인지가 중요하지 않은 반면, CAS 연산은 이전 값이 변경되지 않은 경우에만 값을 변경한다[HERLIHY94]. 값을 읽고 수정한 뒤에 쓰는 CAS 연산이 단순히 값을 확인하고 바로 쓰는 방식보다 훨씬 더 복잡하다. CAS는 레지스터의 값이 A인지 확인하고 새로운 값을 쓴다. 하지만 실제로 이 값은 다른 동시에 수행되는 쓰기 작업이 B에서 A로 다시 수정한 값일 수 있다. 이와 같은 현상을 ABA 문제[DECHEV10]라고 한다. 즉, 레지스터의 값이 A라고 해서 마지막 읽기 이후 해당 값이 변경되지 않았다고 확신할 수 없다.

선형화 지점 이후에는 연산의 결과를 모든 참가자가 볼 수 있다. 이 방식은 임계 영역을 보호하는 잠금과 원자적 읽기/쓰기 또는 읽기–수정–쓰기 연산을 사용해 구현할 수 있다.

그림 11-3은 선형화 가능성이 명확한 시간 범위를 정의하고 실시간 글럭을 사용한다는 것을 나타낸다. 연산의 결과는 연산이 요청된 시간 t_1과 프로세스가 응답을 수신한 t_2 사이에 접근 가능해져야 한다.

그림 11-3 선형화할 수 있는 연산의 시간 범위

그림 11-4는 선형화 지점을 기준으로 이력이 그 이전과 이후로 나뉘는 모습을 보여준다. 이 지점 이전에는 기존 값을 반환하고 이후에는 새로운 값을 반환한다.

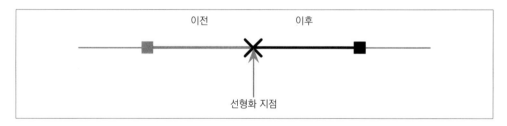

그림 11-4 선형화 지점

선형화 비용

많은 최신 시스템들은 선형화를 구현하지 않는다. 심지어 CPU도 메인 메모리 접근의 선형화를 기본적으로 지원하지 않는다. 동기화 작업은 비용이 높고 느리며 노드 사이에 CPU 트래픽이 발생하고 캐시를 무효화해야 하기 때문이다. 하지만 로우 레벨 명령어를 사용해 선형화를 구현할 수 있다[MCKENNEY05a], [MCKENNEY05b].

동시성 프로그래밍에서 선형화는 CAS 연산을 사용해 구현할 수 있다. 많은 알고리즘이 결괏값을 미리 준비해두고 CAS 방식으로 포인터를 스왑하고 게시한다. 예를 들어 동시 큐는 링크드 리스트 끝에 원자적으로 노드를 추가하는 방식으로 구현한다[KHANCHANDANI18].

분산 시스템에서 선형화는 조정과 순서화가 필요하다. 이는 합의 모듈을 사용해 구현할 수 있다. 클라이언트는 복제 노드와 메시지를 교환해 통신하고 합의 모듈은 적용된 연산의 결과가 클러스터 전체에서 일관되고 동일한지 확인한다. 각 쓰기 연산의 효과는 호출과 완료 이벤트 사이의 특정 시점에 한 번에 나타난다[HOWARD14].

흥미롭게도 선형화는 원래 지역적 속성으로 독립적으로 구현 및 검증된 요소들의 조합을 의미했다. 선형화 가능한 이력을 병합한 이력도 선형화할 수 있다[HERLIHY90]. 따라서 모든 객체를 선형화할 수 있다면 시스템도 선형화가 가능하다. 매우 유용한 속성이지만 범위가 단일 객체로 제한되며, 독립적인 두 객체에 대한 연산을 선형화할 수 있더라도 두 객체를 모두 사용하는 연산은 추가적인 동기화가 필요하다.

선형화 가능성을 위한 재사용 가능한 인프라

선형화 가능성을 위한 재사용 가능한 인프라RIFL, Reusable Infrastructure For Linearizability는 선형화 가능성이 보장되는 원격 프로시저 호출RPC, Remote Procedure Call을 구현하는 메커니즘이다[LEE15]. RIFL의 모든 메시지는 클라이언트 ID와 클라이언트별로 단조 증가하는 번호로 식별할 수 있다.

클라이언트 ID는 시스템 레벨의 서비스로부터 리스lease하는 값이다. 이 값은 고유 식별자로서 메시지의 고유성을 보장하고 시퀀스 번호가 같은 문제를 해결한다. 만약 클라이언트가 만료된 리스를 사용해 연산을 수행하면 해당 연산은 커밋될 수 없다. 따라서 재대여 후 다시 시도해야 한다.

쓰기가 완료됐다고 알리기 전에 서버에 장애가 발생하면 클라이언트는 이미 적용됐다는 사실을 모르고 쓰기를 재시도한다. 예를 들어 클라이언트 C1이 값 V1을 썼지만 확인 응답은 받지 못했고 이때 클라이언트 C2가 값 V2를 쓰고 C1이 재시도하면 C2가 쓴 값은 사라진다. 이와 같은 상황을 방지하려면 시스템은 반복적인 재시도를 막아야 한다. RIFL은 클라이언트가 작업을 재시도하면 새로운 값을 쓰지 않고 작업이 이미 적용됐음을 의미하는 완료completion 객체와 결과를 반환한다.

완료 객체는 실제 데이터 레코드와 같이 스토리지에 저장된다. 하지만 이들의 수명은 같지 않다. 완료 객체는 클라이언트가 재시도하지 않겠다고 약속할 때까지 유지하거나 클라이언트에 장애가 발생하면 해당 클라이언트와 관련된 완료 객체를 모두 안전하게 제거할 수 있다. 완료 객체 생성은 실제 데이터 레코드 변경 작업과 함께 원자적으로 수행돼야 한다.

클라이언트는 주기적으로 리스를 갱신해 자신의 상태를 공유한다. 갱신하지 않는 클라이언트에는 충돌이 발생한 것으로 간주하고 해당 클라이언트와 관련된 데이터를 모두 정리한다. 중단된 프로세스가 수행한 작업이 로그에 계속해서 남아 있지 않도록 리스는 일정 시간이 지나면 만료된다. 중단된 클라이언트가 만료된 리스를 사용해 수행한 작업의 결과는 커밋되지 않고 클라이언트는 처음부터 다시 수행해야 한다.

RIFL의 장점은 RPC가 한 번만 실행되도록 보장하고 연산의 결과가 원자적으로 적용되도록 해 연산을 선형화할 수 있다는 점이다. 나아가 RIFL은 기반 스토리지 시스템과 독립적으로 구현할 수 있다.

순차 일관성 모델

선형화는 비용이 매우 높기 때문에 조건을 완화하는 동시에 높은 일관성을 보장할 수 있는 모델이 필요하다. 순차 일관성sequential consistency 모델은 각 프로세스가 실제로 연산을 수행한 순서를 그대로 유지하면서 모든 연산이 어떤 순차적인 차례로 실행된 것처럼 보이도록 한다.

각 프로세스의 관점에서 다른 참가자의 수행 순서는 자신의 이력과 일치한다. 하지만 프로세스의 이력은 글로벌 이력과 일치하지 않을 수 있다[KINGSBURY18a]. 프로세스 사이에는 공통된 시간의 기준이 없기 때문에 이들 사이의 정확한 수행 순서는 알 수 없다.

순차 일관성은 원래 멀티 프로세스 기반 프로그램에서 동시성을 처리하는 방식을 규정하기 위해 고안된 모델이다. 같은 메모리 셀에 대한 요청은 큐(요청 순서대로 FIFO 방식)에 순서대로 저장하지만 다른 메모리 셀에 대한 동시 쓰기 작업의 수행 순서는 중요하지 않으며, 모든 읽기 작업은 메모리 셀 또는 큐가 비어 있지 않다면 큐에 저장된 가장 최신 값을 읽는다[LAMPORT79]. 분산 시스템의 맥락에서 설명하면 연산은 다양한 순서(도착 시간순 또는 동시에 쓰기 요청 시 임의의 순서)로 실행될 수 있지만 모든 프로세스 관점에서 수행 순서는 같아야 함을 의미한다.

각 프로세스는 프로그램이 지정한 순서대로 읽기와 쓰기 작업을 요청한다. 모든 싱글 스레드 프로그램은 연산을 순차적으로 수행한다. 쓰기 연산의 결과는 프로세스가 수행한 순서대로 효과가 나타난다. 여러 다른 소스에서 요청되는 연산들은 임의의 순서로 수행될 수 있다. 하지만 리더의 관점에서 수행 순서는 일관돼야 한다.

 순차 일관성과 선형화 가능성을 혼동하는 경우가 많다. 순차 일관성 모델과 선형화 가능성 모델은 모두 연산의 글로벌 수행 순서를 정의하지만, 선형화 가능성 모델에서는 각 프로세스의 로컬 순서와 글로벌 순서가 일치해야 한다. 작업이 수행된 실제 시간과 순서가 중요하다는 의미다. 반면에 순차 일관성 모델에서는 같은 오리진의 쓰기 작업의 순서만이 중요하다[VIOTT16]. 또 다른 차이점은 합성(composition)이다. 선형화할 수 있는 이력을 합쳐도 여전히 선형화할 수 있다. 하지만 순차적으로 일관된 이력은 합성할 수 없다[ATTIYA94].

그림 11-5를 보면 P_3과 P_4는 write(x, 1)과 write(x, 2)가 쓴 값을 읽는다. 실제 시간상 1이 2보다 먼저 작성됐지만 2가 반환될 수 있다. 나아가 P_3이 1을 읽는 동안 P_4는 2를 읽을 수도 있다. 모든 프로세스 사이의 순서가 일치한다면 1 → 2와 2 → 1 모두 유효하다. 중요한 부분은 P_3과 P_4 모두 2 → 1 순서로 값을 읽는다는 것이다[TANENBAUM14].

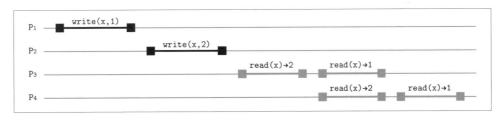

그림 11-5 순차 일관성 모델의 수행 순서

스테일 읽기의 원인 중 하나는 복제 노드 사이의 상태 불일치다. 동일한 순서로 전파된 쓰기 결과가 복제 노드에 각각 다른 시간에 도착해 상태가 일치하지 않을 수 있다.

선형화 가능성 모델과의 가장 큰 차이점은 클러스터 레벨에서 수행 시간을 제한하지 않는다는 것이다. 선형화 가능성 모델에서 연산의 효과는 일정 시간 범위 내에 나타나야 한다. 쓰기 연산 W_1이 완료되면 결과가 반영되고 모든 리더는 W_1이 쓴 값 또는 그 이후의 값을 읽어야 한다. 마찬가지로 읽기 연산 R_1이 완료된 후에 수행되는 모든 읽기 연산은 R_1과 같은 값 또는 그 이후의 값을 읽어야 한다.

순차적 일관성 모델은 각 프로세스의 관점에서 순서의 일관성만 유지된다면 연산의 결과는 완료 후에 나타나도 된다. 요청자가 같은 쓰기 연산은 수행 순서가 겹칠 수 없고 실제로 요청된 순서를 유지해야 한다. 나아가 연산의 효과가 나타나는 순서가 모든 리더 사이에 동일해야 한다.

선형화 가능성과 유사하게 최신 CPU는 기본적으로 순차적 일관성을 보장하지 않는다. 프로세서가 명령어의 수행 순서를 바꿀 수 있기 때문에 동시에 실행되는 스레드가 새로운 값을 의도된 순서대로 볼 수 있도록 하려면 메모리 배리어^{memory barrier}(또는 펜스, fence)를 사용해야 한다[DREPPER07][GEORGOPOULOS16].

인과적 일관성 모델

> 변하지 않는 것은, 이 세상에, 단 하나의 진실이지. '인과관계'. 작용과 반작용, 원인과 결과.
>
> — 메로빈지언(Merovingian), 영화 〈매트릭스 리로디드(The Matrix Reloaded)〉

일반적으로 전역 순서가 필요하지 않은 경우가 더 많지만 일부 연산 간에는 순서가 중요할 수 있다. 인과적 일관성^{causal consistency} 모델에서 인과관계가 성립하는 연산의 순서는 모든 프로세스에서 동일하게 나타나야 한다. 아무런 인과관계가 없는 동시 쓰기 연산 사이의 순서는 프로세스마다 다르게 보일 수 있다.

우선 왜 인과관계가 중요하고 인과관계가 없는 연산의 결과가 어떻게 전파될 수 있는지 알아보자. 그림 11-6의 프로세스 P_1과 P_2의 쓰기 작업 사이에는 인과 순서가 없다. 따라서 두 작업의 결과는 시기와 순서에 상관없이 전파될 수 있다. 프로세스 P_3은 2보다 1을 먼저 읽고 반대로 프로세스 P_4는 2를 먼저 읽는다.

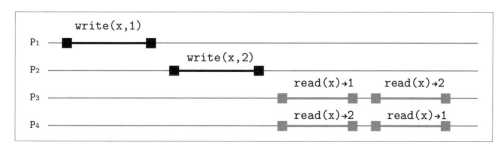

그림 11-6 인과관계가 없는 쓰기 작업

그림 11-7은 인과관계가 존재하는 쓰기 작업을 나타낸다. 두 작업 사이의 인과관계를 나타내기 위해 새로운 값과 논리적 시간을 같이 명시한다. P_1이 먼저 write(x, $\varnothing$, 1)→t_1을 수행한다. $\varnothing$는 논리적으로 첫 번째 작업이라는 것을 의미한다. 이어서 P_2가 write(x, t_1, 2)을 수행한다. 이 작업은 논리적으로 t_1보다 뒤에 수행돼야 한다. 두 작업의 결과는 명시된 논리적 시간 순서로 전파돼야 한다.

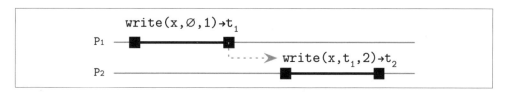

그림 11-7 인과관계가 존재하는 쓰기 작업

두 작업 사이에는 인과 순서가 존재한다. P_2의 쓰기 작업이 첫 번째 작업보다 먼저 전파되더라도 모든 이전 순서의 작업이 전파될 때까지 해당 값은 읽을 수 없다. 작업의 순서는 논리적 시간을 기반으로 재구성할 수 있다. 즉, 작업 간의 순서는 물리적 클럭을 사용하지 않고 논리적으로 정의하며 모든 프로세스에서 결과가 동일한 순서로 나타나야 한다.

그림 11-8의 P_1와 P_2의 쓰기 작업 사이에는 인과관계가 존재하고 논리적 순서에 맞게 P_3과 P_4로 전파된다. 그림 11-6의 P_3, P_4와 비교해보면 순서가 동일한 것을 볼 수 있다.

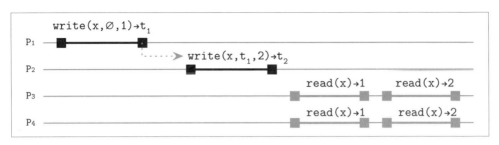

그림 11-8 인과관계가 존재하는 쓰기 작업

온라인 포럼에 게시된 글에 다른 사용자가 답변을 작성하고 또 다른 사용자들이 계속해서 답변에 대한 스레드를 이어가는 방식과 유사하다고 볼 수 있다. 스레드는 여러 주제로 갈라질 수 있다. 특정 스레드의 대화가 계속해서 이어질 수 있고 일부는 같은 답변을 공유하거나 아예 답변이 없을 수도 있다.

인과적 일관성이 보장되는 시스템은 세션session이 상태가 일관되지 않을 수 있는 여러 서버에 읽기와 쓰기를 요청하더라도 데이터베이스의 일관성을 보장한다[TERRY94]. 세션에 보장되는 속성은 단조 읽기와 쓰기monotonic read/write, 쓰기 후 읽기read-your-writes, 읽기 후 쓰기writes-follow-reads다. 세션 모델은 '세션 모델' 절에서 설명한다.

인과적 일관성은 논리적 클럭[LAMPORT78]과 모든 메시지마다 논리적으로 선행돼야 하는 작업에 대한 메타데이터를 추가해 구현할 수 있다. 새로운 요청에는 항상 최신 버전의 메타데이터가 포함돼 있다. 모든 연산은 이전 연산의 결과가 적용된 후에 수행될 수 있다. 메타데이터에 명시된 순서와 어긋나는 요청은 아직 수행될 수 없기 때문에 서버에 임시 저장한다.

순서 보존 서버 클러스터COPS, Clusters of Order-Preserving Servers[LLOYD11]와 아이거Eiger[LLOYD13]는 인과적 일관성을 구현한 대표적인 프로젝트다. 두 프로젝트는 일관성을 보장하기 위해 라이브러리(사용자가 접속하는 프런트엔드 서버)를 사용해 인과관계를 정의하고 종속성을 확인한다. COPS는 키 버전을 기반으로 의존관계를 파악하는 데 반해 아이거는 수행 순서를 미리 지정한다(예를 들어 멀티파티션 트랜잭션의 경우 일부 작업은 다른 노드에서 수행된 다른 작업에 의존할 수 있다). 두 프로젝트 모두 결과적 일관성 모델 기반의 시스템과는 다르게 맞지 않는 순서out-of-order로 작업을 요청하지 않는다. COPS는 키의 순서와 애플리케이션의 방식대로 순서를 유지하는 한편, 아이거는 마지막으로 쓴 값을 채택하는 방식last-write-wins으로 충돌을 해결한다.

벡터 클럭

인과 순서를 정의하면 시스템은 메시지가 순서에 맞지 않게 전달되더라도 수행 순서를 재구성할 수 있고 메시지 사이의 갭을 채우고 일부 메시지가 누락된 상황에서 작업 결과가 전파되는 것을 방지할 수 있다. 예를 들어 인과관계가 존재하는 세 개의 메시지 {M1($\emptyset$, t1), M2(M1, t2), M3(M2, t3)}가 순서를 지키지 않고 전파됐다면 프로세스는 모든 선행 작업이 도착할 때까지 메시지를 버퍼에 임시 저장하고 인과 순서를 재구성해야 한다[KINGSBURY18b]. 다이나모^{Dynamo}[DECANDIA07]와 리악^{Riak}[SHEEHY10a] 등의 데이터베이스는 벡터 클럭^{vector} ^{clock}[LAMPORT78][MATTERN88]을 사용해 인과 순서를 유지한다.

벡터 클럭은 이벤트 간의 부분 순서$^{partial\ order}$를 정의하고 여러 부분 순서 사이의 불일치를 해결하는 데 사용된다. 벡터 클럭을 사용해 공유 시간$^{common\ time}$과 전역 상태를 구현할 수 있고 비동기 이벤트를 동기 이벤트로 나타낼 수 있다. 각 프로세스별로 논리적 클럭이 존재하고 이들을 벡터에 저장한다. 클럭은 초깃값에서 시작하고 새로운 이벤트(쓰기 또는 읽기)가 발생할 때마다 증가한다. 프로세스는 다른 프로세스로부터 전달받은 클럭 벡터에서 프로세스별로 가장 높은 값(상대 프로세스가 알고 있는 가장 높은 클럭 값)을 자신의 벡터에 갱신한다.

데이터를 쓰기 전에 해당 키에 대한 값이 이미 프로세스에 존재하는지 확인하고 이미 존재한다면 벡터에서 해당 클럭을 증가시키고 두 쓰기 작업 사이에 인과관계를 설정한다. 키가 존재하지 않는다면 새로운 이벤트 체인을 시작하고 신규 버전의 값을 초기화한다.

지금까지 공유 메모리 레지스터에 대한 접근과 실제 시간 기반의 수행 순서의 관점에서 일관성에 대해 논의했고 순차적 일관성 모델에서 복사본 사이에 불일치가 발생할 수 있다는 것을 확인했다. 인과적 일관성 모델에서는 같은 메모리 위치를 참조하는 쓰기 작업 사이에만 순서를 지정하기 때문에 독립적인 값에 대한 쓰기 작업 사이에는 충돌이 발생할 수 없다[LAMPORT79].

가용성과 성능을 모두 충족하는 일관성 모델은 스테일 읽기뿐만 아니라 충돌이 발생할 수 있는 쓰기 작업도 허용하기 때문에 모든 복제본이 완전히 일치하지 않을 수 있다. 따라서 시스템에는 두 개의 독립된 이벤트 체인이 만들어질 수 있다. 그림 11-9는 이벤트 체인이 갈라진 상황을 나타낸다. 하나의 복제 서버 관점에서 x의 값은 1, 5, 7, 8 순서로 바뀌지만 또 다른 복제 서버에서는 1, 5, 3 순서로 변경된다[DAILY13].

그림 11-9 인과적 일관성 모델의 갈라진 이벤트 체인

 인과적 일관성을 구현하기 위해서는 인과 순서를 저장하고 가비지 컬렉션 단계를 추가해야 한다. 또한 충돌 발생 시 사용자에게 해결을 요청해야 한다. 벡터 클럭은 충돌 발생 여부는 알려줄 수 있지만 해결 방식은 애플리케이션마다 다르기 때문에 정확한 해결책은 제시하지 않는다. 이 때문에 아파치 카산드라와 같은 결과적 일관성 기반의 데이터베이스는 인과 순서 대신 마지막 쓰기 채택 방식으로 충돌을 해결한다.

세션 모델

값 전파 측면에서 일관성을 따지는 편이 데이터베이스 개발자에게는 유용하다. 데이터에 대한 제약 조건을 이해하고 유지하기가 쉽기 때문이다. 하지만 클라이언트 관점에서 볼 때 더 이해하고 설명하기 쉬운 것들도 있다. 분산 시스템을 다중 클라이언트가 아닌 단일 클라이언트 관점에서 살펴볼 수 있다.

세션 모델session model[VIOTTI16](client-centric, 클라이언트 중심, 일관성 모델이라고 부르기도 한다[TANEBAUM06])은 클라이언트의 관점에서 분산 시스템의 상태를 설명한다. 읽기 및 쓰기를 요청하는 클라이언트가 볼 수 있어야 하는 시스템의 상태를 규정한다.

지금까지 설명한 다른 일관성 모델은 다중 클라이언트 환경에서의 연산 수행 순서에 초점을 맞춘다. 그에 반해 클라이언트 중심 일관성 모델은 하나의 클라이언트가 시스템과 어떻게 상호작용하는지에 초점을 둔다. 여전히 각 클라이언트의 모든 연산은 순차적이라고 가정한다. 선행 연산이 완료된 후에 다음 연산을 시작할 수 있다. 연산이 완료되기 전에 클라이언트에 장애가 발생하거나 연결이 끊겨 연산이 불완전한 경우는 고려하지 않는다.

분산 시스템에서 클라이언트는 여러 복제 노드 중 하나와 연결한다. 따라서 최신 변경 사항이 일부 복제 노드로 전파되지 않은 경우 클라이언트는 해당 값의 존재를 모를 수 있다.

클라이언트는 자신이 쓴 값은 당연히 읽을 수 있어야 한다. 자신이 쓴 값 읽기^{Read-own-writes} 일관성 모델에서 쓰기 다음에 수행되는 같거나 다른 복제본에 대한 모든 읽기는 업데이트된 값을 읽어야 한다. 예를 들어 write(x, V) 다음의 read(x)는 V를 반환해야 한다.

단조 읽기 모델은 읽을 수 있는 값을 제한한다. read(x)가 V를 반환한다면 이후의 모든 읽기는 V 또는 더 나중 값을 읽어야 한다.

단조 쓰기 모델은 같은 클라이언트가 쓴 값은 쓴 순서대로 나타난다고 가정한다. 클라이언트 세션이 write(x, V1), write(x, V2) 순서로 연산을 수행했다면 모든 프로세스에서 수행한 순서(V1 다음 V2)대로 나타나야 한다. 순서가 보장되지 않으면 예전 값이 되살아나 데이터가 손실될 수 있다.

읽기 후 쓰기^{write-follows-reads} 모델(또는 세션 인과관계 모델)은 새로운 쓰기 작업을 이전 읽기가 반환한 값의 쓰기 작업 이후에 배치한다. 예를 들어 write(x, V2)가 V1를 반환한 read(x) 이후에 수행된다면 write(x, V1)이 write(x, V2)보다 먼저 수행돼야 한다.

세션 모델은 다른 프로세스(클라이언트) 또는 다른 논리적 세션이 수행하는 연산에 대한 가정은 포함하지 않는다[TANENBAUM14]. 세션 모델은 단일 프로세스 관점에서의 수행 순서를 정의한다. 시스템의 모든 프로세스별로 동일한 규칙이 적용돼야 한다. 예를 들어 P1이 자신이 쓴 값을 읽을 수 있다면 P2도 마찬가지로 자신이 쓴 값을 읽을 수 있어야 한다.

단조 읽기와 단조 쓰기, 읽기 후 쓰기 모델을 합친 모델이 파이프라인 기반 RAM 일관성 ^{Pipelined RAM(PRAM) consistency} 또는 FIFO 일관성이다[LIPTON88][BRZEZINSKI03]. PRAM 일관성은 특정 프로세스에서 수행된 쓰기 작업이 해당 수행 순서대로 다른 프로세스에 전파되는 것을 보장한다. 다른 프로세스의 쓰기 작업의 순서가 실제 순서와 일치하지 않을 수 있는 순차 일관성과는 다르다.

많은 분산 시스템 개발자가 시스템을 검증 및 단순화하기 위해 클라이언트 중심 일관성 모델을 선택한다.

결과적 일관성

동기화는 멀티프로세서 프로그래밍과 분산 시스템에서 모두 비용이 높은 작업이다. '일관성 모델' 절에서 설명했듯이 일부 모델은 노드 사이에 어느 정도의 불일치를 허용한다. 이를테면 순차 일관성 모델에서 새로운 값은 다른 속도로 전파될 수 있다.

결과적 일관성^{eventual consistency} 모델에서 변경 사항은 시스템에서 비동기적으로 전파되고 데이터가 더 이상 변경되지 않는다면 결과적으로 모든 읽기는 가장 최신 값을 반환한다 [VOGEL09]. 충돌이 발생하는 경우 마지막 쓰기 채택^{last-write-wins} 또는 벡터 클럭('벡터 클럭' 절 참고) 사용 등의 다양한 방식으로 여러 복제본에 저장된 값을 조정하기 때문에 최신 값의 개념은 방식에 따라 다를 수 있다.

결과적 일관성은 실제로 많은 데이터베이스에서 사용되는 모델이다.

조정 가능한 일관성

결과적 일관성 모델 기반 시스템을 CAP 이론의 용어로 설명하면 일관성과 가용성이 대립 관계에 있는 시스템이다('CAP 이론' 절 참고). 서버 관점에서 결과적 일관성 모델 기반 시스템은 다음 세 개의 변수를 사용해 데이터 복제, 읽기 및 쓰기를 조정한다.

복제 팩터 N

    데이터 복제본을 저장하는 노드 수

쓰기 일관성 W

    쓰기가 성공하기 위해 응답해야 하는 노드 수

읽기 일관성 R

    읽기가 성공하기 위해 값을 반환해야 하는 노드 수

$(R + W > N)$을 충족하는 일관성 수준은 읽기와 쓰기 작업 사이에 겹치는 노드가 항상 존재하기 때문에 최신 값을 반환한다. $N = 3$, $W = 2$, $R = 2$인 경우 시스템에는 동시에 최대 한 개의

노드에만 장애가 발생할 수 있다. 3개 중 2개 노드는 쓰기 요청에 응답해야 한다. 이상적으로 시스템은 새로운 값을 비동기적으로 세 번째 노드에 복제해야 한다. 세 번째 노드가 중단된 경우 안티-엔트로피 메커니즘anti-entropy mechanism(12장 참고)에 의해 값은 결과적으로 전파된다.

일관된 결과를 반환하기 위해서는 최소 3개 중 2개의 복제 노드는 정상적으로 읽기 요청에 응답해야 한다. 어떤 조합에서도 최소 한 개의 노드는 주어진 키에 대한 최신 값을 반환한다.

 쓰기 수행 시 코디네이터는 N개의 노드에 값을 보내고 W개(코디네이터도 복제 노드라면 W-1개)의 노드의 응답을 기다린다. 이후의 작업은 비동기적으로 완료되거나 중단된다. 읽기도 마찬가지로 코디네이터는 최소 R개의 노드로부터 값을 수집해야 한다. 일부 데이터베이스는 코디네이터의 응답 레이턴시를 줄이기 위해 요청을 한 번 이상 보낸다. 따라서 일부 읽기 요청이 실패하거나 늦게 도착하더라도 추가 요청이 R에 포함될 수 있다.

일부 쓰기 요청이 많은 시스템은 W = 1, R = N으로 설정한다. 한 개의 노드만 쓰기에 응답하면 되지만 모든 복제 노드(장애가 발생한 노드까지 포함)에서 읽을 수 있어야 한다. W = N, R = 1 조합도 마찬가지로 모든 복제 노드에 값이 저장된다면 항상 최신 값을 읽을 수 있다.

읽기 또는 쓰기 일관성 수준을 높이면 레이턴시가 증가하고 노드의 가용성 조건을 충족하기 어려워진다. 반대로 수준을 낮추면 시스템의 가용성은 증가하지만 일관성이 떨어진다.

쿼럼

$\lfloor N/2 \rfloor$ + 1개의 노드로 구성된 일관성 수준을 쿼럼quorum, 정족수, 과반수 노드이라고 부른다. 2f + 1개의 노드로 구성된 시스템에서 네트워크 파티션 또는 장애로 인해 f개의 노드가 중단된 경우 이들이 복구될 때까지 다른 정상 노드는 계속해서 읽기와 쓰기 요청을 처리할 수 있다. 시스템은 최대 f개까지 노드 장애를 허용한다는 의미이다.

쿼럼 기반의 읽기와 쓰기를 지원하는 시스템에서 과반수 이상의 노드에 장애가 발생하는 상황은 허용되지 않는다. 예를 들어 3개의 복제 노드로 구성된 시스템에서 노드 2개가 중단되면 남은 한 개의 노드만이 응답할 수 있기 때문에 읽기와 쓰기 일관성이 보장되지 않는다.

쿼럼 기반의 읽기와 쓰기는 불완전한 쓰기 발생 시 단조 읽기를 보장하지 않는다. 예를 들어 3개 중 1개의 복제 노드에만 변경 사항이 전파된 경우 어떤 복제 노드에 요청했느냐에 따라 불완전한 작업의 결과 또는 이전 값을 반환할 수 있다. 같은 값에 대한 연속된 요청이 모두 같은 복제 노드에 요청하지 않을 수 있기 때문에 반환되는 값이 계속해서 바뀔 수 있다. (가용성을 포기하고) 단조 읽기를 보장하기 위해서는 블로킹 읽기 복구read-repair 방식을 사용해야 한다('읽기 복구' 절 참고).

증명 복제 노드

쿼럼 기반의 읽기를 통해 시스템의 가용성을 높일 수 있다. 일부 노드가 중단돼도 데이터베이스는 계속해서 읽기와 쓰기 요청을 처리할 수 있기 때문이다. 과반수 노드의 동의가 필요하다는 것은 항상 최소한 하나의 노드가 겹친다는 의미이므로 모든 쿼럼 기반 읽기는 가장 최신의 쿼럼 기반 쓰기의 결괏값을 읽을 수 있다. 하지만 복제와 과반수 조건으로 인해 저장 비용이 증가한다. 복제 노드마다 복제본을 저장해야 한다. 예를 들어 복제 팩터가 5라면 5개의 복제본을 유지해야 한다.

저장 비용은 감시 복제 노드witness replica 개념을 사용해 줄일 수 있다. 각 복제 노드마다 복제본을 저장하는 대신 복제 노드를 카피 그룹과 감시witness 그룹을 나눈다. 카피 그룹에는 원래대로 레코드를 저장하고 감시 그룹에는 쓰기가 발생했다는 사실을 의미하는 레코드를 저장한다. 하지만 복제본의 수가 너무 적은 경우 문제가 될 수 있다. 예를 들어 카피 노드 3개와 감시 노드 2개로 구성된 시스템에서 카피 노드 2개가 중단되면 한 개의 카피 노드와 2개의 감시 노드가 쿼럼을 이루게 된다.

카피 노드에 장애 또는 쓰기 타임아웃이 발생하면 감시 노드를 카피 노드로 업그레이드하고 레코드를 임시 저장한다. 노드가 복구되면 업그레이드된 감시 노드를 이전 상태로 되돌리거나 복구된 노드를 감시 노드로 사용한다.

2개의 카피 노드와 1개의 감시 노드로 구성([1c, 2c, 3w])된 시스템을 예로 들어보자. 쓰기 작업 중 2c에 장애가 발생해서 작업을 완료할 수 없다면 임시로 감시 노드 3w에 해당 레코드를 저장한다. 2c가 복구되면 복구 메커니즘이 노드를 최신 상태로 되돌리고 감시 노드에서 중복된 레코드를 삭제한다.

1c와 3w에는 있고 2c에는 없는 레코드를 요청한 경우를 생각해보자. 어떤 조합의 두 개의 노드라도 쿼럼을 구성할 수 있기 때문에 노드의 종류와 상관없이 [1c, 2c]와 [1c, 3w], [2c, 3w]는 모두 일관성을 보장한다. [1c, 2c]의 경우 1c에서 최신 레코드를 읽고 2c로 복사한다. [2c, 3w]의 경우 3w에서 최신 레코드를 읽을 수 있다. 원래 시스템 구성을 복원하고 2c를 최신 상태로 유지하기 위해서는 레코드를 2c로 복사하고 감시 노드에서 삭제한다.

더 일반화하면 다음 두 가지 규칙을 따를 때, n개의 카피 노드와 m개의 감시 노드 구성이 n + m개의 카피 노드와 동일한 수준 시스템 가용성을 보장한다.

- 과반의 노드(N/2 + 1개의 노드)가 읽기와 쓰기 작업을 수행한다.
- 쿼럼 구성원 중 최소 한 개는 카피 노드다.

그 이유는 레코드는 항상 카피 노드와 감시 노드 중 하나에 존재하기 때문이다. 장애 발생 시 복구 메커니즘은 카피 노드를 최신 상태로 업데이트하고 감시 노드에 데이터를 임시 저장한다.

감시 노드를 사용하면 일관성을 유지하면서 저장 비용을 절감할 수 있다. 스패너[CORBETT12]와 아파치 카산드라가 이 방식을 사용한다.

강력한 결과적 일관성과 CRDTs

지금까지 선형화 가능성, 직렬 가능성과 같은 여러 강력한 일관성 모델, 결과적 일관성과 같은 약한 일관성 모델을 살펴봤다. 강력한 결과적 일관성 모델은 두 모델의 일부 장점을 모두 포함하는 모델이다. 이 모델에서 변경 사항은 늦게 또는 다른 순서로 전파될 수 있다. 하지만 전파된 후에는 충돌을 해결하고 값을 병합해 모두 일관된 상태로 유지할 수 있다[GOMES17].

어느 정도의 비일관성을 허용하고 일치하지 않는 상태는 수행 후에 조정(또는 병합)할 수 있도록 연산마다 상태를 추가로 저장할 수 있다. 이 방식의 가장 대표적인 예는 레디스^{Redis}

[BIYIKOGLU13]에 구현된 충돌이 없는 복제된 데이터 타입^{CRDTs, Conflict-Free Replicated Data Types} [SHAPIRO11a]이다.

CRDTs는 충돌이 발생하지 않는 특수한 자료 구조이다. 이 자료 구조에 대한 연산은 어떤 순서로 수행해도 결과는 동일하다. 이와 같은 속성은 분산 시스템에서 매우 유용하다. 예를 들어 다중 노드 시스템에서 충돌이 발생하지 않는 카운터를 복제해서 사용하면 네트워크 파티션으로 인해 노드끼리 통신할 수 없더라도 각 노드는 독립적으로 증가시킬 수 있다. 연결이 복구되는 즉시 모든 노드의 결과를 병합할 수 있으며, 네트워크 파티션 이전에 적용된 작업은 그대로 유지된다.

CRDTs는 복제 노드 사이의 일시적 불일치를 허용하기 때문에 결과적 일관성 기반 시스템에서 유용하다. 각 복제 노드는 다른 노드와의 사전 동기화 없이 독립적으로 연산을 수행한다. 값은 결과적으로 모든 노드에 전파되지만 전달 순서는 실제 순서와 다를 수 있다. CRDTs는 각 노드의 상태 또는 수행된 연산을 통해 시스템의 최신 상태를 재구성할 수 있다.

CRDTs의 가장 간단한 예는 연산 기반의 교환 가능한 복제 데이터 타입^{CmRDTs, Commutative Replicated Data Types}다. CmRDTs를 사용하기 위해서는 연산은 다음 조건들을 충족해야 한다.

부가 효과 없음

연산 수행이 시스템 상태를 변경하지 않는다.

순서 무관

$x \cdot y = y \cdot x$와 같이 인수의 순서가 중요하지 않다. 다시 말해 x가 y와 병합되는지 y가 x와 병합되는지는 중요하지 않다.

인과 순서 존재

전제조건이 충족됐을 때 연산을 수행할 수 있다. 따라서 연산 수행 시 시스템은 특정 상태에 도달했음이 보장된다.

CmRDTs 기반의 상향 카운터를 구현해보자. 각 서버는 모든 참가자의 마지막 카운터 값을 벡터에 저장하고 업데이트한다. 카운터의 초깃값은 0이다. 서버는 벡터에서 자신의 카운터만 수정할 수 있다. 변경 사항이 전파되면 merge(state1, state2) 함수는 두 서버의 상태를 병합한다.

예를 들어 다음과 같이 세 개의 서버에는 각각 초기화된 벡터가 있다.

노드 1:   노드 2:   노드 3:
[0, 0, 0]   [0, 0, 0]   [0, 0, 0]

첫 번째와 세 번째 노드의 카운터를 증가시키면 각 노드의 벡터는 다음과 같이 변경된다.

노드 1:   노드 2:   노드 3:
[1, 0, 0]   [0, 0, 0]   [0, 0, 1]

변경 사항 전파 시 각 카운터의 최댓값을 선택하는 병합 함수를 사용해 벡터를 갱신한다.

노드 1 (노드 3과 병합):
merge([1, 0, 0], [0, 0, 1]) = [1, 0, 1]

노드 2 (노드 1과 병합):
merge([0, 0, 0], [1, 0, 0]) = [1, 0, 0]

노드 2 (노드 3과 병합):
merge([1, 0, 0], [0, 0, 1]) = [1, 0, 1]

노드 3 (노드 1과 병합):
merge([0, 0, 1], [1, 0, 0]) = [1, 0, 1]

모든 카운터의 값을 합한 값이 벡터의 최신 상태를 나타낸다(sum([1, 0, 1]) = 2). 병합 함수는 순서에 상관없이 결과가 동일하다. 각 노드는 자신의 카운터만 업데이트할 수 있고 값은 독립적이기 때문에 추가적인 조정 절차가 필요 없다.

증가와 감소가 모두 가능한 증가–감소–카운터Positive-Negative-Counter, PN-Counter는 증가 값을 저장하는 P 벡터와 감소 값을 저장하는 N 벡터를 사용해 구현할 수 있다. 규모가 큰 시스템에서는 슈퍼피어super-peers를 사용해 크기가 큰 벡터를 전파하는 것을 방지할 수 있다. 슈퍼피어는 카운터 상태를 복제해 노드 간의 반복적인 벡터 교환을 방지한다[SHAPIRO11b].

카운터 값 저장 및 복제에는 레지스터를 사용할 수 있다. 가장 단순한 레지스터는 마지막으로 쓴 값을 선택하는 레지스터다[LWW register, Last-Write-Wins register]. 값 사이의 충돌을 방지하기 위해 모든 값마다 고유하고 전역적으로 순서가 있는 타임스탬프를 레지스터에 지정한다. 쓰기 작업이 충돌하면 타임스탬프가 가장 큰 값을 선택한다. 병합 함수는 단순히 가장 큰 타임스탬프 값을 선택하기 때문에 병합 순서는 결과와 무관하다. 만약 값을 버릴 수 없다면 모든 값을 다중 값[multivalue] 레지스터에 저장하고 애플리케이션의 목적에 맞는 병합 로직을 통해 값을 선택하면 된다.

순서가 없는 추가 전용 집합[G-Set, Grow-only Set]도 CRDTs를 사용해 구현할 수 있다. 각 노드는 자신의 상태를 집합에 추가한다. 상태를 계속해서 추가하면 집합은 유효하다. 집합의 병합도 순서는 결과와 무관하다. 카운터와 마찬가지로 추가 전용 집합과 삭제 전용 집합을 따로 유지하는 방법도 있다. 하지만 오직 추가 집합에 포함된 값만 삭제 집합에 추가할 수 있다. 추가 집합에서 삭제 집합에 있는 요소를 삭제한 집합이 최신 상태를 나타낸다[SHAPIRO11b].

충돌이 발생하지 않는 복제된 JSON 타입은 더 복잡한 형태의 CRDTs다. 리스트와 맵이 복잡하게 중첩된 JSON 구조에 요소를 삽입, 삭제 및 할당할 수 있다. 병합 함수는 클라이언트 측에서 수행하며 값은 특정 순서로 전파되지 않아도 된다[KLEPPMANN14].

CRDTs는 다양한 방법으로 사용될 수 있으며 많은 데이터베이스가 강력한 결과적 일관성[SEC, Strong Eventual Consistency]을 보장하기 위해 사용한다. 장애를 허용하는 분산 시스템을 구축하는 데 큰 도움이 되는 중요한 개념이다.

요약

장애 허용 시스템은 이중화를 통해 가용성을 높인다. 일부 프로세스가 중단하거나 응답하지 않아도 시스템은 계속해서 정상 작동할 수 있다. 하지만 여러 복제본을 동기화하기 위해서는 추가 관리가 필요하다.

11장에서는 단일 작업의 관점에서 여러 일관성 모델을 살펴봤다. 가장 강력한 모델부터 나열하면 다음과 같다.[2]

선형화 가능성

모든 연산은 즉시 실행되는 것처럼 보여야 하며 실제 시간 기반의 순서를 유지해야 한다.

순차 일관성

연산 효과는 특정 순서로 나타나며 이 순서는 모든 프로세스에서 동일해야 한다.

인과적 일관성

인과관계가 존재하는 작업은 모든 프로세스에서 동일한 순서로 수행돼야 한다.

PRAM/FIFO 일관성

연산의 효과는 각 프로세스가 수행한 순서대로 나타난다. 다른 프로세스가 쓴 값은 다른 순서로 나타날 수 있다.

나아가 여러 세션 모델에 관해서도 설명했다.

자신이 쓴 값 읽기

읽기 작업에는 이전에 쓴 내용이 반영된다. 새로운 값은 시스템 전체로 전파되고 같은 클라이언트는 이 값을 읽을 수 있어야 한다.

단조 읽기

이미 읽은 값보다 더 이전에 쓴 값을 반환하지 않아야 한다.

단조 쓰기

하나의 클라이언트가 쓴 여러 값은 이 클라이언트가 쓴 순서 그대로 다른 클라이언트에 전파돼야 한다.

읽기 후 쓰기

동일한 클라이언트의 쓰기 요청은 이전에 읽은 값을 쓴 작업 뒤에 배치된다.

---

[2] 다음 설명은 요약일 뿐이다. 앞의 상세한 설명과 정의를 참고하길 바란다.

이러한 개념들을 제대로 이해하면 시스템이 무엇을 보장하는지 알 수 있고 애플리케이션을 개발하는 데 도움이 될 것이다. 일관성 모델은 데이터에 대한 작업이 따라야 하는 규칙을 정의하지만 시스템마다 달라질 수 있다. 높은 일관성 모델 위에 낮은 모델을 쌓거나 시스템의 일관성 규칙을 무시하면 복구할 수 없는 수준의 불일치 또는 데이터 손실이 발생할 수 있다.

결과적 일관성 모델과 일관성을 조정하는 방법도 살펴봤다. 쿼럼 기반 시스템은 과반 노드를 통해 일관성을 보장한다. 나아가 감시 복제 노드를 사용하면 저장 비용을 절감할 수 있다.

더 읽어보기

11장에서 이야기한 개념에 관한 더 자세한 설명은 다음 문헌을 참고하길 바란다.

「Consistency models(일관성 모델)」

Perrin, Matthieu. 2017. Distributed Systems: Concurrency and Consistency (1st Ed.). Elsevier, UK: ISTE Press.

Viotti, Paolo and Marko Vukolić. 2016. "Consistency in Non-Transactional Distributed Storage Systems." ACM Computing Surveys 49, no. 1 (July): Article 19. https://doi.org/0.1145/2926965.

Bailis, Peter, Aaron Davidson, Alan Fekete, Ali Ghodsi, Joseph M. Hellerstein, and Ion Stoica. 2013. "Highly available transactions: virtues and limitations." Proceedings of the VLDB Endowment 7, no. 3 (November): 181-192. https://doi.org/10.14778/2732232.2732237.

Aguilera, M.K., and D.B. Terry. 2016. "The Many Faces of Consistency." Bulletin of the Technical Committee on Data Engineering 39, no. 1 (March): 3-13.

12장

안티-엔트로피와 배포

지금까지 설명한 통신 패턴은 대부분 1:1 또는 1:N(코디네이터와 복제 노드) 구조이다. 시스템 전체에 데이터 레코드를 안정적으로 전파하기 위해서는 전파하는 노드가 사용 가능한 상태이고 다른 노드와 통신할 수 있어야 한다. 따라서 단일 노드의 성능이 처리율을 결정한다.

클러스터의 구성(노드의 추가 및 삭제 여부)과 상태, 장애 발생 여부, 스키마 변경 등을 담고 있는 클러스터 관련 메타데이터는 데이터 레코드보다 더 빠르고 안정적으로 전달돼야 한다. 일반적으로 메타데이터를 포함하는 메시지는 크기가 작고 자주 전송되지 않지만 빠르고 안정적으로 전파돼야 한다.

메시지는 다음 세 가지 방식으로 클러스터의 모든 노드로 전파될 수 있다[DEMER87]. 그림 12-1은 세 가지 통신 패턴을 나타낸다.

- a) 하나의 프로세스가 모든 노드에 메시지를 브로드캐스트한다.
- b) P2P 방식으로 주기적으로 정보를 교환한다. 노드는 쌍으로 연결해 메시지를 교환한다.
- c) 모든 수신자가 협력해 메시지를 브로드캐스트한다. 더 빠르고 안정적으로 전파할 수 있다.

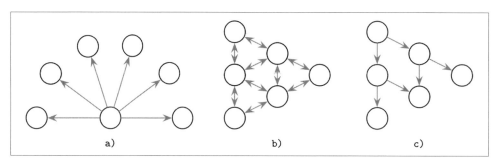

그림 12-1 브로드캐스트 (a), 안티–엔트로피 (b), 가십 (c)

클러스터에 노드가 많지 않다면 모든 프로세스에 브로드캐스트하는 방식이 가장 간단한다. 하지만 노드가 많은 경우 통신 비용이 증가하고 단일 프로세스에 대한 의존성이 늘어나 안정성이 줄어든다. 프로세스는 네트워크의 다른 모든 프로세스의 존재를 항상 인지할 수는 없다. 나아가 브로드캐스트하는 프로세스와 각 수신 노드가 서로 통신할 수 있는 시점이 반드시 존재해야 하는데 그러기 어려운 경우도 있다.

이와 같은 조건을 완화하고 일부 업데이트 내역은 전파되지 않을 수 있다고 가정하자. 코디네이터는 최대한 많은 노드에 메시지를 전달하고 장애 발생 시 안티–엔트로피$^{anti-entropy}$ 메커니즘이 노드를 최신 상태로 유지한다. 이런 방식으로 시스템의 모든 노드가 메시지 전달의 책임을 나눠 갖는다. 메시지 전달 과정은 기본 전송 단계와 주기적인 동기화 단계로 나뉜다.

엔트로피는 시스템의 무질서^{disorder}를 나타내는 속성이다. 분산 시스템에서 엔트로피는 노드 사이의 불일치 정도를 나타낸다. 이러한 성질은 바람직하지 못하므로 그 정도를 최소화해야 한다. 시스템의 엔트로피를 조절할 수 있는 여러 방법이 있다.

안티–엔트로피 메커니즘은 기본 전송이 실패했을 때 노드를 최신 상태로 동기화한다. 코디네이터에 장애가 발생해도 다른 정상 노드가 계속해서 정보를 전파하기 때문에 시스템은 문제없이 작동할 수 있다. 이 메커니즘은 결과적으로 일관된 시스템의 동기화 시간을 단축시킨다.

안티–엔트로피는 노드 동기화를 위해 누락되거나 충돌이 발생한 레코드를 비교 및 조정하는 백그라운드 또는 포그라운드 프로세스를 실행한다. 백그라운드 프로세스는 머클 트리$^{Merkle\ tree}$ 등의 보조 자료 구조를 사용해 로그를 업데이트하고 내용을 비교한다. 포그라운드 프로세스는 힌트 핸드오프hinted handoff와 읽기 복구read repair 등의 피기백piggyback 방식의 메커니즘을 사용해 읽기와 쓰기 요청을 처리한다.

데이터를 이중화하는 시스템에서 복제본의 상태가 일치하지 않는 경우 데이터를 동기화해 일관성을 보장하려면 레코드를 쌍으로 비교해 누락된 레코드를 복구해야 한다. 데이터가 많으면 이 작업은 비용이 매우 많이 들 수 있다. 두 노드의 데이터를 모두 읽고 비교해 전파되지 않은 최신 변경 사항을 다른 노드에 알려야 한다. 이 작업의 비용을 낮추기 위해서는 어떤 경우에 복제본의 상태가 일치하지 않을 수 있으며 어떤 방식으로 데이터에 접근하는지 이해해야 한다.

읽기 복구

복제본 사이의 차이는 읽는 동안에 감지하는 편이 가장 쉽다. 모든 복제 노드에 같은 데이터를 요청하고 결과가 같은지 확인하면 된다. 성능을 위해 각 노드에 전체 데이터를 요청하지 않고 클라이언트가 요청한 레코드만 요청해야 한다.

코디네이터는 낙관적으로 모든 복제본이 동기화된 상태라고 가정하고 분산 저장된 데이터를 읽는다. 노드 사이의 상태가 일치하지 않는 경우 코디네이터는 누락된 변경 사항을 해당 복제 노드로 전송한다.

이와 같은 메커니즘을 읽기 복구read repair라고 하며 데이터 사이의 불일치를 감지하고 제거하는 데 사용한다. 읽기 복구 중 코디네이터는 복제 노드에 데이터를 요청하고 비교한다. 일부 복제 노드에 최신 변경 사항이 전파되지 않아 응답이 일치하지 않는 경우 코디네이터는 불일치를 감지하고 누락된 변경 사항을 해당 복제 노드로 전송한다[DECANDIA07].

다이나모Dynamo 방식의 일부 데이터베이스는 모든 복제 노드에 질의하지 않고 시스템의 일관성 수준을 조정한다. 일관된 결과를 반환하기 위해 모든 복제 노드에 데이터를 요청하고 복구하는 대신 시스템의 일관성 수준을 달성하는 데 필요한 수의 노드에만 질의한다. 쿼럼 읽기와 쓰기는 일관된 결과를 반환하지만 일부 노드의 데이터는 최신 상태가 아닐 수 있다.

읽기 복구는 블로킹 작업 또는 비동기 작업으로 구현할 수 있다. 블로킹 읽기 복구의 경우 클라이언트는 코디네이터가 복제본을 모두 복구할 때까지 기다려야 한다. 그에 반해 비동기 읽기 복구는 사용자에게 결과를 반환한 뒤에 복구 작업을 수행한다.

블로킹 읽기 복구는 쿼럼의 단조 읽기('세션 모델' 절 참고)를 보장한다. 클라이언트가 특정 값을 요청하면 모든 복제본이 동기화되기 때문에 이후의 모든 읽기 요청은 반드시 같은 값 또는 더 나중 값을 반환한다. 쿼럼을 사용하지 않는 경우 데이터가 다음 읽기 요청 전까지 노드로 전파되지 않을 수 있기 때문에 단조 읽기를 보장할 수 없다. 블로킹 읽기 복구는 복제 노드가 요청을 확인할 때까지 기다려야 하기 때문에 시스템의 가용성이 낮아진다.

일부 데이터베이스(아파치 카산드라 등)는 특수한 반복자와 병합 리스너merge listener를 사용해 복제본 사이에 정확히 어떤 레코드가 누락됐는지 파악한다. 코디네이터는 병합한 데이터와 각 인풋을 비교해 누락된 내용을 복제 노드에 보낸다.

읽기 복구 알고리즘은 대부분의 복제 노드가 동기화된 상태라고 가정하기 때문에 모든 요청이 블로킹 읽기 복구를 발동시키지는 않는다. 블로킹 읽기 복구는 단조 읽기를 보장하기 때문에 요청 사이에 새로운 값을 쓰지 않는다면 연속된 읽기 요청은 동일한 결과를 반환한다.

다이제스트 읽기

모든 노드에 같은 읽기 요청을 보내는 대신 한 노드에만 원본 요청을 보내고 다른 복제 노드에는 다이제스트digest, 요약를 요청할 수 있다. 다이제스트를 요청받은 노드는 로컬 데이터를 읽고 전체 스냅숏 대신 해당 데이터의 해시 값을 반환한다. 코디네이터는 실제 데이터의 해시 값을 계산하고 전달받은 다른 해시 값과 비교한다. 모든 다이제스트가 일치하면 모든 복제 노드는 동기화된 상태라고 확신할 수 있다.

다이제스트가 불일치할 경우 코디네이터는 어떤 노드가 최신 상태인지 알 수 없다. 뒤처진 복제 노드를 다른 노드와 동기화하기 위해 코디네이터는 다이제스트가 일치하지 않은 복제 노드에 전체 읽기를 요청하고 데이터를 비교한 뒤에 누락된 부분을 전송한다.

다이제스트는 "최적의 환경(happy path)"[1] 수준의 빠른 속도를 위해 MD5와 같은 비암호학적 해시 함수를 사용한다. 해시 함수는 해시 충돌이 발생할 수 있지만 대부분의 상용 시스템에서 충돌이 발생할 확률은 매우 적다. 일반적으로 데이터베이스는 여러 안티-엔트로피 메커니즘을 사용하기 때문에 해시 충돌이 발생하더라도 데이터 불일치는 다른 메커니즘에 의해 해결될 수 있다.

힌트 핸드오프

힌트 핸드오프hinted handoff는 쓰기 중 상태를 복구하는 안티-엔트로피 메커니즘을 뜻한다 [DECANDIA07]. 대상 노드가 쓰기 요청에 응답하지 않으면 코디네이터 또는 복제 노드 중 하나에 특수 힌트hint 레코드를 저장한다. 노드가 복구되면 힌트 레코드를 참조해 쓰기를 재시도한다.

아파치 카산드라는 일관성 레벨을 ANY로 설정[ELLIS11]하지 않은 경우 힌트 레코드는 복제 팩터('조정 가능한 일관성 수준' 절 참고)에 포함되지 않는다. 힌트 레코드는 읽을 수 없고 뒤처진 노드를 최신 상태로 업데이트하는 용도로만 사용되기 때문이다.

리악Riak과 같은 데이터베이스는 슬로피 쿼럼sloppy quorum과 힌트 핸드오프 방식을 사용한다. 슬로피 쿼럼 방식은 일부 복제 노드에 장애가 발생한 경우 전체 노드 목록에서 다른 정상 노드를 선택해 읽기를 수행한다. 반드시 연산의 대상 노드를 선택하지 않아도 된다.

예를 들어 총 5개의 노드 {A, B, C, D, E}로 구성된 클러스터에서 {A, B, C}가 수행될 쓰기 연산의 대상 복제 노드인데 노드 B가 중단된 상태라고 하자. A는 쿼리의 코디네이터로서 슬로피 쿼럼을 충족하기 위해 노드 D를 선택해 가용성과 지속성을 유지한다. 데이터는 {A, D, C}에 복제되고 쓰기 연산의 원래 대상은 B이기 때문에 D의 메타데이터에는 힌트 레코드를 저장한다. B가 복구되면 D는 힌트를 B로 전달한다. B에서 힌트를 수행한 뒤에 힌트 레코드를 삭제하면 복제본의 수를 그대로 유지할 수 있다[DECANDIA07].

똑같은 상황에서 네트워크 파티션이 발생해 {B, C}가 클러스터에서 분리된 경우라면, 슬로피 쿼럼 쓰기로 {A, D, E}에 데이터를 쓴 뒤에 {B, C}에서 값을 읽으면 최신 값을 반환하지 않

---

1   에러 및 예외가 절대 발생하지 않는 최적의 환경을 말한다. - 옮긴이

는다[DOWNEY12]. 다시 말해, 슬로피 쿼럼은 고가용성을 위해 일관성을 포기한다.

머클 트리

읽기 복구는 쿼리가 요청한 데이터의 일관성만 해결한다. 따라서 자주 요청되지 않는 데이터 사이의 불일치 감지와 복구에는 다른 메커니즘이 필요하다.

앞서 설명했듯이 복사본 간에 어떤 레코드가 다른지 정확히 파악하기 위해서는 데이터 레코드를 쌍으로 교환하고 비교해야 한다. 하지만 이 작업은 실용적이지 않고 비용이 매우 높다. 높은 조정 비용을 줄이기 위해 많은 데이터베이스는 머클 트리^{Merkle Trees}[MERKELE87]를 사용한다.

머클 트리는 데이터를 컴팩트한 해시 형태로 변환해 로컬에 저장하는 자료 구조이다. 데이터 레코드가 저장된 테이블을 스캔하고 데이터 범위를 해시 값을 트리의 최하위 레벨에 저장한다. 상위 레벨에는 하위 레벨 해시 값의 해시 값을 저장한다. 이렇게 계층적인 형태로 구축하면 해시 값을 비교해 불일치를 빠르게 감지할 수 있고 트리 노드의 포인터를 따라 레벨을 내려갈수록 비교 범위가 줄어든다. 혹은 트리 전체나 레벨 단위로 서브트리를 교환해 비교할 수 있다.

그림 12-2는 머클 트리의 구성을 나타낸다. 최하위 레벨에는 데이터 레코드 범위의 해시 값을 저장한다. 각 레벨에서 루트까지 올라가면서 하위 레벨의 해시 값들을 해싱해 상위 레벨의 해시 값을 계산한다.

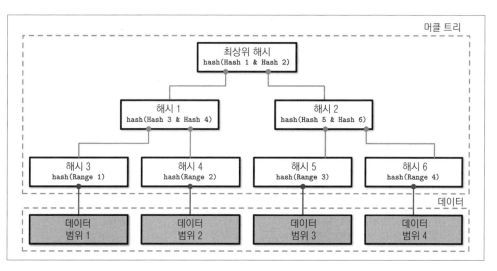

그림 12-2 머클 트리. 회색 박스는 데이터 레코드의 범위를 나타낸다. 흰색 박스는 해시 트리 계층을 나타낸다.

두 복제본의 일치 여부는 머클 트리의 루트의 해시 값만 비교하면 알 수 있다. 루트에서부터 최하위 레벨까지 해시 값 쌍을 비교하면 데이터가 일치하지 않는 범위를 찾을 수 있다.

머클 트리는 최하위 레벨부터 상향식으로 해시를 계산하기 때문에 데이터가 변경되면 해당 서브트리를 다시 계산해야 한다. 트리의 크기(결과적으로 교환되는 메시지 크기)와 정확도(레코드의 범위) 사이의 트레이드-오프도 존재한다.

비트맵 버전 벡터

비트맵 버전 벡터bitmap version vector는 최근성recency을 기반으로 데이터 사이의 불일치를 해결한다[GONCALVES15]. 각 노드는 로컬에서 수행한 작업과 다른 노드에서 복제한 데이터에 대한 로그를 저장한다. 안티-엔트로피 단계에서 두 노드의 로그를 비교하고 누락된 데이터를 해당 노드에 복제한다.

각각의 쓰기 연산은 한 노드가 코디네이션을 맡게 되며, 이를 $dot(i, n)$으로 표현한다. 노드 n이 코디네이션을 맡은 일련번호가 i인 이벤트라는 의미다. 일련번호 i는 노드마다 따로 붙이며 1로 시작해서 해당 노드가 쓰기 연산을 수행할 때마다 순차적으로 증가한다.

각 노드의 복제본의 상태는 노드별 논리적 클럭을 사용해 추적할 수 있다. 각 클럭은 해당 노드가 직접 알고 있는 쓰기 연산(자기 자신이 코디네이션한 것) 또는 간접적으로 알게 된 쓰기 연산(다른 노드가 코디네이션해서 복제된 것)을 나타내는 닷^{dot}들의 집합이다.

노드 자신이 코디네이션한 이벤트들은 논리적 클럭에 간격이 없을 것이다. 하지만 다른 노드에서 변경 사항이 복제되지 않은 경우에는 클럭에 간격이 있게 된다. 두 노드는 동기화하기 위해 서로 논리적 클럭을 교환해 닷이 비어 있는 간격을 파악한 다음 서로의 간격에 해당되는 데이터 레코드를 복제한다. 그러려면 각각의 닷이 참조하는 데이터 레코드들을 재생성해야 한다. 이러한 정보는 닷을 해당 키의 인과 정보와 매핑하는 DCC$^{Dotted\ Causal\ Container}$라는 곳에 저장된다. 이렇게 하면 쓰기 작업 사이의 인과관계를 파악해 충돌을 해결할 수 있다.

그림 12-3([GONCALVES15]에서 발췌)은 P_2의 관점에서 P_1과 P_2, P_3 노드가 어떤 값을 알고 있는지를 나타내는 비트맵 버전 벡터다. P_2는 쓰기 연산을 수행하거나 다른 노드에서 데이터 복제 시 벡터를 갱신한다.

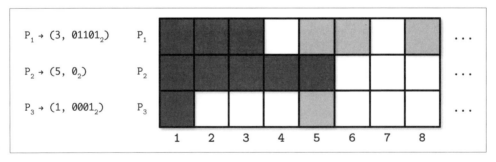

그림 12-3 비트맵 버전 벡터

데이터 복제 시 P_2는 노드 식별자를 연속된 쓰기의 마지막 일련번호와 쓰기 작업을 1로 표시한 비트맵의 쌍과 매핑해 상태를 나타낸다. $(3, 01101_2)$는 P_2가 세 번째 값까지 연속된 업데이트를 알고 있으며, 3에서 상대 위치로 두 번째, 세 번째, 다섯 번째 값(즉, 일련번호 5, 6, 8)을 알고 있다는 것을 의미한다.

P_2는 다른 노드와 벡터를 교환하는 동안 그 노드와 비교해 누락된 변경 사항을 전달받는다. 시스템의 모든 노드가 일련번호 i까지 연속으로 값을 알도록 업데이트되면, 버전 벡터에서

곧바로 해당 인덱스 이전의 내용은 삭제해도 된다.

이 방식의 장점은 쓰기 작업 사이의 인과관계와 노드 사이에 누락된 데이터를 정확히 파악할 수 있다는 것이다. 단점은 일부 노드에 장애가 발생하게 되면 데이터가 아직 장애 노드들에 복제되는 중이기 때문에 이들이 복구될 때까지 다른 노드들은 로그를 삭제할 수 없다는 것이다.

가십 전파

> 집단은 심리적 전염병의 온상이다.
>
> – 칼 융(Carl Jung)

브로드캐스트의 전파력과 안티–엔트로피의 신뢰성을 모두 갖춘 가십^{gossip} 프로토콜을 사용하면 변경 사항을 모든 노드에 전파할 수 있다.

가십 프로토콜은 사회에 소문이 퍼지고 인구에 전염병이 확산되는 방식과 유사한 확률적 통신 프로토콜이다. 소문은 관심이 있는 사람이 존재하는 이상 계속해서 확산되고 전염병은 모든 구성원이 감염될 때까지 전파된다. 루머와 전염병의 확산은 가십 프로토콜의 원리와 유사하다.

가십 프로토콜의 주목적은 하나의 프로세스에서 클러스터 전체로 정보를 협동해서 전파하는 것이다. 바이러스가 사람에서 사람으로 전파돼 결국 인구 전체로 확산되는 현상처럼 정보도 각 단계마다 범위를 확장해 더 많은 프로세스를 포함시키고 결국 시스템 전체로 전파된다.

레코드가 전파된 프로세스는 감염^{infective} 상태라고 한다. 반면 아직 데이터가 전파되지 않은 프로세스는 감염 대상^{susceptible} 상태라고 한다. 데이터를 전파하는 감염 프로세스가 전파를 중단하는 경우 회복^{removed} 상태가 된다. 프로세스의 기본 상태는 감염 대상 상태다. 새로운 데이터 레코드를 전달받은 프로세스는 감염 상태가 되고 임의의 인근 프로세스에 해당 데이터를 전달해 감염 상태로 만든다. 데이터가 전파됐다는 사실이 확실해지는 대로 감염 프로세스는 회복 상태가 된다.

모든 노드가 전체 노드 목록을 유지하고 한 개의 코디네이터가 모든 노드에 메시지를 브로드 캐스트하지 않기 위해서 가십 알고리즘은 자발성을 기반으로 목적을 달성한다. 가십 프로토 콜의 효율성은 메시지 중복을 최소화하면서 얼마나 빠르게 많은 노드에 데이터를 전파할 수 있는지에 따라 결정된다.

가십 프로토콜은 노드가 클러스터 내에 단기적으로 존재하고 토폴로지에 포함되지 않는 동 질적 탈중앙 시스템에서 비동기적으로 메시지를 전달할 때 사용할 수 있다. 가십 프로토콜은 직접적인 코디네이션이 필요 없기 때문에 노드가 자유롭게 추가 및 제거되는 시스템 또는 메 시mesh 네트워크에서 유용할 수 있다.

가십 프로토콜은 매우 견고해 분산 시스템에 장애가 발생해도 높은 신뢰성을 유지할 수 있다. 메시지는 임의의 순서로 전달되기 때문에 일부 컴포넌트 사이의 통신에 문제가 발생해 도 다른 경로를 통해 전달될 수 있다. 따라서 시스템은 장애 발생 상황에 맞춰 변화한다고 할 수 있다.

가십 메커니즘

가십 프로토콜에서 프로세스는 주기적으로 f개의 임의의 노드를 선택하고(f는 팬아웃을 뜻하 는 설정 가능한 값) 최신 데이터를 교환한다. 선택된 노드에서 새로운 정보를 전달받은 노드는 이 정보를 다른 노드에 전파한다. 확률적으로 노드를 선택하기 때문에 같은 노드가 여러 차 례 선택될 수 있고 같은 메시지가 반복적으로 여러 노드 사이에 전파되는 상황이 발생할 수 있다.

메시지 중복성redundancy은 같은 메시지를 반복적인 전달해 발생하는 오버헤드를 나타낸다. 중복성은 가십의 원리에서 매우 중요한 속성이다.

시스템이 수렴에 도달하는 데 걸리는 시간을 레이턴시라고 한다. 수렴(가십 프로세스 완료) 과 모든 노드에 메시지를 전달하는 것은 같지 않다. 모든 노드에 메시지를 전달했지만 가십 은 짧은 시간 동안 계속해서 전파될 수 있다. 팬아웃과 레이턴시는 시스템 크기에 따라 달라 진다. 대규모 시스템에서 레이턴시를 적정선으로 유지하기 위해서 팬아웃을 높게 설정하지 않으면 레이턴시는 증가한다.

반복적으로 전달된 메시지는 중요성이 감소하고 결국 노드는 해당 메시지를 더 이상 전파하지 않는다. 전파 여부는 확률적으로(각 단계마다 프로세스의 전파 중단 확률을 계산한다) 계산하거나 임곗값(중복 메시지의 수가 일정 수를 넘으면 전파를 중단한다)을 기반으로 결정할 수 있다. 두 방법 모두 클러스터 크기와 팬아웃을 고려해야 한다. 중복 횟수를 기반으로 전파 완료 여부를 판단하면 레이턴시와 중복을 줄일 수 있다[DEMER87].

가십 프로토콜은 수렴적convergent 일관성을 보장한다[BIRMAN07]. 더 과거에 발생한 이벤트일수록 모든 노드에 전파됐을 확률이 높다.

오버레이 네트워크

가십 프로토콜은 중요하고 유용하지만 적용 가능한 문제가 다양하지 않다. 비유행성non-epidemic 프로토콜을 사용하면 메시지 중복성을 낮추고 비확률적이고 일반적으로 좀 더 최적의 방법으로 메시지를 전파할 수 있다[BIRMAN07]. 가십 알고리즘은 확장성이 높고 $\log N$번의 라운드 내에(N은 클러스터의 크기) 메시지를 전파할 수 있다는 점이 장점이다[KREMARREC07]. 하지만 전파 단계에서 생성되는 중복 메시지의 수를 반드시 고려해야 한다. 가십 기반 프로토콜에서 신뢰성을 보장하기 위해 메시지 중복은 불가피하다.

임의로 노드를 선택하면 시스템의 강건성robustness을 대폭 높일 수 있다. 네트워크 파티션이 발생해도 프로세스 사이의 간접적인 링크를 통해 메시지는 결국 전달된다. 하지만 강건성을 위해 노드 사이에 불필요한 연결을 유지하고 메시지를 중복 전송해야 한다.

임의의 노드를 선택하는 대신 가십 시스템 내에 임시로 고정된 토폴로지를 정의하는 방법도 있다. 주변 노드를 샘플링하고 근접성(주로 레이턴시로 측정)을 기반으로 최적의 노드를 선택해 오버레이 네트워크overlay network를 구성한다.

시스템의 토폴로지는 스패닝 트리spanning tree를 사용해 표현할 수 있다. 스패닝 트리는 비방향성 간선으로 구성된 루프가 존재하지 않는 그래프이며 네트워크 구성을 표현할 수 있는 자료 구조이다. 그래프를 사용하면 정해진 수의 단계로 메시지를 전파할 수 있다.

그림 12-4는 스패닝 트리를 나타낸다.[2]

- a) 모든 간선을 사용하지 않고 모든 노드를 연결할 수 있다.
- b) 하나의 링크만 끊어져도 서브트리와의 연결이 끊길 수 있다.

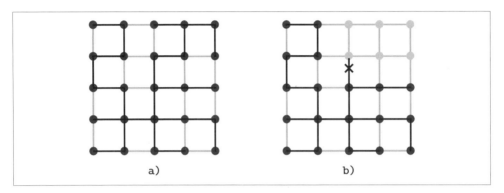

그림 12-4 스패닝 트리. 점은 노드를 나타내고 검은 선은 오버레이 네트워크를 나타낸다.
회색 선은 노드 사이를 연결하는 또 다른 링크를 나타낸다.

이 방식의 단점은 서로에 대한 선호도가 높은 여러 노드로 구성된 집단이 형성될 수 있다는 점이다.

시스템이 안정적인 경우에는 고정된 토폴로지와 트리 기반 브로드캐스트 방식을 사용하고 장애 조치 및 복구 시에는 가십 프로토콜을 사용하면 연결에 문제가 발생했을 때 신속하게 복구하고 메시지 중복을 줄일 수 있다.

혼합형 가십 프로토콜

플럼트리[Plumtree, Push/lazy-push multicast tree][LEITA007]는 가십 기반 전파 방식과 트리 기반 브로드캐스트 방식을 모두 사용하는 혼합형 가십 프로토콜이다. 플럼트리는 스패닝 트리 오버레이를 구성하고 최소한의 오버헤드로 노드에 메시지를 전파한다. 노드는 피어 샘플링 서비스[peer sampling service]가 지정한 소규모 노드 집단에 메시지를 전달한다.

---

2   설명을 위한 예시일 뿐이다. 실제 네트워크는 그리드 형태가 아니다.

노드는 집단의 구성원에 메시지를 전송하고 집단에 포함되지 않은 나머지 노드에는 게으르게[lazily] 메시지 ID를 전달한다. 새로운 메시지 ID를 전달받은 노드는 주변 노드에 질의해 해당 메시지를 가져온다. 이 단계를 레이지-푸시[lazy-push]라고 하며 이를 통해 높은 신뢰성을 보장하고 신속하게 브로드캐스트 트리를 복구할 수 있다. 플럼트리는 장애 발생 시 레이지-푸시 방식의 가십 전파 방식을 사용해 메시지를 브로드캐스트하고 오버레이를 재구성한다.

그림 12-5는 스패닝 트리(실선)와 레이지 가십 네트워크(점선)로 구성된 플럼트리를 나타낸다. 실제 네트워크 토폴로지가 아닌 노드 사이의 연결을 나타내는 예시이다.

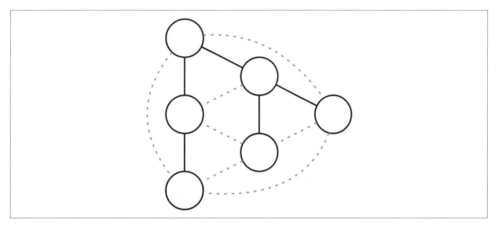

그림 12-5 레이지와 열정적 푸시 네트워크. 실선은 브로드캐스트 트리를 나타내고 점선은 레이지 가십 네트워크를 나타낸다.

사용량이 일정한 네트워크에서 레이지-푸시 메커니즘을 사용해 트리를 구성 및 재구성하면 가장 먼저 응답하는 노드가 브로드캐스트 트리에 추가되기 때문에 메시지 레이턴시를 최소화할 수 있다.

부분 뷰

알고 있는 모든 노드에 메시지를 브로드캐스트하고 전체 클러스터의 상태를 계속해서 파악하는 것은 비효율적이고 비용이 매우 높다. 특히 노드의 이탈률[churn](노드의 추가 및 이탈 횟수를 나타내는 수치)이 높은 경우 더 비효율적이다. 이 문제를 해결하기 위해 가십 프로토콜은 피어 샘플링 서비스를 사용한다. 이 서비스는 시스템의 부분 뷰[partial view]를 가십을 통해 주기적으로 갱신 및 유지한다. 가십 프로토콜에서 중복은 불가피하기 때문에 부분 뷰 사이에는 겹치는 부분이 존재할 수 있다. 하지만 중복이 많다는 것은 불필요한 작업이 많음을 의미한다.

혼합형 부분 뷰HyParView, Hybrid Partial View 프로토콜[LEITA007]은 각 노드별로 클러스터의 작은 액티브 뷰와 큰 패시브 뷰를 유지한다. 액티브 뷰의 노드는 메시지 전파를 위한 오버레이를 구성한다. 패시브 뷰는 액티브 뷰에서 장애가 발생한 노드를 대체할 노드의 목록으로 사용된다.

노드들은 주기적으로 액티브와 패시브 뷰를 서로 교환하는 셔플 작업을 수행한다. 이 과정에서 각 노드는 자신의 패시브 뷰에 전달받은 액티브 뷰와 패시브 뷰의 노드를 추가한다. 목록의 크기를 제한하기 위해 목록에서 오래된 노드는 제거한다.

액티브 뷰는 구성 노드의 상태와 주변 노드의 요청에 따라 업데이트된다. 예를 들어 프로세스 P_1의 액티브 뷰에 있는 P_2에 장애가 발생하면 P_1은 액티브 뷰에서 P_2를 제거하고 이를 대체할 패시브 뷰의 P_3와 연결을 시도한다. 연결이 실패하면 P_3는 P_1의 패시브 뷰에서 제거된다.

P_3는 자신의 액티브 뷰가 가득 찬 경우 P_1의 액티브 뷰의 상태에 따라 연결을 거부할 수 있다. 만약 P_1의 액티브 뷰가 비어 있다면 P_3는 반드시 자신의 액티브 뷰의 노드 중 하나를 P_1으로 교체해야 한다. 이렇게 하면 연결 수는 증가하지만 노드를 빠르게 클러스터에 추가하거나 복구할 수 있다.

이 방식은 액티브 뷰의 노드에만 메시지를 전파하기 때문에 메시지 수가 감소하고 패시브 뷰를 복구 용도로 사용해 높은 신뢰성을 보장할 수 있다.

토폴로지 재구성 시 피어 샘플링 서비스가 얼마나 빨리 안정적인 오버레이로 수렴할 수 있는지가 알고리즘의 성능과 품질을 결정하는 척도 중 하나다[JELASITY04]. HyParView는 뷰를 유지하는 방식과 새로운 프로세스에 우선권을 주는 점 때문에 성능과 품질이 높은 편이다.

HyParView와 플럼트리는 혼합형 가십 메커니즘이다. 소규모 노드 집단에 메시지를 브로드캐스트하고 장애 또는 네트워크 파티션 발생 시 브로드캐스트 영역을 확장한다. 두 방식 모두 클러스터의 글로벌 뷰에 의존하지 않는다. 글로벌 뷰 유지는 네트워크에 노드가 매우 많은 경우 비효율적이고 모든 노드마다 전체 노드의 목록을 유지하는 비용이 높기 때문이다. 그에 반해 부분 뷰를 사용하는 경우 각 노드는 인접 노드와 활발하게 통신한다.

요약

결과적 일관성을 보장하는 시스템에서는 복제본의 상태가 서로 일치하지 않을 수 있다. 일관성 수준을 조정하면 가용성과 일관성 사이의 균형을 맞출 수 있다. 복제본 사이의 불일치는 다음 안티-엔트로피 메커니즘을 사용해 해결할 수 있다.

힌트 핸드오프

노드가 중단된 경우 변경 사항을 인근 노드에 임시 저장하고 복구 즉시 적용한다.

읽기 복구

읽기 요청 시 각 노드가 반환한 결과를 비교해 누락된 레코드를 찾아내고 해당 노드에 최신 버전을 전달한다.

머클 트리

레코드 범위의 해시를 저장한 계층형 트리를 교환하고 비교해 일치하지 않는 데이터 범위를 찾는다.

비트맵 버전 벡터

최신 변경 사항에 대한 정보를 요약한 벡터를 사용해 누락된 레코드를 찾는다.

지금까지 설명한 안티-엔트로피 메커니즘은 범위 축소와 최근성 또는 완전성을 기준으로 데이터를 동기화한다. 자주 요청되는 데이터(읽기 복구) 또는 누락된 개별 쓰기 작업(힌트 핸드오프)을 동기화한다. 대부분의 장애 상황이 단기적이고 노드는 최대한 빠르게 복구된다고 가정할 수 있다면 모든 이벤트를 로그에 저장해 장애 발생 시 정확히 동기화할 레코드를 알 수 있다(비트맵 버전 벡터). 만약 여러 노드의 전체 데이터를 쌍으로 비교해 차이점을 찾아야 한다면 데이터의 해시를 비교하면 된다(머클 트리).

가십 프로토콜을 사용하면 대규모 시스템에서 데이터를 안정적으로 전파할 수 있다. 혼합형 가십 프로토콜을 사용하면 네트워크 파티션이 발생해도 교환되는 메시지 수를 줄일 수 있다.

대부분의 최신 시스템은 가십 프로토콜을 사용해 장애를 감지하고 노드의 상태를 확인한다 [DECANDIA07]. HyParView는 고성능 고가용성 분산 컴퓨팅 프레임워크 파르티잔^{Partisan}에서 사용된다. 플럼트리는 리악 코어$^{Riak core}$에서 클러스터 상태 정보 유지에 사용된다.

더 읽어보기

12장에서 이야기한 개념에 관한 더 자세한 설명은 다음 문헌을 참고하길 바란다.

「Gossip protocols(가십 프로토콜)」

Shah, Devavrat. 2009. "Gossip Algorithms." Foundations and Trends in Networking 3, no. 1 (January): 1-125. https://doi.org/10.1561/1300000014.

Jelasity, Márk. 2003. "Gossip-based Protocols for Large-scale Distributed Systems." Dissertation. http://www.inf.u-szeged.hu/~jelasity/dr/doktori-mu.pdf.

Demers, Alan, Dan Greene, Carl Hauser, Wes Irish, John Larson, Scott Shenker, Howard Sturgis, Dan Swinehart, and Doug Terry. 1987. "Epidemic algorithms for replicated database maintenance." In Proceedings of the sixth annual ACM Symposium on Principles of distributed computing (PODC '87), 1-12. New York: Association for Computing Machinery. https://doi.org/10.1145/41840.41841.

13장

분산 트랜잭션

분산 시스템에서 순서를 유지하기 위해서는 어느 정도의 일관성이 보장돼야 한다. '일관성 모델' 절에서 개별 작업의 결과를 추론할 수 있는 단일 객체와 단일 작업의 일관성 모델을 설명했다. 하지만 데이터베이스에서는 여러 작업을 원자적으로 수행해야 하는 경우가 많다.

원자적 작업은 상태 전환의 관점에서 설명할 수 있다. 트랜잭션 수행 전의 데이터베이스 상태가 A라면 트랜잭션 완료 시 상태는 A에서 B로 전환한다. 트랜잭션에는 미리 정해진 상태가 없고 특정 시점의 데이터 레코드에 대해 연산을 수행한다. 따라서 트랜잭션의 스케줄링과 수행을 유연하게 조정해 수행 순서를 변경하거나 재시도할 수 있다.

트랜잭션 처리의 핵심은 가능한 이력을 선택하고 교차 수행 시나리오를 모델링 및 정의하는 것이다. 이력은 수행할 트랜잭션 전에 수행된 트랜잭션을 나타내는 의존성 그래프다. 동일한 트랜잭션을 순차적으로 수행하는 또 다른 이력이 존재하는 경우(의존성 그래프가 같은 경우) 해당 이력은 직렬화할 수 있다고 표현한다. 이력과 직렬화에 대한 개념은 '직렬화 가능성' 절에서 설명했다. 13장에서는 5장에서 다룬 노드-로컬 트랜잭션 처리를 분산 시스템 관점에서 설명한다.

단일 파티션 트랜잭션은 5장에서 설명한 비관적(잠금 기반 또는 트래킹) 또는 낙관적(수행 후 검증) 동시성 제어 방식을 기반으로 수행한다. 하지만 여러 서버의 상호 조정과 분산 커밋, 롤백 프로토콜 등이 필요한 멀티파티션 트랜잭션은 다른 방식의 제어가 필요하다.

계좌 이체 시 두 계좌에 대한 입금과 출금은 동시에 수행돼야 한다. 하지만 트랜잭션을 여러 단계로 나누면 입금과 출금 작업은 원자적이지 않다. 잔고를 조회하고 요청 금액을 더하거나 뺀 뒤에 결과를 저장한다. 이 과정의 각 단계는 여러 작은 작업으로 구성된다. 요청을 받은 노드는 이를 분석한 뒤에 디스크에서 데이터를 찾고 수정 후 결과를 반환한다. 이마저도 상위 레벨의 관점이다. 간단한 쓰기 작업도 수백 단계로 구성된다.

따라서 트랜잭션이 완전히 수행된 뒤에 결과에 접근할 수 있도록 해야 한다. 우선 트랜잭션이 무엇인지 정의해보자. 트랜잭션이란 여러 작업의 집합이고 원자적 단위다. 트랜잭션 원자성은 작업 전체가 수행되거나 모두 실패함을 의미한다. 예를 들어 트랜잭션이 여러 행 또는 테이블을 수정하면 모든 변경 사항이 적용되거나 전혀 적용되지 않아야 한다.

원자성을 보장하기 위해 트랜잭션은 복구 가능해야 한다. 트랜잭션이 실패, 중단 또는 타임아웃되면 변경한 레코드를 완전히 롤백해야 한다. 복구할 수 없고 부분적으로 수행된 트랜잭션으로 인해 데이터베이스의 일관성은 보장되지 않을 수 있다. 따라서 트랜잭션이 실패하더라도 수행되지 않았던 것처럼 데이터베이스를 이전 상태로 되돌릴 수 있어야 한다.

네트워크 파티션과 노드 장애도 복구 가능해야 한다. 노드에는 장애가 발생할 수 있고 자체적으로 복구되더라도 상태의 일관성을 유지해야 한다. 따라서 원자성의 범위는 로컬 작업뿐만 아니라 다른 노드에서 수행된 작업까지 포함한다. 트랜잭션의 변경 사항은 관련된 모든 노드에 전파되거나 전혀 전파되지 않아야 한다.

원자적 연산처럼 수행하기

원격 수행 연산이 포함된 여러 연산을 원자적으로 수행하기 위해서 원자적 커밋atomic commitment 알고리즘을 사용한다. 원자적 커밋은 참가 노드 사이의 의견 불일치를 허용하지 않는다. 단 한 노드라도 동의하지 않는다면 트랜잭션을 커밋할 수 없다. 비정상 프로세스도 나머지 프로세스와 동의해야 커밋할 수 있다. 따라서 이 알고리즘은 비잔틴 장애가 발생할 수 있는 시스템에서는 사용할 수 없다. 프로세스가 자신의 상태를 속이거나 임의의 값에 동의한다면 만장일치라도 신뢰할 수 없기 때문이다[HADZILACOS05].

원자적 커밋의 목적은 트랜잭션 수행 여부에 대한 합의를 도출하는 것이다. 노드는 트랜잭션을 선택 또는 변경하는 등의 어떤 영향도 줄 수 없으며 오직 트랜잭션의 수행 여부에 대한 의견만 표출할 수 있다[ROBINSON08].

원자적 커밋 알고리즘은 트랜잭션 준비와 커밋, 롤백을 엄격하게 구분하지 않는다. 데이터베이스 개발자는 다음 사항을 생각해야 한다.

- 커밋은 포인터가 가리키는 위치를 변경해 새로운 데이터에 대한 접근을 허용하는 간단한 작업이다.
- 커밋된 트랜잭션의 결과를 어떻게 최대한 빠르게 접근 가능한 상태로 만들 것인가?
- 실패한 트랜잭션을 어떻게 롤백할 것인가?

우리는 5장에서 이러한 프로세스의 노드-로컬 구현에 대해 논의했다.

원자적 커밋 알고리즘은 MySQL(분산 트랜잭션 처리)과 카프카(프로듀서와 컨슈머의 상호작용)와 같은 분산 시스템에서 사용된다[MEHTA17].

일반적으로 데이터베이스에서 분산 트랜잭션은 트랜잭션 매니저라는 컴포넌트가 수행한다. 트랜잭션 매니저는 트랜잭션의 스케줄링과 조정, 수행, 관리를 담당하는 서브시스템이다. 분산 시스템의 트랜잭션 매니저는 분산 원자적 연산이 의도한 대로 각 노드에서 트랜잭션의 결과에 접근할 수 있도록 한다. 트랜잭션은 모든 파티션과 복제 노드에 커밋돼야 한다는 의미다.

이제 커밋 문제는 해결할 수 있지만 코디네이터 프로세스의 장애를 허용하지 않는 2단계 커밋과 논블로킹 원자적 커밋 문제[1]를 해결하고 코디네이터의 장애를 허용하는 3단계 커밋[SKEEN83]에 관해 알아보자[BABAOGLU93].

---

1 논문에서 말하는 "신뢰할 수 있는 네트워크"란 네트워크 파티션을 허용하지 않는 네트워크를 의미한다[ALHOUMAILY10]. 이와 같은 가정은 논문의 알고리즘에 관한 설명을 참고하라.

2단계 커밋

다중 파티션('데이터베이스 파티셔닝' 절 참고) 원자적 업데이트를 허용하는 가장 단순한 분산 커밋 프로토콜부터 살펴보자. 2단계 커밋[2PC, Two-Phase Commit]은 일반적으로 데이터베이스 트랜잭션 처리에 사용된다. 이 알고리즘은 두 단계로 구성된다. 첫 번째 단계는 결과를 전파하고 의견을 수렴한다. 두 번째 단계에서 각 노드는 단순히 1단계의 결과를 접근 가능한 상태로 전환한다.

2PC에는 상태를 저장하고 의견을 수렴하는 합의 과정의 기준점이 되는 리더(또는 코디네이터) 노드가 존재한다. 나머지 노드는 코호트[cohort]라고 부른다. 일반적으로 코호트는 트랜잭션에서 접근하는 데이터가 저장된 서로 겹치지 않는 파티션이다. 코디네이터와 코호트는 수행된 모든 작업에 대한 로그를 기록한다. 참가자는 코디네이터가 제안한 값의 수락 여부에 대해 의사 표시를 한다. 일반적으로 제안한 값은 수행하려는 분산 트랜잭션의 식별자다. 2PC는 이외에도 다른 맥락에서 사용될 수 있다.

코디네이터는 트랜잭션의 수행 요청을 받은 노드일 수도 있고 임의로 또는 리더 선출 알고리즘을 통해 선출한다. 특정 노드를 지정하거나 하나의 노드로 고정할 수도 있다. 나아가 어떤 노드도 코디네이터가 될 수 있다. 신뢰성과 성능을 위해 다른 노드에 리더직을 양도할 수도 있다.

이름이 암시하듯이 2PC는 두 단계로 구성된다.

준비

코디네이터는 코호트에 Prepare 메시지를 보내 새로운 트랜잭션 요청에 대해 알린다. 코호트는 트랜잭션에서 자신에게 해당되는 부분을 커밋할 수 있는지 여부를 결정한다. 커밋이 가능한 경우 코디네이터의 요청에 동의하고 불가능한 경우 트랜잭션 중단을 요청한다. 코디네이터는 모든 코호트의 응답을 로그에 기록하고 각 코호트도 자신의 응답을 로컬 로그에 기록한다.

커밋/중단

트랜잭션은 여러 파티션(코호트)의 상태를 변경할 수 있다. 단 하나의 코호트라도 트랜잭션 중단을 요청한다면 코디네이터는 모든 코호트에 Abort 메시지를 보낸다. 모든 코호트가 동의한 경우에만 코디네이터는 Commit 메시지를 보낼 수 있다.

그림 13-1은 2PC의 두 단계를 나타낸다.

준비 단계에서 코디네이터는 제안된 값을 코호트에 전달하고 값의 커밋 여부에 대한 의견을 수집한다. 예를 들어 다른 충돌하는 트랜잭션이 이미 다른 값을 커밋한 경우 코호트는 코디네이터의 제안을 거부할 수 있다.

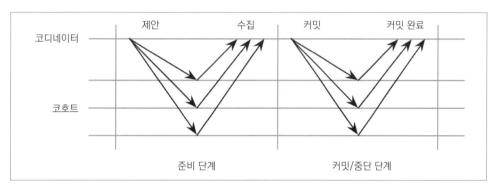

그림 13-1 2단계 커밋 프로토콜. 첫 번째 단계에서 모든 코호트에 새로운 트랜잭션에 대해 통보한다. 두 번째 단계에서 트랜잭션은 커밋되거나 중단된다.

코디네이터는 모든 코호트의 의견을 수렴한 뒤에 트랜잭션의 커밋 또는 중단 여부를 결정한다. 모든 코호트가 동의한 경우 Commit 메시지를 보내 커밋을 진행한다고 통보한다. 하나의 코호트라도 반대한 경우 모든 코호트에 Abort 메시지를 보내고 트랜잭션을 롤백한다. 단 하나의 노드라도 제안을 거부하면 전체 라운드가 중단된다.

코디네이터와 코호트는 로컬 상태를 재구성하고 장애 발생 시 복구할 수 있도록 모든 단계마다 결과를 영구적으로 저장해야 한다. 다른 참가자에 로그를 전달하고 재수행할 수 있어야 한다.

데이터베이스 시스템 맥락에서 2PC의 각 라운드는 하나의 트랜잭션을 수행한다. 준비 단계에서 코디네이터는 트랜잭션 내용(연산, 식별자, 메타데이터 등)을 코호트에 전달한다. 각 코호트는 트랜잭션을 로컬에서 수행하고 부분 커밋된 상태(사전 커밋이라고 부르기도 한다)로 남겨둔다. 코디네이터는 다음 단계에서 트랜잭션을 커밋하거나 중단해 수행을 마무리한다. 트랜잭션 커밋 시점에 관련 레코드는 이미 모든 노드에 저장돼 있다[BERNSTEIN09].

2PC의 코호트 장애 처리

몇 가지 장애 시나리오를 살펴보자. 그림 13-2와 같이 준비 단계에서 하나의 코호트에 장애가 발생하면 모든 노드가 동의할 수 없기 때문에 코디네이터는 커밋할 수 없다. 단 하나의 코호트라도 중단된 경우 코디네이터는 트랜잭션을 중단한다. 따라서 장애 발생이 곧 트랜잭션의 실패를 의미하기 때문에 가용성이 낮다. 스패너Spanner('스패너 분산 트랜잭션' 절 참고)는 2PC를 개별 노드가 아닌 팍소스 그룹 단위로 실행해 프로토콜의 가용성을 개선한다.

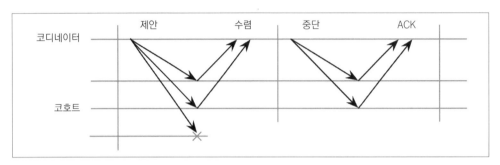

그림 13-2 준비 단계에서 코호트에 장애가 발생한 경우

2PC 알고리즘은 수락한 제안은 철회할 수 없으며 오직 코디네이터만이 트랜잭션을 중단시킬 수 있다는 전제를 기반으로 한다.

제안을 수락한 뒤에 코호트에 장애가 발생한 경우 코디네이터는 다른 코호트의 반대로 인해 커밋을 중단할 수 있기 때문에 올바른 결과를 적용하기 위해서는 의견 수렴의 실제 결과를 알 수 있어야 한다. 코호트가 복구되면 코디네이터의 최종 결정에 맞게 동기화해야 한다. 일반적으로 코디네이터가 최종 결정을 로그에 기록하고 장애가 발생한 노드에 해당 로그를 복사해 동기화한다. 이 과정이 완료될 때까지 코호트는 동기화되지 않은 상태이기 때문에 다른 요청을 처리할 수 없다.

2PC 프로토콜에는 코호트가 서로를 기다리는 시점(코디네이터가 의견 수집 시와 코호트가 커밋/중단 단계를 기다릴 때)이 많기 때문에 연결 장애가 발생하면 메시지가 손실될 수 있고 서로를 무한정 기다리게 된다. 따라서 준비 단계에서 코호트가 응답하지 않으면 코디네이터는 타임아웃을 트리거하거나 트랜잭션을 중단해야 한다.

2PC의 코디네이터 장애 처리

그림 13-3과 같이 두 번째 단계에서 코호트가 코디네이터로부터 커밋 또는 중단 요청을 전달받지 못한 경우 직접 결과를 확인해야 한다. 코디네이터의 응답은 복제 노드와의 통신 문제로 인해 제대로 전달되지 않을 수 있다. 이 경우 인근 노드의 트랜잭션 로그 또는 백업 코디네이터로부터 결과를 복사한다. 커밋은 항상 만장일치로 이뤄지기 때문에 안전하게 복사할 수 있다. 2PC의 핵심은 모든 코호트에서 트랜잭션을 커밋하거나 아예 커밋하지 않는 것이다. 하나의 코호트에서 커밋은 모든 다른 코호트도 똑같이 커밋해야 함을 의미한다.

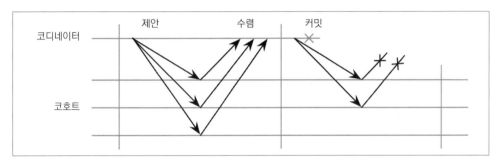

그림 13-3 준비 단계 후 코디네이터 장애 발생

첫 번째 단계에서 코디네이터는 코호트의 의견을 수집하고 코호트는 명시적 커밋 또는 중단 요청을 기다리겠다는 약속한다. 하지만 그림 13-4와 같이 의견 수집 후 결과를 브로드캐스트하기 전에 코디네이터에 장애가 발생하면 코호트는 불확실한 상태에 이르게 된다. 코호트는 코디네이터가 정확히 어떤 결정을 내렸는지 그리고 다른 코호트(연결이 끊긴 코호트 포함)가 결과를 전달받았는지 여부를 알 수 없다[BERNSTEIN87].

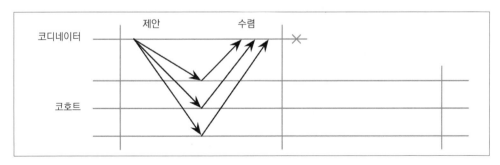

그림 13-4 결과를 전달하기 전에 코디네이터 장애 발생

코디네이터가 트랜잭션의 커밋 또는 중단을 진행할 수 없는 경우 클러스터는 미확정 상태에 이르게 된다. 코디네이터에 장애가 발생하면 코호트는 수렴 결과를 알 수 없다. 이와 같은 속성 때문에 2PC를 블로킹 원자적 커밋 알고리즘이라고 부른다. 만약 코디네이터가 복구될 수 없을 경우 후임 코디네이터가 해당 트랜잭션의 진행 여부에 대한 의견을 다시 수렴해야 한다.

MySQL과 PostgreSQL, 몽고디비^{MongoDB2} 등의 데이터베이스가 2PC를 사용한다. 2PC는 단순하고(이해, 구현 및 디버깅이 쉬움) 오버헤드가 적기 때문에(메시지 복잡도가 낮고 프로토콜의 라운드 트립 횟수가 적음) 분산 트랜잭션을 구현하는 데 사용된다. 앞서 설명한 장애 발생 상황에 대응하기 위해서는 알맞은 복구 메커니즘과 백업 코디네이터 노드가 필요하다.

3단계 커밋

3단계 커밋^{3PC} 프로토콜을 사용하면 코디네이터 장애에 견고하게 대응하고 미확정 상태를 피할 수 있다. 3PC는 코디네이터 장애 발생 시 코호트가 시스템 상태에 따라 직접 커밋 또는 중단을 결정할 수 있도록 새로운 단계를 추가하고 양측에 타임아웃을 설정한다. 3PC는 요청을 동기적으로 처리하며 통신 장애는 발생할 수 없다고 가정한다[BABOGLU93].

3PC는 코디네이터에 장애가 발생해도 프로토콜이 작동할 수 있도록 코디네이터가 제안 단계에서 수집한 코호트의 상태를 공유하는 준비 단계를 커밋/중단 단계 전에 추가한다. 3PC의 다른 속성과 반드시 코디네이터가 존재해야 한다는 필수 조건은 2PC와 유사하다. 또 한 가지 다른 부분은 3PC는 코호트에 타임아웃을 설정한다. 현재 실행 중인 단계에 따라 시간 초과 시 강제로 트랜잭션을 커밋 또는 중단한다.

그림 13-5의 3단계 커밋은 다음 3단계로 구성된다.

제안

코디네이터는 코호트에 제안 값을 전달하고 의견을 수집한다.

---

2   하지만 버전 v3.6의 설명 문서에는 2PC가 트랜잭션과 유사한 시맨틱만 제공한다고 써 있다. https://databass.dev/links/7

준비

코디네이터는 코호트에 수렴 결과를 알린다. 모두 커밋에 동의한 경우 Prepare 메시지를 보내 커밋을 준비하도록 지시한다. 반대의 경우 Abort 메시지를 보내고 라운드를 완료한다.

커밋

코디네이터는 코호트에게 트랜잭션 커밋을 지시한다.

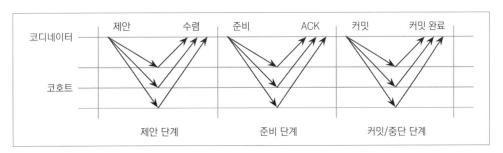

그림 13-5 3단계 커밋

위 그림을 보면 2PC와 유사하게 제안 단계에서 코디네이터는 제안 값을 전송하고 코호트의 의견을 수집한다. 이 단계에서 코디네이터의 장애로 인해 시간 초과가 발생하거나 하나의 노드라도 동의하지 않으면 트랜잭션은 중단된다.

코디네이터는 의견을 수렴해 커밋 여부를 결정한다. 트랜잭션을 커밋하기로 결정하면 Prepare 메시지를 전송한다. 코디네이터가 모든 코호트에 메시지를 전달할 수 없거나 코호트의 확인 응답을 받지 못할 수 있다. 이 경우 알고리즘이 준비 단계를 완료하지 않았기 때문에 코호트는 시간 초과 후 트랜잭션을 중단할 수 있다.

모든 코호트가 커밋 준비를 완료하고 코디네이터는 코호트의 확인 응답을 받는 즉시 어느 한쪽에 장애가 발생해도 트랜잭션은 커밋된다. 이 시점에 모든 코호트의 상태는 동일하기 때문에 커밋해도 된다.

커밋 단계에서 코디네이터는 모든 코호트에 준비 단계의 결과를 전송해 타임아웃을 초기화하고 트랜잭션을 완료한다.

3PC의 코디네이터 장애 처리

상태는 코디네이션하에 전환되며 모든 코호트가 현재 단계를 완료하기 전까지 다음 단계로 넘어갈 수 없다. 따라서 코디네이터는 모든 복제 노드가 작업을 완료할 때까지 기다려야한다. 준비 단계에서 코디네이터가 일정 시간 내에 코호트에 메시지를 보내지 않는다면 코호트는 트랜잭션을 중단할 수 있다.

앞에서 설명했듯이 2PC 프로토콜은 코디네이터에 장애가 발생하면 코호트는 코디네이터가 돌아올 때까지 미확정 상태가 된다. 반면에 3PC 프로토콜은 프로세스를 블록하지 않고 코호트가 알아서 작업을 진행한다.

3PC 프로토콜에서의 최악의 상황은 그림 13-6과 같이 네트워크 파티션이 발생한 경우다. 일부 성공적으로 준비 상태로 전환한 코호트는 시간 초과 후 트랜잭션을 커밋하지만 코디네이터와의 연결이 끊긴 다른 코호트는 시간 초과 후 트랜잭션을 중단한다. 따라서 일부는 트랜잭션을 커밋하고 다른 일부는 중단하는 분리 뇌 현상이 발생한다. 이로 인해 시스템은 일관되지 않은 상태가 된다.

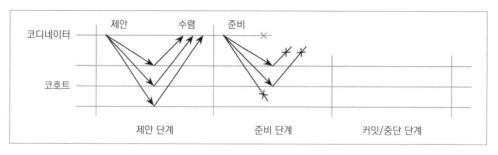

그림 13-6 2단계 중 코디네이터 장애 발생

이론적으로 3PC 프로토콜은 2PC의 블로킹 문제를 해결할 수 있지만 메시지 오버헤드가 더 크고 일관성을 보장하지 않으며 특히 네트워크 파티션 발생 시 제대로 작동하지 않는다. 이와 같은 이유로 3PC는 많이 사용되지 않는다.

칼빈의 분산 트랜잭션 처리

지금까지 설명한 몇 가지 동기화 비용 문제에 대한 해결 방안 외에도 경합과 트랜잭션이 잠금을 소유하는 시간을 줄일 수 있는 여러 다른 방법이 있다. 한 가지 방법은 잠금을 획득하고 연산을 수행하기 전에 복제 노드 사이에 실행 순서와 트랜잭션의 범위를 미리 결정하는 것이다. 이렇게 하면 노드에 장애가 발생해도 같은 트랜잭션을 병렬로 수행하는 다른 노드로부터 상태를 복구할 수 있기 때문에 트랜잭션을 중단하지 않아도 된다.

전통적인 데이터베이스는 2PC 또는 낙관적 동시성 제어를 기반으로 트랜잭션을 수행하고 실행 순서가 비결정론적$^{non-deterministic}$이다. 따라서 특정 순서로 트랜잭션을 실행하기 위해서는 노드를 조정하는 코디네이터가 필요하다. 반면에 실행 순서가 정해진 경우 모든 복제 노드의 인풋은 동일하고 아웃풋도 일관되기 때문에 실행 단계에서 코디네이션 비용이 발생하지 않는다. 이와 같은 방식을 고성능 분산 트랜잭션 프로토콜 칼빈^{Calvin}이라고 한다 [THOMSON12]. 칼빈을 기반으로 분산 트랜잭션을 구현한 대표적인 시스템은 파우나DB^{FaunaDB}이다.

칼빈은 모든 트랜잭션의 진입점 역할을 하는 시퀀서^{sequencer}를 사용해 실행 순서를 보장한다. 시퀀서는 트랜잭션의 실행 순서를 결정하고 트랜잭션 시퀀스를 생성한다. 칼빈은 경합과 배치 작업을 최소화할 수 있도록 타임라인을 에포크^{epoch}로 분할한다. 시퀀서는 짧은 시간 간격(논문에서는 10밀리초로 설정한다)별로 트랜잭션을 수집해 그룹화한다. 트랜잭션을 개별로 처리하지 않기 위한 최소 배치 단위로 사용한다.

트랜잭션 시퀀스가 준비되면 시퀀서는 이를 트랜잭션 수행을 감독하는 스케줄러에 전달한다. 스케줄러는 확정적 스케줄링 프로토콜을 사용해 시퀀서가 정의한 순서를 유지하면서 트랜잭션의 일부를 병렬로 수행한다. 오직 트랜잭션이 명시한 부분의 상태만이 변경되고 실행 순서도 미리 정해져 있기 때문에 복제 노드는 시퀀서와 개별적으로 통신할 필요가 없다.

칼빈의 트랜잭션은 읽기 세트$^{read\ set}$(트랜잭션에서 사용되는 데이터 레코드의 집합)와 쓰기 세트$^{write\ set}$(트랜잭션의 결과)로 구성된다. 칼빈은 추가로 읽기를 수행해 읽기와 쓰기 세트를 결정하는 트랜잭션은 지원하지 않는다.

스케줄러가 제어하는 워커 스레드는 다음 네 가지 단계를 실행한다.

1. 트랜잭션의 읽기와 쓰기 세트를 분석해 읽기 세트에서 로컬 레코드를 찾고 활성 active 노드(예를 들어 쓰기 세트의 레코드를 포함하고 해당 레코드를 수정할 노드) 목록을 작성한다.

2. 트랜잭션을 수행하는 데 필요한 로컬 데이터를 수집한다. 읽기 세트에 포함된 데이터 레코드 중 해당 노드에 저장된 레코드를 의미한다. 수집한 로컬 레코드를 활성 노드에 전달한다.

3. 워커 스레드가 활성 노드에서 실행 중인 경우 다른 노드로부터 2단계의 결과를 전달받는다.

4. 마지막으로 트랜잭션 배치를 수행하고 결과는 로컬 스토리지에 저장한다. 각 노드는 동일한 인풋으로 트랜잭션을 수행하고 로컬에 결과를 저장하기 때문에 결과를 서로 전달하지 않아도 된다.

그림 13-7과 같이 일반적으로 칼빈은 시퀀서와 스케줄러, 워커, 스토리지 서브시스템을 같은 노드에 배치한다. 시퀀서 사이에 어떤 트랜잭션을 현재 에포크/배치에 추가할지 합의하기 위해 칼빈은 특정 복제 노드가 리더 역할을 하는 팍소스 합의 알고리즘('팍소스' 절 참조) 또는 비동기 복제 방식을 사용한다. 리더를 선출하면 레이턴시를 낮출 수 있지만 리더 노드에 장애가 발생할 경우 복구 비용이 매우 높다.

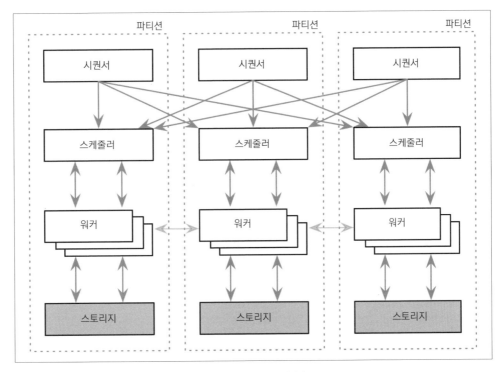

그림 13-7 칼빈 아키텍처

스패너의 분산 트랜잭션 처리

칼빈은 주로 스패너^{Spanner}라는 분산 트랜잭션 관리 방식과 비교된다[CORBETT12]. 스패너의 대표적인 구현(또는 파생 모델)으로는 콕로치DB^{CockroachDB}와 유가바이트 DB$^{YugaByte\ DB}$와 같은 오픈소스 데이터베이스가 있다. 칼빈은 시퀀서 사이의 합의를 통해 트랜잭션 실행 순서를 결정하지만 스패너는 각 파티션(샤드)의 합의 그룹별로 2PC 프로토콜을 사용해 트랜잭션을 처리한다. 스패너는 구조가 매우 복잡하기 때문에 이 책에서는 알고리즘을 하이 레벨 관점에서 살펴본다.

일관성과 트랜잭션 실행 순서를 보장하기 위해 스패너는 트루타임^{TrueTime}을 사용한다. 트루타임은 정밀한 실제 시간을 제공하는 API이며 오차 범위가 존재한다. 로컬 작업은 인위적으로 속도를 늦춰 오차 범위를 무시한다.

스패너는 읽기-쓰기 트랜잭션과 읽기 전용 트랜잭션, 스냅숏 읽기를 지원한다. 읽기-쓰기 트랜색션은 잠금과 비관석 동시성 제어를 사용하며 리더 노드가 필요하다. 읽기 전용 트랜잭션은 잠금을 사용하지 않고 모든 복제 노드에서 실행할 수 있다. 팍소스 그룹이 마지막으로 커밋한 가장 최신의 값을 읽을 때는 리더가 필요하다. 모든 값을 버전화하고 스냅숏의 내용은 수정될 수 없기 때문에 특정 타임스탬프의 값의 일관성이 보장된다. 각 데이터 레코드에는 트랜잭션이 커밋된 시간을 의미하는 타임스탬프를 설정한다. 따라서 레코드별로 여러 타임스탬프 버전이 존재할 수 있다.

그림 13-8은 스패너의 구조를 나타낸다. 각 스팬서버spanserver(클라이언트에 데이터를 제공하는 서버 인스턴스)는 여러 팍소스 상태 기계state machine와 태블릿tablet의 쌍으로 구성된다. 복제 노드는 데이터 배치 및 복제의 최소 단위인 팍소스 그룹이라는 복제 노드 집합으로 나뉜다. 각 팍소스 그룹의 리더는 장기간 역할을 유지한다('멀티 팍소스' 절 참고). 리더는 멀티샤드 트랜잭션 수행 시 서로 통신한다.

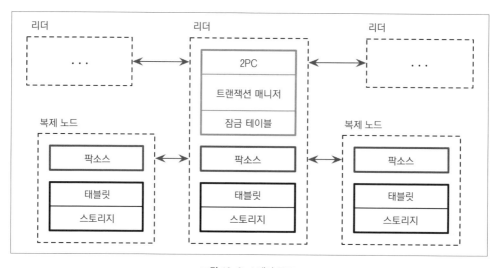

그림 13-8 스패너 구조

모든 쓰기 요청은 팍소스 그룹 리더를 거쳐야 한다. 읽기 요청은 최신 상태의 복제 노드의 태블릿이 직접 처리한다. 각 리더 노드에는 2단계 잠금 메커니즘 ('잠금 기반 동시성 제어' 절 참고)

기반의 동시성 제어를 구현을 위한 잠금 테이블과 멀티샤드 분산 트랜잭션 처리를 위한 트랜잭션 매니저가 있다. 동기화가 필요한 작업(트랜잭션 내 쓰기와 읽기)은 잠금 테이블에서 잠금을 획득해야 한다. 다른 작업(스냅숏 읽기)은 데이터에 직접 접근할 수 있다.

멀티샤드 트랜잭션 처리 시 팍소스 그룹 리더는 2PC를 통해 일관성을 보장하고 2단계 잠금을 통해 격리성을 보장한다. 2PC 알고리즘은 모든 노드가 정상 작동해야 하기 때문에 가용성이 낮다. 스패너는 이 문제를 개별 코호트 대신 팍소스 그룹을 사용해 해결한다. 그룹 내 일부 노드에 장애가 발생해도 2PC는 정상 작동하고 각 그룹 내의 리더 노드를 통해 트랜잭션을 처리한다.

팍소스 그룹은 주기적으로 트랜잭션 매니저의 상태를 여러 노드에 복사한다. 각 팍소스 리더는 쓰기 잠금을 획득하고 이전 트랜잭션의 타임스탬프보다 큰 타임스탬프 값을 선택하고 2PC prepare 메시지를 전파한다. 트랜잭션 코디네이터는 타임스탬프를 수집하고 prepare 메시지의 타임스탬프보다 더 큰 커밋 타임스탬프 값을 생성한 뒤에 커밋 로그를 기록한다. 코디네이터는 클라이언트가 이미 지난 타임스탬프의 트랜잭션 결과만을 볼 수 있도록 선택한 타임스탬프까지 기다린 뒤에 해당 타임스탬프를 클라이언트와 리더에 전달한다. 마지막으로 클라이언트와 리더는 로컬 팍소스 그룹에 전달받은 타임스탬프로 커밋 로그를 기록하고 잠금을 해제한다.

단일 샤드 트랜잭션은 특정 팍소스 그룹과 잠금 테이블만으로도 트랜잭션 순서와 샤드 내의 일관성을 보장할 수 있어 트랜잭션 매니저가 필요 없다(다중 파티션 2PC도 수행할 필요 없다).

스패너의 읽기-쓰기 트랜잭션은 외부 일관성external consistency이라는 수행 순서를 보장한다. 분산 트랙잭션의 경우에도 읽기-쓰기 트랜잭션의 타임스탬프는 실제 순서를 나타낸다. 외부 일관성에는 선형가능성과 같은 즉각적인 속성이 있다. 트랜잭션 T_2가 시작하기 전에 T_1이 커밋되면 T_1의 타임스탬프는 T_2의 타임스탬프보다 작다.

스패너는 일관된 트랜잭션 로그 복제 위해 팍소스를 사용하고 멀티샤드 트랜잭션을 위해 2PC를 사용한다. 나아가 트랜잭션 실행 순서 유지를 위해 트루타임을 사용한다. 추가적인 2PC 단계로 인해 멀티파티션 트랜잭션의 비용이 칼빈보다 높다[ABADI17]. 칼빈과 스패너는 모두 파티션된 분산 데이터 스토어에서 트랜잭션을 처리할 수 있는 중요한 알고리즘이다.

데이터베이스 파티셔닝

지금까지 스패너와 칼빈에 대해 설명하는 동안 파티셔닝이라는 용어를 자주 사용했다. 파티셔닝에 관해 좀 더 자세히 알아보자. 일반적으로 최신 애플리케이션에서 모든 레코드를 하나의 노드에 저장하는 구조는 비현실적이다. 대신 데이터를 논리적으로 여러 작은 세그먼트로 분할하는 파티셔닝 방식을 사용한다.

가장 단순한 파티셔닝 방식은 데이터를 여러 범위로 분할하고 복제 노드 세트에 특정 범위(파티션)만 저장하는 것이다. 쿼리 수행 시 클라이언트(또는 쿼리 코디네이터)는 읽기와 쓰기 요청의 라우팅 키에 해당되는 복제 노드 세트로 요청을 라우팅한다. 이와 같이 복제 노드 세트별로 데이터의 특정 범위를 저장하는 파티셔닝 방식을 샤딩^{sharding}이라고 한다.

데이터를 효율적으로 파티셔닝하기 위해서는 요청 빈도와 분포를 고려해 크기를 알맞게 나눠야 한다. 읽기와 쓰기 요청이 잦은 범위는 작은 파티션으로 분할해 부하를 분산시킬 수 있다. 데이터가 다른 범위보다 더 많은 부분도 작은 파티션으로 분할하는 것이 좋다. 예를 들어 우편번호를 라우팅 키로 사용하는 경우 일반적으로 인구 분포는 불균등하기 때문에 일부 우편번호 범위에 데이터(예를 들어 사람 또는 주문)가 몰릴 수 있다.

노드 추가 또는 제거 시 데이터베이스는 균형을 유지하기 위해 데이터를 다시 파티셔닝한다. 이때 클러스터 메타데이터를 업데이트하고 새로운 위치로 요청을 라우팅하기 전에 먼저 데이터를 재배치해야 한다. 일부 데이터베이스는 최적의 파티셔닝 방식을 찾아 데이터를 재배치하는 알고리즘을 기반으로 자동 샤딩^{auto-sharding}을 수행한다. 알고리즘은 읽기와 쓰기 빈도와 각 샤드의 데이터 크기 등의 정보를 활용한다.

일부 데이터베이스는 라우팅 키의 해시 값을 계산해 노드 ID와 매핑한다. 해시 값은 실제 값과 같은 방식으로 정렬되지 않기 때문에 해시 함수를 사용하면 키가 특정 범위에 데이터가 몰리는 현상을 방지할 수 있다. 하지만 사전식 순서상 인접한 라우팅 키는 같은 복제 노드 세트에 저장될 수 있는 반면, 해시 값을 사용하는 경우 다른 노드에 배치될 수 있다.

해시 값과 노드 ID를 매핑하는 가장 간단한 방법은 해시 값을 클러스터 크기로 나눈 나머지 값(modulo)을 사용하는 것이다. 시스템에 N개의 노드가 있다면 v의 노드 ID는 hash(v) modulo

N이다. 이 방식의 문제는 노드 추가 또는 삭제로 인해 클러스터의 크기가 N에서 N'으로 변경되면 hash(v) modulo N'의 결과도 바뀌기 때문에 대부분의 데이터를 재배치해야 한다는 점이다.

일관된 해싱

이와 같은 문제를 해결하기 위해 아파치 카산드라와 리악은 일관된 해싱consistent hashing이라는 파티셔닝 방식을 사용한다. 일관된 해싱은 해시 함수가 반환한 라우팅 키의 해시 값을 링에 매핑한다. 링은 값이 크기 순서로 정렬돼 있고 가장 큰 값 다음에는 가장 작은 값이 오도록 둘러져 있다. 각 노드는 링에서 각자의 위치가 있고 바로 전 노드와 자신의 위치 사이의 범위의 값을 저장한다.

일관된 해싱을 사용하면 균형을 유지하는 데 필요한 재배치 횟수를 줄일 수 있다. 노드 추가 또는 제거 시 클러스터 전체가 아닌 해당 노드의 인접 노드만이 영향을 받기 때문이다. K개의 해시 키와 n개의 노드로 구성된 클러스터에서 해시 테이블의 크기를 변경하면 평균적으로 K/n개의 키를 재배치해야 한다. 일관된 해싱은 해시 함수의 범위 변경으로 인해 함수의 결과가 바뀌는 것을 최소화한다[KARGER97].

퍼콜레이터의 분산 트랜잭션 처리

분산 트랜잭션은 읽기와 쓰기 이상 현상으로 인해 격리 수준 지원이 어려울 수 있다. 만약 애플리케이션이 직렬화 가능 수준을 요구하지 않는다면 스냅숏 격리SI, Snapshot Isolation라는 트랜잭션 모델을 사용해 SQL-92에서 설명하는 쓰기 이상 현상을 방지할 수 있다.

SI는 트랜잭션 내에서 읽은 값이 데이터베이스의 스냅숏과 일치하도록 보장한다. 스냅숏은 트랜잭션의 시작 시점의 타임스탬프 전에 커밋된 모든 데이터를 포함한다. 쓰기-쓰기 충돌 (예를 들어 두 개의 트랜잭션이 동시에 같은 셀에 쓰기를 시도하는 경우)이 발생하면 하나의 쓰기만 커밋할 수 있다. 이와 같은 특성을 첫 커밋 우선first commit wins이라고 한다.

SI는 커밋 읽기read-committed 격리 수준에서 발생할 수 있는 읽기 쏠림 현상read skew을 방지한다. 예를 들어 x와 y의 합은 100이다. 트랜잭션 T1은 read(x)를 수행하고 70을 반환한다. T2는 write(x, 50)과 write(y, 50)을 수행하고 결과를 커밋한다. T1이 read(y)를 수행하면 T2가 커밋한 50을 반환하기 때문에 결과가 모순된다. T1이 T2가 커밋하기 전에 읽은 x의 값과 새로운 y의 값의 합은 100이 아니다. 하지만 SI는 트랜잭션이 특정 타임스탬프 전의 값만 읽도록 보장하기 때문에 T1은 y의 새로운 값 50의 존재를 알 수 없다[BERENSON95].

SI는 다음과 같은 몇 가지 유용한 특성이 있다.

- 오직 커밋된 데이터만 반복 읽기repeatable read를 허용한다.
- 특정 타임스탬프 시점의 스냅숏을 읽기 때문에 일관성이 보장된다.
- 일관성 유지를 위해 충돌 발생 시 쓰기를 중단 후 재시도한다.

그럼에도 SI의 이력은 직렬화할 수 없다. 같은 셀에 쓰는 충돌하는 작업만을 중단하기 때문에 쓰기 쏠림 현상('읽기 및 쓰기 이상 현상' 절 참고)은 여전히 발생할 수 있다. 쓰기 쏠림 현상은 두 개의 트랜잭션이 서로 다른 데이터를 제약 조건을 위반하지 않으면서 수정할 때 발생한다. 두 트랜잭션 모두 커밋할 수 있지만 이들의 쓰기 작업의 조합이 제약 조건을 위반할 수 있다.

SI는 많은 애플리케이션에 유용한 시맨틱을 제공하고 스냅숏의 상태는 변경될 수 없기 때문에 잠금 없이 데이터를 효율적으로 읽을 수 있다.

퍼콜레이터Percolator는 빅테이블('와이드 칼럼 스토어' 절 참고)이라는 분산 데이터베이스에서 트랜잭션 API를 제공하는 라이브러리다. 기존 시스템 위에 트랜잭션 API를 구현할 수 있는 좋은 방법이다. 퍼콜레이터는 데이터 레코드와 커밋된 데이터의 위치(쓰기 메타데이터)를 저장하고 칼럼 단위 잠금을 제공한다. 경쟁 상태를 방지하고 단일 RPC 호출에서 안전하게 테이블에 잠금을 걸 수 있도록 단일 원격 호출로 읽기–수정–쓰기 작업을 수행할 수 있는 빅테이블 API를 사용한다.

트랜잭션은 트랜잭션 시작과 커밋 시 타임스탬프 오라클(클러스터 레벨에서 단조 증가하는 타임스탬프 제공자)에 타임스탬프를 요청한다. 쓰기 작업의 결과는 클라이언트의 2단계 커밋('2단계 커밋' 절 참고)을 통해 버퍼링 및 커밋한다.

그림 13-9는 각 트랜잭션 단계별로 테이블에 저장된 데이터가 변경되는 과정을 나타낸다.

- a) 초기 상태. 이전 트랜잭션이 완료된 시점의 두 계좌의 타임스탬프는 TS1이다. 아무런 잠금도 존재하지 않는 상태다.
- b) 첫 번째 단계는 사전 단계prewrite다. 트랜잭션은 자신이 수정하는 모든 셀에 대한 잠금을 요청한다. 이 가운데 하나를 기본primary 잠금으로 선택하고 클라이언트 복구에 사용한다. 나아가 다른 트랜잭션이 더 큰 타임스탬프 값으로 이미 값을 썼는지, 또 해제되지 않은 잠금이 있는지 등의 충돌 발생 가능 여부를 확인한다. 충돌이 감지되면 트랜잭션을 중단한다.
- c) 모든 잠금을 성공적으로 획득하고 충돌이 발생할 수 없다면 트랜잭션을 수행한다. 클라이언트는 기본 잠금부터 해제한다. 잠금을 쓰기 레코드로 대체하고 쓰기 메타데이터를 마지막 타임스탬프 값으로 업데이트해 결과를 게시한다.

트랜잭션 커밋 중에 클라이언트에 장애가 발생할 수 있기 때문에 트랜잭션을 롤백하거나 나머지 단계를 완료할 수 있어야 한다. 다른 트랜잭션이 불완전한 상태를 읽는 경우 기본 잠금을 해제하고 트랜잭션을 커밋해야 한다. 기본 잠금을 이미 해제했다면 해당 트랜잭션은 반드시 커밋돼야 한다. 한 번에 한 개의 트랜잭션만이 잠금을 소유할 수 있고 모든 상태 전환은 원자적으로 수행된다. 따라서 두 개의 다른 트랜잭션이 같은 리소스에 대해 동시에 작업을 수행할 수 없다.

		데이터	잠금	쓰기 메타데이터
계좌1	TS2	-	-	TS1이 마지막 타임스탬프
	TS1	$100	-	-
계좌2	TS2	-	-	TS1이 마지막 타임스탬프
	TS1	$200	-	-

a) 계좌2에서 계좌1으로 $150을 이체하기 전의 초기 상태

		데이터	잠금	쓰기 메타데이터
계좌1	TS3	$250	기본	
	TS2	-	-	TS1이 마지막 타임스탬프
	TS1	$100	-	-
계좌2	TS3	$50	계좌1이 기본 잠금 소유	
	TS2	-	-	TS1이 마지막 타임스탬프
	TS1	$200	-	-

b) 잠금을 획득하고 각 계좌를 업데이트한 상태

		데이터	잠금	쓰기 메타데이터
계좌1	TS4	-	-	TS3이 마지막 타임스탬프
	TS3	$250	-	-
	TS2	-	-	TS1이 마지막 타임스탬프
	TS1	$100	-	-
계좌2	TS4	-	-	TS3이 마지막 타임스탬프
	TS3	$50	계좌1이 기본 잠금 소유	-
	TS2	-	-	TS1이 마지막 타임스탬프
	TS1	$200	-	-

c) 트랜잭션은 잠금을 해제하고 최신 타임스탬프로 메타데이터를 업데이트한다.

그림 13-9 퍼콜레이터의 트랜잭션 실행 단계. 트랜잭션은 계좌2에서 계좌1으로 $150를 이체한다.

SI는 트랜잭션 처리에 주로 사용되는 중요하고 유용한 추상화다. 시맨틱을 단순화하고 일부 아노말리를 사전에 차단하며 동시성과 성능을 높일 수 있기 때문에 많은 MVCC 시스템이 SI 수준을 지원한다.

퍼콜레이터 모델을 사용하는 대표적인 데이터베이스로는 TiDB(Ti는 타이타늄, titanium의 약자다)가 있다. TiDB는 높은 일관성과 가용성을 보장하고 수평 확장이 용이한 MySQL과 호환되는 오픈소스 데이터베이스다.

코디네이션 생략

직렬화의 비용을 줄이고 높은 일관성을 보장하면서 코디네이션 비용을 줄이기 위해 코디네이션을 생략coordination avoidance할 수 있다[BAILIS14b]. 모든 연산의 불변 속성을 합칠 수 있다면 코디네이션을 생략해도 데이터 무결성을 보장할 수 있다. 불변 속성 병합IC, Invariant Confluence, I-Confluence이란 불변 속성은 유효하지만 일치하지 않는 다른 상태들을 하나의 유효한 상태로 병합하는 행위다. 불변 속성은 ACID 속성의 일관성을 보장한다.

두 개의 다른 유효한 상태는 모두 하나의 유효한 상태로 병합할 수 있기 때문에 이러한 IC 연산을 수행하는 데는 추가적인 코디네이션이 필요하지 않다. 따라서 성능과 확장성이 크게 향상한다.

불변 속성을 유지하기 위해서는 상태를 변경하는 작업 외에도 두 상태를 병합하는 함수가 필요하다. 이 함수는 독립적으로 업데이트돼 일치하지 않는 상태를 해결한다.

트랜잭션은 로컬 데이터베이스에 저장된 버전(스냅숏)에 대해 작업을 수행한다. 다른 파티션의 데이터가 필요한 경우 우선 해당 데이터를 로컬로 복사한다. 트랜잭션을 커밋하면 결과가 반영된 로컬 스냅숏을 다른 노드에 전달하고 다른 노드의 스냅숏과 병합한다. 코디네이션 생략을 지향하는 시스템은 다음 속성을 보장해야 한다.

유효성

　　일치하지 않거나 병합된 데이터베이스 상태는 모두 불변 조건을 충족해야 한다. 트랜잭션은 절대 유효하지 않은 상태를 읽을 수 없다.

가용성

　　클라이언트가 상태가 저장된 모든 노드에 연결할 수 있는 경우 트랜잭션 커밋 여부에 대해 합의해야 한다. 만약 커밋으로 인해 일부 조건을 위반한다면 트랜잭션을 중단한다.

수렴

　　각 노드는 각자의 상태를 유지한다. 하지만 다른 트랜잭션이 없거나 무기한 네트워크 파티션이 발생하지 않는 경우 같은 상태로 수렴할 수 있어야 한다.

코디네이션 생략

로컬 트랜잭션은 다른 노드를 대신해 로컬 상태에 대해 수행한 작업과 독립적이다.

코디네이션 생략을 구현한 예로 RAMP^{Read-Atomic Multi Partition} 트랜잭션이 있다[BAILIS14c]. RAMP는 다중 버전 동시성 제어와 현재 수행 중인 작업의 메타데이터를 사용해 다른 노드와 상태를 동기화하고 동시 읽기와 쓰기를 허용한다. 예를 들어 라이터와 리더가 같은 레코드를 동시에 읽고 쓰는 상황을 미리 알 수 있다. 필요한 경우 진행 중인 쓰기 작업의 메타데이터를 추가 요청해 이와 같은 상황을 해결할 수 있다.

분산 시스템에서 잠금 기반 접근 방식은 최선책이 아닐 수 있다. 대신 RAMP는 다음 두 가지 속성을 제공한다.

동기화 독립성

클라이언트의 트랜잭션은 중지 또는 중단하지 않고 다른 클라이언트의 트랜잭션을 강제로 기다리게 하지 않는다.

파티션 독립성

클라이언트는 트랜잭션에서 사용하지 않는 값이 포함된 파티션은 요청하지 않는다.

RAMP는 원자적 읽기^{read atomic} 격리 수준을 지원한다. 이 수준에서 트랜잭션은 진행 중이거나 커밋되지 않았거나 중단된 다른 트랜잭션의 중간 결과를 읽을 수 없다. 동시 수행 중인 다른 트랜잭션은 트랜잭션의 전체 결과를 읽거나 전혀 알 수 없어야 한다. 따라서 원자적 읽기 격리 수준은 다른 트랜잭션의 결과의 일부만을 읽는 균열된 읽기^{fractured read}를 방지한다.

RAMP는 일반적으로 분산 잠금 등에서 필요한 상호 배제 없이 원자적 쓰기 가시성을 제공한다. 따라서 트랜잭션은 서로를 지연시키지 않고 진행할 수 있다.

RAMP는 읽기 작업이 동시에 진행 중인 다른 쓰기 작업을 확인할 수 있는 트랜잭션 메타데이터를 전파한다. 메타데이터를 기반으로 트랜잭션은 새로운 버전의 레코드가 존재하는지 확인하고 읽은 뒤에 작업을 수행한다. 코디네이션을 생략하기 위해서는 로컬에 커밋한 결과도 다른 노드에서 읽을 수 있어야 한다. 이를 위해서 RAMP는 트랜잭션이 특정 파티션에 쓴 값이 접근 가능해지면 같은 트랜잭션이 다른 파티션에 쓴 값도 읽을 수 있도록 한다.

RAMP는 동시 수행 중인 리더와 라이터가 서로를 블로킹하지 않고 원자적 읽기 격리 수준을 로컬과 전역(트랜잭션이 수정한 모든 파티션)에서 모두 유지하기 위해서 2단계 커밋 방식을 사용한다.

준비

쓰기 요청을 대상 파티션에 전달해 준비를 요청하고 적용하지는 않는다.

커밋/중단

트랜잭션이 변경한 내용을 모든 파티션에서 읽을 수 있도록 원자적으로 적용하거나 롤백한다.

RAMP는 최신 값과 아직 커밋되지 않은 값, 예전 값, 다른 트랜잭션이 덮어쓴 값 등 같은 레코드에 대한 여러 버전을 저장한다. 예전 값은 참조 중에만 유지한다. 모든 동시 읽기 작업이 완료되면 예전 값은 삭제한다.

분산 트랜잭션은 동시 수행 작업 사이의 충돌 감지와 방지를 위한 코디네이션 오버헤드 때문에 높은 성능과 확장성을 유지하기가 어렵다. 시스템이 클수록 또는 더 많은 트랜잭션을 처리할수록 더 많은 오버헤드가 발생한다. 지금까지 13장에서 설명한 알고리즘은 불변 속성을 기반으로 코디네이션을 생략해도 될지 여부를 결정하고 반드시 필요할 경우에만 사용해 불필요한 코디네이션을 방지한다.

요약

13장에서는 분산 트랜잭션을 구현하는 몇 가지 방법을 알아봤다. 첫 번째로 2단계 커밋과 3단계 커밋이라는 원자적 커밋 알고리즘에 대해 설명했다. 두 알고리즘은 이해와 구현이 쉽지만 몇 가지 단점이 있다. 2PC에서 코디네이터(또는 대체 노드)는 커밋 중에 반드시 정상 작동해야 하기 때문에 가용성이 낮다. 3PC는 이 문제를 해결할 수 있지만 네트워크 파티션 발생 시 분리 뇌 현상이 발생할 수 있다.

일반적으로 최신 데이터베이스 시스템은 분산 트랜잭션을 14장에서 논의할 합의 알고리즘을 사용해 처리한다. 예를 들어 칼빈과 스패너는 팍소스 알고리즘을 사용한다.

합의 알고리즘은 원자적 커밋 알고리즘보다 더 복잡하지만 더 나은 내결함성을 제공한다. 개시사가 커밋에 대한 의사 결정을 하지 않고 잠가 노드는 값의 수용 여부가 아닌 직접 값을 결정한다[GRAY04].

더 읽어보기

13장에서 이야기한 개념에 관한 더 자세한 설명은 다음 문헌을 참고하길 바란다.

「Atomic commitment integration with local transaction processing and recovery subsystems(원자적 커밋과 로컬 트랜잭션 처리 및 복구 서브시스템의 통합)」

Silberschatz, Abraham, Henry F. Korth, and S. Sudarshan. 2010. Database Systems Concepts (6th Ed.). New York: McGraw-Hill.

Garcia-Molina, Hector, Jeffrey D. Ullman, and Jennifer Widom. 2008. Database Systems: The Complete Book (2nd Ed.). Boston: Pearson.

「Recent progress in the area of distributed transactions (ordered chronologically; this list is not intended to be exhaustive)(분산 트랜잭션 분야의 최신 연구(시간 순서대로 정렬, 완전한 리스트는 아님))」

Cowling, James and Barbara Liskov. 2012. "Granola: low-overhead distributed transaction coordination." In Proceedings of the 2012 USENIX conference on Annual Technical Conference (USENIX ATC '12): 21-21. USENIX.

Balakrishnan, Mahesh, Dahlia Malkhi, Ted Wobber, Ming Wu, Vijayan Prabhakaran, Michael Wei, John D. Davis, Sriram Rao, Tao Zou, and Aviad Zuck. 2013. "Tango: distributed data structures over a shared log." In Proceedings of the Twenty-Fourth ACM Symposium on Operating Systems Principles (SOSP '13): 324-340.

Ding, Bailu, Lucja Kot, Alan Demers, and Johannes Gehrke. 2015. "Centiman: elastic, high performance optimistic concurrency control by watermarking." In Proceedings of the Sixth ACM Symposium on Cloud Computing (SoCC '15): 262-275.

Dragojević, Aleksandar, Dushyanth Narayanan, Edmund B. Nightingale, Matthew Renzelmann, Alex Shamis, Anirudh Badam, and Miguel Castro. 2015. "No compromises: distributed transactions with consistency, availability, and performance." In Proceedings of the 25th Symposium on Operating Systems Principles (SOSP '15): 54-70.

Zhang, Irene, Naveen Kr. Sharma, Adriana Szekeres, Arvind Krishnamurthy, and Dan R. K. Ports. 2015. "Building consistent transactions with inconsistent replication." In Proceedings of the 25th Symposium on Operating Systems Principles (SOSP '15): 263-278.

14장

합의

지금까지 분산 시스템과 관련된 여러 주제를 설명했다. 링크와 프로세스부터 시작해서 분산 컴퓨팅의 문제 그리고 장애 처리 모델, 장애 감지기, 리더 선출 알고리즘, 일관성 모델도 살펴봤다. 마지막으로 분산 시스템 분야의 절정이라고 할 수 있는 분산 합의^{distributed consensus} 알고리즘에 관해 설명한다.

분산 시스템에서 여러 프로세스는 합의 알고리즘을 통해 특정 값에 대해 합의한다. FLP 불가능성 이론('FLP 불가능성 이론' 절 참조)에 의하면 완전 비동기 시스템에서 일정 시간 내에 합의를 보장할 수 없다. 메시지 전달이 보장된다고 해도 각 프로세스는 다른 프로세스에 장애가 발생했는지 또는 통신에 문제가 생겼는지 알 수 없다.

9장에서 장애 감지 정확도와 속도 사이의 트레이드-오프를 설명했다. 합의 알고리즘은 비동기 모델에서의 안정성을 보장하고 외부 장애 감지기는 프로세스의 상태에 대한 정보를 수집해 라이브니스^{liveness}를 보장한다[CHANDRA96]. 하지만 장애 감지는 부정확할 수 있기 때문에 합의 알고리즘은 장애가 감지될 때까지 기다리거나 잘못된 감지로 인해 알고리즘을 다시 시작하는 상황이 발생할 수 있다.

프로세스들은 특정 프로세스가 제안한 어떤 값에 동의해야 하며, 일부 참가 노드에 장애가 발생해도 그래야 한다. 알고리즘을 정상적으로 수행 중인 프로세스를 정상^{correct} 상태라고 표현한다. 합의를 통해 이벤트를 특정 순서로 수행하고 노드 사이에 일관성을 유지할 수 있다. 나아가 클라이언트가 어떤 값을 전달받는지 정확히 파악하고 프로세스의 상태를 변경할 수 있는 시스템을 만들 수 있다.

이론적으로 합의 알고리즘에는 세 개의 속성이 있다.

일치성*Agreement*

> 모든 정상 프로세스는 동일한 값에 대해 합의한다.

유효성*Validity*

> 합의 값은 참가 프로세스 중 한 프로세스가 제안한 값이다.

유한성*Termination*

> 모든 정상 프로세스는 결국 합의에 도달한다.

모두 중요한 속성이다. 일치성은 사회적 합의에도 내재된 속성이다. 합의의 사전적 의미를 살펴보면 만장일치*unanimity*라는 단어가 등장한다. 합의가 성립되면 어떤 프로세스도 결과에 이의를 제기할 수 없다는 의미다. 지인들과 특정 시간과 장소에서 만나는 것을 합의라고 생각할 수 있다. 각자 참석 의사를 전달하고 만남의 구체적인 내용에 대해 합의한다.

유효하지 않은 합의는 무의미하기 때문에 유효성은 매우 중요한 속성이다. 합의 알고리즘에서 모든 프로세스는 특정 값에 대해 합의한다. 만약 모든 프로세스가 항상 제안 값과 다른 값을 선택한다면 만장일치 합의이지만 알고리즘의 결과는 유효하지 않고 현실에 쓸모가 없다.

유한성은 알고리즘이 어떤 결론에도 도달하지 못하고 끝나지 않거나 장애가 발생한 프로세스가 복구되기만을 기다리는 상황을 방지한다. 실용적인 합의 알고리즘에서 모든 프로세스는 최대한 빠르게 합의에 도달해야 한다.

브로드캐스트

브로드캐스트는 분산 시스템에서 자주 사용되는 통신 추상화다. 브로드캐스트 알고리즘을 사용해 프로세스 사이에 정보를 전파할 수 있다. 조건과 보장하는 부분이 서로 다른 다양한 종류의 브로드캐스트 알고리즘이 존재한다. 브로드캐스트는 중요한 통신 방법이며 합의 알고리즘을 포함한 많은 곳에서 사용된다. 13장에서 설명한 가십 전파$^{gossip\ dissemination}$ 알고리즘도 브로드캐스트 알고리즘의 한 종류다.

한 개의 코디네이터가 모든 노드에 데이터를 전파해 데이터를 복제할 때 주로 브로드캐스트를 사용한다. 하지만 신뢰적인 통신을 보장하는 일은 간단하지 않다. 코디네이터의 메시지가 일부 노드에만 전달되고 장애가 발생한다면 나머지 노드는 이 사실을 알 수 없기 때문에 시스템은 일관되지 않은 상태가 된다.

최선형$^{best\ effort}$ 브로드캐스트 알고리즘[CACHIN11]은 가장 단순하지만 확실하게 메시지를 브로드캐스트할 수 있는 방법이다. 이 알고리즘에서 송신 노드는 모든 대상 노드에 대한 메시지 전달을 보장한다. 노드에 장애가 발생해도 다른 노드가 메시지 전달을 재시도하지 않기 때문에 코디네이터에 장애가 발생하면 브로드캐스트는 실패한다.

브로드캐스트의 신뢰성을 높이려면 송신 노드에 장애가 발생해도 모든 프로세스에 동일한 메시지를 전달할 수 있어야 한다.

신뢰적 브로드캐스트는 장애 감지 알고리즘과 대체^{fallback} 메커니즘을 사용해 구현할 수 있다. 가장 단순한 대체 메커니즘은 모든 노드가 전달받은 메시지를 다시 자신이 알고 있는 다른 노드에 전달하는 것이다. 브로드캐스트를 시작한 프로세스에 장애가 발생해도 다른 프로세스가 계속해서 메시지를 전달한다. 따라서 그림 14-1과 같이 네트워크는 N²개의 메시지로 넘쳐나게 된다. 송신 노드에 문제가 발생해도 나머지 노드가 계속해서 메시지를 전달하기 때문에 신뢰성이 보장되고 모든 노드는 동일한 메시지를 전달받을 수 있다[CACHIN11].

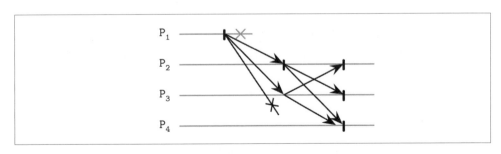

그림 14-1 브로드캐스트 알고리즘

이 메커니즘의 단점은 N이 남은 프로세스의 수를 나타낸다면 프로세스는 자신과 시작 프로세스를 제외한 모든 노드에 메시지를 전달하기 때문에 N²개의 메시지가 필요하다는 점이다. 이상적으로는 브로드캐스트의 신뢰성을 높이고자 사용되는 메시지 수를 최소화해야 한다.

원자적 브로드캐스트

앞서 설명한 알고리즘은 메시지 전달은 보장하지만 전달 순서는 보장하지 않는다. 메시지는 결과적으로 알 수 없는 시점에 목적지에 도착한다. 메시지를 특정 순서대로 전달하기 위해서는 신뢰성과 전 순서total order를 보장하는 원자적 브로드캐스트atomic broadcast(전 순서 멀티캐스트 total order multicast라고도 함) 알고리즘을 사용해야 한다.

신뢰적 브로드캐스트는 모든 프로세스가 전달받은 메시지 집합이 일치함을 보장하고 원자적 브로드캐스트는 전달받은 메시지의 순서까지 일치함을 보장한다(즉, 모든 대상 프로세스에 대해 메시지 전달 순서가 동일하다).

원자적 브로드캐스트는 다음 두 가지 필수 속성을 보장한다.

원자성

모든 프로세스가 전달받은 메시지는 일치한다. 모든 정상 프로세스가 메시지를 전달하거나 아예 전달하지 않아야 한다.

순서

모든 정상 프로세스는 메시지를 같은 순서로 전달한다.

메시지는 원자적으로 전달된다. 즉, 모든 메시지는 모든 프로세스에게 전달되거나 아예 전달되지 않는다. 메시지는 성공적으로 전달된 다른 메시지의 전 또는 후에 배치된다.

가상 동기화

가상 동기화virtual synchrony는 브로드캐스트를 사용해 그룹 간 통신을 지원하는 대표적인 프레임워크다. 원자적 브로드캐스트는 정적 프로세스 그룹에 순서화된 메시지를 전달하는 반면 가상 동기화는 동적 그룹에 전달한다.

가상 동기화는 프로세스를 여러 그룹으로 나눈다. 그룹이 존재하는 동안 모든 구성원은 메시지를 동일한 순서로 전달받는다. 메시지의 순서는 사용자가 직접 정의한다. 그룹 내 구성원에 동일한 순서를 정의하면 프레임워크를 사용해 성능을 높일 수 있다[BIRMAN10].

모든 프로세스의 그룹 뷰view는 동일하며, 메시지는 그룹별로 지정된다. 같은 그룹에 속한 프로세스끼리만 동일한 메시지를 볼 수 있다.

구성원이 그룹에 참가 또는 탈퇴하거나 장애가 발생해 제거되면 모든 구성원에 변경 사항을 알리고 그룹 뷰도 알맞게 변경한다. 모든 메시지는 메시지를 생성한 그룹의 ID와 고유하게 매핑된다.

가상 동기화는 메시지 수신(하나의 구성원이 메시지를 수신했을 때)과 전달(모든 구성원이 메시지를 수신했을 때)을 구분한다. 특정 뷰에서 보낸 메시지는 오직 해당 뷰 안에서만 전달될 수 있다. 이는 수신한 그룹과 메시지에 매핑된 그룹을 비교해 보장할 수 있다. 송신 프로세스가 메시지의 전달 성공 여부를 알기 전까지 메시지는 큐에 저장된다.

모든 메시지는 특정 그룹에 속하기 때문에 그룹 내의 모든 프로세스가 뷰가 변경되기 전에 메시지를 수신하지 않는 한, 메시지가 전달됐다고 가정할 수 없다. 따라서 메시지는 뷰가 변경되는 시점 사이에 전송되고 전달된다고 것을 의미하기 때문에 원자적 전달이 보장된다. 메시지 브로드캐스트는 그룹 뷰를 넘나들 수 없다.

순서를 보장하는 일부 브로드캐스트 알고리즘은 개별 프로세스(시퀀서)를 사용해 메시지를 순서화한다. 이런 알고리즘은 구현이 쉽지만 리더의 상태를 계속해서 확인해야 한다는 단점이 있다. 하지만 시퀀서를 사용하면 모든 메시지에 대해 프로세스 간에 합의하지 않아도 되고 시퀀서 자체의 뷰를 사용하면 되기 때문에 성능면에서 유리하다. 요청을 파티셔닝할 경우 확장도 가능하다.

하지만 이와 같은 기술적 장점에도, 가상 동기화는 인기를 끌지 못했고 상용 시스템에서도 거의 사용되지 않는다[BIRMAN06].

주키퍼 원자적 브로드캐스트

복제본 사이의 일관성을 유지하기 위한 이벤트의 순서와 원자적 전달을 보장하는 분산 키-값 스토어 아파치 주키퍼[Apache Zookeeper][HUNT10][JUNQUEIRA11]에서 사용하는 주키퍼 원자적 브로드캐스트[ZAB, Zookeeper Atomic Broadcast]는 원자적 브로드캐스트 알고리즘을 구현한 대표적인 예다.

ZAB의 프로세스는 리더 또는 팔로워 역할을 한다. 리더는 임시직이며 알고리즘의 단계를 수행하고 팔로워에 메시지를 브로드캐스트하며 이벤트의 순서를 결정한다. 클라이언트는 새로운 값을 쓰고 최신 값을 읽기 위해서 클러스터 내 하나의 노드와 연결한다. 연결한 노드가 리더라면 리더가 요청을 직접 처리하고 아니라면 리더에 요청을 전달한다.

리더의 고유성을 보장하기 위해 프로토콜의 타임라인을 에포크로 나누고 단조 증가하는 식별 번호를 할당한다. 에포크별로 하나의 리더만이 존재할 수 있다. 정상일 확률이 높은 프로세스를 선발하는 선출 알고리즘을 통해 예비 리더를 선출한다. 알고리즘은 안정성을 보장하기 때문에 후보 선발은 성능 최적화의 일환이다. 현재 리더에 장애가 발생할 경우에도 새로운 리더를 선출한다.

예비 리더가 선출되면 다음 세 가지 단계로 프로토콜을 수행한다.

발견 단계

새로운 리더는 각 프로세스가 알고 있는 마지막 에포크를 수집하고 그중 가장 큰 에포크보다 큰 새로운 에포크를 제안한다. 팔로워는 이전 에포크에서 마지막으로 수행한 트랜잭션의 식별자를 보내 제안을 수락한다. 이 단계가 완료되면 어떤 프로세스도 새로운 에포크보다 작은 에포크에 응답할 수 없다.

동기화 단계

이전 리더에 발생한 장애를 복구하고 뒤처진 팔로워를 동기화한다. 새로운 리더는 모든 팔로워에 새로운 에포크를 대표하는 새로운 리더가 선출된 것을 알리고 응답을 기다린다. 모든 응답이 도착하는 즉시 리더가 확정된다. 이 단계가 완료되면 팔로워는 현재 에포크에 새로운 리더가 선출되는 것을 수락하지 않는다. 새로운 리더는 모든 팔로워가 동일한 히스토리를 갖도록 이미 커밋된 제안들을 이전 리더로부터 전달한다. 새로운 에포크의 메시지 전파를 시작하기 전에 먼저 이전 제안이 모두 동기화돼야 한다.

브로드캐스트 단계

모든 팔로워가 동기화되면 메시지 전파를 다시 시작한다. 리더는 클라이언트의 메시지를 수신해 순서를 정하고 팔로워에 전파한다. 새로운 제안을 전파하고 팔로워의 응답이 정족수를 충족하면 커밋한다. 이 방식은 중단 없는 2단계 커밋과 유사하다. 동의는 응답과 같은 개념이고 클라이언트는 유효한 리더의 제안을 거부할 수 없다. 하지만 현재와 다른 에포크의 리더의 제안에는 응답하지 않아야 한다. 리더에 장애가 발생하거나 팔로워로부터 분리 또는 메시지 지연으로 인해 장애 발생이 의심될 때까지 브로드캐스트 단계를 지속한다.

그림 14-2는 ZAB 알고리즘의 세 단계와 메시지가 교환되는 과정을 나타낸다.

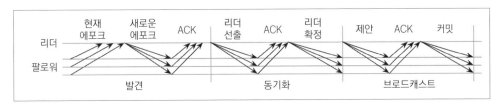

그림 14-2 ZAB 프로토콜

모든 팔로워가 현재 에포크의 리더의 제안만 수락한다면 프로토콜의 안전성은 보장된다. 여러 프로세스가 리더가 되기를 원할 수 있지만 한 프로세스만이 에포크의 리더로 선출될 수 있다. 모든 프로세스는 모든 단계를 성실하게 수행하고 프로토콜을 따른다고 가정한다.

리더와 팔로워는 다른 프로세스의 라이브니스를 하트비트로 판단한다. 만약 리더가 팔로워의 과반으로부터 하트비트를 수신하지 못할 경우 새로운 선출 과정이 시작된다. 마찬가지로 팔로워가 리더에 장애가 발생했다고 판단할 경우 새로운 선출 과정이 시작된다.

메시지는 순서대로 전달돼야 하기 때문에 리더는 이전 메시지에 대한 응답을 수신할 때까지 다음 메시지를 보내지 않는다. 팔로워가 같은 메시지를 중복 수신하더라도 메시지의 순서만 보장된다면 문제가 발생하지 않는다. ZAB는 하나의 리더가 쓰기 요청을 수신하고 수행 순서를 결정해 수정 사항을 브로드캐스트하기 때문에 클라이언트의 여러 동시다발적 요청을 처리할 수 있다.

ZAB의 전역적 메시지 순서는 복구 효율을 향상시킨다. 동기화 단계에서 각 팔로워는 가장 최근에 커밋된 제안의 식별자로 응답한다. 리더는 가장 높은 식별자를 반환한 팔로워로부터 메시지를 복사한다.

ZAB의 장점은 높은 효율성이다. 브로드캐스트 단계는 단 두 번의 메시지 교환만으로 충분하며, 리더 노드의 장애는 최신 상태의 프로세스가 누락된 메시지를 스트리밍하기만 하면 복구할 수 있다. 리더 역할을 유지하는 기간이 늘어날수록 성능에도 긍정적인 영향을 미친다. 리더는 로컬 뷰를 기반으로 이벤트 순서를 설정할 수 있기 때문에 히스토리를 재구성하는 추가적인 합의 단계가 줄어든다.

팍소스

원자적 브로드캐스트^{atomic broadcast}는 장애가 발생할 수 있는 비동기 시스템에서의 합의와 동등한 수준의 문제다[CHANDRA96]. 모든 참가 노드가 메시지 순서에 동의하고 알 수 있어야 하기 때문이다. 원자적 브로드캐스트와 합의 알고리즘은 목적과 구현 측면에서 많은 유사점을 공유한다.

팍소스^{Paxos}는 가장 많이 사용되는 합의 알고리즘이며 레슬리 램포트^{Leslie Lamport}가 「The Part-Time Parliament(파트타임 의회)」 논문에서 처음 제시한 개념이다[LAMPORT98]. 이 논문은 합의^{consensus}를 에게해 제도^{Aegean Island}의 팍소스 섬의 입법과 투표 방식에서 유래된 단어라고 설명한다. 2001년에 발표된 후속 논문 「Paxos Made Simple」[LAMPORT01]은 팍소스 알고리즘을 더 쉽게 설명하며 이 알고리즘에 대한 일반적인 설명으로 인용된다.

팍소스의 참가자는 제안자, 수락자, 학습자 중 하나의 역할을 수행한다.

제안자^{Proposer}
  클라이언트로부터 전달받은 값을 제안하고 수락자들의 의견을 수렴한다.

수락자^{Acceptor}

제안자가 제안한 값을 수락 또는 거부한다. 내결함성을 위해서는 알고리즘에 여러 제안자가 필요하지만, 라이브니스를 위해서는 제안을 수락하는 데 과반(쿼럼)의 동의만 있으면 된다.

학습자^{Learner}

수락된 제안의 결과를 저장하는 복제 노드 역할을 한다.

모든 참가자는 모든 역할을 맡을 수 있고 대부분의 구현 방식에서 참가자는 동시에 여러 역할을 수행한다. 프로세스는 제안자와 수락자, 학습자가 동시에 될 수 있다.

모든 제안은 클라이언트가 제안한 값과 단조 증가하는 제안 번호로 구성된다. 이 번호를 기반으로 전역적 작업 순서와 작업들 사이의 관계를 정의한다. 일반적으로 제안 번호는 (id, timestamp) 쌍 형식이며 타임스탬프가 같을 경우 노드의 id를 비교 키로 사용한다.

팍소스 알고리즘

팍소스 알고리즘은 선출^{voting}과 복제^{replication} 단계로 구성된다. 선출 단계에서 여러 제안자들은 리더가 되기 위해 서로 경쟁한다. 복제 단계에서 제안자는 수락자에 값을 전파한다.

제안자는 클라이언트의 첫 접촉점이다. 제안자는 전달받은 제안 값에 대한 수락자의 의견을 수집한다. 이 과정이 완료되면 수락자는 합의 값에 대한 정보를 학습자에 전파해 합의 결과를 반영한다. 학습자는 합의 값을 여러 복제 노드에 저장한다.

하나의 제안자만이 과반의 동의를 받을 수 있다. 제안자 사이에 의견이 정확히 반으로 갈릴 경우 어떤 제안자도 과반의 동의를 받을 수 없기 때문에 재시작해야 한다. 제안자 간 경합하는 시나리오는 '장애 발생 시나리오' 절에서 자세히 설명한다.

제안 단계에서 제안자는 Prepare(n) 메시지(n은 제안 번호를 나타냄)를 과반의 제안자에 전송하고 응답을 수렴한다.

제안자의 메시지를 수신한 수락자는 응답 시 다음 조건을 충족해야 한다[LAMPORT01].

- 수락자가 아직 더 높은 번호의 제안에 응답하지 않은 경우, 더 낮은 번호의 제안에 응답하지 않을 것을 약속한다.

- 수락자가 이미 다른 제안을 수락했을 경우(Accept!(m, vaccepted) 메시지 수신), m번 제안을 이미 수락했다는 것을 의미하는 Promise(m, vaccepted) 메시지로 제안자에 응답한다.

- 수락자가 이미 더 높은 번호의 제안을 수락했을 경우 더 높은 번호의 제안이 존재한다는 사실을 알린다.

- 뒤에 수신한 요청의 번호가 더 높은 한, 수락자는 여러 제안에 응답할 수 있다.

복제 단계에서 수락자의 과반수가 제안을 수락할 경우 제안자는 v가 제안 값, n이 제안 번호를 나타내는 Accept!(n, v) 메시지를 수락자에 전송해 제안을 커밋하고 복제를 시작한다. v는 수락자로부터 받은 응답 중 가장 번호가 높은 제안의 값 또는 수락자의 응답에 이전에 수락된 제안이 없을 경우 자신이 제안한 값이다.

수락자는 또 다른 제안 단계에서 Prepare(m) 메시지(m > n)에 응답하지 않았을 경우에만 n번 제안을 수락할 수 있다. 제안을 거절할 경우 제안자가 최신 상태를 유지할 수 있도록 수락자는 자신이 알고 있는 가장 높은 제안 번호로 응답한다[LAMPORT01].

그림 14-3은 팍소스 알고리즘의 일반적인 수행 단계를 나타낸다.

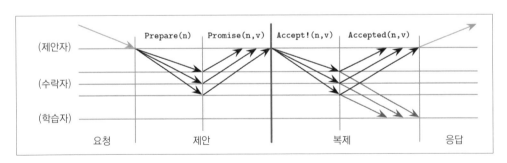

그림 14-3 팍소스 알고리즘

제안 값에 대한 합의가 이뤄지면(최소 하나의 수락자가 수락한 경우) 일관성을 보장하기 위해 다음 제안자들도 해당 값을 수락해야 한다. 따라서 수락자는 항상 자신이 알고 있는 가장 높은

356

제안 번호로 응답한다. 어떤 수락자도 다른 값을 수락한 적이 없다면 제안자는 원하는 값을 제안할 수 있다.

학습자는 과반의 수락자로부터 통지를 받은 후에 합의 값이 무엇인지 알 수 있다. 수락자는 학습자가 가능한 빨리 합의 값을 알 수 있도록 수락하는 즉시 값을 전달한다. 다수의 학습자가 존재할 경우 각 수락자는 모든 학습자에 값을 전달해야 한다. 특별distinguished 학습자로 지정된 일부 학습자는 전달받은 값을 다시 다른 학습자에게 전달한다.

팍소스 알고리즘의 첫 번째 단계는 리더를 선출하고 두 번째 단계에서 리더가 브로캐스트할 값을 제안한다. 이 과정은 값을 결정할 때마다 반복된다. 제안자가 한 번에 여러 값을 제안하는 것을 허용하면 알고리즘의 단계를 줄일 수 있다. 이 방식은 '멀티 팍소스' 절에서 자세히 설명한다.

팍소스에서의 쿼럼

일부 프로세스에 문제가 발생하더라도 정상 프로세스의 의견을 수집해 진행할 수 있도록 보장하기 위해 쿼럼을 사용한다. 쿼럼은 작업을 수행하는 데 필요한 최소 응답 수이며 일반적으로 참가자의 과반수와 같다. 쿼럼은 일부 참가자에 장애가 발생하거나 네트워크 파티션으로 인해 분리돼도 프로토콜의 정확성을 보장하는 중재자가 최소 하나 이상 존재함을 의미한다.

참가자의 과반수가 제안을 수락할 경우 해당 값은 프로토콜에 의해 보장된다. 두 다수 집단에는 최소한 하나의 공통된 참가자가 있기 때문이다.

팍소스는 장애가 발생해도 안전성을 보장한다. 합의의 정의와 모순되는 부정확하거나 일관되지 않은 상태는 발생하지 않는다.

f개의 프로세스에 장애가 발생했을 때 라이브니스를 보장하기 위해서는 프로토콜에 총 $2f + 1$개의 프로세스가 필요하다. 팍소스(그리고 그 외 여러 합의 알고리즘)는 모든 프로세스가 아닌 쿼럼을 사용하기 때문에 f개의 프로세스에 장애가 발생하더라도 결과를 보장한다. '플렉서블 팍소스' 절에서 쿼럼을 다른 의미에서 살펴보고 알고리즘 단계 사이에 쿼럼을 활용하는 프로토콜에 관해 설명한다.

쿼럼은 시스템의 블로킹 속성만을 설명한다는 점을 명심해야 한다. 안정성을 보장하기 위해 각 단계에서 최소 노드의 과반수가 응답해야 한다. 이보다 더 많은 노드에 제안을 보내고 응답을 수집해도 되지만 모두가 응답할 때까지 기다리지 않아도 된다. 일부 시스템은 노드 장애 발생 시 필요한 응답 수를 달성하기 위해 다수의 메시지를 전송하는 투기적 실행(speculative execution) 방식을 사용한다. 하지만 라이브니스를 보장하기 위해 과반수로부터 응답을 받는 즉시 다음 단계를 수행한다.

장애 시나리오

분산 알고리즘은 시스템에 장애가 발생할 경우 특히 흥미로워진다. 알고리즘의 두 번째 단계에서 제안자가 모든 수락자에 값을 전달하기 전에 장애가 발생하는 상황(또는 제안자의 속도가 매우 느리거나 수락자와 통신할 수 없는 상황)을 예로 들어보자. 이 경우 새로운 제안자가 값을 커밋하고 다른 참가자에 전파할 수 있다.

그림 14-4는 이러한 상황을 나타낸다.

- 제안자 P_1의 1번 제안이 수락되고 수락자 A_1만 값 V_1을 수신한 뒤에 P_1에 장애가 발생한다.

- 제안자 P_2의 2번 제안을 쿼럼(A_1과 A_2)이 수락하고 P_1의 합의 값 V_1이 커밋된다.

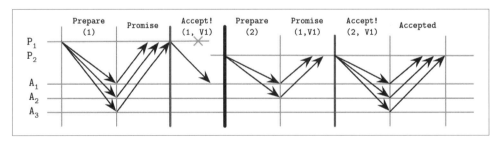

그림 14-4 팍소스 장애 시나리오: 제안자에 장애가 발생하고 이전 값이 커밋된다.

알고리즘의 상태는 여러 노드에 복제되기 때문에 제안자에 장애가 발생해도 여전히 합의에 도달할 수 있다. 수락자 A_1에 값을 전달한 뒤에 제안자에 장애가 발생할 경우 다음 제안자가 해당 값을 다시 제안할 수 있다. 최초 제안자는 이런 사실을 전혀 알 수 없다.

클라이언트가 최초 제안자와만 통신할 수 있는 클라이언트/서버 애플리케이션 구조에서 위와 같은 상황이 발생하면 클라이언트가 팍소스의 수행 결과에 대해 알지 못하는 상황이 발생할 수 있다.[1]

그림 14-5는 또 다른 장애 시나리오를 나타낸다.

- 이전 시나리오 마찬가지로 A_1이 값 V_1를 수신한 뒤에 P_1에 장애가 발생한다.
- 다음 제안자 P_2는 2번 제안으로 새로운 라운드를 시작하고 쿼럼은 이를 수락하지만 이번에는 A_2와 A_3이 먼저 응답한다. 이론적으로 A_1에는 다른 값이 커밋됐지만 P_2는 자신이 제안한 값을 커밋한다.

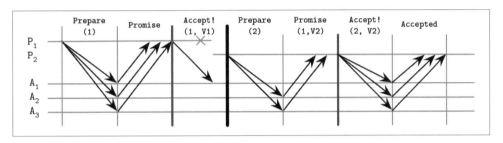

그림 14-5 팍소스 장애 시나리오: 제안자에 장애가 발생하고 새로운 제안 값이 커밋된다.

마지막으로 그림 14-6의 장애 시나리오를 살펴보자.

- 수락자 A_1이 값 V_1을 수락한 뒤에 제안자 P_1에 장애가 발생한다. 다음 제안자에 마지막으로 커밋된 값을 알리기 전에 A_1에 장애가 발생한다.
- P_1에 장애가 발생한 뒤에 새로운 라운드를 시작한 P_2는 A_1으로부터 응답을 받지 못하고 새로운 값을 커밋한다.
- 이후에 A_1으로부터 응답을 받는 모든 제안자는 A_1의 값을 무시하고 더 최근에 수락된 값을 선택한다.

---

1   이와 같은 상황에 대한 설명은 https://databass.dev/links/68을 참고하라.

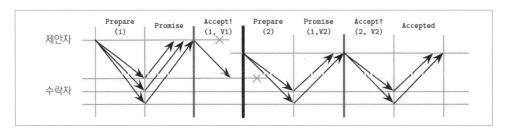

그림 14-6 팍소스 장애 시나리오: 제안자와 수락자에 차례로 장애가 발생한다.

둘 이상의 제안자가 경합하는 경우 어느 누구도 과반수를 확보하지 못해 모두 실패하는 상황이 발생할 수 있다.

수락자는 더 낮은 번호의 제안은 수락하지 않지만, 나중에 받은 제안의 번호가 더 높은 한, 여러 제안을 수락할 수 있다. 제안자가 커밋을 시도했지만 수락자가 이미 더 높은 번호의 제안을 수락했을 경우, 여러 제안자가 계속 재시도하고 모두 커밋하지 못하는 상황이 발생할 수 있다. 이러한 상황은 다른 제안자들이 대기하는 동안 특정 제안자를 커밋시키는 랜덤 백오프random backoff 방식을 사용해 해결할 수 있다.

팍소스 알고리즘은 수락자의 과반수가 정상일 경우에만 장애가 허용된다.

멀티 팍소스

지금까지 임의의 제안자가 팍소스 라운드를 수행하는 일반 팍소스 알고리즘을 살펴봤다. 이 알고리즘의 문제 중 하나는 복제 단계마다 제안 단계가 선행돼야 한다는 것이다. 제안자의 Prepare 메시지에 수락자의 과반수가 Promise 메시지로 응답하면 제안이 수락되고 복제 단계가 시작된다. 멀티 팍소스Multi-Paxos 알고리즘[LAMPORT01]은 제안 단계를 반복하지 않고 이전 제안자를 그대로 유지하기 위해 특별 제안자라는 리더의 개념을 추가한다. 리더의 존재는 알고리즘의 효율성을 크게 향상시킨다.

리더가 존재할 경우 제안 단계를 건너뛰고 값 전파 및 수신 여부를 수집하는 복제 단계를 바로 수행할 수 있다.

일반 팍소스 알고리즘의 읽기 작업은 미완료된 라운드의 값을 확인 및 수집하는 팍소스 라운드를 수행한다. 이 라운드는 마지막 제안자가 최신 상태가 아닐 수 있기 때문에 반드시 필요하다. 마지막 제안자도 모르게 상태가 다른 제안자가 존재할 수 있다.

멀티 팍소스에서도 비슷한 상황이 발생할 수 있다. 새로운 리더가 이미 선출된 후 이전 리더를 통해 읽기를 수행할 경우 정확하지 않은 값을 반환하기 때문에 합의의 선형화 가능성이 보장되지 않는다. 이러한 상황과 다른 프로세스가 커밋하는 것을 방지하기 위해 멀티 팍소스는 리스^{lease} 개념을 사용한다. 리더는 주기적으로 참가자의 상태를 확인하고 정상일 경우 리스를 연장한다. 참가자는 리스 기간 동안 다른 리더의 제안에는 응답하지 않을 것을 약속한다[CHANDRA07].

리스는 정확성을 보장하는 방법이 아니라 쿼럼 대신 리더를 통해 읽기를 수행할 수 있는 하나의 성능 최적화 기법이다. 리스는 참가자 간 제한된 클럭 동기화를 통해 안정성을 보장한다. 하지만 클럭 간 시간 오차가 클 경우 리더는 리스가 아직 유효하다고 생각하지만 참가자는 만료됐다고 판단해 선형화 가능성이 보장되지 않는다.

멀티 팍소스를 어떤 대상에 대해 수행된 연산들을 기록한 로그의 복제본이라고 설명하기도 한다. 멀티 팍소스 알고리즘의 목표는 대상과 상관없이 로그에 기록할 값을 일관되게 복제하는 것이기 때문이다. 프로세스에 장애가 발생하더라도 마지막 상태를 유지하기 위해 각 참가자는 수신한 메시지를 로그에 기록한다.

로그의 크기가 무한정 커지는 것을 방지하기 위해 로그의 내용은 현재 상태에 적용돼야 한다. 모든 내용이 적용되고 상태 스냅숏이 생성되면 해당 로그는 삭제될 수 있다. 로그와 상태 스냅숏은 일치해야 하고 스냅숏에 대한 변경 사항은 로그 세그먼트 삭제와 동시에 원자적으로 적용돼야 한다[CHANDRA07].

단일 결정형 팍소스^{single-decree Paxos}는 한 번 슬롯에 쓴 값은 수정이 불가능한 한 번만 기록하는^{write-once} 레지스터와 유사하다. 첫 번째 단계에서 제안자들은 레지스터에 값을 쓰기 위해 경합하고, 두 번째 단계에서 이들 중 하나가 값을 쓴다. 반면에 멀티 팍소스는 여러 값을 기록할 수 있는 추가 전용 로그와 유사하다. 한 번에 하나의 값을 쓸 수 있고, 모든 값에는 순서가 있으며, 값은 수정될 수 없다[RYSTSOV16]. 액티브 디스크 팍소스^{Active Disk Paxos}[CHOCKLER15], CAS팍소스^{CASPaxos}[RYSTSOV18]와 같은 합의 알고리즘은 상태 기계 복제 대신 읽기-수정-쓰기^{read-modify-write} 레지스터를 제공하고 프로세스 간 상태를 공유한다.

패스트 팍소스

모든 제안자가 리더를 통하지 않고 수락자와 직접 통신하면 메시지 교환 횟수가 일반 팍소스 알고리즘보다 1회 줄어든다. 이를 위해서 쿼럼 크기를 f + 1에서 2f + 1(f는 장애가 허용되는 프로세스 수)로 늘리고 총 3f + 1개의 수락자가 필요하다[JUNQUEIRA07]. 이러한 방식을 패스트 팍소스^{Fast Paxos}[LAMPORT06]라고 부른다.

일반 팍소스 알고리즘의 복제 단계에서 제안자는 제안 단계에서 수집한 값 중에서 원하는 값을 선택할 수 있다. 패스트 팍소스는 일반 팍소스와 동일한 방식의 클래식^{classic} 라운드와 수락자가 다른 값을 선택할 수 있는 패스트^{fast} 라운드로 구성된다.

패스트 팍소스 알고리즘은 제안 단계에서 과반수의 응답을 수집한 제안자는 코디네이터, 그 외는 모두 제안자라고 지칭한다. 클라이언트와 수락자가 직접 통신할 수 있다고 말하기도 한다[ZHAO15].

코디네이터는 복제 단계에서 원하는 값을 선택할 수 있을 경우, 패스트 라운드에서 대신 수락자에 Any 메시지를 전송한다. 수락자는 제안자가 보낸 값을 코디네이터로부터 받은 값처럼 취급하고 클래식 라운드와 같은 방식으로 진행할 수 있다. 즉, 수락자는 독립적으로 값을 선택할 수 있다.

그림 14-7은 패스트 팍소스의 클래식 라운드와 패스트 라운드를 나타낸다. 그림에서는 패스트 라운드에 실행 단계가 더 많은 것처럼 보일 수 있지만 클래식 라운드에서 제안자는 코디네이터를 통해 값을 커밋해야 한다.

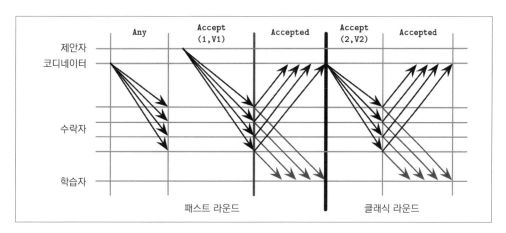

그림 14-7 패스트 팍소스 알고리즘: 패스트 라운드와 클래식 라운드

여러 제안자가 메시지 교환 횟수를 줄이기 위해 패스트 라운드에 참여하고 수락자들이 각자 다른 값을 전달받을 경우 충돌이 발생한다. 이 경우 코디네이터가 개입해서 새로운 라운드를 시작하고 복구를 진행해야 한다.

여러 제안자로부터 다른 값을 전달받은 수락자들은 충돌하는 값을 선택할 수도 있다. 코디네이터가 충돌(값 충돌)을 감지하면 수락자가 같은 값으로 수렴할 수 있도록 제안 단계를 다시 시작해야 한다.

패스트 팍소스의 단점은 요청이 많을 경우 충돌로 인해 메시지 수와 요청 레이턴시가 증가한다는 것이다. 패스트 팍소스는 라운드 단계가 줄었음에도 복제본 수의 증가로 인해 참가자 간 교환되는 메시지가 늘어나 일반 팍소스보다 레이턴시가 더 높아질 수 있다[JUNQUEIRA07].

평등주의적 팍소스

특별 제안자를 리더로 사용할 경우 리더에 장애가 발생하면 시스템은 새로운 리더를 선출해야 계속 작동할 수 있다. 나아가 리더에 부하가 집중돼 시스템 성능이 저하될 수 있다.

파티셔닝을 통해 리더에 부하가 집중되는 것을 방지할 수 있다. 많은 시스템이 값의 범위를 여러 세그먼트로 나누고 각 부분별로 다른 범위를 할당한다. 파티셔닝은 가용성(장애의 범위를 파티션 단위로 축소하고 시스템 내 전파되는 것을 방지할 수 있기 때문에), 성능(세그먼트는 서로 겹치지 않기 때문에), 확장성(파티션 수를 늘려 시스템을 확장할 수 있기 때문에)을 모두 높일 수 있다. 여러 파티션에 대해 연산을 수행하기 위해서는 원자적 커밋이 필요하다.

리더와 제안 번호를 사용해 수행 순서를 정의하는 대신 특정 작업의 커밋을 담당하는 리더를 선출하고 종속 관계를 조회 및 설정해 순서를 정의하는 방법도 있다. 이런 방식을 일반적으로 평등주의적 팍소스^{Egalitarian Paxos, EPaxos}[MORARU11]라고 한다. 충돌이 발생하지 않는 쓰기를 복제된 상태 기계에 독립적으로 커밋하는 방식은 제너럴라이즈드 팍소스^{Generalized Paxos}라는 이름으로[LAMPORT05]에서 처음 제안됐다. EPaxos는 제너럴라이즈드 팍소스를 구현한 첫 사례다.

EPaxos는 일반 팍소스와 멀티 팍소스 알고리즘의 장점을 모두 가진다. 일반 팍소스는 라운드마다 리더를 선출하기 때문에 가용성은 높지만 메시지 교환 방식이 복잡하다. 반면 멀티 팍소스는 처리량이 높고 전송해야 하는 메시지 수는 적지만 리더가 병목 지점이 될 수 있다.

EPaxos의 첫 단계는 제안의 리더를 선출하는 사전 수락^{pre-accept} 단계다. 모든 제안은 다음 항목을 포함한다.

종속 관계

현재 제안에 간섭할 수 있는 모든 작업의 목록. 커밋되지 않은 작업도 포함한다.

시퀀스 번호

종속 관계 사이의 순환 종속성을 제거한다. 종속 관계에 있는 작업의 시퀀스 번호보다 큰 값으로 설정한다.

위 정보를 수집한 뒤에 Pre-Accept 메시지를 복제 노드의 패스트 쿼럼^{fast quorum}에 전송한다. 패스트 쿼럼은 $\lceil 3f/4 \rceil$개의 복제 노드를 가리키며, f는 장애가 허용되는 노드의 수다.

복제 노드는 로컬 작업 로그에서 현재 제안과 충돌할 수 있는 제안을 종속 관계에 업데이트하고 리더에 다시 전달한다. 리더와 패스트 쿼럼의 종속 관계 목록이 일치할 경우 리더는 제안을 커밋할 수 있다.

리더가 충분한 수의 응답을 받지 못하거나 종속 관계가 일치하지 않을 경우 해당 제안을 새로운 종속 관계와 시퀀스 번호로 업데이트한다. 새로운 목록은 전달받은 모든 종속 관계를 취합한 결과다. 새로운 시퀀스 번호는 모든 복제 노드가 알고 있는 시퀀스 번호보다 큰 번호로 설정한다. 리더는 $\lfloor f/2 \rfloor$ + 1개의 복제 노드에 업데이트된 제안을 전달하고 제안을 커밋한다.

EPaxos에는 다음 두 가지 경로가 존재한다.

빠른 경로 *Fast path*

종속 관계가 일치할 경우 리더는 패스트 쿼럼에 제안을 커밋할 수 있다.

느린 경로 *Slow path*

종속 관계가 일치하지 않을 경우 리더는 각 노드가 종속 관계를 갱신한 뒤에 커밋할 수 있다.

그림 14-8은 P1과 P5의 빠른 경로와 느린 경로를 나타낸다.

- P_1은 종속 관계가 없는 1번 제안을 시작하는 PreAccept(1, ∅) 메시지를 전송한다. P_2와 P_3는 로그가 비어 있기 때문에 P_1은 커밋할 수 있다.

- P_5는 2번 제안을 시작한다. 해당 시점에 P_5의 작업 로그는 비어 있기 때문에 종속 관계는 존재하지 않는다. P_5는 PreAccept(2, ∅) 메시지를 전송한다. P_4는 이미 커밋된 1번 제안에 대한 정보가 없지만 P_3은 1번 제안과의 충돌을 의미하는 {1}로 응답한다.

- P_5는 자신의 종속 관계를 업데이트하고 Accept(2, {1}) 메시지를 전송해 모든 노드의 종속 관계를 동기화한다. 복제 노드가 응답하면 제안을 커밋한다.

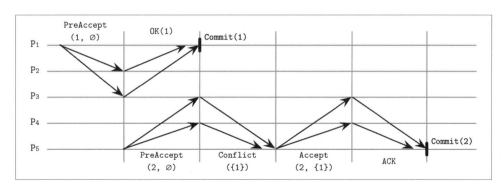

그림 14-8 EPaxos 알고리즘

작업 A와 B는 수행 순서가 유의미할 때, 즉 A를 B보다 먼저 수행한 결과와 B를 A보다 먼저 수행했을 때의 결과가 다를 경우 서로 간섭한다고 표현한다.

클라이언트에 응답하고 복제 노드에 비동기적으로 Commit 메시지를 전송하면 커밋이 완료된다. 실제 작업은 커밋 후에 수행된다.

종속 관계는 사전 수락 단계에서 수집되기 때문에 요청을 수행하는 시점에 수행 순서는 이미 확정된다. 따라서 중간에 다른 작업이 끼어들 수 없으며 시퀀스 번호가 가장 큰 작업 뒤에만 추가될 수 있다.

작업을 수행하기 위해서 각 복제 노드는 종속 관계 그래프를 만들고 역순으로 커맨드를 수행한다. 작업을 수행하기 전에 모든 종속된 작업(그리고 해당 작업들의 종속된 작업)이 먼저 수행돼야 한다. 서로 간섭하는 작업만이 서로 의존하기 때문에, 대부분의 워크로드에서 이러한 상황은 자주 발생하지 않는다[MORARU13].

팍소스와 마찬가지로 EPaxos도 제안 번호를 사용해 가장 최신이 아닌 메시지가 전파되는 것을 방지한다. 시퀀스 번호는 에포크(현재 클러스터 구성의 식별자이며 노드 추가 및 제거 시 변경된다)와 노드별로 단조 증가하는 카운터, 복제 노드 ID로 구성된다. 복제 노드가 자신이 알고 있는 것보다 낮은 번호의 제안을 받을 경우, 제안을 수락하지 않고 가장 높은 시퀀스 번호와 종속 관계 목록으로 응답한다.

플렉서블 팍소스

쿼럼은 일반적으로 프로세스의 과반수를 의미한다. 과반수의 정의에 따르면 어떤 상황에서도 두 쿼럼 사이에는 하나 이상의 노드가 겹친다.

다음 두 가지 중요한 질문에 대해 생각해보자.

- 모든 수행 단계마다 과반의 서버들과 통신해야 하는가?
- 모든 쿼럼 사이에는 교집합이 존재해야 하는가? 특별 제안자를 선택(첫 번째 단계)하는 쿼럼과 값을 수락하는 쿼럼(두번째 단계) 그리고 모든 수행 인스턴스(여러 인스턴스가 두 번째 단계를 동시 수행할 경우) 사이에는 공통의 노드가 있어야 하는가?

합의 알고리즘에서 바뀔 수 없는 한 가지는 합의가 보장돼야 한다는 안정성에 대한 정의다.

멀티 팍소스에서는 리더 선출 단계가 자주 발생하지 않으며 특별 제안자는 여러 값을 연속적으로 커밋할 수 있기 때문에 리더 역할을 오랜 기간 동안 유지한다. '조정 가능한 일관성' 절에서 노드 그룹 사이에 공통 노드가 존재하는 구성을 찾는 공식에 대해 설명했다. 예를 들어 쓰기 작업은 단 한 노드에만 요청하고(다른 노드는 요청을 비동기적으로 처리한다) 읽기 작업은 모든 노드로부터 승인을 받게 구성할 수 있다. 즉, $R + W > N$ 조건이 유지될 경우 읽기와 쓰기 그룹 사이에는 항상 교집합이 존재한다.

합의 알고리즘에도 같은 로직을 적용할 수 있을지 생각해보자. 팍소스에서는 첫 번째 단계(리더 선출)의 쿼럼과 두 번째 단계(제안 수락)의 쿼럼이 겹쳐야 한다.

따라서 쿼럼은 반드시 과반수가 아닌 하나 이상의 노드로 정의할 수 있다. 전체 참가 노드 수를 N, 제안 단계에서 필요한 노드 수를 Q_1, 수락 단계에서 필요한 노드 수를 Q_2라고 했을 때, $Q_1 + Q_2 > N$ 조건이 만족돼야 한다. 2단계가 1단계보다 더 자주 발생하기 때문에 Q_1을 알맞게 늘리면 Q_2는 N/2개의 수락자로 줄어들 수 있다($Q_1 = N - Q_2 + 1$). 합의 알고리즘을 이해하는 데 매우 중요한 개념이며 이러한 접근 방식을 플렉서블 팍소스Flexible Paxos라고 한다[HOWARD16].

예를 들어 총 5개의 수락자가 있고 리더를 선출하기 위해 4개의 수락자가 필요하다면, 복제 단계에서 리더는 두 수락자로부터 응답을 수집해야 한다. 리더 선출 쿼럼과 두 개의 수락자로 구성된 그룹 사이에는 항상 교집합이 존재하기 때문에 서로 겹치지 않는 수락자 그룹에 제안을 전송할 수 있다. 새로운 리더가 선출된 것을 현재 리더가 모르더라도 최소 하나의 수락자는 새로운 리더에 대해 알고 있다.

플렉서블 팍소스에는 가용성과 레이턴시 사이에 트레이드-오프가 존재한다. 수락 단계에서 필요한 노드 수는 줄지만 리더 선출에 더 많은 응답이 필요하기 때문에 더 많은 참가자가 정상 작동해야 한다. 하지만 현재 리더가 안정적이고 새로운 리더를 선출할 필요가 없다면, 현재 구성 그대로 복제 단계를 진행할 수 있고 최대 $N - Q_2$개의 노드 장애가 허용된다.

수직 팍소스Vertical Paxos도 쿼럼의 교집합 개념을 활용하는 팍소스 알고리즘이다. 수직 팍소스는 읽기와 쓰기 쿼럼을 구별한다. 두 쿼럼 사이에는 반드시 교집합이 존재해야 한다. 리더는 번호가 낮은 제안에 대해서는 더 작은 읽기 쿼럼을 수집하고 자신의 제안에 대해서는 큰 쓰기 쿼럼을 수집한다[LAMPORT09]. [LAMPORT09]는 준비 단계와 수락 단계의 쿼럼을 각각 아웃out 쿼럼과 디시전decision 쿼럼을 분류하고 플렉서블 팍소스와 유사한 방식으로 쿼럼을 정의 한다.

합의를 도출하는 일반적인 방법들

팍소스는 역할과 단계가 많고 여러 변형이 존재하기 때문에 추론이 쉽지 않다. 하지만 더 간단하게 생각할 수 있는 방법이 있다. 참가자 사이에 역할을 분담하고 의사 결정 단계를 수행하는 대신 더 단순한 개념과 규칙을 사용해 단일 결정형 팍소스를 구현할 수 있다. 이 방식은 중요하지만 아직 실제 구현 및 사용 사례가 없는 비교적 새로운 개념이기 때문에 간략하게 설명한다[HOWARD19].

하나의 클라이언트와 여러 서버가 있고 각 서버에는 여러 레지스터가 있다. 레지스터는 한 번만 쓸 수 있으며 식별할 수 있는 인덱스가 있고 값이 없는 상태, 값이 있는 상태, nil(특별한 빈 값) 중 하나의 상태일 수 있다.

다른 서버에 있는 인덱스가 같은 레지스터들은 레지스터 세트를 형성한다. 각 세트에는 하나 이상의 쿼럼이 있을 수 있다. 레지스터의 상태에 따라 쿼럼은 미정(Any와 Maybe v) 또는 결정 (None과 Decided v) 상태일 수 있다.

Any

   이후 작업에 따라 쿼럼은 원하는 값을 수락할 수 있다.

Maybe v

   쿼럼이 제안을 수락할 경우, 그 값은 오직 v만 될 수 있다.

None

   쿼럼은 값을 수락할 수 없다.

Decided v

   쿼럼은 이미 값 v를 수락한 상태다.

클라이언트는 서버와 메시지를 교환하고 값과 레지스터의 상태를 상태 테이블에 저장한다. 이 테이블을 기반으로 쿼럼의 결정을 알 수 있다.

정확성을 보장하기 위해 클라이언트가 서버와 통신하는 방법과 쓸 수 있는 값과 쓸 수 없는 값을 제한해야 한다. 읽기 시 클라이언트는 해당 레지스터 세트의 쿼럼으로부터 읽은 확정된 값만을 반환한다.

알고리즘의 안전성을 보장하기 위해 불변 조건이 유지돼야 하기 때문에 쓰기는 몇 가지 더 복잡한 규칙이 있다. 클라이언트는 임의의 새로운 값을 제안할 수 없고 입력 값 또는 레지스터에서 읽은 값만을 레지스터에 쓸 수 있다. 같은 레지스터 세트의 여러 쿼럼은 서로 다른 값을 수락할 수 없다. 클라이언트는 이전 레지스터 세트의 제안을 덮어쓸 수 없다(r-1번 레지스터 세트까지는 모두 None, Maybe V 또는 Decided V 상태여야 한다).

제너럴라이즈드 팍소스

지금까지 설명한 규칙들을 합치면 한 번만 쓰기 레지스터를 사용해 특정 값에 대해 합의를 이룰 수 있는 제너럴라이즈드 팍소스^{Generalized Paxos} 알고리즘을 구현할 수 있다[HOWARD19]. 서버 [S0, S1, S2]와 레지스터 [R0, R1, ...], 클라이언트 [C0, C1, ...]로 구성된 시스템을 예로 들어보자. 클라이언트는 지정된 몇 개의 레지스터에만 쓸 수 있고 레지스터 세트의 쿼럼은 서버의 과반수를 의미한다({S0, S1}, {S0, S2}, {S1, S2}).

수락 과정은 두 단계로 구성된다. 첫 번째 단계에서 레지스터에 값을 쓰는 것이 안전한지 확인하고, 두 번째 단계에서 레지스터에 값을 쓴다.

1단계

클라이언트는 P1$_A$(register) 메시지를 서버로 전송해 쓰려는 레지스터가 값이 없는 상태인지 확인한다. 레지스터에 아직 값이 없을 경우, register - 1까지의 모든 레지스터를 nil로 설정해 클라이언트가 이전 레지스터에 쓰는 것을 방지한다. 서버는 지금까지 쓰여진 레지스터 목록을 반환한다. 과반수의 서버가 응답할 경우, 클라이언트는 인덱스가 가장 큰 레지스터의 값 또는 값이 없을 경우 자신이 제안한 값을 선택한다. 과반수가 응답하지 않을 경우 1단계를 다시 시작한다.

2단계

클라이언트는 P2_A(register, value) 메시지를 전송해 1단계에서 선택한 값을 모든 서버에 일린다. 파반의 서버가 응답하면 확정된 값을 반환한다. 과반이 응답하지 않을 경우 1단계부터 다시 시작한다.

그림 14-9는 제너럴라이즈드 팍소스를 나타낸다[HOWARD19]. 클라이언트 C0는 값 v의 커밋을 제안한다. 1단계에서 C0의 상태 테이블은 비어 있고, 서버 S0과 S1은 값이 쓰여진 레지스터가 없기 때문에 빈 레지스터 셋으로 응답한다. 2단계에서 레지스터는 비어 있기 때문에 C0는 v를 커밋한다.

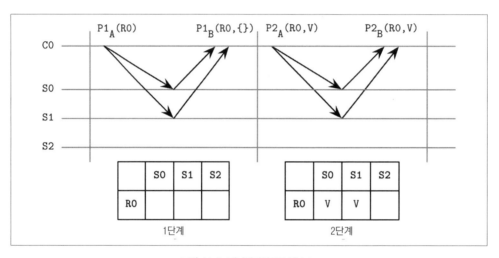

그림 14-9 제너럴라이즈드 팍소스

다른 클라이언트는 서버를 통해 현재 상태를 읽을 수 있다. 쿼럼 {S0, S1}의 상태는 Decided V이고, {S0, S2}와 {S1, S2}의 상태는 Maybe V이기 때문에, C1은 값 V를 선택한다. 이 시점에 어떤 클라이언트도 V 이외의 다른 값을 선택할 수 없다.

이러한 접근 방식은 팍소스 알고리즘을 이해하는 데 도움이 된다. 상태를 원격 노드 간의 상호작용의 관점(예를 들어 제안자는 수락자가 다른 제안을 이미 수락했는지 확인한다) 대신에, 마지막으로 알려진 상태의 관점에서 보면 수락 과정을 단순화할 수 있고 불확실성을 제거할 수 있다. 불변 상태와 메시지 전달을 구현하기도 더 쉬워진다.

일반 팍소스와 유사한 부분도 있다. 이전 레지스터 세트의 상태가 Maybe V일 경우 클라이언트는 V를 다시 커밋한다. 일반 팍소스에서도 이전 제안자가 하나의 수락자에 커밋한 뒤에 장애가 발생할 경우 다음 제안자가 해당 값을 이어서 커밋한다. 나아가 팍소스에서 리더 간 충돌이 발생할 경우 더 높은 제안 번호로 다시 제안한다. 제너럴라이즈드 팍소스는 더 낮은 인덱스의 값이 없는 레지스터를 nil로 설정한다.

래프트

팍소스는 10년 넘게 합의 알고리즘을 대표했지만, 분산 시스템 커뮤니티에서는 이해하기가 어려운 알고리즘으로 알려져 있다. 2013년에 래프트^{Raft}라는 새로운 알고리즘이 등장했다. 이해와 구현이 쉬운 합의 알고리즘을 만들기 위해 「In Search of an Understandable Consensus Algorithm(이해할 수 있는 합의 알고리즘을 찾아서)」 논문에서 처음 제안됐다 [ONGARO14].

분산 시스템은 본질적으로 복잡하기 때문에 알고리즘도 단순할수록 좋다. 논문의 저자들은 알고리즘의 이해를 돕기 위해 참고할 수 있는 로그캐빈^{LogCabin}이라는 시스템을 같이 공개했다.

참가자는 상태 기계가 수행한 작업을 로그에 기록한다. 프로세스의 입력 값은 모두 같고 작업은 같은 순서로 로그에 기록되기 때문에 이들을 수행한 결과 또한 동일하다. 래프트는 리더의 개념을 일급 시민^{first-citizen}으로 확장해 합의를 단순화한다. 래프트와 브로드캐스트 알고리즘, 멀티 팍소스 사이에는 많은 유사점이 있다. 하나의 복제 노드를 리더로 선출해 원자적으로 커밋하고 메시지 순서를 정의한다.

래프트에서 각 노드는 다음 중 하나의 역할을 수행한다.

후보자

리더 역할은 일시적으로 유지되며 어떤 노드라도 리더가 될 수 있다. 리더가 되기 위해서 노드는 후보자 상태로 전환하고 과반의 표를 얻어야 한다. 여러 후보자 사이에 표가 갈려 어떤 후보자도 과반의 표를 얻지 못할 경우, 새로운 임기^{term}를 시작하고 선출 과정을 다시 시작한다.

리더

클러스터 리더는 클라이언트의 요청을 처리하고 복제된 상태 기계와 상호 작용한다. 리더는 임기 동안 역할을 유지한다. 임기는 순차 증가하는 숫자로 식별되며 임의의 기간 동안 지속된다. 이전 리더에 장애가 발생하거나, 응답하지 않거나, 네트워크 파티션 또는 메시지 지연으로 인해 장애가 발생했다고 판단될 경우 새로운 리더를 선출한다.

팔로워

팔로워는 로그를 저장하고 리더와 후보자의 요청에 응답하는 수동적인 참가자다. 팍소스의 수락자와 학습자의 역할과 유사하다. 모든 참가자는 팔로워로 시작한다.

클럭 동기화를 사용하지 않고 전역 부분 순서를 보장하기 위해 시간을 임기(또는 에포크) 단위로 나눈다. 임기 동안 리더는 하나만 존재하며 안정성이 보장된다. 임기는 단조 증가하는 숫자로 식별되며, 모든 작업은 임기 번호와 임기 내 메시지 번호의 조합으로 고유하게 식별된다[HOWARD14].

참가자는 지금이 어느 임기 중인지 서로 다르게 알고 있을 수도 있다. 새 임기가 시작됐다는 메시지를 받는 시기가 다를 수도 있고 여러 임기 동안 리더 선출에서 배제됐을 수도 있기 때문이다. 각 메시지에는 임기 번호가 있기 때문에 각 참가자는 자신의 임기가 뒤처졌다는 사실을 발견하면 더 높은 임기 번호로 업데이트한다[ONGARO14]. 따라서 특정 시점에 여러 임기가 존재할 수 있으나, 충돌이 발생하면 더 높은 번호가 선택된다. 노드는 새로운 선출 과정이 시작되거나 자신의 임기가 최신이 아닌 것을 알았을 경우에만 임기를 업데이트한다.

시스템 가동 시 또는 팔로워가 리더로부터 메시지를 수신하지 못해 장애가 발생했다고 의심될 경우, 새로운 리더를 선출한다. 참가자는 후보자로 전환해 과반수의 표를 얻어 리더가 되려고 시도한다.

그림 4-10은 래프트 알고리즘의 수행 단계를 나타낸다.

리더 선출

후보자 P_1은 RequestVote 메시지를 모든 참가자에 전송한다. 이 메시지는 현재 임기, 알고 있는 마지막 임기, 알고 있는 마지막 로그 항목의 ID로 구성된다. 과반의 표를 얻은 후보자는 현재 임기의 리더로 선출된다. 참가자는 최대 하나의 후보자를 선택할 수 있다.

주기적 하트비트

래프트는 하트비트 메커니즘을 사용해 참가자의 라이브니스를 보장한다. 리더는 역할을 유지하고자 주기적으로 모든 팔로워에 하트비트를 전송한다. 팔로워가 설정된 선출 타임아웃 전에 하트비트를 받지 못할 경우, 리더에 장애가 발생했다고 판단하고 새로운 리더를 선출한다.

로그 복제/브로드캐스트

리더는 AppendEntries 메시지를 보내 로그에 새로운 항목을 추가할 수 있다. 이 메시지에는 리더의 임기, 인덱스, 바로 전에 전송한 로그의 임기, 하나 이상의 새로운 항목을 포함한다.

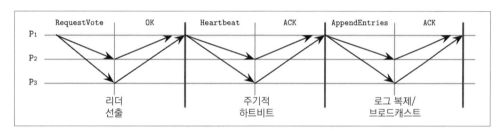

그림 14-10. 래프트 합의 알고리즘

래프트의 리더

모든 커밋된 항목이 저장된 노드만이 리더가 될 수 있다. 선출 과정에서 팔로워의 로그가 후보자보다 더 최신일 경우(임기 ID가 더 높거나, 임기가 같지만 로그 항목이 더 많을 경우), 팔로워는 투표를 거부한다.

리더로 선출되기 위해서 후보자는 과반수의 표를 얻어야 한다. 로그 항목은 항상 순서대로 복제되기 때문에 마지막으로 추가된 항목의 ID를 비교하면 참가자가 최신 상태인지 알 수 있다.

선출된 리더는 클라이언트의 요청을 수신하고(요청은 다른 노드를 통해 전달될 수 있다) 팔로워에 전달한다. 자신의 로그에 새로운 항목을 추가하고 모든 팔로워에 병렬로 전송한다.

AppendEntries 메시지를 받은 팔로워는 항목을 자신의 로그에 추가하고 리더에 확인 응답을 보낸다. 충분한 수의 팔로워가 응답할 경우, 해당 항목은 커밋된 것으로 간주하고 리더의 로그에 이를 표시한다.

최신 상태의 후보자만이 리더가 될 수 있기 때문에 팔로워는 리더의 최신 상태 여부에 대해 걱정할 필요가 없다. 로그 항목은 단방향으로 리더에서 팔로워로 전달된다.

그림 14-11는 지금까지 설명한 과정을 나타낸다.

- a) $x = 8$이 리더의 로그에 추가된다.
- b) 이 값을 커밋하려면 먼저 과반의 참가자에 복제돼야 한다.
- c) 복제가 완료되면 리더는 로컬에 값을 커밋한다.
- d) 커밋 결정을 팔로워에 복제한다.

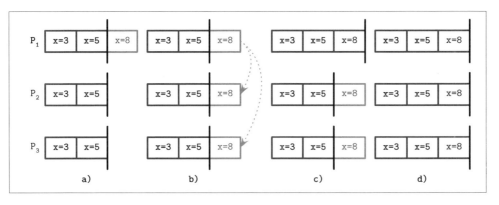

그림 14-11 P_1을 리더로 하는 래프트에서의 커밋 과정

그림 14-12는 최신 뷰를 가진 P_1이 리더일 때의 합의 과정의 예를 나타낸다. 리더는 저장할 항목들을 팔로워에 복제하고 확인 응답을 받으면 커밋한다. 항목을 커밋하면 그 이전에 로그에 기록된 모든 항목들도 같이 커밋된다. 오직 리더만이 커밋 여부를 결정할 수 있다. 각 로그 항목에는 임기 ID(각 로그 항목 상자의 오른쪽 상단 모서리에 있는 번호)와 로그에서의 위치를 나타내는 로그 인덱스가 있다. 커밋된 항목들은 참가자 쿼럼으로의 복제가 보장되고 로그에

기록된 순서로 상태 기계에 적용해도 안전하다.

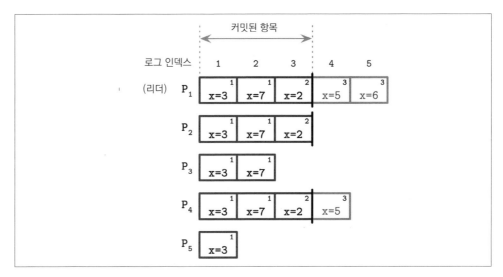

그림 14-12 래프트 상태 기계

장애 시나리오

여러 팔로워가 후보자가 되기 위해 경합하고 어떤 팔로워도 과반수의 표를 얻지 못하는 상황을 투표 분산^{split vote}이라고 한다. 래프트는 무작위 타이머를 사용해 여러 연속된 선출 과정이 투표 분산으로 귀결될 확률을 낮춘다. 다른 후보자들이 대기하는 동안 특정 후보자가 선출 과정을 먼저 시작하고 충분한 표를 확보할 수 있게 한다. 이 방식은 후보자들 간의 추가적인 코디네이션 없이 선출 과정에 소요되는 시간을 줄일 수 있다.

팔로워는 중단되거나 응답이 늦을 수 있으며, 리더는 메시지를 전달하기 위해 최선의 노력을 해야 한다. 팔로워가 예상 시간 내에 확인 응답을 보내지 않을 경우 메시지를 재전송한다. 나아가 성능 최적화를 위해 여러 메시지를 병렬로 전송할 수 있다.

리더가 제안하는 모든 항목에는 고유 식별자가 있기 때문에 중복 전송해도 로그 수행 순서가 보장된다. 팔로워는 시퀀스 ID를 사용해 중복된 메시지를 제거해 이중 전송으로 인한 문제를 방지한다.

시퀀스 ID는 로그의 순서를 보장하는 데에도 쓰인다. 팔로워는 리더가 보낸 바로 이전 항목의 ID 및 임기가 자신이 가진 가장 높은 순번의 항목과 일치하지 않는 경우 더 높은 순번의 항목을 거부한다. 서로 다른 복제 노드에 저장된 두 로그 항목의 임기와 인덱스가 같다면 이 두 로그 항목의 내용은 같고 그 이전에 저장된 항목들도 모두 동일하다.

래프트는 커밋되지 않은 메시지를 커밋된 상태로 잘못 표시하지 않는다. 하지만 네트워크 문제 및 속도 저하로 인해 이미 커밋된 메시지가 진행 중[in progress] 상태로 표시될 수 있다. 이러한 경우 메시지가 커밋될 때까지 클라이언트의 요청을 재시도해도 다른 문제는 발생하지 않는다[HOWARD14].

장애 감지를 위해 리더는 팔로워에 하트비트를 전송하고 임기를 유지한다. 팔로워가 리더에 장애가 발생한 것을 감지하면 새로운 선출 과정을 시작한다. 새로 선출된 리더는 클러스터의 상태를 마지막 로그 항목으로 복원해야 한다. 리더는 우선 공통 항목(리더와 팔로워 모두가 동의하는 가장 높은 순번의 로그 항목)을 찾고 팔로워에 해당 항목 뒤에 추가된(커밋되지 않은) 모든 항목을 삭제하도록 요청한다. 마지막으로 리더의 로그에서 가장 최신 항목을 보내 팔로워의 로그를 업데이트한다. 리더의 로그는 삭제하거나 덮어쓸 수 없으며 오직 항목을 추가할 수만 있다.

래프트 알고리즘은 다음과 같은 속성을 가진다.

- 임기 동안 하나의 리더만 선출될 수 있다. 같은 임기 동안 여러 리더가 동시에 존재할 수 없다.
- 리더는 자신의 로그 항목을 삭제하거나 재배치하지 않고 새로운 메시지를 추가만 한다.
- 리더는 모든 로그 항목을 커밋하기 전에 우선 복제하기 때문에 커밋된 항목은 모든 리더가 공통적으로 저장하며 이를 되돌릴 수 없다.
- 로그 항목은 커밋 전에 먼저 복제되기 때문에 모든 차기 리더의 로그에 존재한다.
- 메시지는 메시지 번호와 임기 ID로 식별된다. 식별자는 다른 항목에 재사용될 수 없다.

래프트는 등장부터 큰 인기를 끌었고, 콕로치DB[CockroachDB], 엣시디[Etcd], 컨설[Consul]을 포함한 여러 데이터베이스와 분산 시스템에서 사용되고 있다. 단순하지만 신뢰할 수 있는 합의 알고리즘이기 때문이다.

비잔틴 합의

지금까지 설명한 모든 합의 알고리즘은 비잔틴^{Byzantine} 장애를 허용하지 않는다. 즉, 알고리즘을 수행하는 노드가 알고리즘을 악용하거나 결과 위조를 시도하지 않는 선의의 참가자라고 가정한다.

이러한 가정이 있으면 합의에 필요한 참가자 수와 커밋에 필요한 메시지 수를 줄일 수 있다. 하지만 분산 시스템은 다수의 제어자가 존재하는 대립적인 환경에 구축될 수 있으며, 일부 노드가 비정상적으로 심지어 악의적으로 동작하더라도 시스템이 올바르게 작동할 수 있는 알고리즘이 필요하다. 악의적 의도 외에도 비잔틴 장애는 버그, 설정 오류, 하드웨어 문제 또는 데이터 손상으로 인해 발생할 수 있다.

대부분의 비잔틴 합의 알고리즘은 쿼럼의 모든 노드가 서로 통신해야 하기 때문에 N^2개의 메시지가 필요하다(N은 쿼럼의 크기). 노드는 서로 또는 리더에 의존할 수 없기 때문에 각 단계마다 전달받은 결과를 다수의 응답과 비교해 검증해야 한다.

이 책에서는 비잔틴 합의 알고리즘의 한 종류인 PBFT^{Practical Byzantine Fault Tolerance}에 대해서만 설명한다[CASTRO99]. PBFT는 노드 장애는 독립적으로 발생한다고 가정한다(장애를 유도할 수 있지만, 시스템 전체를 한 번에 장악할 수 없다). 나아가 네트워크의 일반적인 작동 방식과 같은 결과적 동기화를 가정한다. 장애는 발생할 수 있지만 무기한 지속되지 않고 결국 복구된다는 가정이다.

메시지 위조 및 네트워크 공격을 방지하기 위해 노드 간의 통신 내용은 모두 암호화한다. 복제 노드는 서로의 공개 키를 알고 있고 이를 사용해 아이덴티티를 검증하고 메시지를 암호화한다. 하지만 노드는 메시지를 복호화해야 하기 때문에 노드에 장애가 발생할 경우 시스템 내부에서 내용이 누출될 수 있다. 이러한 상황은 알고리즘과는 무관한 문제다.

PBFT 알고리즘

PBFT는 안정성과 라이브니스를 보장하기 위해서 최대 (n-1)/3개 노드의 장애를 허용한다 (n은 전체 참가자 수). 따라서 f개의 노드에 장애가 발생할 수 있다면, 시스템에는 최소 n = 3f + 1개 노드가 있어야 한다. f개의 노드에는 장애가 발생했을 수 있고, 다른 f개의 노드는 정상이지만 (네트워크 파티션, 전원 장애 및 유지보수 등으로 인해) 응답하지 않을 수 있다. 알고리즘은 비정상 노드 수보다 많은 수의 정상 노드로부터 응답을 수집해야 한다.

PBFT의 합의는 다른 합의 알고리즘과 크게 다르지 않다. 장애가 발생하더라도 모든 정상 복제 노드는 제안 값과 순서에 대해 동의해야 한다.

PBFT는 뷰^{view} 단위로 클러스터를 구분한다. 각 뷰는 하나의 기본^{primary} 노드와 여러 백업 노드로 구성된다. 모든 노드에는 번호가 부여되며 기본 노드의 인덱스는 v mod N이다(v는 뷰 ID, N은 전체 노드 수). 기본 노드에 장애가 발생할 경우 뷰가 변경될 수 있다. 클라이언트는 기본 노드에 작업을 요청하고 기본 노드는 요청을 백업 노드로 브로드캐스트한다. 백업 노드는 요청을 처리하고 클라이언트에 결과를 전송한다. 클라이언트는 f + 1개의 복제 노드가 같은 결과를 반환할 때까지 기다린다.

클라이언트의 요청을 수신한 기본 노드는 다음 세 가지 단계를 수행한다.

사전 준비

기본 노드는 단조 증가하는 고유 식별자 뷰 ID와 클라이언트의 요청 내용, 요청의 다이제스트^{digest}가 포함된 메시지를 브로드캐스트한다. 다이제스트는 충돌 저항성이 높은 해시 함수를 사용해 생성되고 요청자가 서명한다. 백업 노드는 자신의 뷰와 기본 노드의 뷰가 일치하고 직접 생성한 다이제스트와 전달받은 다이제스트가 같을 경우 메시지를 수락한다.

준비

사전 준비 메시지를 수락한 백업 노드는 준비 단계를 시작한다. 뷰 ID와 메시지 ID, 요청 다이제스트를 포함하는 Prepare 메시지를 모든 복제 노드(기본 노드 포함)로 브로드캐스트한다. 요청 내용 자체는 포함시키지 않는다. 사전 준비 단계에서 전달받은 메시지의 뷰와 ID, 다이제스트가 모두 일치하는 Prepare 메시지를 최소 2f개의 백업 노드로부터 받을 경우에만 다음 단계를 수행할 수 있다.

커밋

백업 노드는 Commit 메시지를 모든 복제 노드로 브로드캐스트하고 2f + 1개의 일치하는
Commit 메시지(자신의 메시지도 포함)를 받을 때까지 기다린다.

다이제스트는 요청 내용의 요약본이기 때문에 전체 요청 내용을 다시 브로드캐스트할 필요
가 없다. 다이제스트를 사용하면 준비 단계의 메시지 크기를 줄일 수 있다. 암호화cryptographic
해시 함수는 충돌이 거의 발생하지 않는다. 두 개의 다른 값의 다이제스트가 같거나, 다이제
스트가 같은 두 개의 다른 유효한 메시지가 나올 확률은 매우 낮다. 나아가 메시지의 출처를
신뢰할 수 있도록 다이제스트는 모두 서명된다.

PBFT 알고리즘은 최소 f + 1개의 노드가 클라이언트에 응답해야 하기 때문에 2f는 중요한
숫자다.

그림 14-13은 PBFT 알고리즘이 정상적으로 수행되는 단계를 나타낸다. 클라이언트는 P_1에
요청을 보내고, 노드들은 다른 정상 노드로부터 충분한 수의 일치하는 응답을 수집해 각 단
계를 진행한다. P_4는 장애가 발생했거나 응답이 일치하지 않아 제외됐다.

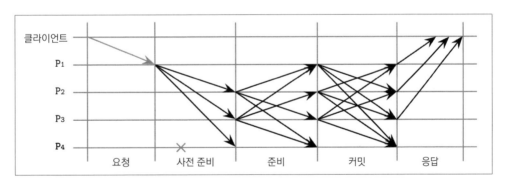

그림 14-13 PBFT 합의 알고리즘

준비와 커밋 단계에서 노드는 다른 노드에 메시지를 전송하고 충분한 수의 노드로부터 응답
을 수집한다. 노드들은 서로 메시지가 일치하는지 확인해 잘못된 메시지가 브로드캐스트되
는 것을 방지한다. 정상 노드만 메시지를 커밋할 수 있도록 모든 메시지를 교차 검증한다.
충분한 수의 일치하는 메시지를 수집하지 못할 경우 노드는 다음 단계를 갈 수 없다.

복제 노드가 충분한 수의 커밋 메시지를 수집하면, 클라이언트에 통지하고 단계를 완료한다. 클라이언트는 f + 1개의 일치하는 메시지를 수신할 때까지 수행 성공 여부를 알 수 없다.

복제 노드가 기본 노드에 장애가 발생했다고 의심하거나 비정상이라고 판단할 경우, 뷰가 변경된다. 기본 노드의 장애를 감지한 노드는 더 이상 다른 메시지에 대해 응답하지 않고(체크포인트와 뷰 변경 관련 메시지 제외), 뷰 변경 알림을 브로드캐스트한 뒤에 확인 응답을 기다린다. 새로운 뷰의 기본 노드가 2f개의 뷰 변경 알림을 수신하면 새로운 뷰가 생성된다.

프로토콜의 메시지 수를 줄이기 위해서 클라이언트는 요청한 작업을 잠정적으로 수행할 2f + 1개의 노드(이미 충분한 수의 일치하는 Prepare 메시지를 수집한 노드)로부터 일치하는 응답을 수집할 수 있다. 충분한 수의 잠정적인 응답을 수집하지 못할 경우, 원래의 방식대로 f + 1개의 확정 응답을 기다린다.

읽기 전용 작업은 단 한 번의 메시지 왕복으로 수행될 수 있다. 클라이언트는 읽기 요청을 모든 노드에 전송한다. 각 노드는 해당 값에 대한 수정 사항이 모두 커밋되면 클라이언트에 값을 반환한다. 클라이언트가 값이 일치하는 2f + 1개의 응답을 수신하면 작업이 완료된다.

복구와 체크포인트

복제 노드는 수락한 메시지를 로그에 저장한다. 모든 메시지는 최소 f + 1개의 노드에서 수행될 때까지 유지돼야 한다. 네트워크 파티션 발생 시 로그를 기반으로 뒤처진 복제 노드를 최신 상태로 복구한다. 복구가 공격 벡터로 사용될 수 있기 때문에 복구 시 노드가 전달받은 상태가 유효한지 확인해야 한다.

상태를 나타내기 위해 각 노드는 특정 시퀀스 번호까지 메시지의 다이제스트를 계산한다. 노드들은 다이제스트를 비교해 상태의 무결성을 검증하고, 복구 시 전달받은 메시지가 유효한 최신 상태인지 확인한다. 하지만 이 과정은 모든 요청마다 수행하기에는 비용이 매우 높다.

기본 노드는 N개의 요청(N은 설정할 수 있는 상수)마다 체크포인트를 저장한다. 현재 상태에 마지막으로 반영된 요청의 시퀀스 번호와 최신 상태의 다이제스트를 브로드캐스트하고 2f + 1개의 복제 노드가 응답할 때까지 기다린다. 복제 노드의 응답은 해당 체크포인트의 증거가

되며, 복제 노드는 해당 시퀀스 번호까지의 모든 사전 준비, 준비, 커밋, 체크포인트 메시지를 삭제할 수 있다.

비잔틴 장애 허용은 반드시 이해해야 하는 개념으로, 대립적 네트워크 환경을 허용하는 여러 스토리지 시스템에 쓰인다. 일반적으로 내부 노드 간 통신의 보안은 인증과 암호화로 충분하다. 하지만 서브시스템이 서로 신뢰할 수 없다면 PBFT와 같은 알고리즘을 사용해야 한다.

비잔틴 장애를 허용하는 알고리즘은 메시지 수 측면에서 상당한 오버헤드가 발생하기 때문에, 사용 목적을 정확히 이해해야 한다. [BAUDET19]와 [BUCHMAN18]에서 제안하는 프로토콜은 참가자가 많은 시스템에서의 PBFT 알고리즘을 최적화한다.

요약

합의 알고리즘은 분산 시스템 분야에서 가장 흥미롭지만 가장 복잡한 주제 중 하나다. 지난 몇 년 동안 여러 새로운 합의 알고리즘과 기존 알고리즘을 구현한 시스템이 등장했다는 사실이 그 중요성과 관심이 높아지고 있다는 것을 증명한다.

14장에서는 일반 팍소스 알고리즘과 몇 가지 변형된 팍소스 알고리즘을 설명했다.

멀티 팍소스

제안자는 역할을 유지하고 하나의 값 대신 여러 값을 복제할 수 있다.

패스트 팍소스

수락자가 리더가 아닌 제안자의 메시지를 수락할 수 있는 패스트 라운드를 통해 메시지 수를 줄인다.

EPaxos

제안된 메시지 간의 종속 관계를 해결해 이벤트의 순서를 정의한다.

플렉서블 팍소스

쿼럼의 요건을 완화해 1단계(선출 과정)의 쿼럼과 2단계(복제 단계)의 쿼럼 사이의 교집합을 조건으로 삼는다.

래프트는 리더의 개념을 일급 시민으로 확장해 합의를 단순화한다. 래프트는 로그 복제와 리더 선출, 안전성을 구분한다.

PBFT와 같은 비잔틴 장애 허용 알고리즘을 사용하면 대립적 환경에서 합의의 안정성을 보장할 수 있다. PBFT에서 참가자는 서로의 응답을 교차 검증하고, 충분한 수의 노드가 알고리즘의 규칙을 준수할 경우에만 다음 단계를 진행한다.

14장에서 설명한 개념에 대한 더 자세한 설명은 다음 문헌을 참고하길 바란다.

더 읽어보기

14장에서 이야기한 개념에 관한 더 자세한 설명은 다음 문헌을 참고하길 바란다.

「Atomic broadcast(원자적 브로드캐스트)」

Junqueira, Flavio P., Benjamin C. Reed, and Marco Serafini. "Zab: Highperformance broadcast for primary-backup systems." 2011. In Proceedings of the 2011 IEEE/IFIP 41st International Conference on Dependable Systems & Networks (DSN '11): 245-256.

Hunt, Patrick, Mahadev Konar, Flavio P. Junqueira, and Benjamin Reed. 2010. "ZooKeeper: wait-free coordination for internet-scale systems." In Proceedings of the 2010 USENIX conference on USENIX annual technical conference (USENIXATC' 10): 11.

Oki, Brian M., and Barbara H. Liskov. 1988. "Viewstamped Replication: A New Primary Copy Method to Support Highly-Available Distributed Systems." In Proceedings of the seventh annual ACM Symposium on Principles of distributed computing (PODC '88): 8-17.

Van Renesse, Robbert, Nicolas Schiper, and Fred B. Schneider. 2014. "Vive la Différence: Paxos vs. Viewstamped Replication vs. Zab."

「Classic Paxos(기본 팍소스)」

Lamport, Leslie. 1998. "The part-time parliament." ACM Transactions on Computer Systems 16, no. 2 (May): 133-169.

Lamport, Leslie. 2001. "Paxos made simple." ACM SIGACT News 32, no. 4: 51-58.

Lamport, Leslie. 2005. "Generalized Consensus and Paxos." Technical Report MSR-TR-2005-33. Microsoft Research, Mountain View, CA.

Primi, Marco. 2009. "Paxos made code: Implementing a high throughput Atomic Broadcast." (Libpaxos code: https://bitbucket.org/sciascid/libpaxos/src/master/.

「Fast Paxos(패스트 팍소스)」

Lamport, Leslie. 2005. "Fast Paxos." 14 July 2005. Microsoft Research.

「Multi-Paxos(멀티 팍소스)」

Chandra, Tushar D., Robert Griesemer, and Joshua Redstone. 2007. "Paxos made live: an engineering perspective." In Proceedings of the twenty-sixth annual ACM symposium on Principles of distributed computing (PODC '07): 398-407.

Van Renesse, Robbert and Deniz Altinbuken. 2015. "Paxos Made Moderately Complex." ACM Computing Surveys 47, no. 3 (February): Article 42. https://doi.org/10.1145/2673577.

「EPaxos」

Moraru, Iulian, David G. Andersen, and Michael Kaminsky. 2013. "There is more consensus in Egalitarian parliaments." In Proceedings of the Twenty-Fourth ACM Symposium on Operating Systems Principles (SOSP '13): 358-372.

Moraru, I., D. G. Andersen, and M. Kaminsky. 2013. "A proof of correctness for Egalitarian Paxos." Technical report, Parallel Data Laboratory, Carnegie Mellon University, Aug. 2013.

「Raft」

Ongaro, Diego, and John Ousterhout. 2014. "In search of an understandable consensus

algorithm." In Proceedings of the 2014 USENIX conference on USENIX Annual Technical Conference (USENIX ATC'14), Garth Gibson and Nickolai Zeldovich (Eds.): 305-320.

Howard, H. 2014. "ARC: Analysis of Raft Consensus." Technical Report UCAMCL-TR-857, University of Cambridge, Computer Laboratory, July 2014.

Howard, Heidi, Malte Schwarzkopf, Anil Madhavapeddy, and Jon Crowcroft. 2015. "Raft Refloated: Do We Have Consensus?" SIGOPS Operating Systems Review 49, no. 1 (January): 12-21. https://doi.org/10.1145/2723872.2723876.

「Recent developments(최신 연구)」

Howard, Heidi and Richard Mortier. 2019. "A Generalised Solution to Distributed Consensus." 18 Feb 2019.

2부 결론

성능과 확장성은 모든 데이터베이스 시스템에서 중요한 부분이다. 스토리지 엔진과 각 노드의 로컬 읽기-쓰기 방식은 로컬에서 요청을 얼마나 신속하게 처리할 수 있는지를 결정하기 때문에 시스템의 성능에 큰 영향을 미친다. 동시에 클러스터에서 통신을 담당하는 서브시스템은 데이터베이스 시스템의 확장성(최대 클러스터 크기 및 용량)에 큰 영향을 미친다. 확장성이 낮고 데이터 크기가 증가하면 성능이 저하되는 스토리지 엔진은 극히 제한된 상황에서만 사용할 수 있다. 또한 빠른 스토리지 엔진에서 느린 원자적 커밋 프로토콜을 사용하면 좋은 결과가 나올 수 없다.

클러스터 전역에 분산된 노드 로컬 프로세스는 서로 연결되기 때문에 전체론적인 시각에서 봐야 한다. 데이터베이스 시스템을 설계할 때 여러 서브시스템이 어떻게 상호작용하는지 알아야 한다.

2부는 분산 시스템이 단일 노드 애플리케이션과 어떻게 다르고 분산 환경에서 어떤 문제가 생길 수 있는지에 관한 설명으로 시작했다.

분산 시스템의 기본 구성 요소와 여러 일관성 모델 그리고 일관성 모델을 구현하는 데 필요한 몇 가지 중요한 분산 알고리즘을 설명했다.

장애 감지

다른 프로세스의 장애를 정확하고 효율적으로 감지한다.

리더 선출

빠르고 안정적으로 특정 프로세스를 일시적인 코디네이터로 선출한다.

전파

P2P 네트워크를 통해 정보를 안정적으로 전파한다.

안티–엔트로피

노드 간의 상태 불일치를 확인 및 해결한다.

분산 트랜잭션

여러 파티션에 대한 일련의 작업들을 원자적으로 수행한다.

합의

노드 장애를 허용하면서 참가자 사이에 합의를 도출한다.

이 알고리즘들은 많은 데이터베이스 시스템, 메시지 큐, 스케줄러 및 여러 중요한 인프라 소프트웨어에서 사용된다. 이 책에서 배운 내용을 활용하면 시스템의 작동 원리를 더 쉽게 이해할 수 있고 적합한 소프트웨어를 선택하고 잠재적인 문제를 파악하는 데 도움이 될 것이다.

더 읽어보기

각 장의 끝에는 장에서 설명한 주제와 관련된 문헌들을 정리했다. 다음 목록은 이 책에서 설명한 주제와 여러 관련된 주제를 공부할 때 도움이 될 수 있는 문헌들이다. 이 목록은 완전하지는 않지만 데이터베이스 시스템 연구자에게 필요한 여러 중요하고 유용하며 이 책에서는 다루지 않는 내용까지 포함한다.

「Database systems(데이터베이스 시스템)」

Bernstein, Philip A., Vassco Hadzilacos, and Nathan Goodman. 1987. Concurrency Control and Recovery in Database Systems. Boston: Addison-Wesley Longman.

Korth, Henry F. and Abraham Silberschatz. 1986. Database System Concepts. New York: McGraw-Hill.

Gray, Jim and Andreas Reuter. 1992. Transaction Processing: Concepts and Techniques (1st Ed.). San Francisco: Morgan Kaufmann.

Stonebraker, Michael and Joseph M. Hellerstein (Eds.). 1998. Readings in Database Systems (3rd Ed.). San Francisco: Morgan Kaufmann.

Weikum, Gerhard and Gottfried Vossen. 2001. Transactional Information Systems: Theory, Algorithms, and the Practice of Concurrency Control and Recovery. San Francisco: Morgan Kaufmann.

Ramakrishnan, Raghu and Johannes Gehrke. 2002. Database Management Systems (3 Ed.). New York: McGraw-Hill.

Garcia-Molina, Hector, Jeffrey D. Ullman, and Jennifer Widom. 2008. Database Systems: The Complete Book (2 Ed.). Upper Saddle River, NJ: Prentice Hall.

Bernstein, Philip A. and Eric Newcomer. 2009. Principles of Transaction Processing (2nd Ed.). San Francisco: Morgan Kaufmann.

Elmasri, Ramez and Shamkant Navathe. 2010. Fundamentals of Database Systems (6th Ed.). Boston: Addison-Wesley.

Lake, Peter and Paul Crowther. 2013. Concise Guide to Databases: A Practical Introduction. New York: Springer. Härder, Theo, Caetano Sauer, Goetz Graefe, and Wey Guy. 2015. Instant recovery with write-ahead logging. Datenbank-Spektrum.

「Distributed systems(분산 시스템)」

Lynch, Nancy A. Distributed Algorithms. 1996. San Francisco: Morgan Kaufmann.

Attiya, Hagit, and Jennifer Welch. 2004. Distributed Computing: Fundamentals, Simulations and Advanced Topics. Hoboken, NJ: John Wiley & Sons.

Birman, Kenneth P. 2005. Reliable Distributed Systems: Technologies, Web Services, and Applications. Berlin: Springer-Verlag.

Cachin, Christian, Rachid Guerraoui, and Lus Rodrigues. 2011. Introduction to

Reliable and Secure Distributed Programming (2nd Ed.). New York: Springer.

Fokkink, Wan. 2013. Distributed Algorithms: An Intuitive Approach. The MIT Press.

Ghosh, Sukumar. Distributed Systems: An Algorithmic Approach (2nd Ed.). Chapman & Hall/CRC.

Tanenbaum Andrew S. and Maarten van Steen. 2017. Distributed Systems: Principles and Paradigms (3rd Ed.). Boston: Pearson.

「Operating databases(운영 데이터베이스)」

Beyer, Betsy, Chris Jones, Jennifer Petoff, and Niall Richard Murphy. 2016 Site Reliability Engineering: How Google Runs Production Systems (1st Ed.). Boston: O'Reilly Media.

Blank-Edelman, David N. 2018. Seeking SRE. Boston: O'Reilly Media.

Campbell, Laine and Charity Majors. 2017. Database Reliability Engineering: Designing and Operating Resilient Database Systems (1st Ed.). Boston: O'Reilly Media. +Sridharan, Cindy. 2018. Distributed Systems Observability: A Guide to Building Robust Systems. Boston: O'Reilly Media.

참고문헌

1. [ABADI12] Abadi, Daniel. 2012. "Consistency Tradeoffs in Modern Distributed Database System Design: CAP is Only Part of the Story." Computer 45, no. 2 (February): 37–42. https://doi.org/10.1109/MC.2012.33.

2. [ABADI17] Abadi, Daniel. 2017. "Distributed consistency at scale: Spanner vs. Calvin." Fauna (blog). April 6, 2017. https://fauna.com/blog/distributed consistency-at-scale-spanner-vs-calvin.

3. [ABADI13] Abadi, Daniel, Peter Boncz, Stavros Harizopoulos, Stratos Idreaos, and Samuel Madden. 2013. The Design and Implementation of Modern Column Oriented Database Systems. Hanover, MA: Now Publishers Inc.

4. [ABRAHAM13] Abraham, Ittai, Danny Dolev, and Joseph Y. Halpern. 2013. "Distributed Protocols for Leader Election: A Game-TheoreticPerspective." In Distributed Computing, edited by Yehuda Afek, 61–75. Berlin: Springer, Berlin, Heidelberg.

5. [AGGARWAL88] Aggarwal, Alok, and Jeffrey S. Vitter. 1988. "The input/output complexity of sorting and related problems." Communications of the ACM 31,

no. 9 (September): 1116–1127. https://doi.org/10.1145/48529.48535.

6. [AGRAWAL09] Agrawal, Devesh, Deepak Ganesan, Ramesh Sitaraman, Yanlei Diao, Shashi Singh. 2009. "Lazy-Adaptive Tree: an optimized index structure for flash devices." Proceedings of the VLDB Endowment 2, no. 1 (January): 361–372.

7. [AGRAWAL08] Agrawal, Nitin, Vijayan Prabhakaran, Ted Wobber, John D. Davis, Mark Manasse, and Rina Panigrahy. 2008. "Design tradeoffs for SSD performance." USENIX 2008 Annual Technical Conference (ATC '08), 57–70. USENIX.

8. [AGUILERA97] Aguilera, Marcos K., Wei Chen, and Sam Toueg. 1997. "Heartbeat: a Timeout-Free Failure Detector for Quiescent Reliable Communication." In Distributed Algorithms, edited by M. Mavronicolas and P. Tsigas, 126–140. Berlin: Springer, Berlin, Heidelberg.

9. [AGUILERA01] Aguilera, Marcos Kawazoe, Carole Delporte-Gallet, Hugues Fauconnier, and Sam Toueg. 2001. "Stable Leader Election." In Proceedings of the 15th International Conference on Distributed Computing (DISC '01), edited by Jennifer L. Welch, 108–122. London: Springer-Verlag.

10. [AGUILERA16] Aguilera, M. K., and D. B. Terry. 2016. "The Many Faces of Consistency." Bulletin of the Technical Committee on Data Engineering 39, no. 1 (March): 3–13.

11. [ALHOUMAILY10] Al-Houmaily, Yousef J. 2010. "Atomic commit protocols, their integration, and their optimisations in distributed database systems." International Journal of Intelligent Information and Database Systems 4, no. 4 (September): 373–412. https://doi.org/10.1504/IJIIDS.2010.035582.

12. [ARJOMANDI83] Arjomandi, Eshrat, Michael J. Fischer, and Nancy A.

Lynch. 1983. "Efficiency of Synchronous Versus Asynchronous Distributed Systems." Journal of the ACM 30, no. 3 (July): 449–456. https://doi.org/10.1145/2402.322387.

13. [ARULRAJ17] Arulraj, J. and A. Pavlo. 2017. "How to Build a Non–Volatile Memory Database Management System." In Proceedings of the 2017 ACM International Conference on Management of Data: 1753–1758. https://doi.org/10.1145/3035918.3054780.

14. [ATHANASSOULIS16] Athanassoulis, Manos, Michael S. Kester, Lukas M. Maas, Radu Stoica, Stratos Idreos, Anastasia Ailamaki, and Mark Callaghan. 2016. "Designing Access Methods: The RUM Conjecture." In International Conference on Extending Database Technology (EDBT). https://stratos.seas.harvard.edu/files/ stratos/files/rum.pdf.

15. [ATTIYA94] Attiyaand, Hagit and Jennifer L. Welch. 1994. "Sequential consistency versus linearizability." ACM Transactions on Computer Systems 12, no. 2 (May): 91–122. https://doi.org/10.1145/176575.176576.

16. [BABAOGLU93] Babaoglu, Ozalp and Sam Toueg. 1993. "Understanding Non Blocking Atomic Commitment." Technical Report. University of Bologna.

17. [BAILIS14a] Bailis, Peter. 2014. "Linearizability versus Serializability." Highly Available, Seldom Consistent (blog). September 24, 2014. https://www.bailis.org/ blog/linearizability–versus–serializability.

18. [BAILIS14b] Bailis, Peter, Alan Fekete, Michael J. Franklin, Ali Ghodsi, Joseph M. Hellerstein, and Ion Stoica. 2014. "Coordination Avoidance in Database Systems." Proceedings of the VLDB Endowment 8, no. 3 (November): 185–196. https://doi.org/10.14778/2735508.2735509.

19. [BAILIS14c] Bailis, Peter, Alan Fekete, Ali Ghodsi, Joseph M. Hellerstein,

and Ion Stoica. 2014. "Scalable Atomic Visibility with RAMP Transactions." ACM Transactions on Database Systems 41, no. 3 (July). https://doi.org/10.1145/2909870.

20. [BARTLETT16] Bartlett, Robert P. III, and Justin McCrary. 2016. "How Rigged Are Stock Markets?: Evidence From Microsecond Timestamps." UC Berkeley Public Law Research Paper. https://doi.org/10.2139/ssrn.2812123.

21. [BAUDET19] Baudet, Mathieu, Avery Ching, Andrey Chursin, George Danezis, François Garillot, Zekun Li, Dahlia Malkhi, Oded Naor, Dmitri Perelman, and Alberto Sonnino. 2019. "State Machine Replication in the Libra Blockchain." https://developers.libra.org/docs/assets/papers/libra-consensus-state-machine replication-in-the-libra-blockchain.pdf.

22. [BAYER72] Bayer, R., and E. M. McCreight. 1972. "Organization and maintenance of large ordered indices." Acta Informatica 1, no. 3 (September): 173–189. https://doi.org/10.1007/BF00288683.

23. [BEDALY69] Belady, L. A., R. A. Nelson, and G. S. Shedler. 1969. "An anomaly in space–time characteristics of certain programs running in a paging machine." Communications of the ACM 12, no. 6 (June): 349–353. https://doi.org/10.1145/363011.363155.

24. [BENDER05] Bender, Michael A., Erik D. Demaine, and Martin Farach-Colton. 2005. "Cache-Oblivious B-Trees." SIAM Journal on Computing 35, no. 2 (August): 341–358. https://doi.org/10.1137/S0097539701389956.

25. [BERENSON95] Berenson, Hal, Phil Bernstein, Jim Gray, Jim Melton, Elizabeth O'Neil, and Patrick O'Neil. 1995. "A critique of ANSI SQL isolation levels." ACM SIGMOD Record 24, no. 2 (May): 1–10. https://doi.org/10.1145/568271.223785.

26. [BERNSTEIN87] Bernstein, Philip A., Vassco Hadzilacos, and Nathan Goodman. 1987. Concurrency Control and Recovery in Database Systems. Boston: Addison Wesley Longman.

27. [BERNSTEIN09] Bernstein, Philip A. and Eric Newcomer. 2009. Principles of Transaction Processing. San Francisco: Morgan Kaufmann.

28. [BHATTACHARJEE17] Bhattacharjee, Abhishek, Daniel Lustig, and Margaret Martonosi. 2017. Architectural and Operating System Support for Virtual Memory. San Rafael, CA: Morgan & Claypool Publishers.

29. [BIRMAN07] Birman, Ken. 2007. "The promise, and limitations, of gossip protocols." ACM SIGOPS Operating Systems Review 41, no. 5 (October): 8–13. https://doi.org/10.1145/1317379.1317382.

30. [BIRMAN10] Birman, Ken. 2010. "A History of the Virtual Synchrony Replication Model" In Replication, edited by Bernadette Charron–Bost, Fernando Pedone, and André Schiper, 91–120. Berlin: Springer–Verlag, Berlin, Heidelberg.

31. [BIRMAN06] Birman, Ken, Coimbatore Chandersekaran, Danny Dolev, Robbert vanRenesse. 2006. "How the Hidden Hand Shapes the Market for Software Reliability." In First Workshop on Applied Software Reliability (WASR 2006). IEEE.

32. [BIYIKOGLU13] Biyikoglu, Cihan. 2013. "Under the Hood: Redis CRDTs (Conflict–free Replicated Data Types)." http://lp.redislabs.com/rs/915–NFD–128/ images/WP–RedisLabs–Redis–Conflict–free–Replicated–Data–Types.pdf.

33. [BJØRLING17] Bjørling, Matias, Javier González, and Philippe Bonnet. 2017. "LightNVM: the Linux open–channel SSD subsystem." In Proceedings of the 15th Usenix Conference on File and Storage Technologies (FAST'17), 359–373. USENIX.

34. [BLOOM70] Bloom, Burton H. 1970. "Space/time trade−offs in hash coding with allowable errors." Communications of the ACM 13, no. 7 (July): 422−426. https://doi.org/10.1145/362686.362692.

35. [BREWER00] Brewer, Eric. 2000. "Towards robust distributed systems." Proceedings of the nineteenth annual ACM symposium on Principles of distributed computing (PODC '00). New York: Association for Computing Machinery. https://doi.org/10.1145/343477.343502.

36. [BRZEZINSKI03] Brzezinski, Jerzy, Cezary Sobaniec, and Dariusz Wawrzyniak. 2003. "Session Guarantees to Achieve PRAM Consistency of Replicated Shared Objects." In Parallel Processing and Applied Mathematics, 1−8. Berlin: Springer, Berlin, Heidelberg.

37. [BUCHMAN18] Buchman, Ethan, Jae Kwon, and Zarko Milosevic. 2018. "The latest gossip on BFT consensus." https://arxiv.org/pdf/1807.04938.pdf.

38. [CACHIN11] Cachin, Christian, Rachid Guerraoui, and Luis Rodrigues. 2011. Introduction to Reliable and Secure Distributed Programming (2nd Ed.). New York: Springer.

39. [CASTRO99] Castro, Miguel, and Barbara Liskov. 1999. "Practical Byzantine Fault Tolerance." In OSDI '99 Proceedings of the third symposium on Operating systems design and implementation, 173−186.

40. [CESATI05] Cesati, Marco, and Daniel P. Bovet. 2005. Understanding the Linux Kernel. Third Edition. Sebastopol: O'Reilly Media, Inc.

41. [CHAMBERLIN81] Chamberlin, Donald D., Morton M. Astrahan, Michael W. Blasgen, James N. Gray, W. Frank King, Bruce G. Lindsay, Raymond Lorie, James W. Mehl, Thomas G. Price, Franco Putzolu, Patricia Griffiths Selinger, Mario Schkolnick, Donald R. Slutz, Irving L. Traiger, Bradford W. Wade, and Robert A. Yost. 1981. "A history and evaluation of System R."

Communications of the ACM 24, no. 10 (October): 632–646. https://doi. org/10.1145/358769.358784.

42. [CHANDRA07] Chandra, Tushar D., Robert Griesemer, and Joshua Redstone. 2007. "Paxos made live: an engineering perspective." In Proceedings of the twenty sixth annual ACM symposium on Principles of distributed computing (PODC '07), 398–407. New York: Association for Computing Machinery. https://doi.org/10.1145/1281100.1281103.

43. [CHANDRA96] Chandra, Tushar Deepak, and Sam Toueg. 1996. "Unreliable failure detectors for reliable distributed systems." Journal of the ACM 43, no. 2 (March): 225–267. https://doi.org/10.1145/226643.226647.

44. [CHANG79] Chang, Ernest, and Rosemary Roberts. 1979. "An improved algorithm for decentralized extrema-finding in circular configurations of processes." Communications of the ACM 22, no. 5 (May): 281–283. https://doi.org/10.1145/359104.359108.

45. [CHANG06] Chang, Fay, Jeffrey Dean, Sanjay Ghemawat, Wilson C. Hsieh, Deborah A. Wallach, Mike Burrows, Tushar Chandra, Andrew Fikes, and Robert E. Gruber. 2006. "Bigtable: A Distributed Storage System for Structured Data." In 7th USENIX Symposium on Operating Systems Design and Implementation (OSDI '06). USENIX.

46. [CHAZELLE86] Chazelle, Bernard, and Leonidas J. Guibas. 1986. "Fractional Cascading, A Data Structuring Technique." Algorithmica 1: 133–162. https://doi.org/10.1007/BF01840440.

47. [CHOCKLER15] Chockler, Gregory, and Dahlia Malkhi. 2015. "Active disk paxos with infinitely many processes." In Proceedings of the twenty-first annual symposium on Principles of distributed computing (PODC '02), 78–87. New York: Association for Computing Machinery. https://doi.

org/10.1145/571825.571837.

48. [COMER79] Comer, Douglas. 1979. "Ubiquitous B−Tree." ACM Computing Survey 11, no. 2 (June): 121−137. https://doi.org/10.1145/356770.356776.

49. [CORBET18] Corbet, Jonathan. 2018. "PostgreSQL's fsync() surprise." https://lwn.net/Articles/752063.

50. [CORBETT12] Corbett, James C., Jeffrey Dean, Andrew Fikes, Christopher Frost, JJ Furman, Sanjay Ghemawat, Andrey Gubarev, Christopher Heiser, Peter Hochschild, Wilson Hsieh, Sebastian Kanthak, Eugene Kogan, Hongyi Li, Alexander Lloyd, Sergey Melnik, David Mwaura, David Nagle, Sean Quinlan, Rajesh Rao, Lindsay Rolig, Yasushi Saito, Michal Szymaniak, Christopher Taylor, Ruth Wang, and Dale Woodford. 2012. "Spanner: Google's Globally−Distributed Database." In 10th USENIX Symposium on Operating Systems Design and Implementation (OSDI '12), 261−264. USENIX.

51. [CORMODE04] Cormode, G. and S. Muthukrishnan. 2004. "An improved data stream summary: The count−min sketch and its applications." Journal of Algorithms 55, No. 1 (April): 58−75. https://doi.org/10.1016/j.jalgor.2003.12.001.

52. [CORMODE11] Cormode, Graham, and S. Muthukrishnan. 2011. "Approximating Data with the Count−Min Data Structure." http://dimacs.rutgers.edu/~graham/pubs/papers/cmsoft.pdf.

53. [CORMODE12] Cormode, Graham and Senthilmurugan Muthukrishnan. 2012. "Approximating Data with the Count−Min Data Structure."

54. [CHRISTIAN91] Cristian, Flavin. 1991. "Understanding fault−tolerant distributed systems." Communications of the ACM 34, no. 2 (February): 56−78. https://doi.org/10.1145/102792.102801.

55. [DAILY13] Daily, John. 2013. "Clocks Are Bad, Or, Welcome to the Wonderful World of Distributed Systems." Riak (blog). November 12, 2013. https://riak. com/clocks-are-bad-or-welcome-to-distributed-systems.

56. [DECANDIA07] DeCandia, Giuseppe, Deniz Hastorun, Madan Jampani, Gunavardhan Kakulapati, Avinash Lakshman, Alex Pilchin, Swaminathan Sivasubramanian, Peter Vosshall, and Werner Vogels. 2007. "Dynamo: amazon's highly available key-value store." SIGOPS Operating Systems Review 41, no. 6 (October): 205-220. https://doi.org/10.1145/1323293.1294281.

57. [DECHEV10] Dechev, Damian, Peter Pirkelbauer, and Bjarne Stroustrup. 2010. "Understanding and Effectively Preventing the ABA Problem in Descriptor Based Lock-Free Designs." Proceedings of the 2010 13th IEEE International Symposium on Object/Component/Service-Oriented Real-Time Distributed Computing (ISORC'10): 185-192. https://doi.org/10.1109/ISORC.2010.10.

58. [DEMAINE02] Demaine, Erik D. 2002. "Cache-Oblivious Algorithms and Data Structures." In Lecture Notes from the EEF Summer School on Massive Data Sets. Denmark: University of Aarhus.

59. [DEMERS87] Demers, Alan, Dan Greene, Carl Hauser, Wes Irish, John Larson, Scott Shenker, Howard Sturgis, Dan Swinehart, and Doug Terry. 1987. "Epidemic algorithms for replicated database maintenance." In Proceedings of the sixth annual ACM Symposium on Principles of distributed computing (PODC'87), 1-12. New York: Association for Computing Machinery. https://doi.org/10.1145/41840.41841.

60. [DENNING68] Denning, Peter J. 1968. "The working set model for program behavior". Communications of the ACM 11, no. 5 (May): 323-333. https://doi.org/10.1145/363095.363141.

61. [DIACONU13] Diaconu, Cristian, Craig Freedman, Erik Ismert, Per-Åke

Larson, Pravin Mittal, Ryan Stonecipher, Nitin Verma, and Mike Zwilling. 2013. "Hekaton: SQL Server's Memory–Optimized OLTP Engine." In Proceedings of the 2013 ACM SIGMOD International Conference on Management of Data (SIGMOD '13), 1243–1254. New York: Association for Computing Machinery. https://doi.org/10.1145/2463676.2463710.

62. [DOWNEY12] Downey, Jim. 2012. "Be Careful with Sloppy Quorums." Jim Downey (blog). March 5, 2012. https://jimdowney.net/2012/03/05/be–careful–with–sloppy–quorums.

63. [DREPPER07] Drepper, Ulrich. 2007. What Every Programmer Should Know About Memory. Boston: Red Hat, Inc.

64. [DUNAGAN04] Dunagan, John, Nicholas J. A. Harvey, Michael B. Jones, Dejan Kostić, MarvinTheimer, and Alec Wolman. 2004. "FUSE: lightweight guaranteed distributed failure notification." In Proceedings of the 6th conference on Symposium on Operating Systems Design & Implementation – Volume 6 (OSDI'04), 11–11. USENIX.

65. [DWORK88] Dwork, Cynthia, Nancy Lynch, and Larry Stockmeyer. 1988. "Consensus in the presence of partial synchrony." Journal of the ACM 35, no. 2 (April): 288–323. https://doi.org/10.1145/42282.42283.

66. [EINZIGER15] Einziger, Gil and Roy Friedman. 2015. "A formal analysis of conservative update based approximate counting." In 2015 International Conference on Computing, Networking and Communications (ICNC), 260–264. IEEE.

67. [EINZIGER17] Einziger, Gil, Roy Friedman, and Ben Manes. 2017. "TinyLFU: A Highly Efficient Cache Admission Policy." In 2014 22nd Euromicro International Conference on Parallel, Distributed, and Network–Based Processing, 146–153. IEEE.

68. [ELLIS11] Ellis, Jonathan. 2011. "Understanding Hinted Handoff." Datastax (blog). May 31, 2011. https://www.datastax.com/dev/blog/understanding-hinted handoff.

69. [ELLIS13] Ellis, Jonathan. 2013. "Why Cassandra doesn't need vector clocks." Datastax (blog). September 3, 2013. https://www.datastax.com/dev/blog/why cassandra-doesnt-need-vector-clocks.

70. [ELMASRI11] Elmasri, Ramez and Shamkant Navathe. 2011. Fundamentals of Database Systems (6th Ed.). Boston: Pearson.

71. [FEKETE04] Fekete, Alan, Elizabeth O'Neil, and Patrick O'Neil. 2004. "A read only transaction anomaly under snapshot isolation." ACM SIGMOD Record 33, no. 3 (September): 12–14. https://doi.org/10.1145/1031570.1031573.

72. [FISCHER85] Fischer, Michael J., Nancy A. Lynch, and Michael S. Paterson. 1985. "Impossibility of distributed consensus with one faulty process." Journal of the ACM 32, 2 (April): 374–382. https://doi.org/10.1145/3149.214121.

73. [FLAJOLET12] Flajolet, Philippe, Eric Fusy, Olivier Gandouet, and Frédéric Meunier. 2012. "HyperLogLog: The analysis of a near-optimal cardinality estimation algorithm." In AOFA '07: Proceedings of the 2007 International Conference on Analysis of Algorithms.

74. [FOWLER11] Fowler, Martin. 2011. "The LMAX Architecture." Martin Fowler. July 12, 2011. https://martinfowler.com/articles/lmax.html.

75. [FOX99] Fox, Armando and Eric A. Brewer. 1999. "Harvest, Yield, and Scalable Tolerant Systems." In Proceedings of the Seventh Workshop on Hot Topics in Operating Systems, 174–178.

76. [FREILING11] Freiling, Felix C., Rachid Guerraoui, and Petr Kuznetsov. 2011. "The failure detector abstraction." ACM Computing Surveys 43, no. 2 (January):

Article 9. https://doi.org/10.1145/1883612.1883616.

77. [MOLINA82] Garcia-Molina, H. 1982. "Elections in a Distributed Computing System." IEEE Transactions on Computers 31, no. 1 (January): 48–59. https://dx.doi.org/10.1109/TC.1982.1675885.

78. [MOLINA92] Garcia-Molina, H. and K. Salem. 1992. "Main Memory Database Systems: An Overview." IEEE Transactions on Knowledge and Data Engineering 4, no. 6 (December): 509–516. https://doi.org/10.1109/69.180602.

79. [MOLINA08] Garcia-Molina, Hector, Jeffrey D. Ullman, and Jennifer Widom. 2008. Database Systems: The Complete Book (2nd Ed.). Boston: Pearson.

80. [GEORGOPOULOS16] Georgopoulos, Georgios. 2016. "Memory Consistency Models of Modern CPUs." https://es.cs.uni-kl.de/publications/datarsg/Geor16.pdf.

81. [GHOLIPOUR09] Gholipour, Majid, M. S. Kordafshari, Mohsen Jahanshahi, and Amir Masoud Rahmani. 2009. "A New Approach For Election Algorithm in Distributed Systems." In 2009 Second International Conference on Communication Theory, Reliability, and Quality of Service, 70–74. IEEE. https://doi.org/10.1109/ CTRQ.2009.32.

82. [GIAMPAOLO98] Giampaolo, Dominic. 1998. Practical File System Design with the be File System. San Francisco: Morgan Kaufmann.

83. [GILAD17] Gilad, Yossi, Rotem Hemo, Silvio Micali, Georgios Vlachos, and Nickolai Zeldovich. 2017. "Algorand: Scaling Byzantine Agreements for Cryptocurrencies." Proceedings of the 26th Symposium on Operating Systems Principles (October): 51 –68. https://doi.org/10.1145/3132747.3132757.

84. [GILBERT02] Gilbert, Seth and Nancy Lynch. 2002. "Brewer's conjecture and the feasibility of consistent, available, partition-tolerant web services." ACM

SIGACT News 33, no. 2 (June): 51–59. https://doi.org/10.1145/564585.564601.

85. [GILBERT12] Gilbert, Seth and Nancy Lynch. 2012. "Perspectives on the CAP Theorem." Computer 45, no. 2 (February): 30–36. https://doi.org/10.1109/MC. 2011.389.

86. [GOMES17] Gomes, Victor B. F., Martin Kleppmann, Dominic P. Mulligan, and Alastair R. Beresford. 2017. "Verifying strong eventual consistency in distributed systems." Proceedings of the ACM on Programming Languages 1 (October). https://doi.org/10.1145/3133933.

87. [GONÇALVES15] Gonçalves, Ricardo, Paulo Sérgio Almeida, Carlos Baquero, and Victor Fonte. 2015. "Concise Server–Wide Causality Management for Eventually Consistent Data Stores." In Distributed Applications and Interoperable Systems, 66–79. Berlin: Springer.

88. [GOOSSAERT14] Goossaert, Emmanuel. 2014. "Coding For SSDs." CodeCapsule (blog). February 12, 2014. http://codecapsule.com/2014/02/12/coding-for-ssds-part-1-introduction-and-table-of-contents.

89. [GRAEFE04] Graefe, Goetz. 2004. "Write–Optimized B–Trees." In Proceedings of the Thirtieth international conference on Very large data bases – Volume 30 (VLDB '04), 672–683. VLDB Endowment.

90. [GRAEFE07] Graefe, Goetz. 2007. "Hierarchical locking in B–tree indexes." https://www.semanticscholar.org/paper/Hierarchical-locking-in-B-tree-indexes-Graefe/270669b1eb0d31a99fe99bec67e47e9b11b4553f.

91. [GRAEFE10] Graefe, Goetz. 2010. "A survey of B–tree locking techniques." ACM Transactions on Database Systems 35, no. 3, (July). https://doi.org/10.1145/1806907.1806908.

92. [GRAEFE11] Graefe, Goetz. 2011. "Modern B–Tree Techniques."

Foundations and Trends in Databases 3, no. 4 (April): 203–402. https://doi.
org/10.1561/1900000028.

93. [GRAY05] Gray, Jim, and Catharine van Ingen. 2005. "Empirical Measurements of Disk Failure Rates and Error Rates." Accessed March 4, 2013. https://arxiv. org/pdf/cs/0701166.pdf.

94. [GRAY04] Gray, Jim, and Leslie Lamport. 2004. "Consensus on Transaction Commit." ACM Transactions on Database Systems 31, no. 1 (March): 133–160. https://doi.org/10.1145/1132863.1132867.

95. [GUERRAOUI07] Guerraoui, Rachid. 2007. "Revisiting the relationship between non-blocking atomiccommitment and consensus." In Distributed Algorithms, 87–100. Berlin: Springer, Berlin, Heidelberg. https://doi. org/10.1007/BFb0022140.

96. [GUERRAOUI97] Guerraoui, Rachid, and André Schiper. 1997. "Consensus: The Big Misunderstanding." In Proceedings of the Sixth IEEE Computer Society Workshop on Future Trends of Distributed Computing Systems, 183–188. IEEE.

97. [GUPTA01] Gupta, Indranil, Tushar D. Chandra, and Germán S. Goldszmidt. 2001. "On scalable and efficient distributed failure detectors." In Proceedings of the twentieth annual ACM symposium on Principles of distributed computing (PODC '01) New York: Association for Computing Machinery. https://doi.org/10.1145/383962.384010.

98. [HADZILACOS05] Hadzilacos, Vassos. 2005. "On the relationship between the atomic commitment and consensus problems." In Fault-Tolerant Distributed Computing, 201–208. London: Springer-Verlag.

99. [HAERDER83] Haerder, Theo, and Andreas Reuter. 1983. "Principles of

transaction-oriented database recovery." ACM Computing Surveys 15 no. 4 (December):287 – 317. https://doi.org/10.1145/289.291.

100. [HALE10] Hale, Coda. 2010. "You Can't Sacrifice Partition Tolerance." Coda Hale (blog). https://codahale.com/you-cant-sacrifice-partition-tolerance.

101. [HALPERN90] Halpern, Joseph Y., and Yoram Moses. 1990. "Knowledge and common knowledge in a distributed environment." Journal of the ACM 37, no. 3 (July): 549–587. https://doi.org/10.1145/79147.79161.

102. [HARDING17] Harding, Rachael, Dana Van Aken, Andrew Pavlo, and Michael Stonebraker. 2017. "An Evaluation of Distributed Concurrency Control." Proceedings of the VLDB Endowment 10, no. 5 (January): 553–564. https://doi.org/10.14778/3055540.3055548.

103. [HAYASHIBARA04] Hayashibara, N., X. Defago, R.Yared, and T. Katayama. 2004. "The Φ Accrual Failure Detector." In IEEE Symposium on Reliable Distributed Systems, 66–78. https://doi.org/10.1109/RELDIS.2004.1353004.

104. [HELLAND15] Helland, Pat. 2015. "Immutability Changes Everything." Queue 13, no. 9 (November). https://doi.org/10.1145/2857274.2884038.

105. [HELLERSTEIN07] Hellerstein, Joseph M., Michael Stonebraker, and James Hamilton. 2007. "Architecture of a Database System." Foundations and Trends in Databases 1, no. 2 (February): 141–259. https://doi.org/10.1561/1900000002.

106. [HERLIHY94] Herlihy, Maurice. 1994. "Wait-Free Synchronization." ACM Transactions on Programming Languages and Systems 13, no. 1 (January): 124–149. http://dx.doi.org/10.1145/114005.102808.

107. [HERLIHY10] Herlihy, Maurice, Yossi Lev, Victor Luchangco, and Nir Shavit. 2010. "A Provably Correct Scalable Concurrent Skip List." https://www.cs.tau.

ac.il/~shanir/nir-pubs-web/Papers/OPODIS2006-BA.pdf.

108. [HERLIHY90] Herlihy, Maurice P., and Jeannette M. Wing. 1990. "Linearizability: a correctness condition for concurrent object." ACM Transactions on Programming Languages and Systems 12, no. 3 (July): 463–492. https://doi.org/10.1145/78969.78972.

109. [HOWARD14] Howard, Heidi. 2014. "ARC: Analysis of Raft Consensus." Technical Report UCAM-CL-TR-857. Cambridge: University of Cambridge

110. [HOWARD16] Howard, Heidi, Dahlia Malkhi, and Alexander Spiegelman. 2016. "Flexible Paxos: Quorum intersection revisited." https://arxiv.org/abs/1608.06696.

111. [HOWARD19] Howard, Heidi, and Richard Mortier. 2019. "A Generalised Solution to Distributed Consensus." https://arxiv.org/abs/1902.06776.

112. [HUNT10] Hunt, Patrick, Mahadev Konar, Flavio P. Junqueira, and Benjamin Reed. 2010. "ZooKeeper: wait-free coordination for internet-scale systems." In Proceedings of the 2010 USENIX conference on USENIX annual technical conference (USENIXATC'10), 11. USENIX.

113. [INTEL14] Intel Corporation. 2014. "Partition Alignment of Intel® SSDs for Achieving Maximum Performance and Endurance." (February). https://www.intel.com/content/dam/www/public/us/en/documents/technology-briefs/ssd partition-alignment-tech-brief.pdf.

114. [JELASITY04] Jelasity, Márk, Rachid Guerraoui, Anne-Marie Kermarrec, and Maarten van Steen. 2004. "The Peer Sampling Service: Experimental Evaluation of Unstructured Gossip-Based Implementations." In Middleware '04 Proceedings of the 5th ACM/IFIP/USENIX international conference on Middleware, 79–98. Berlin: Springer-Verlag, Berlin, Heidelberg.

115. [JELASITY07] Jelasity, Márk, Spyros Voulgaris, Rachid Guerraoui, Anne-Marie Kermarrec, and Maarten van Steen. 2007. "Gossip-based Peer Sampling." ACM Transactions on Computer Systems 25, no. 3 (August). http://doi.org/10.1145/1275517.1275520.

116. [JONSON94] Johnson, Theodore, and Dennis Shasha. 1994. "2Q: A Low Overhead High Performance Buffer Management Replacement Algorithm." In VLDB '94 Proceedings of the 20th International Conference on Very Large Data Bases, 439–450. San Francisco: Morgan Kaufmann.

117. [JUNQUEIRA07] Junqueira, Flavio, Yanhua Mao, and Keith Marzullo. 2007. "Classic Paxos vs. fast Paxos: caveat emptor." In Proceedings of the 3rd workshop on on Hot Topics in System Dependability (HotDep'07). USENIX.

118. [JUNQUEIRA11] Junqueira, Flavio P., Benjamin C. Reed, and Marco Serafini. 2011. "Zab: High-performance broadcast for primary-backup systems." 2011 IEEE/IFIP 41st International Conference on Dependable Systems & Networks (DSN) (June): 245 – 256. https://doi.org/10.1109/DSN.2011.5958223.

119. [KANNAN18] Kannan, Sudarsun, Nitish Bhat, Ada Gavrilovska, Andrea Arpaci Dusseau, and Remzi Arpaci-Dusseau. 2018. "Redesigning LSMs for Nonvolatile Memory with NoveLSM." In USENIX ATC '18 Proceedings of the 2018 USENIX Conference on Usenix Annual Technical Conference, 993–1005. USENIX.

120. [KARGER97] Karger, D., E. Lehman, T. Leighton, R. Panigrahy, M. Levine, and D. Lewin. 1997. "Consistent hashing and random trees: distributed caching protocols for relieving hot spots on the World Wide Web." In STOC '97 Proceedings of the twenty-ninth annual ACM symposium on Theory of computing, 654–663. New York: Association for Computing Machinery.

121. [KEARNEY17] Kearney, Joe. 2017. "Two Phase Commit an old friend." Joe's

Mots (blog). January 6, 2017. https://www.joekearney.co.uk/posts/two-phase-commit.

122. [KEND94] Kendall, Samuel C., Jim Waldo, Ann Wollrath, and Geoff Wyant. 1994. "A Note on Distributed Computing." Technical Report. Mountain View, CA: Sun Microsystems, Inc.

123. [KREMARREC07] Kermarrec, Anne-Marie, and Maarten van Steen. 2007. "Gossiping in distributed systems." SIGOPS Operating Systems Review 41, no. 5 (October): 2–7. https://doi.org/10.1145/1317379.1317381.

124. [KERRISK10] Kerrisk, Michael. 2010. The Linux Programming Interface. San Francisco: No Starch Press.

125. [KHANCHANDANI18] Khanchandani, Pankaj, and Roger Wattenhofer. 2018. "Reducing Compare-and-Swap to Consensus Number One Primitives." https://arxiv.org/abs/1802.03844.

126. [KIM12] Kim, Jaehong, Sangwon Seo, Dawoon Jung, Jin-Soo Kim, and Jaehyuk Huh. 2012. "Parameter-Aware I/O Management for Solid State Disks (SSDs)." IEEE Transactions on Computers 61, no. 5 (May): 636–649. https://doi.org/10.1109/TC.2011.76.

127. [KINGSBURY18a] Kingsbury, Kyle. 2018. "Sequential Consistency." https://jepsen.io/consistency/models/sequential. 2018. (https://jepsen.io/consistency/models/sequential)

128. [KINGSBURY18b] Kingsbury, Kyle. 2018. "Strong consistency models." Aphyr (blog). August 8, 2018. https://aphyr.com/posts/313-strong-consistency-models.

129. [KLEPPMANN15] Kleppmann, Martin. 2015. "Please stop calling databases CP or AP." Martin Kleppmann (blog). May 11, 2015. https://martin.kleppmann.

com/ 2015/05/11/please–stop–calling–databases–cp–or–ap.html.

130. [KLEPPMANN14] Kleppmann, Martin, and Alastair R. Beresford. 2014. "A Conflict–Free Replicated JSON Datatype." https://arxiv.org/abs/1608.03960.

131. [KNUTH97] Knuth, Donald E. 1997. The Art of Computer Programming, Volume 1 (3rd Ed.): Fundamental Algorithms. Boston: Addison–Wesley Longman.

132. [KNUTH98] Knuth, Donald E. 1998. The Art of Computer Programming, Volume 3: (2nd Ed.): Sorting and Searching. Boston: Addison–Wesley Longman.

133. [KOOPMAN15] Koopman, Philip, Kevin R. Driscoll, and Brendan Hall. 2015. "Selection of Cyclic Redundancy Code and Checksum Algorithms to Ensure Critical Data Integrity." U.S. Department of Transportation Federal Aviation Administration. https://www.faa.gov/aircraft/air_cert/design_approvals/air_software/media/TC–14–49.pdf.

134. [KORDAFSHARI05] Kordafshari, M. S., M. Gholipour, M. Mosakhani, A. T. Haghighat, and M. Dehghan. 2005. "Modified bully election algorithm in distributed systems." Proceedings of the 9th WSEAS International Conference on Computers (ICCOMP'05), edited by Nikos E. Mastorakis, Article 10. Stevens Point: World Scientific and Engineering Academy and Society.

135. [KRASKA18] Kraska, Time, Alex Beutel, Ed H. Chi, Jeffrey Dean, and Neoklis Polyzotis. 2018. "The Case for Learned Index Structures." In SIGMOD '18 Proceedings of the 2018 International Conference on Management of Data, 489–504. New York: Association for Computing Machinery.

136. [LAMPORT77] Lamport, Leslie. 1977. "Proving the Correctness of Multiprocess Programs." IEEE Transactions on Software Engineering 3, no. 2 (March): 125–143. https://doi.org/10.1109/TSE.1977.229904.

137. [LAMPORT78] Lamport, Leslie. 1978. "Time, Clocks, and the Ordering of Events in a Distributed System." Communications of the ACM 21, no. 7 (July): 558–565

138. [LAMPORT79] Lamport, Leslie. 1979. "How to Make a Multiprocessor Computer That Correctly Executes Multiprocess Programs." IEEE Transactions on Computers 28, no. 9 (September): 690–691. https://doi.org/10.1109/TC.1979.1675439.

139. [LAMPORT98] Lamport, Leslie. 1998. "The part–time parliament." ACM Transactions on Computer Systems 16, no. 2 (May): 133–169. https://doi.org/10.1145/279227.279229.

140. [LAMPORT01] Lamport, Leslie. 2001. "Paxos Made Simple." ACM SIGACT News (Distributed Computing Column) 32, no. 4 (December): 51–58. https://www.microsoft.com/en–us/research/publication/paxos–made–simple.

141. [LAMPORT05] Lamport, Leslie. 2005. "Generalized Consensus and Paxos." https://www.microsoft.com/en–us/research/publication/generalized–consensus and–paxos.

142. [LAMPORT06] Lamport, Leslie. 2006. "Fast Paxos." Distributed Computing 19, no. 2 (July): 79–103. https://doi.org/10.1007/s00446–006–0005–x.

143. [LAMPORT09] Lamport, Leslie, Dahlia Malkhi, and Lidong Zhou. 2009. "Vertical Paxos and Primary–Backup Replication." In PODC '09 Proceedings of the 28th ACM symposium on Principles of distributed computing, 312–313. https://doi.org/10.1145/1582716.1582783.

144. [LAMPSON01] Lampson, Butler. 2001. "The ABCD's of Paxos." In PODC '01 Proceedings of the twentieth annual ACM symposium on Principles of distributed computing, 13. https://doi.org/10.1145/383962.383969.

145. [LAMPSON79] Lampson, Butler W., and Howard E. 1979. "Crash Recovery in a Distributed Data Storage System." https://www.microsoft.com/en-us/research/ publication/crash-recovery-in-a-distributed-data-storage-system' (https://www.microsoft.com/en-us/research/publication/crash-recovery-in-a-distributed data-storage-system).

146. [LARRIVEE15] Larrivee, Steve. 2015. "Solid State Drive Primer." Cactus Technologies (blog). February 9th, 2015. https://www.cactus-tech.com/resources/blog/ details/solid-state-drive-primer-1-the-basic-nand-flash-cell.

147. [LARSON81] Larson, Per-Åke, and Åbo Akedemi. 1981. "Analysis of index sequential files with overflow chaining". ACM Transactions on Database Systems. 6, no. 4 (December): 671-680. https://doi.org/10.1145/319628.319665.

148. [LEE15] Lee, Collin, Seo Jin Park, Ankita Kejriwal, Satoshi Matsushita, and John Ousterhout. 2015. "Implementing linearizability at large scale and low latency." In SOSP '15 Proceedings of the 25th Symposium on Operating Systems Principles, 71-86. https://doi.org/10.1145/2815400.2815416.

149. [LEHMAN81] Lehman, Philip L., and s. Bing Yao. 1981. "Efficient locking for concurrent operations on B-trees." ACM Transactions on Database Systems 6, no. 4 (December): 650-670. https://doi.org/10.1145/319628.319663.

150. [LEITAO07] Leitao, Joao, Jose Pereira, and Luis Rodrigues. 2007. "Epidemic Broadcast Trees." In SRDS '07 Proceedings of the 26th IEEE International Symposium on Reliable Distributed Systems, 301-310. IEEE.

151. [LEVANDOSKI14] Levandoski, Justin J., David B. Lomet, and Sudipta Sengupta. 2013. "The Bw-Tree: A B-tree for new hardware platforms." In Proceedings of the 2013 IEEE International Conference on Data Engineering

(ICDE '13), 302–313. IEEE. https://doi.org/10.1109/ICDE.2013.6544834.

152. [LI10] Li, Yinan, Bingsheng He, Robin Jun Yang, Qiong Luo, and Ke Yi. 2010. "Tree Indexing on Solid State Drives." Proceedings of the VLDB Endowment 3, no. 1–2 (September): 1195–1206. https://doi.org/10.14778/1920841.1920990.

153. [LIPTON88] Lipton, Richard J., and Jonathan S. Sandberg. 1988. "PRAM: A scalable shared memory." Technical Report, Princeton University. https://www.cs.princeton.edu/research/techreps/TR-180-88.

154. [LLOYD11] Lloyd, W., M. J. Freedman, M. Kaminsky, and D. G. Andersen. 2011. "Don't settle for eventual: scalable causal consistency for wide-area storage with COPS." In Proceedings of the Twenty-Third ACM Symposium on Operating Systems Principles (SOSP '11), 401–416. New York: Association for Computing Machinery. https://doi.org/10.1145/2043556.2043593.

155. [LLOYD13] Lloyd, W., M. J. Freedman, M. Kaminsky, and D. G. Andersen. 2013. "Stronger semantics for low-latency geo-replicated storage." In 10th USENIX Symposium on Networked Systems Design and Implementation (NSDI '13), 313–328. USENIX.

156. [LU16] Lu, Lanyue, Thanumalayan Sankaranarayana Pillai, Hariharan Gopalakrishnan, Andrea C. Arpaci-Dusseau, and Remzi H. Arpaci-Dusseau. 2017. "WiscKey: Separating Keys from Values in SSD-Conscious Storage." ACM Transactions on Storage (TOS) 13, no. 1 (March): Article 5. https://doi.org/10.1145/3033273.

157. [MATTERN88] Mattern, Friedemann. 1988. "Virtual Time and Global States of Distributed Systems." http://courses.csail.mit.edu/6.852/01/papers/VirtTime_Glob-State.pdf.

158. [MCKENNEY05a] McKenney, Paul E. 2005. "Memory Ordering in Modern Microprocessors, Part I." Linux Journal no. 136 (August): 2.

159. [MCKENNEY05b] McKenney, Paul E. 2005. "Memory Ordering in Modern Microprocessors, Part II." Linux Journal no. 137 (September): 5.

160. [MEHTA17] Mehta, Apurva, and Jason Gustafson. 2017. "Transactions in Apache Kafka." Confluent (blog). November 17, 2017. https://www.confluent. io/ blog/transactions-apache-kafka.

161. [MELLORCRUMMEY91] Mellor-Crummey, John M., and Michael L. Scott. 1991. "Algorithms for scalable synchronization on shared-memory multiprocessors." ACM Transactions on Computer Systems 9, no. 1 (February): 21-65. https://doi.org/10.1145/103727.103729.

162. [MELTON06] Melton, Jim. 2006. "Database Language SQL." In International Organization for Standardization (ISO), 105 – 132. Berlin: Springer. https://doi. org/10.1007/b137905.

163. [MERKLE87] Merkle, Ralph C. 1987. "A Digital Signature Based on a Conventional Encryption Function." A Conference on the Theory and Applications of Cryptographic Techniques on Advances in Cryptology (CRYPTO '87), edited by Carl Pomerance. London: Springer-Verlag, 369 – 378. https:// dl.acm.org/citation.cfm?id=704751.

164. [MILLER78] Miller, R., and L. Snyder. 1978. "Multiple access to B-trees." Proceedings of the Conference on Information Sciences and Systems, Baltimore: Johns Hopkins University (March).

165. [MILOSEVIC11] Milosevic, Z., M. Hutle, and A. Schiper. 2011. "On the Reduction of Atomic Broadcast to Consensus with Byzantine Faults." In Proceedings of the 2011 IEEE 30th International Symposium on Reliable Distributed Systems (SRDS '11), 235-244. IEEE. https://doi.org/10.1109/ SRDS.2011.36.

166. [MOHAN92] Mohan, C., Don Haderle, Bruce Lindsay, Hamid Pirahesh, and

Peter Schwarz. 1992. "ARIES: a transaction recovery method supporting fine granularity locking and partial rollbacks using write-ahead logging." Transactions on Database Systems 17, no. 1 (March): 94–162. https://doi.org/10.1145/128765.128770.

167. [MORARU11] Moraru, Iulian, David G. Andersen, and Michael Kaminsky. 2013. "A Proof of Correctness for Egalitarian Paxos." https://www.pdl.cmu.edu/PDL FTP/associated/CMU-PDL-13-111.pdf.

168. [MORARU13] Moraru, Iulian, David G. Andersen, and Michael Kaminsky. 2013. "There Is More Consensus in Egalitarian Parliaments." In Proceedings of the Twenty-Fourth ACM Symposium on Operating Systems Principles (SOSP '13), 358–372. https://doi.org/10.1145/2517349.2517350.

169. [MURSHED12] Murshed, Md. Golam, and Alastair R. Allen. 2012. "Enhanced Bully Algorithm for Leader Node Election in Synchronous Distributed Systems." Computers 1, no. 1: 3–23. https://doi.org/10.3390/computers1010003.

170. [NICHOLS66] Nichols, Ann Eljenholm. 1966. "The Past Participle of 'Overflow:' 'Overflowed' or 'Overflown.'" American Speech 41, no. 1 (February): 52–55. https://doi.org/10.2307/453244.

171. [NIEVERGELT74] Nievergelt, J. 1974. "Binary search trees and file organization." In Proceedings of 1972 ACM-SIGFIDET workshop on Data description, access and control (SIGFIDET '72), 165–187. https://doi.org/10.1145/800295.811490.

172. [NORVIG01] Norvig, Peter. 2001. "Teach Yourself Programming in Ten Years." https://norvig.com/21-days.html.

173. [ONEIL93] O'Neil, Elizabeth J., Patrick E. O'Neil, and Gerhard Weikum. 1993. "The LRU-K page replacement algorithm for database disk

buffering." In Proceedings of the 1993 ACM SIGMOD international conference on Management of data (SIGMOD '93), 297–306. https://doi.org/10.1145/170035.170081.

174. [ONEIL96] O'Neil, Patrick, Edward Cheng, Dieter Gawlick, and Elizabeth O'Neil. 1996. "The log–structured merge–tree (LSM–tree)." Acta Informatica 33, no. 4: 351–385. https://doi.org/10.1007/s002360050048.

175. [ONGARO14] Ongaro, Diego and John Ousterhout. 2014. "In Search of an Understandable Consensus Algorithm." In Proceedings of the 2014 USENIX conference on USENIX Annual Technical Conference (USENIX ATC '14), 305–320. USENIX.

176. [OUYANG14] Ouyang, Jian, Shiding Lin, Song Jiang, Zhenyu Hou, Yong Wang, and Yuanzheng Wang. 2014. "SDF: software–defined flash for web–scale internet storage systems." ACM SIGARCH Computer Architecture News 42, no. 1 (February): 471–484. https://doi.org/10.1145/2654822.2541959.

177. [PAPADAKIS93] Papadakis, Thomas. 1993. "Skip lists and probabilistic analysis of algorithms." Doctoral Dissertation, University of Waterloo. https://cs.uwaterloo.ca/research/tr/1993/28/root2side.pdf.

178. [PUGH90a] Pugh, William. 1990. "Concurrent Maintenance of Skip Lists." Technical Report, University of Maryland. https://drum.lib.umd.edu/handle/1903/542.

179. [PUGH90b] Pugh, William. 1990. "Skip lists: a probabilistic alternative to balanced trees." Communications of the ACM 33, no. 6 (June): 668–676. https://doi.org/10.1145/78973.78977.

180. [RAMAKRISHNAN03] Ramakrishnan, Raghu, and Johannes Gehrke. 2002. Database Management Systems (3rd Ed.). New York: McGraw–Hill.

181. [RAY95] Ray, Gautam, Jayant Haritsa, and S. Seshadri. 1995. "Database Compression: A Performance Enhancement Tool." In Proceedings of 7th International Conference on Management of Data (COMAD). New York: McGraw Hill.

182. [RAYNAL99] Raynal, M., and F. Tronel. 1999. "Group membership failure detection: a simple protocol and its probabilistic analysis." Distributed Systems Engineering 6, no. 3 (September): 95–102. https://doi.org/10.1088/0967–1846/6/3/301.

183. [REED78] Reed, D. P. 1978. "Naming and synchronization in a decentralized computer system." Technical Report, MIT. https://dspace.mit.edu/handle/1721.1/16279.

184. [REN16] Ren, Kun, Jose M. Faleiro, and Daniel J. Abadi. 2016. "Design Principles for Scaling Multi–core OLTP Under High Contention." In Proceedings of the 2016 International Conference on Management of Data (SIGMOD '16), 1583–1598. https://doi.org/10.1145/2882903.2882958.

185. [ROBINSON08] Robinson, Henry. 2008. "Consensus Protocols: Two–Phase Commit." The Paper Trail (blog). November 27, 2008. https://www.the–paper trail.org/post/2008–11–27–consensus–protocols–two–phase–commit.

186. [ROSENBLUM92] Rosenblum, Mendel, and John K. Ousterhout. 1992. "The Design and Implementation of a Log Structured File System." ACM Transactions on Computer Systems 10, no. 1 (February): 26–52. https://doi.org/10.1145/146941.146943.

187. [ROY12] Roy, Arjun G., Mohammad K. Hossain, Arijit Chatterjee, and William Perrizo. 2012. "Column–oriented Database Systems: A Comparison Study." In Proceedings of the ISCA 27th International Conference on Computers and Their Applications, 264–269.

188. [RUSSEL12] Russell, Sears. 2012. "A concurrent skiplist with hazard pointers." http://rsea.rs/skiplist.

189. [RYSTSOV16] Rystsov, Denis. 2016. "Best of both worlds: Raft's joint consensus + Single Decree Paxos." Rystsov.info (blog). January 5, 2016. http://rystsov.info/ 2016/01/05/raft-paxos.html.

190. [RYSTSOV18] Rystsov, Denis. 2018. "Replicated State Machines without logs." https://arxiv.org/abs/1802.07000.

191. [SATZGER07] Satzger, Benjamin, Andreas Pietzowski, Wolfgang Trumler, and Theo Ungerer. 2007. "A new adaptive accrual failure detector for dependable distributed systems." In Proceedings of the 2007 ACM symposium on Applied computing (SAC '07), 551-555. https://doi.org/10.1145/1244002.1244129.

192. [SAVARD05] Savard, John. 2005. "Floating-Point Formats." http://www.quadibloc.com/comp/cp0201.htm.

193. [SCHWARZ86] Schwarz, P., W. Chang, J. C. Freytag, G. Lohman, J. McPherson, C. Mohan, and H. Pirahesh. 1986. "Extensibility in the Starburst database system." In OODS '86 Proceedings on the 1986 international workshop on Object oriented database systems, 85-92. IEEE.

194. [SEDGEWICK11] Sedgewick, Robert, and Kevin Wayne. 2011. Algorithms (4th Ed.). Boston: Pearson.

195. [SHAPIRO11a] Shapiro, Marc, Nuno Preguiça, Carlos Baquero, and Marek Zawirski. 2011. "Conflict-free Replicated Data Types." In Stabilization, Safety, and Security of Distributed Systems, 386-400. Berlin: Springer, Berlin, Heidelberg.

196. [SHAPIRO11b] Shapiro, Marc, Nuno Preguiça, Carlos Baquero, and Marek Zawirski. 2011. "A comprehensive study of Convergent and Commutative

Replicated Data Types." https://hal.inria.fr/inria−00555588/document.

197. [SHEEHY10a] Sheehy, Justin. 2010. "Why Vector Clocks Are Hard." Riak (blog). April 5, 2010. https://riak.com/posts/technical/why−vector−clocks−are−hard.

198. [SHEEHY10b] Sheehy, Justin, and David Smith. 2010. "Bitcask, A Log−Structured Hash Table for Fast Key/Value Data."

199. [SILBERSCHATZ10] Silberschatz, Abraham, Henry F. Korth, and S. Sudarshan. 2010. Database Systems Concepts (6th Ed.). New York: McGraw−Hill.

200. [SINHA97] Sinha, Pradeep K. 1997. Distributed Operating Systems: Concepts and Design. Hoboken, NJ: Wiley.

201. [SKEEN82] Skeen, Dale. 1982. "A Quorum−Based Commit Protocol." Technical Report, Cornell University.

202. [SKEEN83] Skeen, Dale, and M. Stonebraker. 1983. "A Formal Model of Crash Recovery in a Distributed System." IEEE Transactions on Software Engineering 9, no. 3 (May): 219−228. https://doi.org/10.1109/TSE.1983.236608.

203. [SOUNDARARARJAN06] Soundararajan, Gokul. 2006. "Implementing a Better Cache Replacement Algorithm in Apache Derby Progress Report." https://pdfs.semanticscholar.org/220b/2fe62f13478f1ec75cf17ad085874689c604.pdf.

204. [STONE98] Stone, J., M. Greenwald, C. Partridge and J. Hughes. 1998. "Performance of checksums and CRCs over real data." IEEE/ACM Transactions on Networking 6, no. 5 (October): 529−543. https://doi.org/10.1109/90.731187.

205. [TANENBAUM14] Tanenbaum, Andrew S., and Herbert Bos. 2014. Modern Operating Systems (4th Ed.). Upper Saddle River: Prentice Hall Press.

206. [TANENBAUM06] Tanenbaum, Andrew S., and Maarten van Steen. 2006. Distributed Systems: Principles and Paradigms. Boston: Pearson.

207. [TARIQ11] Tariq, Ovais. 2011. "Understanding InnoDB clustered indexes." Ovais Tariq (blog). January 20, 2011. http://www.ovaistariq.net/521/understanding-innodb-clustered-indexes/#.XTtaUpNKj5Y.

208. [TERRY94] Terry, Douglas B., Alan J. Demers, Karin Petersen, Mike J. Spreitzer, Marvin M. Theimer, and Brent B. Welch. 1994. "Session Guarantees for Weakly Consistent Replicated Data." In PDIS '94 Proceedings of the Third International Conference on Parallel and Distributed Information Systems, 140–149. IEEE.

209. [THOMAS79] Thomas, Robert H. 1979. "A majority consensus approach to concurrency control for multiple copy databases." ACM Transactions on Database Systems 4, no. 2 (June): 180–209. https://doi.org/10.1145/320071.320076.

210. [THOMSON12] Thomson, Alexander, Thaddeus Diamond, Shu-Chun Weng, Kun Ren, Philip Shao, and Daniel J. Abadi. 2012. "Calvin: Fast distributed transactions for partitioned database systems." In Proceedings of the ACM SIGMOD International Conference on Management of Data (SIGMOD '12). New York: Association for Computing Machinery. https://doi.org/10.1145/2213836.2213838.

211. [VANRENESSE98] van Renesse, Robbert, Yaron Minsky, and Mark Hayden. 1998. "A Gossip-Style Failure Detection Service." In Middleware '98 Proceedings of the IFIP International Conference on Distributed Systems Platforms and Open Distributed Processing, 55–70. London: Springer-Verlag.

212. [VENKATARAMAN11] Venkataraman, Shivaram, Niraj Tolia, Parthasarathy Ranganathan, and Roy H. Campbell. 2011. "Consistent and Durable Data Structures for Non-Volatile Byte-Addressable Memory." In Proceedings of the

9th USENIX conference on File and stroage technologies (FAST'11), 5. USENIX.

213. [VINOSKI08] Vinoski, Steve. 2008. "Convenience Over Correctness." IEEE Internet Computing 12, no. 4 (August): 89–92. https://doi.org/10.1109/MIC.2008.75.

214. [VIOTTI16] Viotti, Paolo, and Marko Vukolić. 2016. "Consistency in Non Transactional Distributed Storage Systems." ACM Computing Surveys 49, no. 1 (July): Article 19. https://doi.org/0.1145/2926965.

215. [VOGELS09] Vogels, Werner. 2009. "Eventually consistent." Communications of the ACM 52, no. 1 (January): 40–44. https://doi.org/10.1145/1435417.1435432.

216. [WALDO96] Waldo, Jim, Geoff Wyant, Ann Wollrath, and Samuel C. Kendall. 1996. "A Note on Distributed Computing." Selected Presentations and Invited Papers Second International Workshop on Mobile Object Systems—Towards the Programmable Internet (July): 49–64. https://dl.acm.org/citation.cfm?id=747342.

217. [WANG13] Wang, Peng, Guangyu Sun, Song Jiang, Jian Ouyang, Shiding Lin, Chen Zhang, and Jason Cong. 2014. "An Efficient Design and Implementation of LSM–tree based Key–Value Store on Open–Channel SSD." EuroSys '14 Proceedings of the Ninth European Conference on Computer Systems (April): Article 16. https://doi.org/10.1145/2592798.2592804.

218. [WANG18] Wang, Ziqi, Andrew Pavlo, Hyeontaek Lim, Viktor Leis, Huanchen Zhang, Michael Kaminsky, and David G. Andersen. 2018. "Building a Bw–Tree Takes More Than Just Buzz Words." Proceedings of the 2018 International Conference on Management of Data (SIGMOD '18), 473–488. https://doi.org/10.1145/3183713.3196895.

219. [WEIKUM01] Weikum, Gerhard, and Gottfried Vossen. 2001. Transactional Information Systems: Theory, Algorithms, and the Practice of Concurrency Control and Recovery. San Francisco: Morgan Kaufmann Publishers Inc.

220. [XIA17] Xia, Fei, Dejun Jiang, Jin Xiong, and Ninghui Sun. 2017. "HiKV: A Hybrid Index Key-Value Store for DRAM-NVM Memory Systems." Proceedings of the 2017 USENIX Annual Technical Conference (USENIX ATC '17), 349–362. USENIX.

221. [YANG14] Yang, Jingpei, Ned Plasson, Greg Gillis, Nisha Talagala, and Swami nathan Sundararaman. 2014. "Don't stack your Log on my Log." INFLOW (October). https://www.usenix.org/system/files/conference/inflow14/inflow14-yang.pdf.

222. [ZHAO15] Zhao, Wenbing. 2015. "Fast Paxos Made Easy: Theory and Implementation." International Journal of Distributed Systems and Tech nologies 6, no. 1 (January): 15–33. https://doi.org/10.4018/ijdst.2015010102.

찾아보기

데이터베이스 인터널스

분산 데이터베이스 시스템 심층 분석

발 행 | 2021년 1월 29일

지은이 | 알렉스 페트로프
옮긴이 | 이 우 현
감수자 | 이 태 휘

펴낸이 | 권 성 준
편집장 | 황 영 주
편 집 | 조 유 나
디자인 | 윤 서 빈

에이콘출판주식회사
서울특별시 양천구 국회대로 287 (목동)
전화 02-2653-7600, 팩스 02-2653-0433
www.acornpub.co.kr / editor@acornpub.co.kr

한국어판 ⓒ 에이콘출판주식회사, 2021, Printed in Korea.
ISBN 979-11-6175-496-3
http://www.acornpub.co.kr/book/database-internals

책값은 뒤표지에 있습니다.